本书荣获

2002年全国高等学校优秀教材二等奖

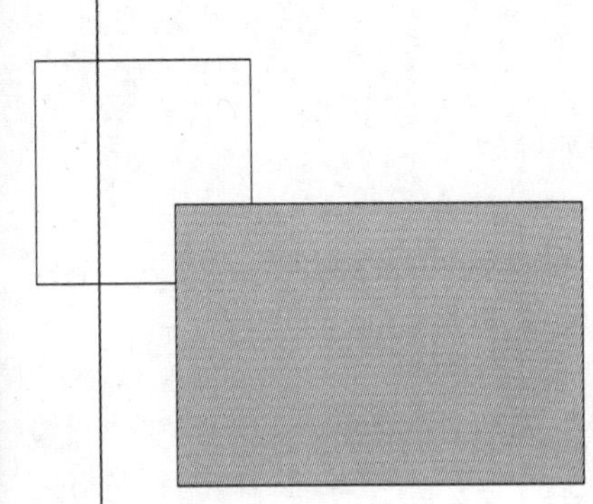

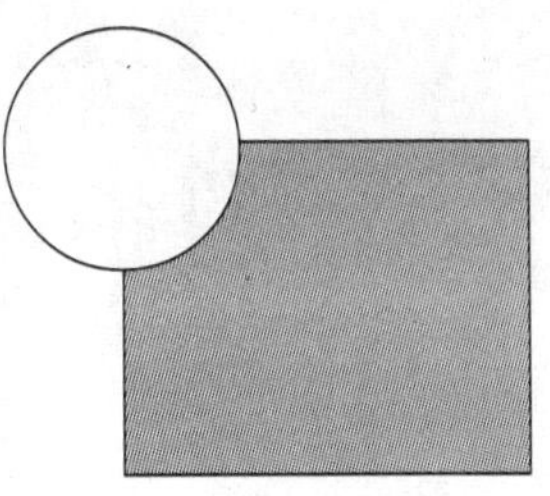

面向21世纪课程教材
全国高等医药院校教材
供高专、高职护理学专业用

预 防 医 学

主编　左月燃　邵昌美

编　者（按姓氏笔画为序）
左月燃（北京军医学院）
刘朝杰（华西医科大学）
邵昌美（临沂医学高等专科学校）
何国平（湖南医科大学）
张　兴（山西医科大学汾阳学院）
胡俊峰（山东医科大学）
胡怀富（临沂医学高等专科学校）
费日晨（长春医学高等专科学校）
桑瑞兰（承德医学院）
景学安（泰山医学院）

人 民 卫 生 出 版 社

图书在版编目（CIP）数据

预防医学/左月燃等主编. —北京：人民卫生出版社，2000.11（2002 重印）

ISBN 978-7-117-03932-1

Ⅰ. 预…　Ⅱ. 左…　Ⅲ. 预防医学-高等学校：技术学校-教材　Ⅳ. R1

中国版本图书馆 CIP 数据核字（2002）第 017072 号

门户网：www. pmph. com	出版物查询、网上书店
卫人网：www. ipmph. com	护士、医师、药师、中医师、卫生资格考试培训

预　防　医　学

主　　编：左月燃　邵昌美
出版发行：人民卫生出版社（中继线 010-59780011）
地　　址：北京市朝阳区潘家园南里 19 号
邮　　编：100021
E - mail：pmph @ pmph. com
购书热线：010-67605754　010-65264830
010-59787586　010-59787592
印　　刷：北京市安泰印刷厂
经　　销：新华书店
开　　本：850×1168　1/16　**印张**：22. 5
字　　数：478 千字
版　　次：2000 年 11 月第 1 版　　2016 年 8 月第 1 版第 25 次印刷
标准书号：ISBN 978-7-117-03932-1/R・3933
定　　价：28. 50 元
打击盗版举报电话：010-59787491　E-mail：WQ @ pmph. com
（凡属印装质量问题请与本社销售中心联系退换）

出版说明

全国高等医药院校护理学专业教材是国家教育部《面向21世纪护理学专业课程体系，教学内容，教学方法改革》课题的重要组成部分。因此，教材的编写必须按照21世纪我国护理学专业人才培养的目标和要求，以适应和满足社会发展和卫生事业发展以及社区人群健康教育对护理专业人才的需求。

本套教材1998年在卫生部教材办公室组织下，依据知识、能力、素质综合发展的培养目标，结合各校教学模式，在内容编排上注重“三基”（基础理论、基本知识和基本技能），“五性”（思想性、科学性、先进性、启发性、适用性）能力的培养；贯穿了护理程序，充分体现以病人为中心的整体护理理念；强调医学模式和护理模式的转变。在教学实践中，鉴于有些知识对本科、专科护理学专业学生可以共用，所以，组织编写的这套20种教材，其中有4种可供本科、专科护理学专业共用。

供本科、高专、高职护理学专业用

临床营养学　　张爱珍　主编
老年护理学　　殷　磊　主编
急救护理学　　周秀华　主编
社区护理　　李继坪　主编

供高专、高职护理学专业用

健康评估　　吕探云　主编
护理学基础　　崔　焱　主编
内科护理学　　尤黎明　主编
外科护理学　　李梦英　主编
妇产科护理学　　夏海鸥　主编
儿科护理学　　朱念琼　主编
五官科护理学　　张龙禄　主编
中医护理　　贾春华　主编
精神科护理学　　陈彦方　主编
预防医学　　左月燃　邵昌美　主编

人体结构与功能　　窦肇华　主编
病原生物与免疫学　　刘荣臻　主编
病理学　　孙保存　主编
生物化学　　孙树秦　主编
药理学　　张大禄　主编
护理美学　　王益锵　主编

前　言

护理专业教材《预防医学》的编写工作是在卫生部教材办公室和卫生部护理学专业教材评审委员会的统一部署和具体领导下进行的。本教材编写的主要依据是：落实和贯彻护理专科人才的培养目标；每本教材服从于全套教材的系统性和完整性，不片面强调本门教材的学科体系；按照参考学时数确定全书的编写字数。

本教材在内容选择方面，根据护理专业的培养目标，主要包括了绪论和卫生工作目标，预防保健策略和措施，健康危险因素的评价，社会环境与健康，生活环境与健康，生产环境与健康，学校卫生与健康，食物卫生与健康，医学统计方法，流行病学方法等10章内容；考虑到护理人员工作的需要，在各章节中涉及疾病的防治方面（如地方病、职业病、食物中毒等），增加了护理诊断和护理措施的内容，在医学统计方法中增加了护理论文写作的内容，以增强教材的针对性、适应性和实用性。在内容的深度方面，考虑护理专业需要，以预防医学的基本理论、基本知识和基本技能为主。

在编写过程中对一些跨学科的内容，根据分工编写，以避免学科间不必要的重复，如有关营养素的内容主要在《临床营养学》中论述，本书不做详细介绍；有关食物中毒的内容，本书重点讲述非细菌性食物中毒，细菌性食物中毒则主要由《急救护理学》论述等。

预防医学是实用型社会性很强的学科。本教材选编了一部分实习内容，供教师选用，以加深读者对课堂教学内容的理解，并熟练本教材有关的技能和锻炼思维方法。

教材中专业名词术语以全国自然科学名词审定委员会公布的《医学名词》为依据，全书均使用法定计量单位。

由于我们水平有限，又是初次尝试将现代护理学的一些观念编入预防医学教材，错误和缺点难免，诚恳希望使用本教材的广大师生和读者批评指正。

左月燃　邵昌美

2000年3月于北京

前　言

目　录

绪　论

一、预防医学的概念及发展简史

（一）预防医学的概念

预防医学是医学科学中的重要组成部分。它是以人群为主要研究对象，研究环境因素对人体健康的影响，疾病在人群中的分布规律，以及预防疾病、增进健康、延长寿命和提高生活质量的一门综合性学科。

（二）预防医学的发展简史

预防医学的思想在我国已有悠久的历史。我国《易经》中提到“君子以思患而豫防之”，豫通预，这是“预防”两字在中国经书上首次应用。《淮南子》记载：“良医者，常治无病之病，故无病。圣人者，常治无患之患，故无患也”。我国最早的医学巨著《黄帝内经》指出：“圣人不治已病治未病”。《千金要方》中写道：“上医医未病之病，中医医欲病之病，下医医已病之病”。可见我国早已形成了明确的预防为主的思想。在古代，已有公共卫生设施，如：汉代已有街道洒水车。南北朝、宋、清代均有清除街道垃圾的记载，明代已有下水道、浴室、浴池、公共厕所等公共卫生设施，以及葬埋等都有条文和法律规定。对城市的规划和住宅地段的选择，饮水消毒及水源防护，食品卫生管理等也都有记载。古希腊名医希波克拉底在《空气、水、地域》一书中，就注意到人的生活环境与健康的关系，要求医生应熟悉病人的生活环境和生活方式，提出了“知道患病的人是什么样的人，比知道这个人患的是什么病更重要”及“医师应医治的不仅是病而是病人”的正确看法。著名瑞士医学家巴拉塞尔苏斯、意大利医学家拉马兹尼等则深入社会，实地考察工人健康状况及其影响因素，描述了职业对工人健康的影响。可见，古代中外医学家早就有了预防医学思想。但是受到当时社会经济条件、科学水平的限制，未能得到充分发展。

预防医学的发展，迄今大致经历了两次变革。第一次在17世纪下半叶到20世纪上半叶，当时传染病是造成人类死亡的重要原因。人类在战胜天花、霍乱、鼠疫、白喉等烈性传染病的经验中，逐渐认识到只从个体预防疾病收效不高，必须对社会人群实施预防。医学家为此做了大量有关病原体、免疫方法、抗菌药物、改善环境和预防措施等研究，并取得了重大成就，从而使传染病死亡率大幅度下降。随着人类社会生产和科学技术的发展，人们对致病因素的认识，进一步扩大到生活环境和生产环境的各个环节。自18世纪以来，一些国家相继实现了产业革命，由于资本主义大工业生产和资本主义私有制的建立，给工人阶级及劳动人民带来恶劣的劳动和生活条件。车间里、矿井下的毒气弥漫、粉尘飞扬、居住的拥挤和饮食低劣造成了职业病和传染病的流行。尤其是到了20世纪，现代化学工业和原子能工业有了迅速的发展，大大扩大了能源和原料的利用范围，同时也增加了废水、废气和废渣的排放，造成了环境污染，影响了人类健康。生活条件的改变，并随着传染病逐渐被控制，老年人口增加，与生活方式有关的心血管疾病、恶性肿瘤以及环境污染等对人类健康的威胁渐趋严重，上升为预防医学的重要课题。因此从20世纪下半叶起，预防医学开始第二次变革，即以保护环境和减少心脑血管疾病、恶性肿瘤、意外损伤等主要死因为其主要目标，开展了大量的研究工作并不断取得成果。

二、新中国预防医学的成就

关心人民健康、重视人民卫生保健事业是党和政府的一贯方针。建国初期，我国制定了“面向工农兵、预防为主、团结中西医、卫生工作与群众运动相结合”的卫生工作四大方针。经过50年的坚持不懈的努力，我国卫生工作取得了巨大成绩。

新中国成立后不久，陆续消灭和控制了一些严重危害人民健康的烈性传染病。如鼠疫 、天花、霍乱、黑热病、回归热和斑疹伤寒等。随着计划免疫工作的开展，麻疹、脊髓灰质炎、白喉、百日咳、流行性脑脊髓膜炎、流行性乙型脑炎等传染病的发病率都显著下降。全国人口总死亡率已由解放前的25‰下降至1997年7‰；婴儿死亡率由建国前的200‰左右下降至1997年的33‰；我国人口平均期望寿命由建国前的35岁提高到1997年的69.98岁。死因由传染病和寄生虫病为主转到以恶性肿瘤和心、脑血管病等慢性病为主。卫生保健和医疗预防设施的建设有很大发展，目前，医生的人数、病床数都大大增加，卫生防疫机构有了较大的发展，还建立了生物制品研究所、药物检定所、国境卫生检疫所、流行病和寄生虫病以及地方病等预防研究机构，形成了较完整的预防保健服务体系。

在全国范围内逐步建立健全县、乡、村三级医疗预防保健网。县一级设有县医院、县卫生防疫站、县妇幼保健站、县药品检验所等；乡（镇）一级设防治结合的综合性卫生院；村一级设合作医疗卫生室，配有2～3名乡村医生。三级医疗卫生保健网的建立和发展，逐步改变了广大农村缺医少药的落后状况。

1997年5月，国务院以国发［1997］18号文件，制定了合作医疗发展规划。目前全国开展合作医疗的县已达350多个，在实行合作医疗的地区，不仅使农民的基本医疗需求有了不同程度的保障，缓解了因病致贫现象。而且促进了三级医疗预防保健网的建设和基层卫生队伍的巩固，对农村经济发展和社会稳定发挥了重要作用。

1997年国务院决定在全国范围内实行城镇职工医疗保险制度，卫生部根据决定提出了关于基本医疗改革的意见。意见认为在社会主义初级阶段，还不可能在短时间内建立起一个完善的社会医疗保险制度，只能提供最基本的医疗保障，即城镇职工参加医疗保险。城镇职工参加医疗保险是实现人人享有卫生保健的关键。

三、预防医学的研究内容和方法

（一）预防医学的研究内容

1. 从社会学角度研究健康和一系列医学问题，探讨医学、健康、疾病与社会因素之间的关系。

2. 研究生活环境、生产环境、学习环境、营养与健康状况的关系，提出改善和防治措施。

3. 居民健康状况研究的统计学方法。

4. 居民健康状况研究的流行病学方法。

（二）预防医学的研究方法

1. 调查研究方法　这种方法是预防医学的基本研究方法。如应用调查研究的方法研究环境中各种物理、化学、生物性因素的性质、数量和变动规律，阐明在不同环境条件下生活和劳动的人群生理、生化及病理生理的变化。观察预防措施的效果，分析研究疾病在人群中的分布规律及其影响因素。

2. 实验研究方法　实验包括实验室试验、现场试验和临床试验，实验室实验是在实验条件下模拟某致病因素，观察它对生物的急性、慢性和远期作用，阐明病因和作用机制，探索预防措施。近年来毒理学方法在环境有害因素研究中被广泛应用。现场实验、临床实验是通过严密的科学设计，研究病因或流行因素、药物的预防及治疗效果。评价现已推广到非传染病和病因未明疾病的病因研究中。

3. 统计学的方法　是调查研究、实验研究和分析数据必不可少的手段。研究多种环境因素变化与人群健康状况的相互关系时，必须用统计学的基本理论和统计分析方法，才能根据“样本”的一些统计特征，正确地判断“总体”的情况，帮助我们透过“偶然性”来揭示事物的客观规律。

4. 社会科学方法　应用社会学、史学、法学、经济学和社会心理学等方法以研究医学问题，寻求增进健康和预防疾病的社会措施。

预防医学的研究方法，随不同研究对象和研究目的而定。在同一项研究工作中，也往往需要采用几种方法进行综合研究。

四、护理与预防医学的关系

20 世纪 50 年代以来，因社会进步和经济发展、科技创新及其在医学领域中的应用、人类对健康认识的改变和医学模式的转变等多方面原因，促使护理工作成为范围更广泛的独立专业。护士的职责扩大为“促进健康，预防疾病，恢复健康，减轻痛苦”；护理工作范围从个体扩大到社区人群，从对疾病护理扩大到全身心的整体护理，从临床治疗期扩大到预防、康复、保健。护士是预防保健工作的一支重要力量，可以发挥如下作用。

1. 树立一切为病人服务的思想，提高医疗服务质量。

2. 密切观察病人病情变化，了解病人在医疗生活、心理等方面的需要。保证病人在住院期间得到妥善的医疗和护理。积极主动配合医生做好治疗工作。

3. 指导病人增强自我保健的能力，指导他们合理营养，有病时安心休养，不滥用药物，并耐心解释病情，消除思想顾虑，促进早日康复。

4. 对病人进行健康教育，出院指导及必要的随访或家庭护理。

5. 护理工作面向社会，面向群众，直接为人民的健康服务。

6. 在预防保健方面，护士要做好卫生宣传教育，宣传常见病的防治知识，当好防病知识的宣传者，保健工作的指导者。

7. 严格做好当地卫生部门规定的法定传染病、职业病、癌症确诊、食物中毒病人的登记报告卡填写及出生、死亡登记工作，做好资料的收集整理工作。

8. 协助医师对本地的新生儿、儿童按时做好免疫接种，进行物品、药品的管理和卫生宣传教育等。

9. 协助医师对学校学生的生长发育和健康状况进行监测，对学生的常见病、多发病、传染病进行治疗和预防，对学生进行健康教育、卫生指导、监督。

（临沂医学高等专科学校　邵昌美）

第一章　卫生工作目标

在当今世界，人类健康已成为衡量一个国家社会进步的重要标志之一。保护和增进人类的健康是各国政府义不容辞的责任。

第一节　全球卫生战略

1948年世界卫生组织（World Health Organization，WHO）成立后，国际间的卫生合作和交流得到很大的发展，人类健康问题得到各国的普遍重视。1981年，第34届世界卫生大会通过决议，决定了各国政府和世界卫生组织的主要卫生目标，即“2000年人人享有卫生保健”(Health For All By The Year 2000，简称HFA/2000)。这一目标我国政府已经承诺。

一、人人享有卫生保健的概念与内容

（一）人人享有卫生保健的概念

它是指人们在家庭、学校、工作岗位上从小到老都能在自己的周围方便地享受到各种应当享有的卫生保健服务，以预防疾病、减少残废；从婴幼儿、儿童、青壮年直到老年都能健康地度过一生；不同国家、地区或人群间应当均匀地分配卫生资源；人们将懂得自己有力量摆脱可以避免的疾病，创造自己及家庭的健康和幸福的生活。

从我国国情和卫生事业现有基础出发，认真贯彻“预防为主”的方针，以提高人民健康水平和卫生服务水平、加强预防保健和振兴中医药为战略重点。努力建立具有中国特色、适合城乡经济发展和人民防病治病需要的卫生工作基础，保证人民群众最基本的医疗保健需求，总体上达到与小康水平相适应的健康水平，实现人人享有卫生保健。

（二）人人享有卫生保健的基本政策

政策是战略与行动之间的纽带，卫生政策是为实现卫生战略目标所制定的主要行动纲领。卫生政策体现改善卫生状况的目标及其重点，以及实现这些目标的方针。WHO和各成员国共同提出的全球卫生政策如下：

1．健康是一项基本人权，是全世界的一项共同的目标。

2．当前在人民健康状况方面存在着巨大差距，这是所有国家所共同关注的问题，这些差距必须逐渐缩小。要求在各国内部和各国之间平均分配卫生资源，以便

人人都能得到初级卫生保健。

3. 人民有权力也有义务单独的、集体的参加他们的保健计划和实施工作。

4. 政府对其人民健康负有责任，这种责任只能通过采取适当的卫生措施和其他社会措施来实现。实现“人人享有卫生保健”不单是卫生部门所承担的政治义务，整个国家的力量和重视才是实现这个目标的必要保证。

5. 各国要使自己的全体人民健康，就必须在卫生事业中自力更生。国家的自力更生是指国家发挥自己的积极性，而不一定是指国家自给自足。卫生工作没有一个国家是自给自足的。卫生策略的制订和实施，需要有国际团结，但这种卫生工作中的国际团结必须尊重本国的自力更生精神。

6. 实现人人享有卫生保健的目标，不能单独依靠卫生部门的努力，更需要其他社会、经济部门的协作，特别是需要农业、畜牧业、粮食、工业、教育、住房、公共工程、交通等部门的协作。卫生部门在促进和协调这种卫生协同行动中起重要的作用。

7. 必须充分利用世界的资源来促进卫生事业的发展。

（三）人人享有卫生保健的全球目标

WHO 提出“HFA/2000”战略目标旨在改变卫生资源分配严重不公局面，缩小有卫生保健和无卫生保健的差距，其具体内容是：

1. 每个国家的所有人至少已经享有初级卫生保健（Primary Health Care, PHC）和第一级转诊设施。

2. 所有的人在其可能的范围内积极参加对他们自己及其家庭的保健工作，并且积极参加社区的卫生活动。

3. 全世界的社区都能同政府共同承担对其成员的卫生保健责任。

4. 所有政府对其人民的健康负起全部责任。

5. 人人享有安全的饮水和环境卫生设备。

6. 人人都能得到足够的营养。

7. 所有的儿童都能接受儿童主要传染病的免疫接种。

8. 发展中国家的传染病发病率不超过发达国家 1980 年的水平。

9. 采取一些可能的措施，通过改变生活方式、控制自然和社会心理环境，来预防和控制非传染性疾病以及促进精神卫生。

10. 人人都能得到基本的药物。

二、全球卫生指标

指标是在数量、时间和内容方面规定的更为具体的目标。实现人人健康的指标应选择国家有能力获得情报的少而精的指标，根据 WHO 的建议，提出了可供各国选择的四大类指标。

（一）卫生政策指标

1. 政府对“人人享有卫生保健”战略目标与实施初级卫生保健承担政治义务。

2. 卫生资源分配　可以用国民生产总值中用于卫生服务的比例以及用于与卫生有关活动的比例（包括教育、社区发展、供水、环境卫生、住房及营养等），整个卫生资源用于初级卫生保健的比例等指标来衡量。

3. 卫生资源分配的均衡程度　可用各地区人均卫生经费；各地区用于初级卫生保健的全部卫生资源比例；不同地区的医院床位、医生或其他卫生人员与人口的比例等指标来衡量。

4. 群众积极参与人人享有卫生保健目标的程度　包括群众组织以及卫生专业人员和居民积极参与；包括决策和活动共同承担的责任，以及决策权下放的程度。

5. 组织机构和管理程序。

（二）社会经济指标

1. 人口增长指标。

2. 国民生产总值或人均国民生产总值。

3. 收入分配，居民平均收入。

4. 劳动人口就业率和失业率。

5.15 岁以上成人识字率（文盲率）。

6. 人均住房面积。

7. 人均热量供应量（千焦耳）。

（三）卫生服务指标

1. 初级卫生保健普及率。

2. 转诊制度普及率。

3. 健康教育覆盖率。

4. 安全水普及率。

5. 计划免疫覆盖率。

6. 卫生人员的分布及各类人员的比例。

（四）健康状况指标

1. 儿童营养状况及发育。

2. 婴儿死亡率。

3. 幼儿死亡率及儿童死亡率。

4. 平均期望寿命。

5. 孕产妇死亡率。

6. 总死亡率和疾病别死亡率、发病率、伤残率等。

三、全球最低卫生指标

为实施、监督和评价全球卫生目标的实现程度，1981 年第 34 届卫生大会通过了全球使用的最低限度指标，该指标共有 12 项。

1. 人人享有卫生保健策略已得到政府认可，并作为官方一项政策，即以国家领导人发表宣言的形式承担义务。

2. 已经建立和加强了吸收人民群众参加卫生保健计划实施的工作机构，让人民群众提出要求和需求；各政党和社团积极参加对他们自己及其家庭的保健工作，把卫生事业的决策权充分下放到各个行政机构。

3. 至少有5%的国民生产总值用于保健事业。

4. 有一个适当比例的卫生经费，用于地方卫生保健，包括工厂、农村、街道、卫生站的卫生保健费用。

5. 资源分配公平，人力、经费、设施等按人口、地区、城乡公平分配。

6. 发达国家的卫生经费至少有0.7%转发给不发达国家，以支持人人享有卫生保健的策略。

7. 全体居民都享有初级卫生保健，至少达到下列要求：

(1) 在家中或步行15分钟距离内有安全用水，在家中或邻近地方有适当的卫生设备。

(2) 进行抗白喉、破伤风、百日咳、麻疹、小儿麻痹和结核的免疫接种。

(3) 在步行或坐车1小时的距离以内有当地的卫生保健机构，包括得到至少20种基本药物的保健服务。

(4) 有经过培训的人员接生并至少到1岁的儿童护理。

8. 儿童的营养状况要求：

(1) 至少90%新生儿出生体重达到2500g。

(2) 至少90%儿童的体重符合其相应年龄组的体重标准。

9. 婴儿死亡率下降到50‰以下。

10. 平均期望寿命在60岁以上。

11. 成人男女受教育比例超过70%。

12. 人均国民生产总值超过500美元。

第二节　我国卫生工作方针及目标

方针是指国家、政党在一定历史阶段内，为达到特定目标而确定的指导原则。方针有总方针和具体方针之分。卫生工作方针是以党和国家的路线、方针、政策为依据，针对社会主义发展的不同历史阶段，结合卫生工作的实际制定出来的。

一、我国卫生工作方针的发展

中华人民共和国成立后，中国卫生事业进入了一个崭新的时期，人民健康状况有了显著变化，各项卫生工作取得了很大的成绩。1949年9月，在中国人民政治协商会议上通过的共同纲领中第四十八条规定："提倡国民体育，推广卫生医药事业，并保护母亲、婴儿和儿童的健康"。1950年8月7日在北京召开了第一届全国卫生会议，这次会议在毛泽东同志的"团结新老中西医各部分医药卫生工作人员，组成巩固的统一战线，为开展伟大的人民卫生工作而奋斗"题词指引下，结合中国革命战争中已有的卫生工作经验，明确规定了我国卫生工作的三大方针"面向工农兵，预防为主，团结中西医"。1952年底，卫生部召开了第二届全国卫生会议，会议根据开展爱国卫生工作的经验和周恩来同志的指示，将"卫生工作与群众运动相结合"作为卫生工作的第四项方针。"面向工农兵，预防为主，团结中西医，卫生工作与群众运动相结合"。作为我国卫生工作的四大方针。

卫生工作四大方针的提出与确立，体现了党和国家对卫生工作的关怀，代表了人民群众根本利益。在卫生工作方针的指导下，中国卫生事业得到了迅速发展，并取得了很大的成绩。

为了适应新时期卫生工作改革与建设的需要，更好地指导今后一个阶段的卫生工作。在认真总结建国四十多年来卫生事业发展的经验和教训的基础上，1991年3月全国人大七届四次会议明确规定了我国新时期的卫生工作方针，即"预防为主，依靠科技进步，动员全社会参与，中西医并重，为人民健康服务"的卫生工作方针。1996年12月9日至12日，中共中央、国务院在北京召开了全国卫生工作会议。1997年1月15日，中共中央、国务院作出了《关于卫生改革与发展的决定》，明确规定了今后一个时期我国卫生工作的方针："以农村为重点，预防为主，中西医并重，依靠科技与教育，动员全社会参与，为人民健康服务，为社会主义现代化建设服务"。

二、新卫生工作方针的内容

新卫生工作方针是五十年代"四大方针"的继承与发展，是建国以来卫生工作历史经验的总结，也是今后相当长时间卫生工作的指南。

（一）以农村为重点

毛泽东同志早就指出"把医疗卫生工作的重点放到农村去"。我国农村人口占总人口的绝大多数，农村医疗卫生基础薄弱，比较落后，只有切实搞好农村卫生工作，才能使我国卫生状况在整体上有一个大的改观。经过几十年来的不断努力，三级医疗预防保健网在广大农村有了一定的基础，乡村医生队伍已有一定规模，初级卫生保健工作取得了较大进展，农村人口的健康水平不断提高。但是，从全国情况来看，农村医疗卫生工作基础薄弱的状况仍未根本改变，一部分农民因贫困而看不起病，一部分农民因病致贫、因病返贫，疾病已成为农村脱贫致富的重要制约因素。城乡之间以及不同地区之间医疗卫生条件和人民健康水平有进一步拉大的趋势，这是一个十分值得重视，需要认真研究解决的问题。

做好农村卫生工作，保护和增进农民健康，是各级党和政府义不容辞的责任。

农村卫生工作对于深化农村改革、推进农村经济和社会全面协调发展、加强农村物质文明和精神文明建设具有十分重要的意义。特别是在贫困地区，要把扶贫开发和卫生工作结合起来。现在许多农村发展合作医疗深得民心，人民群众把它称为“民心工程”和“德政”。加强农村卫生工作，关键是发展和完善农村合作医疗制度。这是长期实践经验的总结，符合中国国情，符合农民愿望。

（二）预防为主

预防为主是建国以来卫生工作的一条重要经验。六十年代初我们就已消灭了天花病，比全球范围内消灭天花提前了十几年。九十年代又基本消灭了脊髓灰质炎等一些严重危害群众健康特别是儿童健康的疾病。由于成功地实施了儿童计划免疫接种，我国数亿儿童的健康得到不同程度的保障。这都是坚持预防为主方针的成果。预防保健费用低、效果好，应坚持把预防保健摆在卫生工作的优先地位，认真落实各项预防保健措施。近年过去已经消灭的传染病、地方病，在一些地方又死灰复燃甚至蔓延起来。还出现了一些新的危害更大的传染病，如：艾滋病，这要引起我们的高度重视，集中力量加以预防和控制。

（三）中西医并重

党和政府历来既重视现代医药又重视我国传统医药。中医药是中华民族的优秀传统，文化的瑰宝。经过广大中医药工作者的勤奋工作，我国中医药事业有了很大的发展。一定要继续加强对中医药事业的领导。正确处理继承与创新的关系，既要认真继承中医药的特色和优势，又要勇于创新，实现中医药现代化，更好地保护和增进人民健康。中西医工作者要加强团结，相互学习，相互补充，促进中西医结合。

（四）依靠科技与教育

医疗卫生是科技密集型行业。防治各种疾病、提高医疗卫生服务的质量，都离不开医学科技的发展和医学人才的培养。必须牢固树立依靠科技进步发展卫生事业的思想。在医学科技领域要针对严重危害我国人民健康的疾病，在关键性应用研究、医学基础性研究、高科技研究等方面，突出重点，集中力量攻关，力求有所突破，为祖国和人类医学的进步作出积极的贡献。要重视通过科技成果的普及应用，尤其是在基层和农村推广适宜的科技成果，不断促进我国医疗、预防、保健等整体服务水平的提高。

卫生队伍的思想业务素质，直接关系到为人民健康服务的质量。要采取有效措施搞好医学教育，建立和完善培养人才并充分发挥他们作用的机制。建设一支适应国情和社会需要，多层次卫生专业队伍。大力鼓励卫生工作人员刻苦钻研，在技术上精益求精。先进的科学技术同广大医疗卫生工作者的实践相结合，必然产生防病治病的巨大成效。

（五）动员全社会参与

“动员全社会参与”是实现卫生工作发展目标的根本保证，也是党的群众路线在卫生工作中的体现。卫生工作直接关系到亿万人民的生、老、病、死，这是广大群众的切身利益问题。随着社会的发展和科技的进步，人类对危害自身健康因素的认识逐渐加深，卫生事业的内涵也不断丰富扩大。影响人类健康的因素很多，特别是生活环境、公共卫生以及吸烟、酗酒等不良习惯对人体健康的影响，已经引起社会的广泛关注。对这些因素的控制和改善，单靠卫生部门的工作是不够的。因此，各部门都要关心卫生与健康问题，在全社会树立“大卫生”的观念。开展群众性爱国卫生运动，是我国社会主义卫生事业的一个创造，对于改善城乡环境卫生，提高人民卫生知识和健康水平，发挥重要作用。这一优良传统，要继承和发扬下去。要继续把“创建卫生城市”、普及“九亿农民健康教育行动”、以及农村改水改厕，作为卫生工作的重点。积极加以推进，把这项工作同创建文明城市、文明村镇活动结合起来。要在群众中继续开展健康教育，提高健康意识和自我保健能力，通过普及医学卫生知识，教育和引导群众养成良好的卫生习惯，倡导文明健康的生活方式。总之，要通过政府倡导、部门协调、社会支持、个人参与。从各方面努力，把卫生工作做得更好，进一步提高全民健康水平。

（六）为人民健康服务，为社会主义现代化建设服务

我国的卫生工作是为党的总任务和总目标服务的，保护人民健康，实现人人享有卫生保健，是卫生工作的宗旨。“为人民健康服务，为社会主义现代化建设服务”这一方针体现了为绝大多数人服务的特点，一切为社会主义现代化建设服务，为我党的总目标、总任务服务。

三、我国卫生工作的改革与发展

随着经济的发展、科技进步以及人民生活水平的提高，人民群众对改善卫生服务和提高生活质量将有更多更高的要求。工业化、城市化、人口老龄化进程加快，与生态环境、生活方式相关的卫生问题日益加重，慢性非传染性疾病患病率上升。一些传染病、地方病仍危害着人民健康，有些新的传染病对人民健康构成重大威胁。这一切要求我国卫生事业有一个大的发展与提高。为了落实《中华人民共和国国民经济和社会发展“九五”计划和2010年远景目标纲要》提出的卫生工作任务，保证跨世纪宏伟目标的顺利实现，中共中央、国务院1997年1月15日做出如下决定：

（一）卫生工作的指导思想和奋斗目标

1．坚持党的基本路线和基本方针，以马克思主义、毛泽东思想和邓小平建设有中国特色社会主义理论为指导思想，不断深化卫生改革，到21世纪，初步建立起具有中国特色的包括卫生服务、医疗保障、卫生执法监督的卫生体系，基本实现人人享有初级卫生保健，国民健康水平进一步提高。到2010年，在全国建立起适应社会主义市场经济体制和人民健康需求的、比较完善的卫生体系，国民健康的主要指标在经济较发达地区达到或接近世界中等发达国家的平均水平，在欠发达地区达到发展中国家的先进水平。

2．新时期卫生工作的方针是 以农村为重点，预防为主，中西医并重，依靠科技与教育，动员全社会参与，为人民健康服务，为社会主义现代化建设服务。

3．我国卫生事业是政府实行一定福利政策的社会公益事业。卫生事业发展必须与国民经济和社会发展相协调，人民健康保障的福利水平必须与经济发展水平相适应，政府对发展卫生事业负有重要责任。各级政府要努力增加卫生投入，广泛动员社会各方面筹集发展卫生事业的资金，公民个人也要逐步增加对自身医疗保健的投入。争取全社会卫生总费用占国内生产总值的5%左右。

4．卫生改革与发展应遵循的基本原则：

(1) 坚持为人民服务的宗旨，正确处理社会效益和经济利益的关系，把社会效益放在首位。防止片面追求经济效益而忽视社会效益的倾向。

(2) 以提高人民健康水平为中心，优先发展和保证基本卫生服务，体现社会公平，逐步满足人民群众多样化的需求。

(3) 发展卫生事业要从国情出发，合理配置资源，注重提高质量和效率。重点加强农村卫生、预防保健和中医药工作。因地制宜，分类指导，逐步缩小地区间差距。

(4) 举办医疗机构要以国家、集体为主，其他社会力量和个人为补充。

(5) 扩大对外开放，加强国际卫生领域的交流与合作，积极利用和借鉴国外先进科学技术和管理经验。

(6) 坚持社会主义物质文明和精神文明两手抓，两手都要硬。加强卫生行业职业道德建设，不断提高卫生队伍的思想道德素质和业务技术水平。

（二）卫生改革的内容

1．卫生改革的目的在于增强卫生事业的活力，充分调动卫生机构和卫生人员的积极性，不断提高卫生服务的质量和效率，更好地为人民健康服务，为社会主义现代化建设服务。

2．改革城镇职工医疗保障制度。建立社会主义统筹与个人账户相结合的医疗保险制度，逐步扩大覆盖面，为城镇全体劳动者提供基本医疗保障。

3．改革卫生管理体制。各级卫生行政管理部门要转变职能，运用法律法规、方针政策、规划指导、信息服务和经济手段等，加强卫生行政管理。

4．改革城市卫生服务体系，积极发展社区卫生服务，逐步形成功能合理、方便群众的卫生服务网络。基层卫生机构要以社区、家庭为服务对象，开展疾病预防、常见病与多发病的诊治、医疗与伤残康复、健康教育、计划生育技术服务和妇女儿童与老年人保健等工作。

5．改革卫生机构运行机制。卫生机构要通过改革和严格管理，建立起有责任、有激励、有约束、有竞争、有活力的运行机制。

卫生机构实行并完善院（所、站）长负责制。要进一步扩大卫生机构的经营管理自主权。继续深化人事制度与分配制度改革，运用正确的政策导向、思想教育和经济手段，打破平均主义，调动广大卫生人员的积极性。

（三）加强农村卫生工作，实现初级卫生保健规划目标

1. 农村卫生关系到保护农民健康，振兴农村经济的大局，各级党委和政府要高度重视，采取有力措施，切实予以加强。

2. 积极稳妥地发展和完善合作医疗制度。合作医疗对于保证农民获得基本医疗服务、落实预防保健任务、防止因病致贫具有重要作用，举办合作医疗，要在政府的组织和领导下，坚持民办公助和自愿参加的原则。筹资以个人投入为主，集体扶持，政府适当支持。

3. 加强农村卫生组织建设，完善县、乡、村三级卫生服务网。

4. 巩固与提高农村基层卫生队伍。合理解决农村卫生人员待遇，村集体卫生组织的乡村医生收入不低于当地村干部的收入水平。

5. 建立城市卫生机构对口支援农村的制度，采取人员培训、技术指导、巡回医疗、设备支持等方式，帮助农村卫生机构提高服务能力。

6. 要高度重视并做好贫困地区和少数民族地区的卫生工作。

（四）切实做好预防保健工作，深入开展爱国卫生运动

1. 各级政府对公共卫生和预防保健工作要全面负责，加强预防保健机构的建设，给予必要的投入，对重大疾病的预防和控制工作要保证必需的资金。

2. 认真做好食品卫生、环境卫生、职业卫生、放射卫生和学校卫生工作。改善生活、生产、工作、学习、娱乐等场所卫生条件，加强环境卫生监测和职业病防治工作，保护人们的健康权益，不允许以污染环境、危害健康为代价，片面追求经济增长。

3. 健康教育是公民素质教育的重要内容，要十分重视健康教育，提高广大人民群众的健康意识和自我保健能力，积极推进“九亿农民健康教育行动”。

4. 依法保护重点人群健康。加强妇幼保健工作，提高出生人口素质，降低婴幼儿死亡率、孕产妇死亡率，积极开展老年人保健、老年病防治和伤残预防、残疾人康复工作。

5. 爱国卫生运动是我国发动群众参与卫生工作的一种好形式。在城市继续开展创建卫生城市活动，提高城市的现代化管理水平，增强市民的卫生文明意识，促进文明城市建设。

（五）中西医并重，发展中医药

1. 我国传统医药与现代医药互相补充，共同承担保护和增进人民健康的任务。中西医要加强团结，互相学习，取长补短，共同提高，促进中西医结合。

2. 正确处理继承与创新的关系。既要认真继承中医药的特色和优势，又要勇于创新，积极利用现代科学技术，促进中医药理论和实践的发展，实现中医药现代化。

3. 积极发展中药产业，推进中药生产现代化。改革、完善中药材生产组织管理形式，实行优惠政策，保护和开发中药资源。

（六）推动科技进步，加强队伍建设

1. 深化卫生科技体制改革，优化结构，分流人员，增强卫生科研机构的活力。保证重点卫生研究机构和重点学科、实验室的投入和建设。

促进卫生科技与防病治病相结合，加快科技成果的转化和应用，大力推广适宜技术。高度重视科技信息的开发、利用和传播，加强信息管理。

扩大卫生领域的国际交流与合作。积极引进先进技术、智力和管理经验。做好卫生援外工作。

2. 办好医学教育，培养一支适应社会需求、结构合理、德才兼备的专业卫生队伍。

3. 加强职业道德教育，开展创建文明行业活动。教育广大卫生人员弘扬白求恩精神，树立救死扶伤、忠于职守、爱岗敬业、满腔热忱、开拓进取、精益求精、乐于奉献、文明行医的行业风尚，自觉抵制拜金主义、个人主义及一切有损于群众利益的行为。

（七）加强药品管理，促进医、药协调发展

1. 药品是防病治病、保护人民健康的特殊商品。必须依法加强对药品研制、生产、流通、价格、广告及使用等各个环节的管理，严格质量监督，切实保证人民用药安全有效。

2. 制定医药发展规划，使医药产业与卫生事业协调发展。加强宏观管理，调整医药企业结构和产品结构。

3. 改进和加强药品价格管理。国家制定药品价格政策，实行分类管理。要限定最高价格，控制利润率。

4. 整顿与规范药品流通秩序。加强对药品经营、销售的管理，严厉打击制售假劣药品的违法犯罪行为，坚决取缔非法药品市场和商业营销点，坚决制止药品购销活动中给予和收受回扣等违法行为。

5. 重视并积极支持医疗仪器、医疗设备、医用材料、医用装置的研制、开发，提高质量，加强生产与使用的监督、管理。

（八）完善卫生经济政策，增加卫生投入

1. 中央和地方政府对卫生事业的投入，要随着经济的发展逐年增加，增加幅度不低于财政支出的增长幅度。积极拓宽卫生筹资渠道，广泛动员和筹集社会各方面的资金，发展卫生事业。

2. 采取多种形式，多渠道筹集卫生资金。国家制定优惠政策，鼓励企事业单位、社会团体和个人自愿捐资，支持卫生事业，建立基金会，对无支付能力的危急患者实行医疗救助。

3. 完善政府对卫生服务价格的管理。要区别卫生服务性质，实行不同的作价原则。基本医疗服务按照扣除财政经常性补助的成本定价，非基本医疗服务按照略高于成本定价，供自愿选择的特需服务价格放宽。

4. 卫生机构要加强经济管理，勤俭办卫生事业。要健全财务管理规章制度，改进核算办法，完善劳动收入分配制度，规范财务行为，提高财会队伍素质，不断提高卫生经费使用效益，加强审计和财政监督。

（九）切实加强党和政府对卫生工作的领导

1. 党和政府的领导是发展卫生事业的根本保证。卫生健康、生老病死涉及到每个家庭和个人的切身利益，各级党委和政府要把卫生工作摆上重要议事日程，作为关心群众疾苦、密切党群关系、促进经济和社会发展的大事来抓，每年至少讨论一两次。

2. 卫生工作要实行分级负责、分级管理。中央政府领导全国卫生工作，主要负责制定卫生法规、政策和卫生事业规划，指导和协调解决全国性的或跨省区的重大卫生问题，并运用各种方式帮助地方发展卫生事业。各级地方政府对本地区卫生工作全面负责，将其作为领导干部任期目标责任制和政绩考核的重要内容。

3. 推进卫生法制建设。要加快卫生立法步伐，完善以公共卫生、与健康相关产品、卫生机构和专业人员的监督管理为主要内容的卫生法律、法规，建立健全相配套的各类卫生标准。

4. 各级党委和政府要关心和爱护广大卫生人员，提高他们的社会地位，改善他们的工作、生活条件，解决好他们的工资待遇、住房等实际问题，充分调动他们的积极性。

5. 中国人民解放军和中国人民武装警察部队的卫生工作，担负着保护和增进全体官兵身体健康、保障国防建设和军事任务顺利完成的特殊使命，并具有为人民服务、支援地方卫生工作，保证各项卫生工作任务的落实和国家卫生法律的实施。

第三节　初级卫生保健（PHC）

一、初级卫生保健概述

面对世界卫生组织提出的人人享有卫生保健的战略目标，通过什么途径使每个人都能享受到基本卫生保健，并争取达到尽可能高的身心健康水平，就成为人们关心的问题。显然，继续在医院花费大量资金企图达到控制疾病的目的是不现实的。要实现人人享有卫生保健这一目标，就必须采取切实可行的措施。初级卫生保健和发展卫生系统是两项行之有效的措施。

（一）初级卫生保健的概念

初级卫生保健是最基本的卫生保健，初级卫生保健在我国也称为基层卫生保健。它提供切实可行的、有科学根据的和社会上能接受的方法和技术，通过个人与家庭的积极参与而达到普及，其所需费用应使国家和居民团体根据自力更生的精神有能力负担得起。初级卫生保健是国家卫生体系中的一个不可分割的组成部分，是国家卫生体系的核心，也是整个社会经济发展中的一个重要组成部分。初级卫生保健是国家卫生体系同个人、家庭居民团体发生联系的第一阶段，最大限度地深入到人们生活和工作的地方。因此，它是完整的卫生事业发展过程的重要因素。

（二）实施初级卫生保健的重要性

实施初级卫生保健是全社会的事业。就国家而言，实施初级卫生保健是政府职责、社会职责；就人民群众而言，人人都有权力享有初级卫生保健，人人都有义务参与初级卫生保健，并为初级卫生保健作贡献；就卫生工作而言，实施初级卫生保健是为全体居民提供最基本的卫生保健服务，以保障与增进人民健康，提高全民族的身体素质。

（三）初级卫生保健的原则

1. 社会公正　初级卫生保健面向社会和全体人民，目的是向全体人民提供必不可少的卫生保健服务。强调任何人都有权力、有机会、有可能平等地享有卫生保健和卫生资源。初级卫生保健的实施充分体现了卫生服务和卫生资源分配与利用的公正性，它要求持续地、有组织地为居民提供容易得到的卫生保健，而不受地理、经费、文化和功能等方面的限制。这种卫生保健在内容上适合，在数量上能满足人民群众基本的保健需要，而且以人们能够接受的形式提供。这不仅意味着在可能的情况下增加必需的卫生资源，重要的是根据人群需要重新分配现有的卫生资源和社会资源。将以往多数卫生资源投入在为少数人口服务的高精尖技术转为投放到为大多数人提供卫生服务或缺医少药地区。

2. 社区和个人参与　在改善人群健康状况的过程中，社区和人民群众将发挥重要作用。应大力宣传和动员社区及人民群众，使他们充分了解初级卫生保健的意义和方法，主动承担起所应负的责任。自力更生、全面参与社区的初级卫生保健活动，为增进自身的健康积极行动起来。改变不利于健康的行为和生活方式，提高自我保健能力，从而为促进社区人民群众的健康水平贡献力量。

3. 部门间协同行动　增进健康在整个人类发展过程中具有高度优先权。健康状况的好坏与社会经济状况密切相关。使全体人民达到与社会和经济状况相适应的健康水平，只靠卫生部门的努力是不可能实现的。初级卫生保健作为卫生体制的基础和社会经济发展的组成部分，必将有赖于全社会各个部门的通力合作与协同行动，如财政、农业、教育、水利、文化、商业、交通等部门。各部门应承担相应的责任和义务，履行各自的职责。分工明确，指标落实，措施得当。

4. 成本效果与效率　以一种最少的成本产生最大效益的模式分配和利用资源，其效益的衡量应以大多数人健康需要的满足程度为标准。它需要改变资源分配方式，如将资源投入方向由以医院和专科服务为主转向地区卫生体制和基层卫生工作。

（四）初级卫生保健的内容

初级卫生保健是一种综合性卫生服务，包括四方面的内容和八项具体工作。

1. 四个方面内容

(1) 促进健康：保持良好的生活方式，加强自我保健能力，增强体质，合理营养，饮用安全卫生水和保持心理健康。

(2) 预防疾病：研究社会人群健康和疾病的客观规律，采取积极有效的措施，预防各种疾病的发生、发展和流行。

(3) 合理治疗：及早发现疾病，及时合理治疗，控制疾病的发生发展，促使早日好转、痊愈。

(4) 康复：病人的症状和体征已经出现，要积极采取措施防止并发症和致残。对丧失了正常功能或功能上有缺陷的残疾者，通过医学的、教育的、职业的和社会的综合措施，尽量恢复其功能，使他们重新获得生活、学习和参加社会活动的能力。

2. 八项具体工作任务

(1) 健康教育。

(2) 增进食物供应与合理营养。

(3) 提供充分的安全用水和基本的环境卫生。

(4) 妇幼保健和计划生育工作。

(5) 主要传染病的预防接种。

(6) 地方病的控制与预防。

(7) 常见病和外伤的恰当处理。

(8) 提供基本药物。

以上八项内容是最基本和最低要求，各个国家可以根据本国家的具体情况，予以调整。1981 年，世界卫生组织又对以上八项内容给予充实，即增加预防和控制非传染疾病和促进精神卫生，将工业发展所致的职业病、不良生活方式所致的慢性病以及外伤、精神卫生、肿瘤等都列入了基层卫生保健的内容。

二、我国实现人人享有卫生保健的措施

(一) 农村合作医疗制度

当前，发展和完善合作医疗制度是做好农村卫生工作的关键，发展合作医疗对于保证农民获得基本医疗服务，落实预防保健任务，防止因病致贫具有重要作用。而且促进了三级医疗预防保健网的建设和基层卫生队伍的巩固，对农村经济发展和社会稳定发挥了重要作用。

1. 建立农村合作医疗保健制度的方针　建立农村合作医疗保健制度必须坚持“政府领导、集体扶持、预防为主、多方筹资、因地制宜、量力而行、科学管理、民主监督”的工作方针。各级政府要把这项工作作为加强农村工作的重要内容，国家和集体给予必要的投入，积极开展初级卫生保健和各项防疫保健工作，把农村常见疾病控制在初发阶段，防患于未然。要从当地农村经济和社会发展的实际情况出发，不搞一刀切。要加强规章制度建设，完善管理办法，努力探索适合我国国情的具有社会主义特色的农村医疗保障制度。

2. 建立农村合作医疗保健制度的原则

（1）坚持自愿的原则。既要坚持群众自愿，不搞强迫命令和乱摊派，又要做好宣传教育，积极引导农民参与。

（2）坚持服务的原则。要重视农民的切身利益，方便农民，主动服务，不以盈利为目的，把社会效益放在首位。同时也要采取切实有效的措施，保证乡村医生有稳定的收入来源。

（3）坚持节约的原则。合理利用农村卫生资源，力争用较低的费用，保障农民得到基本的医疗和预防保健服务，努力减轻农民负担。

（4）坚持适度的原则。合作医疗有一个从低水平向高水平的不断发展过程，在发展经济的同时，要通过改革，不断提高工作质量，扩大服务范围增强抗风险能力。

3. 农村合作医疗保健基金的来源及管理

（1）基金的来源及标准：合作医疗基金本着在国家的扶持下，集体和农民个人共同负担的原则筹集，在现阶段以农民个人负担为主。可有以下五种来源：①政府、集体和个人；②政府和个人；③集体和个人；④集体；⑤个人。

合作医疗基金的标准，既要考虑本地社会经济状况和农民的承受能力，又要考虑合作医疗的保障水平，具有一定的抗风险能力。一般说来，在农民已经达到或接近小康水平（人均超过1000元）的经济较发达的地区，应以“全乡统筹”的形式为主，农民合作医疗基金的数额可占农民人均消费性支出的5%～10%左右，具有较强的抗风险能力；一般的温饱（人均超过200元）、宽裕（人均超过500元）地区，应以“全乡统筹”或“村办村管”的形式为主，农民合作医疗基金的数额可占农民人均消费性支出的3%～5%左右，具有一定的抗风险能力；在贫困地区（人均不足200元）应以“村办村管”的形式为主，农民合作医疗基金的数额可占人均消费性支出的1%～3%左右，主要用于补偿预防保健和门诊医疗费用。政府对贫困地区的合作医疗应给予相应的投入。

（2）健康保健基金的管理：健康保健制度的管理，重点是对基金的管理。对合作医疗基金要加强民主监督和科学管理，严格基金管理制度，专款专用。坚持量入为出，略有节余，逐年积累，滚动发展的原则。经过科学测算来确定合作医疗的报销范围和比例，确定起报点和限报点。避免盲目攀比，追求高报销比例和报销范围。合作医疗基金由“合管会”管理，参加者的医疗预防保健费用的补偿项目可分为六种：① 单门诊；②单住院；③单预防保健；④门诊、住院两结合；⑤住院、预防保健两结合；⑥门诊、住院 、预防保健三结合。补偿方式可采用报销的办法，即参加者或医疗卫生机构先垫支医疗预防保健费用，然后按合作医疗章程到“合管会”报销；也可按责、权、利统一的原则将合作医疗基金包给医疗卫生机构使用。在私营医疗机构就诊的医疗费用，合作医疗一般不予报销。银行允许设立合作医疗基金账户，并在利率上给予优惠。

在已办合作医疗的地方，广大农民的基本医疗得到保障，医药费负担明显减轻。做好农村卫生工作，实施初级卫生保健，保护和增进农民健康，是党和政府义不容辞的责任。

表 1-1 我国农村人人享有卫生保健的最低限标准（以县为单位）

初级卫生保健指标	不同经济地区最低限标准			
	贫困	温饱	宽裕	小康
1. 把初级卫生保健纳入县乡（镇）政府工作目标和当地社会经济发展规划（%）	100	100	100	100
2. 县乡（镇）政府年度卫生事业拨款占两级财政支出的比例（%）*	8	8	8	8
3. 健康教育普及率（%）	50	65	80	90
4. A. 行政村卫生室覆盖率（%）	90	95	100	100
B. 甲级卫生室占村卫生室的比例（%）	30	50	70	90
5. 集资医疗保健覆盖率（%）	50	50	60	60
6. “安全卫生水”普及率（%）	60	70	80	90
7. “卫生厕所”普及率（%）	35	45	70	80
8. 食品卫生合格率（%）	80	80	85	85
9. 婴儿死亡率每5年递降百分比（%）	20	15	8	5
10. 孕产妇死亡率每5年递降百分比（%）	30	25	20	15
11. 儿童“四苗”单苗接种率（%）	85	85	90	95
12. 法定报告传染病发病率每5年递降百分比（%）	15	15	10	10
13. 地方性疾病区特定指标：地方病患病率每5年递降百分比（%）	10	10	5	5

注：根据我国现行财政体制，标有 * 的指标由各级政府审定。

（二）城镇职工实现人人享有卫生保健的措施

加快医疗保险制度改革，保障职工基本医疗，是建立社会主义市场经济体制的客观要求和重要保障，是实现人人享有卫生保健的关键。国务院决定在全国范围内进行城镇职工医疗保险制度改革。

1. 改革的任务和原则　医疗保险制度改革的主要任务是建立城镇职工基本医疗保险制度，即适应社会主义市场经济体制，根据财政、企业和个人的承受能力，建立保障职工基本医疗需求的社会医疗保健制度。

建立城镇职工基本医疗保险制度的原则是：基本医疗保险的水平要与社会主义初级阶段生产力发展水平相适应；城镇所有用人单位及其职工都要参加基本医疗保险；实行属地管理；基本医疗保险费由用人单位和职工双方共同负担；基本医疗保险基金实行社会统筹和个人账户相结合。

2. 覆盖范围和缴费办法　城镇所有用人单位，包括企业、机关、事业单位、社会团体、民办非企业单位及其职工，都要参加基本医疗保险。

基本医疗保险原则上以地级以上行政区为统筹单位，也可以县（市）为统筹单位。基本医疗保险费由用人单位和职工共同缴纳。用人单位缴费率应控制在职工工资总额的6%左右，职工缴费率一般为本人工资收入的2%。随着经济发展，用人单位和职工缴费率可作相应调整。

3. 建立基本医疗保险统筹基金和个人账户　要建立基本医疗保险统筹基金和个人账户。基本医疗保险基金由统筹基金和个人账户构成。职工个人缴纳的基本医疗保险费全部计入个人账户。用人单位缴纳的基本医疗保险费分为两部分，一部分用于建立统筹基金，一部分划入个人账户。划入个人账户的比例一般为用人单位缴费的30%左右。

统筹基金和个人账户要划定各自的支付范围，分别核算，不得相互挤占。要确定统筹基金的起付标准和最高支付限额。起付标准原则上控制在当地职工年平均工资的10%左右；最高支付限额原则上控制在当地职工年平均工资的5倍左右。起付标准以下的医疗费用，从个人账户中支付或由个人自负。起付标准以上，最高支付限额以下的医疗费用，主要从统筹基金中支付，个人也要负担一定比例。超过最高支付限额的医疗费用，可以通过商业保险和医疗救助等途径解决。

各地对基本医疗保障水平、医疗保险基金筹资水平、社会统筹与个人账户的具体结合方式等医疗保险制度改革关键的问题，作了认真探索和实践，出现了多种形式。在筹资上，有些城市是社会统筹基金与个人账户基金统筹，集中管理；有的先筹大额住院统筹基金，个人账户下一步建立等。在“统账结合”方式上，有些城市采取三段“通道式”，账户基金与统筹基金对门诊与住院连贯使用；有的采取“板块式”，个人账户主要用于门诊，社会统筹主要用于住院。新的职工医疗保险制度正在逐渐建立，职工的基本医疗保障水平将有较大提高。

4. 基本医疗水平的控制　在医疗保险的筹资上，以“低水平，广覆盖”为原则，根据财政、企业等各方面的承受能力，确定基本医疗筹资率。基本医疗保障就是医疗保险基金只能给付最基本的医疗费用，基金由社会统筹，职工平等享受，标准必须有限制。控制基本医疗水平，从三个方面着手：一是从筹资总量上控制基本医疗保障水平；二是从基本药物、基本诊疗技术；三是从基本医疗生活服务设施等方面进行控制。国家制定最基本的用药目录与标准，明确基本医疗保障的范围和水平。一般按照当地职工年平均工资的5倍左右筹集资金。职工的基本医疗保障水平有较大提高。新制度对医疗服务的供、需双方加强了制约，对医院严格规范诊疗技术行为，制定基本用药目录，实行定额结算支付办法等，医疗费用增长过快的势头有所遏制；医疗机构的配套改革和区域卫生规划也有较大发展。

目前职工医疗保险改革还存在不少困难，各地发展不平衡，正在试行之中，要及时研究解决工作中出现的问题，各部门要积极参与，密切配合，共同努力，确保城镇职工基本医疗保险制度改革工作顺利进行。

第四节　医学模式的转变与疾病的三级预防

一、医学模式的概念

医学模式即医学观。是指人们对健康和疾病现象的看法，以及在这些观点的指导下去观察、分析和处理有关人类的健康和疾病问题。它是在医学科学发展中逐渐形成的。它反映了医学科学在某特定历史时期的总的特征。它研究医学的属性、职能、结构和发展规律，考察其发展趋势，是哲学思想在医学中的反映。医学模式既体现医学观，也体现方法论。

在辩证唯物主义思想指导下逐步形成的正确医学观，是促进医学科学发展、指导卫生工作实践、发展卫生事业所不可缺少的思想基础，它不仅影响着医学思维和行为，也关系到医学行为所产生的后果。它对医学教育、医学研究和卫生服务起着重要的指导作用，对于保护人类健康、疾病防治及其效果起着重要的作用。

二、医学模式的转变

随着医学科学的进步、人类健康需求的变化及医学的社会化，医学模式也经历了多次转变，在人类医学实践中不断地得到充实、深化与完善。

（一）神灵主义的医学模式

古代生产力水平低下，科学技术思想尚未确立，人们对健康和疾病的理解与认识是超自然的。人们认为生命与健康是上帝神灵所赐，疾病和灾祸是天遣神罚。因此，人们对健康的保护和疾病防治主要依赖祈祷和巫术，以求神灵的宽恕与保佑。

（二）自然哲学的医学模式

随着生产力的发展和医学技术水平的提高，人类对健康与疾病的认识也逐渐发生了改变，开始把健康与疾病和人类生活的自然环境与社会环境联系起来观察思考，产生了朴素的辩证的整体医学观。如中国古代的气、阴阳五行的病理观，古希腊希波克拉底提出的“四体液”学说等，此模式一直延续到产业革命才开始转变。

（三）机械论的医学模式

随着欧洲文艺复兴运动的兴起，带来了工业革命和商业繁荣，推动了科学技术的进步，也带来实验科学的兴起。实验科学家培根提出“用实验方法研究自然”，在其影响下，笛卡尔的《生物是机器》、拉美特利的《人是机器》都把人体当作“是自己发动自己的机器，疾病是机器某部分故障失灵，需修补完善”，人和动物的不同在于“多几个弹簧和齿轮”，保护健康像维护机器一样。这就形成了机械论的医学观。机械论的自然观和实验科学观直接影响着医学的研究，使医学各门类有较大发展。如哈维发现血液循环，莫尔干尼观察和创立器官病理学，魏尔啸进而提出细胞病理学，巴斯德发现微生物。正是由于这些医学科学的发展，促进了该模式的转变。

（四）生物医学模式

工业革命的浪潮，为自然科学和医学的发展提供了有利的条件和方法。能量守恒和转化定律、细胞学说、进化论揭示了自然界固有的辩证法，动摇了形而上学、机械论的自然观。而传染病问题的突出，带来了细菌学研究的深入，开拓了细菌学时代。人们开始认识到，宿主、环境和病因之间动态平衡的破坏，可以导致疾病的发生。对病原的研究形成了疾病与病因的单因—单果模式，在某种程度上揭示了急、慢性传染病的流行规律。这种从纯生物学角度理解，维持生态平衡的观念，称为生物医学模式。

生物医学模式对现代医学的发展起着积极的作用，人们运用生物医学的成就，对防治急、慢性传染病和寄生虫疾病取得了重大成果。但是，生物医学模式忽视了人的整体性，只注重了人的自然属性，忽视了人的社会属性；只注重生物因素对疾病的影响，而忽视了社会及心理因素所起的重要作用。此外，生物医学模式只注重实验方法，忽视甚至排斥其他研究方法。

（五）生物——心理——社会医学模式

生物——心理——社会医学模式立足于作为医学对象人的生物与社会双重属性，立足于生物、心理、社会等多种因素。在群体水平上，认为健康与疾病问题，不仅需要借助于实验方法，进行有关生物学变量测定，而且还要借助于社会调查等方法，结合人们的心理、社会和行为生活方式等因素进行分析，才能更全面、更深刻地认识健康与疾病相互关系的本质。而且，也只有采取生物的、心理的、社会的以及行为和生活方式的综合防治措施，才能收到良好的防治疾病的效果。

随着人类社会经济文化和医学科学技术的发展，人类的疾病谱和死因谱已经或正在世界的大部分地区，其中也包括在我国发生明显的变化。历史上曾经是人类健康主要威胁的烈性传染病、严重的寄生虫病、营养缺乏病等已明显减少，有的已经控制，甚至消灭。而心脑血管疾病、恶性肿瘤等正日益增多，上升为前三位死因。而这些疾病几乎无一不与人们的心理、社会因素有密切的关系。至于公害病、职业病、意外伤害等更是主要来自心理和自然、社会环境因素。有的就是“人为的疾病”、或“自我创造性疾病”，直接与心理、社会、行为与生活方式，诸如吸烟、吸毒、酗酒、自杀等有关。有的学者已将现代致病因素分为环境、行为与生活方式、医疗卫生服务和生物遗传四大类。调查资料表明，生物遗传因素引起的先天性畸形中，80％以上也是环境因素作用于遗传物质造成的。因此，环境因素在致病过程中居于主导地位。这就是为什么越来越多的有识之士认识到，这里已不是医疗技术所能解决得了的问题。实际上，生物医学模式不仅在精神性、心因性、社会性疾病方面遇到了严重的障碍，束手无策，就是在病因、病变明确的躯体疾病方面也遇到了很多困难。

现代医学已不仅要求由治好病到不得病到健康长寿，而且要求重新面向健康，要求不断提高环境质量和卫生保健服务质量，要求群体保健。所有这些，都是生物医学模式无能为力的，反映了生物医学模式向生物—心理—社会医学模式转变的必要性和历史必然性。

三、医学模式的转变对护理工作的影响

在护理学发展的过程中，随着医学模式的转变，护理工作也在不断的改革、发展和完善。

人们自思考健康和疾病的现象开始，就不断的自我认识，自我体验，探求健康和疾病的本质。由于古代科技水平的低下，人类对健康和疾病的认识只能作超自然的理解，认为疾病是鬼神作怪，天遣神罚。健康与生命乃神灵所赐。由于人们对医学知识的了解，常以朴素的哲学观点来概括防病治病的经验，解释疾病的现象。护理学思想，也是非常朴素的，它只从表面现象出发来满足患者的主观要求，但很不全面。当时护理工作多出自宗教的恩赐观点，组织妇女以慈善怜悯之心，去做一些最简单的生活护理，而这些人未受过任何正规训练。

随着社会的发展，科技水平的提高，人类认识水平也发生了变化，对宏观宇宙，世界万物，逐渐有了粗浅的认识和理性的概括，中国有了气、阴阳五行的病理观，国外有了“四体液”学说，以及发现了血液循环，从而产生了以实验生物学与细胞病理学为基础的生物医学模式，在这种模式的指导下，人类在防病治病和维护健康方面，作出了很大成绩，生物医学模式对护理学产生了深刻的影响，但这种模式把疾病当做是单纯的躯体性病理变化，把人和自然、环境分裂开来。它违背了整体和系统的观点，单从生物属性上考察人类的健康与疾病，而人不仅具有生物属性，还具有社会属性，因此必须把人置于社会大系统之中，重视社会因素对疾病的发生、发展和转归的作用。

生物医学模式对护理学的要求是以疾病为中心的护理，护理重点是执行医嘱和完成常规性机械工作。忽视病人的心理因素和社会因素。

生物医学模式转变为生物—心理—社会医学模式，不仅在理论上是一次飞跃，而且对医学的发展带来深远的影响。它指导人们更全面更客观地认识和解决现代化社会的医疗和保健问题。这一概念的产生为护理学提出了更多的研究课题，使护理的范围不断扩大。护理的方式从整体观点出发，掌握人的心理状态、情绪反应、性格特征以及社会背景的个体特点，科学地、有计划地实施整体护理。整体护理是“以服务对象为中心”，要求护士运用护理程序，整体观察评估、分析和满足病人生理、心理、社会、精神、文化、发展等方面的需求，帮助服务对象获得最大程度的健康。

生物——心理——社会医学模式认为，人的精神因素与全身生理活动有密切联系，有时疾病的发生和病情的改变直接与社会因素有关。因此，从整体看待病人，重视心理、社会因素在疾病发生发展中的作用。根据不同病人的心理活动，在护理工作中采取安慰、鼓励、劝导、解释、暗示等手段以达到病人早日康复。

总之，现代医学科学的进展，反映在概念与模式的转变，即从生物医学模式向生物、心理、社会医学模式转变，在该模式的指导下，现代医学从整体动态联系中探索着人体健康和疾病的本质，树立“整体护理”的观念，为病员提供优良的技术操作与服务质量，是现代护理人员应尽的职责。

四、健康的概念与疾病的三级预防

（一）健康的概念

人们对健康的认识，随着医学科学的发展而逐步深入。最早粗浅的认识，无病就是健康。这一概念早在本世纪30年代就被否定，而代之以健康意味着“结实的体格和完善的功能，并充分地发挥其作用”。世界卫生组织（WHO）对健康的含义提出了新的解释：“健康不仅是没有疾病和身体虚弱，而是身体、心理、社会的完好状态”。医学不仅要担负治疗疾病和预防疾病的任务，还有促进心身健康的使命。

（二）疾病的分期

疾病的过程分为三个阶段。

1. 发病前期　机体中有病因因素的存在和作用，但机体是健康的，其生理调节和代偿功能是正常的，若能及时消除病因因素的作用，则可防止疾病的发生，这就是第一级预防。

2. 发病期　当病因突破机体的保护屏障时，可使生理调节和代偿机能减弱或紊乱、发生病理改变，出现症状和体征，此为发病期。此期若能早期发现、早期治疗可以减轻病情的发展，使病人恢复健康，即第二级预防。

3. 发病后期　由于疾病的严重伤害，机体的调节和代偿功能丧失，导致病人死亡、致残或后遗症。如在疾病后期采取有效的治疗措施，可避免疾病的恶化、致残或死亡，使机体逐渐恢复健康，即为第三级预防。

（三）疾病的三级预防

三级预防的具体内容：

1. 第一级预防　亦称为病因预防，这是最积极最有效的预防措施，措施如下。

(1) 针对机体预防措施：增强机体抵抗力，戒除不良嗜好，进行系统的预防接种，做好婚前检查。

(2) 针对环境的预防措施：对生物因素、物理因素、化学因素做好预防工作，对遗传致病因素的预防，加强优生优育和围生期保健工作，防止近亲或不恰当的婚配。

(3) 对社会致病因素的预防：对心理致病因素的预防，不良的心理因素可以引起许多疾病，如高血压、冠心病、癌症、哮喘、溃疡病等大多与心理因素有关。

2. 第二级预防　亦称“三早”预防，三早即早期发现、早期诊断、早期治疗。它是在疾病初期采取的预防措施。

对于传染病，“三早”预防就是加强管理，严格疫情报告。除了及时发现传染病人外，还要密切注意病原携带者。

对于慢性病，“三早”预防的根本办法是做好宣传和提高医务人员的诊断、治疗水平。通过普查、筛检和定期健康检查以及群众的自我监护，及早发现疾病初期（亚临床型）患者，并使之得到及时合理的治疗。由于慢性病常是经过致病因素长期作用后引起的，给“三早”预防带来一定的困难。

3. 第三级预防　亦称康复治疗，是对疾病进入后期阶段的预防措施，此时机体对疾病已失去调节代偿能力，将出现伤残或死亡的结局。此时应采取对症治疗，减少痛苦延长寿命，并实施各种康复工作，力求病而不残，残而不废，促进康复。

三级预防之间的关系和内容见图 1-1。三级预防对我国预防为主的卫生工作方针赋予更为深刻的含义和更为丰富的内容，是现代预防医学的重要扩展，也是现代预防医学的显著标志。

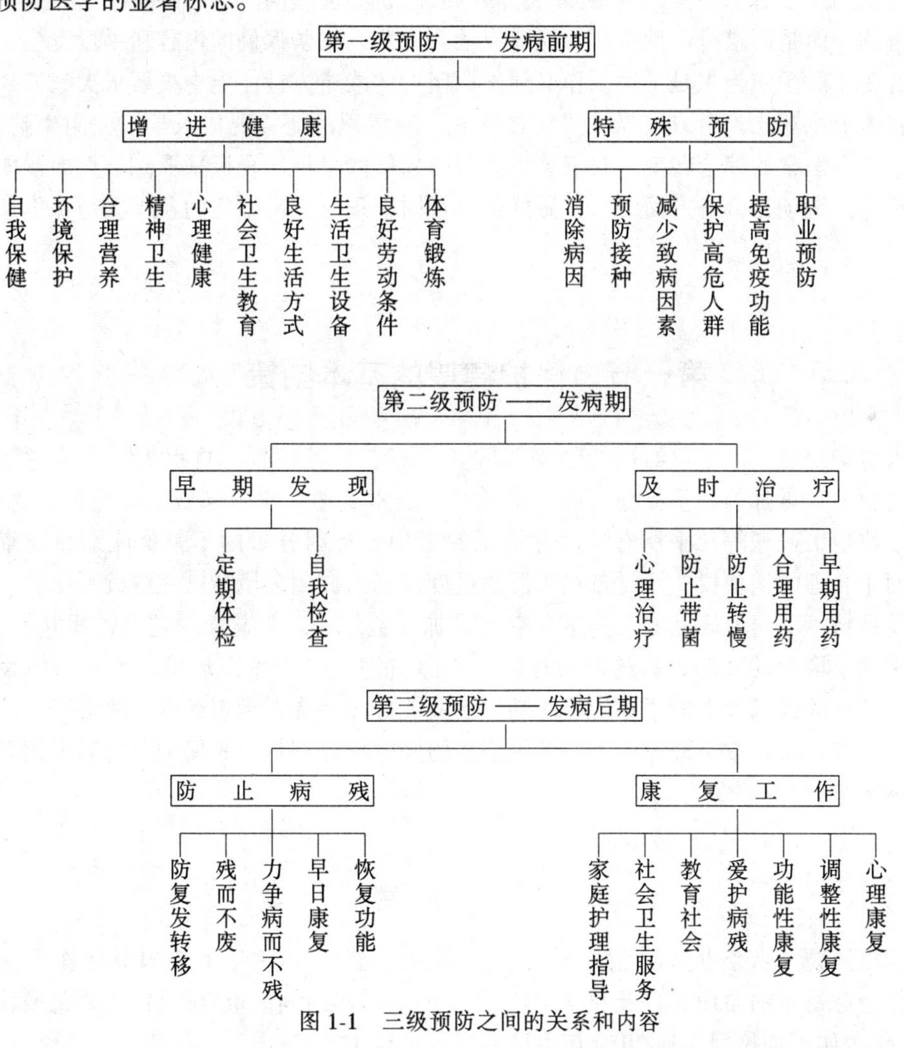

图 1-1　三级预防之间的关系和内容

（临沂医学高等专科学校　邵昌美）

第二章　预防保健策略与措施

预防保健对改善、提高人们的健康状况起着重要的作用，在一定意义上，没有预防保健事业，就没有人民的健康。预防保健是国家对人民实施预防疾病、保护健康和促进健康的综合措施。预防保健的发展与社会的发展、人类对疾病的认识及健康观的改变有着密切的关系。随着经济水平的提高、科学技术及医疗卫生技术的发展，人们的生活有了很大的改善，对健康的要求也相应提高，不再满足于治疗疾病和不得病，而是要求身心健康、并能适应社会，所以预防保健的内容和手段发生了很大的变化。预防为主是卫生工作必须长期坚持的战略方针，党中央要求大家要树立和宣传卫生观念，全方位强化“预防为主”的意识，随着现代医学正在向生物、心理、社会医学的综合转变，我们要扩大预防保健的范围，积极采取综合性的预防保健措施，调动社会各方面的力量做好群体预防，逐步实现制定的各项预防保健策略。

第一节　保护健康的基本国策

人口增长过快，不仅给社会带来了就业困难、营养不良、住房拥挤、能源短缺、文盲人数增加等许多社会问题，而且对人类本身的生存带来威胁。空气、水、森林、耕地、矿藏等几乎所有的生存资源的平均数都因分母的不断膨胀而日益缩小。而不合理的消费模式及对自然资源的过度消耗造成的环境污染在继续恶化。使本身就拥挤不堪的地球上的人类生存空间更加日益缩小。为此面对这些严重挑战，人类必须采取行动减轻人口的增长速度，消除贫困，保护生态环境，实现持续发展。为所有的人民和他们子孙后代能够生活的美好和幸福，承担起应有的责任。我国政府坚持在实行改革开放，大力发展经济的同时将计划生育和保护环境确定为两项基本国策。

一、计 划 生 育

人口问题是当今世界普遍关心的问题。现在，世界上每天就有 20 多万个婴儿降生。全球每年的净增人口近 9000 万，短短的几十年时间，世界人口从 20 亿增长到 60 亿，如不加控制，到 2050 年世界人口将增至 125 亿。

我国人口多，耕地少，底子薄，人均资源不足，经济社会发展水平极不平衡。1995 年 2 月 15 日，我国大陆总人口已达到 12 亿，而且每年净增人口在 1400 万左右。即使严格控制人口增长，预计到2050年，中国人口达到16亿后，才有可能减缓增长。如果人口盲目增长，将会使资源破坏，环境恶化，人类生存会受到严重威胁。面对如此严重的问题，我国及世界其他一些国家1974年在布加勒斯特，1984年在墨西哥城曾召开了两次世界人口大会，提出发展是控制人口增长的最好办法。其后，“发展是最好的避孕药”成为流行一时的信条。但人口过快增长的严峻性、挑战性、广泛性，使得世界对人口问题的认识发生了深刻的变化，人口与发展问题密不可分，并于1994年9月5日至13日在埃及的开罗召开了国际人口与发展大会，180多个国家的政府代表及非政府组织代表参加了此次大会，并通过了《行动纲领》。我国国务委员兼计生委主任彭佩云代表我国政府阐述了我国的原则立场：

1. 人口问题从本质上讲是一个发展问题。只有坚持发展生产力，促进经济和社会的全面发展，并通过文化教育、卫生保健、计划生育、提高妇女地位和环境保护等综合措施，才能从根本上解决人口问题。各国根据本国国情制定人口政策和方案，并将其作为国家经济社会持续发展战略的重要组成部分，不但可以加速经济社会发展，消除贫困，而且可以提高人民生活水平，改善人民生活质量。

2. 实施人口与计划生育方案，减缓人口增长的速度，是解决许多发展中国家人口问题的有效措施。凡是人口增长速度已经妨碍经济社会发展的国家，制定和实施适当的控制人口过快增长的政策和人口目标，将有利于经济和社会的发展，有利于更好地保护本国人民的生存权和发展权。政府应当努力向所有需要计划生育服务的人，提供可接受、可获得并能负担得起的高质量的计划生育服务，帮助所有夫妇和个人自由地、负责任地作出有关生育的决定。推行计划生育反对任何形式的强迫命令。

3. 各国的人口状况、经济发展水平、文化背景、历史传统各不相同，因此不可能按一个统一的模式解决各国所面临的人口问题。各国根据本国的人口状况和具体国情，自主地确定其人口政策和人口目标，以及实现这一目标的方案和措施，是各国的主权，应当受到充分的尊重。

4. 提高妇女地位，改善妇女受教育的条件，促进妇女参加政治与经济发展，保障妇女权益实现男女平等，对人口与发展方案获得成功至关重要。应当努力为妇女提供生殖健康和计划生育的信息、教育、咨询等服务。男子应更多地参与并承担起计划生育和养育子女的责任。

稳定世界人口，实现可持续发展，不仅需要各国政府的努力，也十分有必要加强和促进国际合作。发达国家应改善国际经济环境，增加人口与发展领域的资金，优惠转让技术，这对于发展中国家和发达国家都是有益的。联合国及有关机构应在国际合作方面作出新的贡献。国际非政府组织继续发挥其独特的积极作用。

5. 人口与发展领域的国际合作必须建立在相互尊重和平等互利的基础上，必须符合联合国宪章的精神。任何国家在人口与发展领域提供援助都不应附加政治条件，联合国发展援助机构必须坚持其援助的普遍性、中立性的宗旨和原则。

我国自70年代全面推行计划生育以来，人口自然增长率由1970年的25.84‰

降至1993年的11.45‰（发展中国家由23.8‰降至21‰，发达国家由8.6‰降至5.4‰），个别地区出现人口负增长，如上海市。按照70年代的增长率计算，我国人口到现在的20多年至少少生了2亿人。但我国面临的人口问题仍然比较严重，人口增长的绝对数仍然很多，约有八千万贫困人口尚未解决温饱问题，妇女受教育程度低，男女比例失调，人口结构不合理等。因此，在实际工作中，要注意下列问题：

（1）加强人口理论教育，增强人口危机意识。对全国人民特别是党员干部进行人口理论教育，使他们充分认识到人口与发展的关系。

（2）开展“三结合”、“三为主”服务。把计划生育工作同发展农村经济相结合；同帮助农民勤劳致富奔小康相结合；同建设文明幸福家庭相结合。搞好生产、生育、生活“三生”服务。

（3）使男女出生比例相协调，人口结构更加合理。

（4）积极开展计划生育技术的研究、推广和普及。

（5）加强生殖健康的研究。发展中国家产妇死亡的30%～50%是由不安全堕胎引起的并发症所致。目前，我国城市98%和农村70%的孕产妇能获得产前检查，全国新法接生率达84.1%，与建国初期相比，孕产妇死亡率由1500/10万下降到94.7/10万，婴儿死亡率由200‰下降到31.42‰，成绩比较大。但死亡的绝对数字并不少，因此，应加强生殖健康的研究。

二、环境保护

人类在不断地改造自然、利用自然，使自身得到更好的生存与发展；但自然资源并不是取之不尽用之不竭的；地球对废弃物的容纳能力也不是没有限制的。人类对资源无节制的、掠夺性的开采，能源的过度消耗，对环境的任意污染和破坏，最终又会毁掉人类生存和经济发展所依赖的物质基础。特别是18世纪工业革命以来，人类社会由农业文明（黄色文明）跨入了工业文明（黑色文明），然而与此同时，人类与自然的关系也在急剧恶化，资源面临枯竭，污染日益严重，震惊世界的公害事件频频发生。1972年6月5日在瑞典首都斯德哥尔摩曾召开联合国人类环境大会，解决环境污染问题，但全球环境仍呈恶化趋势，温室效应、臭氧层破坏、森林面积减少、土地沙漠化等步伐正在加快。目前，一个环境保护的绿色浪潮正冲击着人类的生产方式、生活方式和思维方式，人类将重新审视自己的行为，摒弃以牺牲环境为代价的“黄色文明”和“黑色文明”，建立一个人与大自然和谐相处的“绿色文明”。为加速这场环境革命的到来，解决环境与发展的这一全球性问题，1984年成立了世界环境与发展委员会，并于1992年6月3日至14日在巴西里约热内卢召开了联合国环境与发展大会，会议敦促各国政府和公众采取积极措施，协调合作，防治环境污染和生态恶化，为保护人类生存环境而共同努力，会议讨论并通过了《地球宪章》、《21世纪行动议程》、《保护生物多样性公约》等一系列重要文件。

我国作为一个人口众多、人均资源贫乏的大国，环境保护是我国的一项基本国策。除了在《宪法》中对环境保护问题作了明确规定外，还先后制定和实施了《环境保护法》、《森林法》、《海洋环境保护法》、《大气污染防治法》、《水污染防治法》、《野生动物保护法》等一系列专门法律和法规。此外，还制订了经济建设、城乡建设、环境建设同步发展的战略方针和"以强化管理为主，以管促治"、"预防为主，防治结合"、"谁污染，谁治理"等一系列方针政策。按照联合国环境与发展大会精神，根据我国具体情况，制订了环境与发展十大对策：

1. 实行可持续发展战略。放弃传统的以大量消耗资源和粗放经营为特征的传统发展模式。

2. 采取有效措施，防治工业污染。影响环境质量的主要污染物来源于工业生产，工业设备陈旧，技术落后是主要原因，应加快工业技术设备的更新改造。

3. 深入开展城市环境综合整治，认真治理城市"四害"。如：烟尘污染、污水、废渣及生活垃圾、工业与交通噪声等。

4. 提高能源利用效率，改善能源结构。节约能源，逐步改变我国以煤为主的能源结构。

5. 推广生态农业，坚持不懈地植树造林，切实加强生物多样性保护。开展大规模的国土整治，在风沙易发地带和沿江、沿海地区营造防护林带。我国北方防护林带体系长达4480公里，已建立了600多处自然保护区，总面积约40万平方公里，一大批野生珍稀动植物得到了保护。

6. 大力推进科技进步，加强环境科学研究，积极发展环保产业。

7. 运用经济手段保护环境。

8. 加强环境教育，不断提高全民族的环境意识。

9. 健全环境法制，强化环境管理。

10. 参照环境与发展大会精神，制订我国行动计划。目前已制订了《中国21世纪议程》，《中国社会发展纲要（1996—2010年）》。

第二节　卫生标准与卫生立法

一、卫 生 标 准

（一）卫生标准的概念

卫生标准是将人们在日常生活和生产中接触危害因素的程度限制在最低限度内，使其对接触者及其子代的健康不产生危害作用。它是为了改善人类生活环境和生产环境，保障居民健康而制定的。对环境中生物因素所致的传染病和寄生虫病，可通过"生物制品标准"、"水质标准"、"粪便垃圾处理条例"等卫生标准予以控制。而化学、物理因素在环境中不可能达到对人完全无害的水平，故要制订出人可长期接受的安全水平。通过法规形式而公布执行。

(二) 制定卫生标准的步骤

1. 卫生、环境保护、劳动部门在其职能范围内，通过科学研究，提出有害因素接触限值，这仅是一个建议值。

2. 经过国家卫生标准委员会审议，根据危害水平、技术上可行和经济上可以承受，提出建议"卫生标准"。

3. 报国家技术监督局审查，并送国务院或有关职能部门批准公布，作为一种法规实施。由各级卫生防疫站、食品卫生和环境卫生监督部门监督执行。

(三) 制定卫生标准的要求

1. 对健康无危害　制定卫生标准的目的是保障人群的健康，应具有防止疾病的传播，不发生急、慢性中毒、致癌和致畸作用。

不同的专业有不同的卫生标准，并各有其保障健康的要求。例如水和大气的卫生标准，按每24小时考虑；食品的卫生标准，应确保消费者食用安全，不发生急、慢性疾病或营养不良；在生产环境中的劳动卫生标准，则应在每天8小时，每周5天劳动的情况下，不引起急、慢性职业病。

2. 对主观感觉无不良影响　环境中有害物质的卫生标准不引起对眼、鼻、口腔等部位的不良感觉和刺激作用。而且要求无异臭、异味、异色和不良刺激。

(四) 制定卫生标准的方法

1. 主观感觉作用阈值　在确定受试人员安全条件下，在实验室内直接对人进行测试，以求得水或大气中有害物质的刺激作用阈、嗅觉阈、味觉阈或颜色阈值。选择最低浓度阈值为该物质主观感觉限制浓度。

2. 对健康作用阈值　通过动物实验，取得急、慢性毒作用阈值，以及致癌、致畸和诱变试验的定性和定量的结果。然后选择适当的安全系数，提出初步的健康危害作用阈值。再通过现场调查和人群流行病学研究，对动物实验结果加以验证。提出健康危害作用阈值。

(1) 最高容许浓度（MAC）：最高容许浓度是指工人工作地点空气中有害物质在长期多次有代表性的采样测定中，均不应超过的数值。

适用条件是：接触有害物质的时间以每天8小时，每周5天计算，在不超过该浓度的情况下，工人长期接触亦不致产生现代检查方法所能发现的任何病理改变。如求有机磷杀虫剂"乐果"在环境中的最高容许浓度，首先要考虑此杀虫剂可经水、食物、空气进入人体。世界卫生组织建议乐果每人每日容许摄入量为0.02mg/kg。如体重按70kg计算，则每人每日容许摄入总量为1.4mg。此标准从每人每日自饮水、食物及大气中可能进入的量作出估计。

最高容许浓度的制定方法：

第一步　动物实验在卫生毒理实验中，（包括急性、慢性、致畸、致突变、致癌等）确定对动物的最大无作用剂量或慢性阈剂量。

第二步　根据卫生毒理实验中得到的最大无作用剂量或慢性阈剂量，考虑适当的安全系数。一般选择安全系数的范围为2～50倍，对于致癌、致突变、致畸性毒物应从严掌握，可选100倍甚至更大的安全系数。

第三步　对现场进行调查研究，观察人体健康状况的变动，根据实际情况修订试行标准，提出正式标准，由国家公布执行。

(2) 致适浓度：饮用水中氟浓度与氟斑牙的发病率呈正相关，与龋齿的发生率呈负相关，只有当饮用水中氟浓度在0.5～1.5mg/L时，两者的发病率均低，因而可认为0.5～1.5mg/L即为饮水中氟的致适浓度。

(3) 最低需要量：钙是人体必需营养素，钙的最低需要量必须保证人体钙的需要而制定。

(五) 我国主要的卫生标准

我国现行的卫生标准，主要有以下几类。

1. 空气卫生标准

(1) 车间空气中有害物质最高容许浓度：它以保障工人健康为目的，接触有害物质时间以每天8小时，每周5天计算，在长期接触下不产生现代检查方法所能发现的任何病理改变的浓度，其目的是保护生产工人的健康（见第六章）。

(2) 大气有害物质最高容许浓度：它以整个居民为对象，考虑到老、幼、病、弱等，对居民区大气中有害物质规定了最高容许浓度，其目的是保护居民的健康。(见第五章)

2. 水卫生标准

(1) 生活饮用水水质卫生标准：对生活饮用水经过各种净化措施处理后，水质应达到的标准要求。(见第五章)

(2) 地面水有害物质最高容许浓度标准。

(3) 工业“废水”最高容许排放浓度标准。

3. 食品卫生标准

(1) 每日营养素供给量标准：是在满足正常生理需要量的基础上按食物生产情况和饮食习惯而规定的标准，可供参考。(见表8-1)

(2) 食品中有害物质容许量标准：它是根据广大居民膳食摄取量及有害物质的“最大无作用剂量”制订的食物中有害物质最高容许含量，详见我国《食品卫生标准》。

4. 各种物理因素的卫生标准　如噪声、振动、放射线等，我国均制定了最高容许剂量。卫生标准是进行卫生监督工作的依据，它是进行规划设计，卫生监测，环境质量评价及采取各种治理措施和评价措施效果的依据，总之，卫生标准是保护人民群众健康的依据。

二、卫 生 立 法

(一) 卫生立法的概念

卫生立法是由国家权力机关依照立法程序制订或认可并以国家强制力保证实施的各种有关文件的总称。它是我国从“人治”走向“法治”的重要步骤。是从道德规范提高到法律规范、从部门管理上升到国家管理的重大改革，是健全社会主义法制、巩固国家制度的需要，是保护人民群众健康的重要保证。

（二）卫生立法的重要性

1. 随着我国工农业的迅速发展，工业三废、化学农药、生活废弃物等有害物质的不断增加，群众的生产环境、生活环境以及食品的污染越来越严重。应及早立法干预、控制污染，以免危害人民健康。

2. 某些传染病近年来在我国有所回升并有流行趋势，必须早期预防治疗。

3. 对少数不法分子违反卫生法规现象，应发挥法律作用，加以制裁，确保人民的健康。

4. 随着外交政策的开放，为了预防国内外一些疾病的传播，解决外贸索赔争议，维护我国主权和尊严，必须立法。

（三）卫生立法的程序

1. 主管部门组织专门的法律起草小组，负责调查研究与讨论，提出《草案》。上报国务院，由国务院发往全国各地征求意见，经国务院常务会议讨论通过，再由国务院正式作为议案向全国人大提出草案。

2. 审议　国务院向全国人大提出卫生法《草案》，经全国人大常务会议审议，再经全国人民代表大会法律委员会审议通过。

3. 通过　根据我国宪法规定，卫生法的制定必须由全国人民代表大会全体代表的半数以上通过。

（四）卫生法规的实施

1. 实施的基本原则

(1) 以事实为依据，以法律为准绳。

(2) 公民在使用法律上一律平等。

(3) 司法机关依法各自独立行使职权，如人民检察院依法独立行使检察权，人民法院行使审判权。

(4) 充分依靠人民群众开展卫生监督。

2. 执法　违法的要进行法律责任追究，包括①行政处罚②行政处分③损害赔偿④刑事制裁。

3. 卫生监督　卫生监督是卫生立法的重要内容之一，是国家行政监督的一部分，是保证国家各项法规实施的重要手段。它主要通过各级人民政府卫生行政部门实现。

(1) 开展卫生监督监则。① 预防性监督：主要是对新建、改建、扩建工程按规定卫生标准实施进行监督。② 经常性卫生监督：主要是定期巡回监督，发现问题，采取措施及时纠正，对情节严重的违法者，进行行政制裁，对触犯法律的，提请司法机关追究其刑事责任。③ 国境卫生检疫监督：防止传染病传入或传出，保持国境口岸和交通工具有良好的卫生状况，保障人民健康。

(2) 对生产经营部门和企业实行《卫生许可证制度》，定期更换，重新审查，进行卫生质量审查监督。

(3) 对从业人员定期进行体检，目的是防止患有传染病、皮肤病的从业人员污染食品或药品，造成疾病传播。

(4) 凭安全性证明的举证原则：生产经营企业在新产品、新资源、新设备投产前，必须向卫生监督机关提供产品的理化性质、质量标准、生产工艺、使用效果、使用量、检验方法、产品毒性、毒理学评价试验结果、三废排放和净化处理、回收利用，以及该产品的全面卫生学评价和营养学评价等资料，经审查认定无毒无害安全可靠，不影响人民健康，方能投产。

(5) 事故报告制度：包括食物中毒、传染病、职业病等重大环境污染事故都要及时向卫生监督部门报告，尽快查清原因，采取应急措施，防止事故扩大。

(6) 对违法行为给予法律制裁和追究法律责任。

(7) 对违法行为给予行政制裁：违法是指行为人违反现行卫生法规定，超出法律允许范围的活动，应承担法律责任。追究法律责任，提交法律制裁，必须实事求是，做到证据确凿，手续完备，提出处理意见。依法进行行政处罚应由卫生监督机关裁决。

第三节　社会卫生保健与护理

一、自我保健与护理

(一) 自我保健的概念及意义

世界卫生组织认为：自我保健是指由个人、家庭、邻里、亲友和同事自发的卫生活动，并做出与卫生有关的决定。自我保健并非单纯指自己对自己的医疗照顾，而是从健康的角度出发，利用多种形式，采取一切有利于健康的自我保健措施，包括积极合理地利用医务人员所提供的保健。这种保健措施主要体现在社会与医疗部门支持下的卫生、医药和保健方面的自助和互助。

在我国，多少年来人们普遍认为：只有求救于医生或医疗机构才能得到健康。不仅把医疗机构所胜任的责任（治愈创伤和严重疾病）交给了它，而且把事实上只属于自己的责任（照顾自己的健康和安适）也交给了它，完全忽视了自我在保健中的作用，医疗机构也力求去满足人们那些不该要求的期望。在自我保健中，一个较为突出的特点就是告诉人们：多依靠自己，少依赖医生。自己负起责任来改进个人卫生习惯、个人生活方式和个人生活环境，从身心和情绪方面进行调节，考虑和决策个人的健康及医疗保健问题。开展自我保健是卫生事业发展史上的一次战略性转变，是医学发展与社会同步发展的必然趋势，是医学模式转变的必然结果。自我保健是一种最为充分的保健，因为它能发挥人们在保健中的主观能动性。

（二）自我保健的内容

1．生理调节与自我保健　良好的生理调节可以促进健康，使身体处于良好的状态。因为人的生理活动是有规律性的，如：人体的“生物钟”在22～23点出现一次低潮，睡眠的最佳时间在21～22点。所以养成良好的生活规律及生活节奏，充分的营养，有规律的工作、休息、睡眠、身体锻炼，这些生理性的调节都将在自我保健中产生积极的作用。

2．心理调节与自我保健　正常的心理调节是指健康的心理活动和性格。宽松、乐观的心理环境会促进身体的健康发展。相反，烦躁、消极情绪、压抑感等不利于身心健康。如：高血压、神经精神病等的病因多与不健康的心理刺激有关。

3．行为因素与自我保健　行为因素与健康有着密切的关系，不良的行为生活习惯对疾病的发生和发展起着重大的作用。如：吸烟、酗酒、不良饮食习惯、不正常的性行为等。

4．环境因素与自我保健　自我保健需要良好的健康环境，它包括生理环境、心理环境与社会环境，人类健康是以舒适感、安全感为基础，健康环境对自我保健有非常重要意义。

5．卫生预防与自我保健　通过定期的体格检查，早期发现疾病的体征，便于及时地采取措施。如：45岁以上的人，定期做心电图检查，对及早发现心脏的异常变化有很大帮助。

6．健康教育与自我保健　健康教育是自我保健的重要环节，人们对于疾病的认识，存在着差异，不良的卫生习惯，卫生行为和卫生知识水平都不同程度地阻碍着自我保健的实施。通过健康教育，可以使人们掌握更多的卫生保健知识，采取更为科学的措施，提高自己的健康水平。

（三）自我保健的措施

1．体质锻炼　体质锻炼有很重要的临床生理意义，是自我保健的一种具体方法。锻炼可以增强体质。如跑步、体操、太极拳、球类有助于体质强健。在自我保健中，特别强调需氧运动。需氧运动包括快步走、跑步、登山、滑雪、游泳等。其特点是运动时需要大量氧气。需氧运动对心血管系统非常有益。运动强度根据个人身体情况和客观条件，确定适合个人的运动项目、强度、持续时间和次数等。

2．合理营养　食物是人类生存的基础，讲究营养是沟通食物与人类健康的桥梁。合理营养的原则是量适、质优、干净卫生。具体地说，就是摄入的热量必须满足人体的需要；各营养素的供给不仅数量上要充足、质量上要保证，而且各营养素要有合理的比例；食物要新鲜、卫生、种类多样、不含任何有毒有害的物质。

按我国人民的生活习惯和生活水平，能比较合理地提供每日所需营养素及能量的食谱是：粮食占一日食物总量的30%～50%；蛋、肉和鱼占10%～16%；油脂占5%～10%；乳类制品占16%～18%；豆制品占10%；蔬菜和水果占12%～20%。

3. 控制紧张　紧张是人们在对刺激物或环境变化作出反应时表现出的生理和心理反应。适度的紧张可以使人充满活力，工作效率提高，但过度紧张又会危及人们健康。

每个人对紧张都有自己的处理方法。有些处理方法反应是好的，如人们努力改善其行为以适应环境；也有人做出破坏性的反应，如酗酒、吸烟、使用暴力、自暴自弃、消沉等。从自我保健的角度看，首先应树立正确的人生观，培养乐观健康的性格，培养广泛的兴趣，积极参加各种娱乐活动，利于控制紧张、缓解紧张。

4. 生活规律　据研究，人体活动是有节律的，其生物周期包括体力周期、情感周期和智力周期。在体力周期的正半期，对疾病痛苦的抵抗力增加，应激能力增强，身体耐受性和力量增强。情感周期的正半期，情绪高涨、乐观，负半期易怒、烦躁、情绪低落。智力周期的正半期记忆力增强，反应灵敏，思维清晰。在正、负半期的过渡状态情绪极不稳定，一般为一天，称为危险期，是事故的高发期。因此，养成良好的生活习惯、规律的生活节奏，可以使人减少紧张，适应身体生物周期变化，有利于保持健康。

自我保健必须注意避免疲劳，保证充足睡眠。睡眠对脑生化代谢可带来一系列积极的变化，对消除全身疲劳和脑功能恢复有特别重要的意义。睡眠时间需要随着年龄的增长而缩短。新生儿每天应睡 18～22 个小时；幼儿每天应睡 12～14 个小时；青少年每天应睡 8～10 小时；成人每天应睡 8 小时；老年人每天应睡 5～6 小时。

二、家庭保健与护理

家庭是社会的细胞，是社会卫生保健的组成部分，是把个人自我保健扩大到家庭中的其他成员，通过家庭成员间的交流，使家庭中每一个成员认识到，增进自己健康与增进家庭健康是联系在一起的。家庭是开展社会卫生保健最优规模的单位。

（一）家庭保健的意义

家庭是微观社会环境。家庭对于健康起着重要作用。人一出生首先接触的社会就是家庭，人的一生大部分时间是在家庭中度过的，家庭的结构、功能、经济状况、文化水平、营养条件、心理状态、家庭成员间的人际关系等无一不影响着家庭中每个成员的健康。

（二）家庭保健的内容

1. 培养健康的生活方式　家庭是培养健康的生活方式，对家庭成员进行健康管理的重要场所。每个人的生活方式和行为很大程度上是在家庭里形成的。在家庭里要注意养成健康的生活习惯、合理饮食，避免和纠正不健康的生活方式和行为。还可根据家庭经济状况，尽可能使生活环境美化，以促进身心健康。

2. 保持家庭心理健康　家庭关系错综复杂，会产生各种利害、冲突和矛盾。因此，保持家庭心理健康十分重要。这就要求家庭成员学会冷静的、心平气和地处理各种矛盾，保持温暖、宁静、温馨、和谐的家庭气氛，安排好家庭生活和闲暇活动。

保持家庭心理健康的方法有劝慰、鼓励、安抚等，其作用在于使对方恢复平静，给对方以开导和鼓励。

3．开展家庭教育　家庭是人出生后的第一所学校，父母是儿童的第一任教师。家庭教育承担着传授文化知识、培养道德品质、指导行为规范的责任。在家庭教育中，应重视儿童生理及心理教育，从小培养儿童的卫生习惯，养成健康生活方式，对今后一生健康都会带来好处。父母还应重视对青年子女的婚前教育，提供婚姻生活方式方面的有关知识，培养青年男女具备共处、合作及共同配合行动的能力。

（三）家庭护理

1．家庭病床　家庭病床是具有我国特点的社会主义新型医疗保健形式，它适应当前社会的需要而产生，并在为社会服务中得到蓬勃发展，家庭病床的开展不但缓解了当前社会存在的“住院难，看病难”的矛盾，而且为疾病（特别是老年病、慢性病和精神疾患）的管理、预防、治疗工作从组织形式上提供了坚实的基础。使广大慢性病、老年病患者有机会在家庭接受系统的治疗和保健指导。我国十分重视家庭病床工作，《全国城市街道卫生院工作条例》试行草案中指出：“为了方便群众就医，建立出诊家庭病床等制度。”《全国医疗工作条例》中也明确规定：“医院的预防保健科，要做好地段的医疗预防工作……组织有关科室开展家庭病床。”大量事实证明，开展家庭病床是广大群众的迫切需要，是我国医疗卫生事业发展的需要，它的开设对于节约社会陪护劳动力，建立新型的医患关系，使医院—家庭，医疗—康复—保健工作紧密地联系在一起都起到了很大作用。

家庭病床一般可提供以下服务项目：

(1) 药物治疗：口服、肌注、静注、输液等等。

(2) 物理疗法：热疗、水疗。

(3) 精神心理治疗：疾病咨询、健康指导。

(4) 运动疗法　做系统功能锻炼增强肌力，锻炼四肢脊柱关节。

(5) 饮食疗法　指导在家开展营养治疗。

(6) 利用户外自然条件如阳光、空气、草坪、绿化树带进行自然治疗。

(7) 祖国医疗中的针灸、按摩、点穴并开展气功保健治疗。

(8) 提供必要的临床检查，如：心电图、化验。

(9) 指导病人做自我护理、自我监督。

(10) 精神病人的文娱疗法。

实践证明：家庭病床符合相当部分人、特别是特殊人群如老年、儿童和妇女的心理愿望。生活习惯与饮食要求在亲人的直接关照下，接受各种服务，这样心情舒畅；利用家庭作为治疗场所，给予及时的医疗护理，治疗指导，制定食谱，协调生活，提供各种形式的医疗卫生援助，不仅有利于疾病的恢复，同时也符合“生物—心理—社会”的原则。

2. 家庭护理

(1) 家庭病床病人的计划护理：计划护理是提高质量的需要。为使家庭护理走上正规化，采取科学的护理方式，则是必然的趋势。计划护理也是提高家庭护理质量的一种科学方式。目前，负责家庭病床的护理人员可以在整个治疗过程中负责到底,亦即对护理病人的主要护理事项都要由一个人完成。在家庭护理中实行计划护理，也是护理工作由医院走向社会，提高家庭病床疗效及社会效益的有效措施。

(2) 家庭病床病人的心理护理：现代医学模式的转变，为护理工作扩大视野，提出了更高的要求。应从生物—心理—社会医学模式角度对待护理工作，使新的医学模式在实践中付诸实施。

人们患病之后，都有一定程度的心理变化，而家庭病床的病人，又有自己特有的心理特点。护理人员在与病人的接触过程中应了解病人的心理变化，掌握其规律性，并要利用家庭病床这个病人所熟悉的生活环境，在治疗的同时，作好心理护理。还应帮助病人家庭为病人建成一个舒适、优美、安静的休养环境，使病人处于最佳心理状态。

病人因和家人团聚，环境舒适，饮食可口，心理上有安慰感，这些都是加速康复的重要条件。要善于利用其心理，多给予鼓励，使其信心不断增强，疗程缩短。

三、社区保健与护理

(一) 社区保健的意义

社区是与一定区域相联系的社会生活共同体，是一种地区性的社会。费孝通给社区下的定义是："社区是若干社会群体（家庭、氏族）或社会组织（机关、团体）聚集在某一地区里所形成的一个生活上相互关心的大集体"。

世界卫生组织强调今后卫生保健服务要朝着社区化方向发展。社区化的根本宗旨就是使卫生保健服务落实到基层。

社区保健的目的是改善社区卫生状况，提高社区人群健康水平。特别要注意的是，社区保健是为整个社区所有成员提供保健服务，不应局限于某些个人或某种疾病；同时也应研究社区的自然环境和经济、文化、心理、行为等影响健康的社会因素。因为社区各有地理、经济、文化和风俗特点，结合这些特点有针对性地开展卫生保健工作，可防止卫生保健措施的片面性。

社区保健着眼于解决社区人群健康问题，其内涵包括保健、防疫及由多种医疗事业所提供的医疗服务，特别适合发展中国家或医疗资源相对不足的社区，作为主要基层卫生保健模式，可以用最少的资源，解决社区共同的健康问题与需求。

(二) 不同社区的保健护理措施

护士是预防保健工作的一支重要力量，在预防保健方面，护士是防病知识的宣传者，保健工作的指导者。

1. 城市保健护理重点　城市是复杂的有序系统，社会化程度很高。城市生活具有人口多、居住拥挤、流动性大、生活节奏快等特点。城市主要健康问题有紧张带来的身心疾病，人口密度大造成的传染病流行和群体性食物中毒，人口流动性大带来的越轨行为和交通灾害，互相影响、盲目模仿带来的不健康生活方式流行以及环境污染造成的慢性健康损害。

城市社区保健应注意以下特点：加强城市规划，使卫生建设渗透到城市规划的各个领域中，加强城市卫生建设，改善生活条件，美化城市环境。开展健康教育。运用法律和行政手段，依靠群众和各种企事业单位、群众团体，加强卫生管理。搞好环境卫生、食品卫生、环境保护和疾病、交通事故等的预防。加强各级各类卫生机构的布局和联系，形成卫生保健网络。

2. 农村保健护理特点　农村幅员辽阔，医疗卫生条件差，人口素质和健康水平低，是急待加强卫生保健工作的社区。农村社区保健应注意以下几方面：加强健康教育，普及卫生知识；移风易俗，改善卫生面貌，大力开展“两管（管水、管粪）、五改（改水井、厕所、畜圈、炉灶、改善环境）”工作；加强农村基层卫生组织建设；建立健全农村医疗保健制度。

3. 工矿企业保健护理特点　工矿企业是国民经济的主要组成部分，生产环境中常存在生产性毒物、粉尘、高温和热辐射、放射性物质、振动及噪声等，这些都可影响职工健康。工矿企业保健应认真贯彻执行国家颁布的卫生标准和劳动保护法规；采取控制或消除生产性有害因素的技术措施；加强个人防护和保健。通过以上综合措施预防职业病发生。

（临沂医学高等专科学校　邵昌美）

第三章　健康危险因素

人类对病因的认识是不断发展的，从传统的“机器论”、“疾病过程局部化”、“身心二元论”等发展到“单因单果论”。危险因素概念的产生、应用和发展，使人类对病因的认识更加深入全面，使传统的“单因单果论”逐渐发展为多因单果和多因多果病因观，并产生了因果链学说。这些观点的变化必将影响到医疗、护理和保健领域。

第一节　危险因素与疾病

预防、控制、消灭疾病是研究疾病的目的。为此，首先应弄清疾病发生的原因及病程，病原学对许多疾病的病因有了明确的阐述。但在慢性病方面，其病因较为复杂，许多因素对其发生、发展都产生重要的影响，这些因素与疾病的关系是我们应首先研究的问题。

一、危险因素的概念

危险因素是指使疾病或死亡发生的可能性增加的因素。一般可用某期间的发病率或死亡率来表示。如吸烟者不一定都会患肺癌，但吸烟者患肺癌的危险性增大，吸烟便成为肺癌的危险因素。

健康危险因素在疾病的发生中，有些是不可缺少的，称为必要危险因素。如有害的动、植物及各种病原体；热、光、电、声及放射性等物理因子；汞、铅、苯等化学致病因子。有些危险因素起充分作用，是非必要的因素，这类危险因素的作用可以被相互取代，如生活贫困可导致营养不良，胃肠道疾病也可以导致营养不良。这类危险因素虽然是非必要的，但却经常表现出对健康和疾病具有决定性作用，如不健康的性行为是导致性病传播的重要因素。许多对健康和疾病产生影响的社会因素、心理因素和行为因素往往都是非必要的因素。我们不仅要重视必要的危险因素，而且要重视非必要的危险因素。

二、疾病的自然史

本世纪以来，人类的疾病谱发生了较大的变化。传染病对人类的威胁逐渐降低，恶性肿瘤、脑血管疾病、心脏病、呼吸系统疾病、意外伤害等成为死亡的主要原因。这些变化首先在发达国家表现出来。近年来，这些变化在我国也表现出来。由于这些慢性病成为人类的主要健康问题，而这些慢性病的危险因素较为复杂，病程较长，机体发生的病理变化不易恢复正常，因此，加强其自然史的研究，积极开展预防工作，对阻止危险因素的危害，延缓疾病的进程，阻止其恶化，都具有重要的意义。

（一）无危险阶段

生活环境及机体内不存在危险因素。保护生态环境，实现污染物的零排放，使人类的生产活动与大自然和谐相处，可以减少外界危险因素出现。保持健康的身心状态，养成良好的生活习惯，保证合理的营养等，都有助于维持无危险阶段。在此阶段，可以通过健康教育，帮助人们认识危险因素对健康的影响，积极采取措施降低可能出现的危险因素，使人们尽可能生活在无危险因素的环境之中。

（二）危险因素出现

生活环境中出现不利于健康的危险因素。如生产过程产生的污染物，排放到空气、水及土壤当中，达到一定限度，就可对人体产生影响；参加工作后，在劳动环境中可能出现如噪声、振动、电离辐射、高温、高湿、有毒物质等危险因素；在个人行为方面，青少年易出现偏食、挑食、摄糖过多、营养不良、营养过剩等危险因素，成年后易出现吸烟、酗酒、性乱、好参与冒险活动、体育锻炼过少等危险因素；在生物遗传方面以及受外界因素如放射线等的作用，亦可能潜伏着疾病的诱发因素，如遗传物质的变异。在此阶段，由于危险因素刚出现，其数量较少，作用时间较短，对人体还没有产生明显的作用。但通过一些调查、观察、检测能够发现这些危险因素。此时，应及早采取措施，减少与危险因素的接触时间，降低危险因素的数量。

（三）致病因素出现

由于受科学技术、生产力的发展等方面的影响，在现阶段，人类还无法在短时间内实现污染物的零排放，还无法阻止所有的危险因素出现。随着危险因素数量的增加及作用时间的延长，危险因素可转化为致病因素，对机体的生理功能、组织结构等产生影响。此时，健康的机体开始向有病的机体转变，但此时疾病尚未形成，一些症状、体征尚未出现，机体还未出现明显的不适。在此阶段，如果消除或控制危险因素的作用，仍可能阻止或推迟疾病的发生。

（四）症状和体征出现

随着危险因素的持续作用，病人感到明显的不适，一些症状和体征开始出现。由于机体出现的功能障碍大多不易逆转，即使减少或控制危险因素，对疾病的进程影响较小，但可以缓解症状、改善体征、推迟疾病恶化，为积极采取有效治疗创造条件。如果机体的病理性损害尚处于可逆状态，及时阻止危险因素的作用，病人可恢复至健康。

（五）劳动力丧失

随着病程的进展和症状加剧，病人逐渐丧失生活与劳动能力，这是慢性病最后的结局。在此阶段，控制危险因素的重点应放在卫生保健服务方面，积极主动地针对不同病人的心理特点，采取心理护理，防止病人因疾病而出现消沉绝望，采取自虐或自杀行为。在治疗方面应积极进行康复锻炼，降低机体功能丧失的程度，力争维持基本的生活能力。

第二节　健康危险因素的分类及作用

健康危险因素是错综复杂的，为便于在卫生保健工作中应用危险因素及对危险因素进行科学分析，以指导对危险因素的干预和预防工作，应科学合理地对健康危险因素进行分类。此外，阐明这些危险因素的作用特点，对预防这些危险因素具有重要意义。

一、健康危险因素的分类

按 Dever 氏法，把健康危险因素分为环境因素、个人行为因素、人类生物学因素和卫生保健因素。

（一）环境因素

环境因素包括自然环境因素和社会环境因素。人类不能脱离客观环境而生存，而是在环境中不断地进化和发展。人类不但要接触自然环境因素，而且还要受着许多社会环境因素的影响。随着人类社会历史的发展，自然环境因素对健康的直接作用逐渐减弱，社会因素对健康的作用逐渐增强。在自然环境条件相似甚至完全相同的地区和不同国家，由于社会环境因素不同而有不同的健康状况，甚至存在很大差异。

1. 自然环境因素　自然环境是由物理环境、化学环境和生物环境三者构成的。环境中的物理因素，如气温、气湿、气流、气压、太阳辐射、噪声、振动、电磁辐射等，对人类的健康往往具有双重作用。当这些物理因素的强度、剂量或作用于人体的时间超过一定程度时，就会对机体产生危害。如充足的阳光可使机体具有抗佝偻病的作用，而过量的阳光暴晒又可引起晒伤和皮肤癌。人类活动对自然环境的破坏，如开垦农田、砍伐森林、过度放牧等，导致水土流失、洪涝灾害、土地荒漠化，都影响了环境中的物理因素，对人类的健康、生命，甚至生存都构成极大威胁。

环境中的化学因素包括地球表面固有的、人类活动以及自然灾害产生的。这些因素对人类健康具有有利或有害或二者兼有的影响。如地质环境中碘的缺乏可导致地方性甲状腺肿与克汀病；人类的活动产生的化学物质，特别是废气、废水、废渣中所含的化学物质可造成空气、水、土壤以及食物等的污染，进入人体起危害作用。

环境中的生物因素包括生物圈中的各种生物，其中以病原微生物对人的健康危害较大，如细菌、病毒、寄生虫、真菌等。它们一般通过污染空气、水、土壤、食物等对人体产生危害。

2. 社会环境因素　社会环境是指由于人类生活、生产、社交等活动形成的社会条件。它包括社会政治制度、经济状况、文化教育、科学技术水平、居住条件、营养水平、就业条件、人口状况等。这些因素可以相互影响，通过直接或间接的作用影响人体的健康，如政治落后可以加剧经济的落后，经济落后又可导致卫生人员缺乏、卫生设施不足，对人体健康产生影响。

家庭因素也是重要的社会环境因素，家庭关系的剧烈变动，如离婚、丧偶、生育、人员流动、家庭不和等引起的紧张、忧虑、悲伤等，都可以直接或间接地成为诱发疾病的重要因素。

（二）个人行为因素

行为危险因素指因自身行为而产生的健康危险因素。其主要特点有：①这类因素对健康有直接或间接的、明显或潜在的危害作用；②这类因素对健康的危害有相对的稳定性，即具有一定的作用强度和持续时间；③这类因素是个体后天生活经历中形成的，故又称自身创造的危险因素。

危害健康的行为因素有以下几类：

1. 日常生活行为　主要有：吸烟、酗酒、滥用药物、文体活动过少、吸毒、性乱等。

2. 不良的生活习惯　主要表现有：饮食过度、高脂、高糖、低纤维素饮食、偏食、挑食、过多吃零食、进食过快、过热、过硬、过酸等。

3. 不良的疾病行为　常见表现形式有：与“求医行为”相对的瞒病行为、恐惧行为、自暴自弃行为等；与遵医行为相对的“角色行为超前”（没病时怀疑自己有病），“角色行为缺如”（已有病但有意拖延不进入病人角色）、“角色心理冲突”（如求医与工作不能两全）、悲观绝望心理，求神拜佛、信邪不信医等。

4. 致病性行为模式　A型行为，又称“冠心病易发性行为”。其表现为不耐烦和敌意，常因别人的微小失误或无心得罪而大发雷霆，其产生的根本原因是过强的自尊和严重的不安全感。C型行为，又称“肿瘤易发性行为”。主要表现为情绪好压抑，性格好自我克制，表面上处处依顺，谦和善忍，内心却是强压怒火，爱生闷气。

（三）人类生物学因素

人类生物学因素包括遗传、成熟老化和复合内因学说。已有证据表明，越来越多的疾病与遗传基因有关。目前已发现约900多种致病基因，如血友病、乳腺癌、精神性痴呆等。但生物学因素有时是必要的危险因素而不是充分因素，如不耐受半乳糖病是由于基因缺陷，使乳糖酶缺乏，不能消化乳糖，亚洲居民消费牛奶量很小，这种病在亚洲地区居民中很少见。此外，人的年龄、性别、特殊生理状况等对健康和疾病有明显影响。如产妇年龄过小，易发生妊娠中毒或早产；年龄过大，流产、胎儿致残、先天愚型等发生率高。

（四）卫生保健因素

卫生保健是与健康直接有关的一个重要方面，包括预防保健、医疗保健和康复保健。

预防保健是最经济、最有效的保护健康的措施，也是人类征服传染病，控制慢性病的重要措施。但由于多种原因，如“重治轻防”、自我保健知识缺乏、预防保健网不健全、疫苗生产、保藏及使用不当等，使行之有效的预防措施未能很好的落实，导致一些疾病的发生。

医疗保健的质量直接影响人们的健康水平，医疗技术的高低、诊断手段的先进与否、医疗制度的贯彻实施、职业道德水平、医患关系、医际关系、护际关系、护理模式、卫生人员及机构的数量、分布等，都是直接影响健康的因素。

康复保健是综合协调地应用各种措施，以减少病、伤残者身心社会功能障碍，使病、伤残者重返社会。我国的康复服务开始不久，康复机构、人员设备比较缺乏，家庭康复服务，社区康复服务等还没有广泛开展，远远不能满足需要。

二、健康危险因素的作用

健康危险因素的作用是复杂的，有些因素起独立作用，如酒后驾车引起车祸，但大多数危险因素是联合起作用的。充分的“病因”是危险因素的数量增多，性质恶化到一定限度的产物。危险因素的作用有以下几个特点：

（一）潜伏期长

健康危险因素的潜伏期取决于危险因素的数量、性质、接触时间。慢性病往往是长时间接触健康危险因素之后才会发生，有时接触长达十几年。如 1986 年，前苏联切尔诺贝利核电站爆炸，引起核物质泄漏所导致的远期危害在 1996 年仍有发生；肺癌患者的吸烟史大多长达数十年。

（二）特异性弱

传染病的致病因素往往特异性强，而慢性病的病因较为复杂。一种危险因素往往是多种疾病的病因。如吸烟是肺癌的危险因素，也是支气管炎、冠心病、口腔癌的危险因素；酗酒是引起车祸的危险因素，也是急、慢性酒精中毒、犯罪等的危险因素。

（三）联合作用强

在慢性病的发展过程中，往往存在多种危险因素的联合作用，这种联合作用可以使其致病性增强。如吸烟产生的碳氢化物、氮氧化物可以导致血管内膜的损伤，损伤的血管内皮可以产生坏死因子，加剧其炎症的发展，高脂血症又可使脂质在该部位沉积，导致血管粥样硬化，紧张刺激等引起的高血压，又可加剧这种病 情的发展，从而导致冠心病。

（四）多因多果

某些危险因素可以起独立作用。但在疾病的发展过程当中，当多种危险因素共存的时候，所导致的疾病往往是多种结果。如当某人群中，同时存在吸烟、酗酒、体力活动过少、紧张刺激、过度营养等，该人群中有人可能会患冠心病，有人可能出现高血压、糖尿病、结肠癌等。

（五）广泛存在

生物性致病因素，由于其生长、繁殖有一定的规律性，其存在受外界因素的影响、制约。而慢性病健康危险因素的种类较多，其存在有一定的广泛性，有些存在于环境之中，有些存在于个人的行为因素之中，有些又存在于卫生保健服务之中。这为控制预防这些危险因素带来较大的难度，特别是个人的某些不良行为，已经成为习惯，改变起来会更难。持久、努力、广泛地开展预防措施，才能有较大的成就。

第三节　健康危险因素的评价

健康危险因素的评价是研究致病危险因素与慢性病发病率及死亡率之间数量依存关系及其规律性的一种技术，是根据流行病学资料、人群死亡率资料，运用数理统计方法，对个人及社区存在的危险因素进行评估。它可以估计个人在一定时期内患病或死亡的危险性，估计个人降低危险因素的潜在可能性，其目的主要是通过健康咨询，促使人们改变不良的行为和生活方式，降低危险因素，以减少疾病，提高生活质量。社区危险因素评价主要分析社区居民中主要的死亡原因与各类危险因素的相互关系，发现危害居民健康的主要卫生问题，其目的是为制订卫生措施，控制危险因素提供依据。

一、个体健康危险因素的评价

（一）评价程序

1．收集地区的发病率或死亡率资料，按年龄、性别分组，作为当地性别、年龄别组健康评价的标准。这类资料可以通过死因登记报告、疾病监测等方法获得。一般选择当地前10～15位主要死亡原因中具有可定量的危险因素作为研究对象。

2．根据危险因素的测定值及其与疾病的联系，按年龄、性别、疾病组制订相应的危险分数。将个体具有危险因素的水平转换成相应的危险分数，是健康危险因素评价中的一个关键步骤。危险分数是根据人群的流行病学调查资料（如各危险因素的相对危险度和各危险因素在人群中的发生率），经过一定的数理统计模型，如Logistic回归模型、综合危险分数模型等计算得到的。如果缺乏人群的流行病学资料或危险因素在人群中的发生率资料，则可采用经验指标，即邀请有关专家，根据危险因素与死亡率之间的联系及有关资料，提出将不同水平的危险因素转换成各个危险分数的指标。

3. 收集个体的危险因素，转换成相应的危险分数，通过计算存在的死亡危险，与当地同年龄、性别组平均发病率或死亡率相比较，得出该个体危险因素高于或低于平均水平的结论。这类资料一般采用自填式问卷调查法，辅以一般体格检查、实验室检查等手段获得。

（二）评价步骤

现以某41岁男子为例，说明其危险因素评价的步骤（见表3-1）。

1. 收集当地年龄、性别、疾病死亡率　即收集该男子所在地区男性41岁年龄组前11位主要死亡原因及死亡率，并根据死亡率的高低排列起来。见表3-1第(1)、(2)项。

2. 测定个体的危险因素并转换为危险分数　即对该男子进行问卷调查，并辅以体格检查及实验室检查，将有关各危险因素及其指标值，列于表3-1第(3)、(4)项。根据各指标值的大小转换成相应的危险分数，列于表3-1第(5)项。目前，一般是利用Geller-Gesner表查出危险分数（该表列出美国5～9岁组到70～74岁组按性别、种族前11种死亡原因有关危险因素及其危险分数值）。当个体的危险因素相当于平均水平时，危险分数等于1.0，即当危险分数为1.0时，个体发生某病的死亡危险与当地的平均死亡危险相同；个体的危险因素水平高于平均水平时，危险分数就大于1.0；反之，危险分数小于1.0。如该男子胆固醇为5.72mmol/L，与当地41岁组男子平均水平相同，危险分数为1.0；该男子体力活动很少，其危险分数为2.5。

3. 计算组合危险分数　综合考虑各死因每一种有关危险因素的影响，组合危险分数可说明个体死于某种原因的危险水平。如果评价表中死亡原因的危险因素只有一项，则该死亡原因的组合危险分数等于危险分数，如该男子肺癌的危险分数为1.5，只有吸烟这一项危险因素，则组合危险分数仍是1.5。如果有多项，则将大于1.0的危险分数减1.0后相加，等于1.0和小于1.0的危险分数相乘，将上述两项相加得组合危险分数。例如该男子冠心病的组合危险分数为（2.5－1＋1.5－1）＋（0.6×1.0×1.0×1.0×1.0×1.0）＝2.6。得到的组合危险分数列于表3-1第(6)项。

4. 计算存在死亡危险　表3-1中第(2)项乘第(6)项，即得各死亡原因的存在死亡危险，列于表3-1第(7)项，如该男子心脏病存在死亡危险为1517×2.6＝3944，说明该男子在今后十年内心脏病死亡的概率为3944/10万。将各死亡原因的存在死亡危险相加即得该男子总的存在死亡危险。

5. 计算评价年龄　死亡率随年龄的增加而增加，评价年龄表列出了死亡率与年龄的关系，根据该男子的总存在死亡危险(死亡率)，从评价年龄表(见附表)中可查出评价年龄。如该男子的总存在死亡危险为8163，其对应的评价年龄为45岁。

表 3-1 个体健康危险因素评价表(姓名:×××性别:男 年龄:41 岁)

死亡原因 (1)	死亡率(1/10 万) (2)	疾病危险因素 (3)	指标值 (4)	危险分数 (5)	组合危险分数 (6)	存在死亡危险 (7)	根据医生建议改变危险因素 (8)	新危险分数 (9)	新组合危险分数 (10)	新存在死亡危险 (11)
冠心病	1517	收缩压	140mmHg	0.8	2.6	3944	140mmHg	0.8	0.7	1062
		舒张压	90mmHg	0.8			90mmHg	0.8		
		胆固醇	5.72mmol/l	1.0				1.0		
		糖尿病	无	1.0				1.0		
		体力活动	很少	2.5			增加体力活动	1.0		
		家庭史	无	1.0				1.0		
		吸 烟	20 支/日	1.5			戒 烟	1.1		
		体 重	超重 15%	1.0				1.0		
肺 癌	335	吸 烟	20 支/日	1.5	1.5	502	戒 烟	1.2	1.2	402
肝硬化	316	饮 酒	10 次/周	2.0	2.0	632	3~6 次/周	1.0	1.0	316
自 杀	260	抑 郁	无	1.0	1.0	260		1.0	1.0	260
		家庭史	无	1.0				1.0		
车 祸	251	饮 酒	10 次/周	2.0	2.1	527	3~6 次/周	1.0	0.8	201
		驾车里程	5000km/年	1.0				1.0		
		安全带使用	9%	1.1			使用安全带	0.8		
脑溢血	159	血 压	140/90mmHg	0.6	0.8	127		0.6	0.6	95
		胆固醇	5.72mmol/l	1.0				1.0		
		糖尿病	无	1.0				1.0		
		吸 烟	20 支/日	1.2			戒 烟	1.0		
他 杀	122	拘捕史	无	1.0	1.0	122		1.0	1.0	122

续表

死亡原因 (1)	死亡率（1/10万） (2)	疾病危险因素 (3)	指标值 (4)	危险分数 (5)	组合危险分数 (6)	存在死亡危险 (7)	根据医生建议改变危险因素 (8)	新危险分数 (9)	新组合危险分数 (10)	新存在死亡危险 (11)
		制备武器	无	1.0				1.0		
肠　癌	86	肠息肉	无	1.0	1.0	86		1.0	1.0	86
		直肠出血	无	1.0				1.0		
		结肠炎	无	1.0				1.0		
		直肠镜检	无	1.0			2次/年	1.0		
肺　炎	67	饮　酒	10次/周	3.0	3.2	214	3～6次/周	1.0	1.0	67
		肺疾病史	无	1.0				1.0		
		肺气肿	无	1.0				1.0		
		吸　烟	20支/日	1.2			戒 烟	1.0		
肺气肿	57	吸　烟	20支/日	3.0	3.0	171	戒 烟	0.2	0.2	11
糖尿病	57	体　重	超重15%	0.8	0.7	40	减少体重	0.8	0.7	40
		家庭史	无	0.9						
其他死因	1538					1538				1538
合　计	4765					8163				4200

评价年龄:45岁　　增长年龄:38岁

6. 计算增长年龄　根据该男子存在的危险因素，医生可以提出相应的建议，降低危险因素的危害，如增加体力活动、戒烟等。按上述方法计算，根据改变后的危险因素，可求出新的存在死亡危险，见评价表第（8）～（11）项，查表可得出增长年龄为38岁。这说明该男子改变生活方式之后，可以使自己的死亡危险小于本年龄组的平均水平，虽然已经41岁，死亡危险才达到38岁年龄组的水平。

（三）评价方法

健康危险因素的评价是收集个人生活方式及环境因素中存在的危险因素，有关家庭疾病遗传史、健康检查及实验室检查结果，作为疾病发生的前驱诱发因素，与当地同年龄、性别组死亡率水平比较，预测个人今后发生某种疾病死亡的概率。

根据实际年龄、增长年龄和评价年龄三者的关系，可有以下三种类型。

1. 健康型　个体的评价年龄小于实际年龄，说明该个体的危险因素较平均危险因素水平低，健康状况较好。降低危险因素延长寿命的岁数较少。

2. 存在危险型　个体的评价年龄大于实际年龄，说明该个体存在的危险因素较平均危险因素水平高。如上例中男子的实际年龄为41岁，其评价年龄为45岁，说明该男子虽然41岁，但其危险因素水平同45岁组的危险水平相同。个体的危险因素如果多为自我创造性危险因素，降低危险因素有可能延长寿命。如上例中男子的增长年龄为38岁，与评价年龄相差7岁，即采取降低危险因素的措施后，其延长的寿命数。如果危险因素主要来自过去疾病史或家庭遗传史等，个人不易降低或改变这些因素。

3. 少量危险型　个体危险因素接近于平均危险水平，即实际年龄与评价年龄相近。死亡过程相当于当地的平均水平，降低危险因素对寿命的影响则有限。

二、高危险人群的评价

高危险人群包括处于高危险环境之中的人群、对环境有高危险反应的人群以及有高危险行为的人群。人群的年龄、性别、不同的生理状况及不同的生活工作环境与许多疾病有密切的关系，其面临的主要危险因素也有较大差异。如接触有毒物质的工人，容易发生中毒，属于高危险环境之中的人群；青霉素过敏、花粉过敏的人群则属于对环境有高危险反应的人群；A型行为是发生冠心病的高危险行为，C型行为是发生肿瘤的高危险行为，有这些行为的人群属有高危险行为的人群。发现高危险人群，是社区危险因素评价的重要方面。

高危险人群的危险水平的评价方法有多种，综合评分法是较常用的一种，如《临床症状自评量表SCL90》、《医院焦虑抑郁情绪测定表》、《A型行为问卷及临床结构会谈评估疗法》、《高危妊娠评分》等。现以《高危妊娠评分》为例说明其评价的程序、方法及步骤。

（一）高危妊娠的评价程序

1. 收集所有已知与妊娠有关的危险因素。

2. 根据危险的程度，制订出危险分数和高危妊娠的标准。

3. 收集孕妇的有关资料，其内容应包括以下几方面。

(1) 孕妇的全身体检及人口统计学特点：如年龄、身高、体重等。

(2) 妊娠合并症，如糖尿病、子宫内口松弛症、慢性肾血管疾病等。

(3) 既往妊娠生育史，如多次流产、早产或死胎等。

(4) 妊娠并发症，如先兆流产、早产、子痫、胎位异常、羊水过多、过少等。将收集的危险因素转换或危险分数，计算总得分然后与标准进行比较。

(二) 高危妊娠的评价步骤

1. 将收集的影响妊娠的危险因素及其危险分数列于表 3-2。

表 3-2　Aubry-Nesbitt 评分法

项　目	危险分数	项　目	危险分数
一、孕妇年龄		2 次以上	30
15 岁以下	20	先天性畸形：	
15～19 岁	10	1 次	10
20～29 岁	0	2 次以上	20
30～34 岁	5	新生儿损伤：	
35～39 岁	10	身体	10
40 岁以上	20	神经	20
二、婚姻情况		五、内科-产科疾病与营养	
未婚	5	全身性疾病：	
已婚	0	急性：轻度	5
三、产次		重度	15
0 产	10	慢性：非消耗性	5
1～3 产	0	消耗性	20
4～7 产	5	内分泌病：	
8 产以上	10	肾上腺、垂体或甲状腺病	30
四、过去分娩史		反复月经失调	10
流产：		不自愿绝育：	
1 次	5	2 年以下	10
2 次	15	2 年以上	20
3 次以上	30	特异感染：	
早产：		尿路：急性	5
1 次	10	慢性	25
2 次以上	20	梅毒：治疗过	0
死胎：		未治疗	20
1 次	10	晚期	30
2 次以上	20	贫血：	
新生儿死亡：		血红蛋白：100～110g/L	5
1 次	10	90～100g/L	10

续表

项　目	危险分数	项　目	危险分数
＜90g/L	20	剖宫产史	30
糖尿病：		宫颈异常或松弛	20
前期	20	子宫肌瘤：	
显性	30	大于 5cm	20
慢性高血压：		粘膜下	30
轻度	15	骨盆狭窄：	
重度	30	临界	10
合并肾炎	30	某一平面狭小	30
心脏病：		卵巢肿瘤：	
Ⅰ～Ⅱ级	10	大于 6cm	20
Ⅲ～Ⅳ级	30	子宫内膜异位症：	5
心衰史	30	七、情绪检查	
Rh 因子问题：		（根据下列情况减 0～20 分）忧虑、态度、偏见、行为类型；以前妊娠监护情况；登记时间；家庭婚姻关系；以及家庭精神病史等。	
已致敏	30		
以前孩子受影响	30		
已有 ABO 不合	20		
营养：		八、社会及经济调查	
营养不良	20	（根据下列情况减 0～10 分）丈夫和孕妇的职业；每年收入，社会救济；丈夫和孕妇的教育程度；住房条件和邻近环境。	
过度肥胖	30		
饮食过少未达营养不良	10		
六、生殖道疾患：		评分：________________	
曾有胎先露异常	10		

2．收集孕妇的危险因素，并计算危险分数。如某孕妇 32 岁，结婚已三年，曾流产 2 次，未生育，其他均无异常，则其年龄得分为 5 分，流产 2 次为 15 分，其总危险分数为 20 分。

3．计算该孕妇的综合评分　用 100 分减去总危险分数即为其综合评分，如上例孕妇的综合评分为 100－20＝80。

（三）高危妊娠的评价方法

导致高危妊娠的危险因素很多，每个孕妇可能有一个或数个因素同时存在。为了识别和预防这些高危因素，一般用综合评分来评估孕妇的妊娠危险性水平。

1．高危妊娠　综合评分＜70 者，均为高危妊娠，说明该类孕妇的危险因素水平较高，在其妊娠过程中，必须进行系统化管理及重点监护。

2．中危妊娠　综合评分在 70～84 之间，为中危妊娠，说明该类孕妇的危险因素水平处于中等，一般需加强管理，增加产前检查的次数，及时发现不利因素并加以处理，以防止其成为高危妊娠。

3．低危妊娠　综合评分≥85，为低危妊娠，说明该类孕妇的危险因素水平较低，在其妊娠过程中按一般监护即可。

第四节　健康危险因素的分析

健康危险因素是广泛存在的，不同年龄、性别、职业及生活环境以及不同的生理状况，所面临的危险因素的种类及水平是不相同的。健康危险因素的多因多果，又使同一疾病或不同疾病的危险因素错综复杂。因此，积极开展健康危险因素的分析研究，找出疾病的危险因素，可以更有效地利用卫生资源和采取各种防治措施。目前，我国城市居民死亡原因主要是恶性肿瘤、脑血管病、心脏病、呼吸系统疾病、损伤和中毒等。因此，加强对这些疾病危险因素的分析研究，降低其发病率和死亡率，是当前预防保健的重点。

一、心脑血管疾病主要危险因素的分析及护理

心脑血管疾病是指脑血管病和各型心脏病，是目前危害人群最严重的疾病之一。据卫生部卫生统计信息中心公布，1998 年我国城市脑血管病为第二大死亡原因，死亡率为 137.72/10 万；心脏病占第三位，死亡率为 106.58/10 万。我国农村脑血管疾病占第二位，死亡率为 113.05/10 万；心脏病占第四位，死亡率为 80.07/10 万。在心脑血管疾病中，目前危害最严重的主要是冠心病、脑卒中，高血压是二者的基础。此三种疾病是目前防治的重点。

（一）心脑血管疾病的主要危险因素

1. 高血压　高血压是心脑血管疾病的重要危险因素，动脉粥样硬化是多种心脑血管疾病的病理基础。我国冠心病患者中有 50%～70%合并高血压，80.5%的脑出血患者和 70%的脑梗死患者有高血压史。不论收缩压或舒张压增高都促进心脑血管疾病的发生。对老年人而言，收缩压更为重要。我国有学者研究认为，有高血压者患冠心病的 OR 值为 4.633，OR 值与冠心病变程度间有剂量关系。尸检分析表明，高血压患者主动脉和冠状动脉粥样硬化均较无高血压者重。有人研究认为，高血压患者舒张压平均下降 0.4kPa（3mmHg），冠心病的危险性将下降 19%，经常降压治疗则可使其危险性下降 70%～80%。

2. 高血脂和高胆固醇血症　世界各国的研究都表明血浆胆固醇与冠心病的患病率及死亡率有关。其主要依据为：粥样斑以胆固醇沉积为核心；动物饲喂高胆固醇可产生动脉粥样硬化；家族性高胆固醇血症能早年发生冠心病；冠心病人群的血浆胆固醇水平明显高于非冠心病人群。此外，进一步研究发现，冠心病的发生与低密度脂蛋白胆固醇（LDL-c）密切相关，LDL-c 是粥样斑块的主要来源。高密度脂蛋白胆固醇与冠心病呈负相关。

高血脂与低密度脂蛋白同时升高，对缺血性脑血管疾病是重要危险因素，尤其

对年轻男性更重要。而低水平的血胆固醇可以增加出血性脑血管疾病的危险性。

3. 糖尿病　是重要的冠心病易患因素。国外研究表明，男性糖尿病患者中2.48%的人发生冠心病，女性糖尿病患者中有1.78%的人患冠心病。

4. 短暂性脑缺血发作（TIA）　TIA发作是脑血管意外的早期警报。多数学者认为TIA是多种脑血管疾病特别是缺血性脑血管疾病的危险因素，约1/3的TIA患者迟早要发展为再发完全脑卒中。

5. 肥胖　肥胖者易患冠心病，体重迅速增加者尤其如此。肥胖者也往往合并高血压、高脂血症和糖尿病。而高血压、高脂血症是脑血管疾病的危险因素，因此肥胖是脑血管疾病的间接危险因素。

6. 行为生活方式　有研究认为，吸烟、酗酒、不合理的膳食、寒冷的刺激、精神紧张等都与冠心病及脑血管疾病的发病有关。

（二）心脑血管疾病的预防

1. 第一级预防　针对心脑血管疾病的危险因素，积极采取措施。

(1) 高血压的防治：目前，我国15岁以上人群高血压的患病率为13.58%，而知晓率<50%，服药率<25%，控制率<5%。为此，应在人群中监测血压，控制高血压，如限制食盐的摄入量、控制体重、戒烟酒、增加体力活动等。

(2) 膳食预防：提倡合理的膳食，每日摄入食物的能量水平，以维持理想体重的需要为准，多进食谷类、豆类等高碳水化合物，多进食蔬菜、水果，少进食甜食及含饱和脂肪酸、胆固醇的肉类。

(3) 积极治疗与粥样硬化有关的其他疾病，如糖尿病。

2. 第二级预防　建立健全心脑血管疾病监测网、心脑血管疾病院外急救网，有条件的医院建立健全冠心病专科、冠心病监护室等。对已发病者要针对具体情况采取措施，如用药物、手术等进行积极治疗。

3. 第三级预防　对患者及其家属进行健康教育，宣传有关心脑血管疾病保健方面的知识，如介绍心脏的结构、治疗的情况、用药的目的、指导患者养成一些良好的生活习惯等，目的使患者能乐观地对待疾病，接受复查与系统治疗。做好监护工作，在医生指导下进行适当的运动锻炼，并按医嘱服药，定期随访。

（三）心脑血管疾病的护理

1. 护理诊断　心脑血管疾病的主要护理诊断有：疼痛、活动无耐力、适应能力下降（颅内的）、语言沟通障碍、吞咽障碍、慢性意识障碍、单侧感觉丧失、记忆受损。潜在并发症：心源性休克、颅内高压症、脑水肿、感染等。

2. 护理措施　①按心脏病及神经内科一般护理常规护理；②病情观察：对病人应密切观察其心率、心律、心电图、意识、瞳孔、体温、脉搏、血压等生命体征。对出现的症状要及时做出恰当的处理。③预防并发症：采取适当的措施，预防心源性休克、肺部感染、水肿、褥疮以及便秘等。指导病人的日常生活、用药及饮食。④饮食护理：正确指导病人的饮食及功能锻炼。⑤心理护理：由于心脑血管疾病病情重，病程长，不易治愈，患者容易产生忧愁、焦虑、恐惧、抑郁、猜疑、不在乎等心理，可针对具体情况，使用不同的方法进行心理护理，如为患者创造一个良好的休养环境，通过健康教育、疏导等方法，使患者倾吐积聚已久的内心抑郁，通过文体活动、生物反馈松弛训练等消除过度紧张和焦虑的心理等。⑥出院指导：对出院的病人，讲明心脑血管疾病的诱发因素及预防措施，讲明常用药物的作用、副作用及使用、保管方法，教会病人及家属一些必要的急救措施等。

二、恶性肿瘤主要危险因素的分析及护理

恶性肿瘤是危害人类生命与健康的最严重的疾病之一。据卫生部卫生统计信息中心公布，1998年我国居民十大死亡原因中，恶性肿瘤为三大死因之一。城市以恶性肿瘤为第一位，死亡率为139.28/10万，农村恶性肿瘤占第三位，死亡率为105.57/10万。我国的恶性肿瘤以上消化道为主。依死亡率高低，依次为：胃癌、食管癌、肝癌、宫颈癌、肺癌、肠癌、白血病、鼻咽癌、乳腺癌等。女性前三位为宫颈癌、胃癌、食管癌。

（一）恶性肿瘤的主要危险因素

1．环境因素　Higginson认为，人类恶性肿瘤的危险因素有80％～90％是来自环境，即外源性因素。其中包括环境中的化学因素、物理因素、生物因素等。以化学因素为主。

（1）化学因素：目前认为大约90％的癌症是由化学致癌物所致。其主要来源于工业生产。它们通过污染空气、水、土壤对人体造成危害。目前已证明具有致癌作用的化学物质有1000多种，但与人类癌症关系密切的有26种。包括多环芳烃、砷、镍、铬、酚、石棉、煤焦油、农药等。如3，4-苯并芘可引起肺癌，煤焦油可引起皮肤癌，乙-萘胺可引起膀胱癌等。

（2）物理因素：长时间慢性机械性刺激、慢性炎症刺激、电离辐射、电磁辐射、热辐射以及紫外线等，在一定条件下，都有可能诱发癌症。如电离辐射与白血病的发病有明显关系，过度日光暴晒可引起皮肤癌。

（3）生物因素：近年来，许多学者发现某些人类癌症与病毒关系密切。如EB病毒与鼻咽癌、传染性单核细胞增多症和非洲淋巴瘤关系密切；乙型肝炎病毒与原发性肝癌明显相关；人乳头瘤病毒（HPV）与子宫颈癌关系密切。此外，一些霉菌及其毒素也可能引起癌症，如念珠菌、黄曲霉毒素等。

2．个人行为生活方式

（1）吸烟：吸烟与肺癌的关系最为密切。烟草中的多环芳烃、焦油、重金属都有可能导致癌症。吸烟的时间越长、数量越大、年龄越早，肺癌的发病率愈高。此外，吸烟可增加20多种疾病的危险性，同时也增加10多种癌症的危险性，如舌癌、唇癌、口腔癌、咽癌、喉癌、冠心病、支气管炎等。如果吸烟的同时，又接触石棉、砷、镍、铬等，则有明显的协同作用。

（2）饮酒：长期饮酒可导致肝硬化以及肝癌的发病率增高。此外，与口腔癌、

咽癌、喉癌、食管癌、胃癌、直肠癌密切相关。这与酒中可能含有致癌性亚硝胺等有关。

(3) 饮食：近年来，人们研究发现食物与消化道肿瘤关系密切。中国、日本、智利的研究认为，腌制食品、咸菜等是胃癌的危险因素；发酵、霉变食品的摄入是食管癌的危险因素。营养素摄入不足或过剩都可增加癌症发生的危险，如维生素C在胃内能阻断亚硝胺的形成，摄入不足易发生胃癌、大肠癌；营养过剩，如摄入过量脂肪可增加肠癌、乳腺癌、胰腺癌的危险。食物因烹调不当，可产生致癌物质，如苯并芘等多环芳烃类物质。

此外，长期的精神紧张、抑郁、焦虑、绝望也是引起恶性肿瘤的重要因素。

3. 人类生物学因素　正常细胞的恶性变，大体上都涉及遗传物质的改变，如基因水平或染色体水平，结构上或调控方面的改变。一些常见的恶性肿瘤表现为一定的家族聚集性。目前研究认为，欧美国家妇女中30%的乳腺癌表现出遗传倾向，我国多见的鼻咽癌遗传倾向也十分明显。随着人类对基因的研究不断深入，一些基因与恶性肿瘤之间的关系会逐渐揭示出来。

4. 卫生保健因素　社会防治措施不力、卫生保健制度及卫生保健网不健全、医疗水平低下以及一些医源性因素对恶性肿瘤的发病率及死亡率具有重要的影响。如平时不经常查体、诊断技术手段落后，不能及早发现恶性肿瘤，造成病情延误，不能及时治疗；治疗技术的落后，无有效的治疗手段，无法降低恶性肿瘤的死亡率。此外，一些药物使用不当也可导致恶性肿瘤的发生（见表3-3）。

表3-3　某些药物与癌的关系

药　物	致癌作用
环磷酰胺	膀胱癌、白血病
免疫抑制剂	组织细胞型淋巴瘤
放射性镭	骨肉瘤、鼻窦癌
^{32}磷、^{131}碘	急性髓细胞性白血病
二氧化钍造影剂	肝血管肉瘤
烷化剂类	急性非淋巴细胞性白血病
砷　剂	皮肤癌
偶合雌激素	子宫颈癌
雄激素、睾丸酮	肝细胞癌
二乙基己烯雌酚（DES）	阴道癌、子宫颈癌

（二）恶性肿瘤的预防

大多数肿瘤的病因较为复杂，往往涉及多种因素，给肿瘤的预防带来很大的困难。但肿瘤的发生一般有一个漫长的过程，其潜伏期较长，这又为肿瘤的预防带来了充裕的时间。积极开展三级预防，对降低肿瘤的发病率、死亡率、延缓病情具有重要意义。肿瘤的预防重点，在第一、二级预防。

1．第一级预防　又称病因预防，其目的是防止恶性肿瘤的发生。针对化学、物理、生物等具体致癌、促癌因子和体内致病条件采取预防措施。首先要从自然环境、生产环境、药品使用和行为生活习惯等方面，避免或去除各种致癌因素对人体的危害。如保护环境，尽量减少环境污染物的排放，日常生活中避免吸烟、酗酒、不洁的性行为、不吃霉变食品、避免精神刺激、保持乐观的精神状态、合理使用药物。减少不必要的放射性检查、适当的体育锻炼、重视防癌普查等。

2．第二级预防　即“三早”预防，早发现、早诊断、早治疗。其目的是阻止或减缓疾病的发展。健全肿瘤防治网、加强健康教育、积极开展自我保健是做到“三早”预防的基本要求。如对人群的普查、高危人群的筛检、自查等。特别是出现下列一些症状时，更应引起警惕。

（1）身体任何部位，如乳腺、颈部或腹部肿块，尤其是逐渐增大的。

（2）身体任何部位发生的溃疡，特别是经久不愈的。

（3）不正常的出血或分泌物增多，尤其是中年以上妇女出现的阴道不规则流血。

（4）进食时胸骨后闷胀、灼痛、异物感或进行性加重的吞咽困难。

（5）久治不愈的干咳、声音嘶哑或痰中带血。

（6）长期消化不良、进行性食欲减退、消瘦等，又未找出明确原因时。

（7）大便习惯改变或有便血。

（8）鼻塞、鼻衄、单侧头痛或伴有复视时。

（9）赘生物或黑痣的突然破溃、出血。

（10）无痛性血尿。

3．第三级预防　主要是尽可能改善病人的心理状况，控制或减缓肿瘤的发展，减轻功能障碍的程度，使之能生活自理，预防并发症，预防复发，延长存活期。护理在第三级预防中发挥重要的作用。

（三）恶性肿瘤的护理

1．护理诊断　恶性肿瘤的主要护理诊断有①疼痛：与肿瘤的刺激有关。不同恶性肿瘤其疼痛的性质及部位可不同。②恐惧：与恶性肿瘤的死亡率高有关。③营养失调：多与病人食欲减退、消化不良以及药物有关。④有废用综合征的危险：与病人长期卧床及营养不良有关。⑤疲乏：与身体不适及治疗有关。⑥潜在并发症：主要有感染、皮肤完整性受损等。

2．护理措施　①疼痛及并发症的护理：晚期癌症患者，多容易出现疼痛、褥疮、感染等并发症，应及时处理。对于疼痛应注意掌握病人疼痛的规律，尽可能于未痛前给药，一般先用口服镇痛剂，如阿司匹林，剧烈的疼痛可用杜冷丁、强痛定等。对于褥疮，应注意解除局部压力，保持病人清洁、干燥。如已发生褥疮，应按伤口换药处理，防止并发感染。②营养康复：早期癌症患者由于脂肪迅速消耗，引起病人食欲减退，放疗、化疗又会加重这种状况，容易导致营养不良，因此，应注意调整病人的食谱，必要时可采用超食疗法，给予浓缩优质蛋白质，输注多种氨基酸和高浓度的葡萄糖。③心理护理：心理因素可以致病，而疾病又反作用于人的心理状态。癌症病人一般都存在程度不同的焦虑、恐惧、悲观、绝望、孤独与怪僻，但同时也存在强烈的求生愿望和眷恋、期待心理。针对这些情况，护士应建立良好的护患、医患关系，取得患者的信任，对患者要有高度的同情心和责任感，采取保护性、分析性心理护理。与患者交谈时，态度诚恳、和蔼、耐心，以熟练的护理技术取得患者配合，使其安心养病，动员患者的亲属及周围的人更多地陪伴、关心患者，以消除不良的心理状况；另一方面，因势利导地激发其生存的欲望，对患者进行健康教育，提高患者战胜癌症的信心；巩固其眷恋心理，增强其拼搏意志。④全身强壮活动：癌症患者尤其是长期卧床者，常出现肌肉萎缩，骨质疏松等，可根据病人的体力，进行相应强度的全身强壮性运动，以提高免疫力，增强体质。⑤其他：根据患者的功能障碍情况，形体外貌的缺陷情况，进行功能障碍及形体外貌康复。

三、意外伤害的危险因素及护理

随着经济发展，机械化程度提高，生活节奏加快，意外伤害对居民健康和安全的威胁越来越明显。据统计，目前我国每年大约有 70 万人死于各类伤害，2000 万人因伤害需要急诊和入院治疗，伤害已成为我国 1～14 岁人群的第一位死亡原因。

伤害分故意和非故意两大类，其中对我国人群危害最大的是车祸、自杀、溺水。我国自杀死亡率高于世界平均水平，尤以农村妇女多见；车祸死亡率位居各国之首，而且每年正以 10％的速度递增。由于伤害造成了大量永久性残疾和早死，消耗巨大的医疗费用，削弱国民生产力，以及发生的突然性和不可预测性给人们心灵带来沉重的打击，已经引起世界各国的重视。

（一）车祸

1. 车祸的危险因素　车祸是生理、心理、社会及自然等诸因素综合作用的结果。其危险因素呈多元化。不同的国家，其车祸发生的模式不尽相同。目前，我国车祸发生的主要危险因素有酒后开车、疲劳、不遵守交通规则、交通条件落后、车速过快、不使用安全带等。

（1）酒后开车：酒后开车是车祸最主要的危险因素。至少有 1/3 的车祸与此有关，尤其节假日发生的车祸。研究表明，司机血液酒精浓度为 400mg/L 时，发生车祸的危险性比 60mg/L 者高 2 倍。酒精对司机操作能力的影响主要表现为：①信息的接受和感知能力下降；②视野变窄，认识和判断能力下降；③自我控制和综合定向能力下降；④反应时延长，操作的准确性下降。

（2）疲劳：疲劳开车多见于长途运输司机，疲劳容易导致司机注意力不集中，对突然出现的事件，其判断力及反应灵敏性均下降。

（3）交通意识淡漠：在我国的普通居民，尤其是青少年，遵守交通规则的意识淡漠，在交通要道上晒粮、打闹、玩耍、与车争道、不按交通信号指示行车等，都是导致车祸的重要因素。

(4) 心理行为：近年来，随着我国经济的发展，交通车辆迅猛增加，在对司机的培养过程中，往往注重其身体条件，而忽视其心理应激能力，导致有心理障碍的司机增多。此外，青少年及女性骑自行车者，与大型机动车相遇时心理紧张，突然倾倒或处置不当，导致车祸。

2. 车祸的防治措施

(1) 交通立法：近年来，我国的道路交通迅猛发展，但相关的法律建设相对落后，尤其是对交通违规的处罚力度不够。这其中包括酒后开车、安全带使用、车辆状况、交通违规司机的处罚、超载等。因此，应在加强法律建设的同时，加强执法力度。

(2) 加强交通法规的宣传：对司机及普通人群，加强交通法规的宣传教育，增强其交通安全意识、遵守交通法规。对司机还可以开展有关车祸现场的急救知识培训。

(3) 改善交通条件：由于我国车辆的迅猛增加，而相关的交通道路，交通管制条件相对落后。因此，应增加道路建设投资，缓解车多路窄的状况。加强公路铁路管理的研究，增加现代化的管理器材，使之科学化。建立全国性公路保护系统，使之成为“平安大道”。

(4) 其他：建立较完整的急救系统，使车祸发生后伤员能尽快得到抢救，加强车祸有关成因的研究，重点控制从事司机工作的条件。严格控制车辆的使用年限及运载量。

3. 车祸的护理

(1) 护理诊断：车祸的主要护理诊断有：组织完整性受损、疼痛及创伤后反应、有周围神经血管功能障碍的危险、有废用综合征的危险、焦虑及恐惧。潜在并发症：出血、骨折、休克、感染等。

(2) 护理措施：车祸发生后，对人造成的损伤是多种多样的。轻者可有局部疼痛、肿胀、功能障碍，有出血和异物存留。重者全身症状突出，有创伤性休克或严重并发症。主要系统损伤有颅脑损伤，包括头皮、颅骨和脑损伤；闭合性或开放性胸部损伤；腹部损伤，主要有实质性脏器（肝、脾）破裂及空腔脏器破裂；泌尿系统损伤，主要有肾挫伤、尿道损伤等；四肢骨折和脊柱骨折；复合性损伤。由于损伤的部位及轻重不一，对护理的要求有较大差异，应视具体情况而定。①一般护理：在车祸现场急救中，护理人员应积极配合医生初步估计病情，着重注意致伤力的性质、程度、作用方式、伤员姿势以及伤员原有的主要疾病。先行抢救心血管损伤或呼吸障碍的伤员。护理人员应掌握以下原则：首先抢救生命；妥善处理伤口；给予简单而有效的固定；迅速转运伤员。入院后，护理人员应积极协助医生进行抢救，复苏与诊断同时进行，为每个伤员注射破伤风抗毒素，严密观察病情，及时清创、换药。②心理护理：护理人员除做好一般护理外，应搞好心理护理。有的伤员在车祸发生后，往往出现心理防御反应—“情绪休克”，既不呻吟又无主诉，表情淡漠，对急救治疗无动于衷，护理人员应给以同情和理解，态度和蔼，关心备至，操作轻柔，急病人之所急；有的伤员出现逆反心理与惩罚心理，极端痛恨肇事者，增加其压力，要求用好药，扩大症状，谎报病情；对此，护理人员对家属及伤员多给予安慰、帮助、教育，对病人实事求是地解释，合理用药，合理安排陪护，让患者放心；对有极端焦虑与恐惧的伤员，必须及时解除其心理压力，以配合治疗。当伤员脱离危险后，对有功能障碍的伤员，护理人员应指导和监督伤员进行功能锻炼，但应注意以下几点：向伤员说明进行功能锻炼的重要意义；注意循序渐进，不可操之过急；对骨折患者应提醒注意哪些是不利于骨折愈合的活动，加以控制；禁止强力的被动活动；将功能锻炼纳入护理计划中，按计划执行。

（二）自杀

1．自杀的危险因素　自杀是一种有意残害自己生命的行为。它是自我意识的烦恼和苦闷发展到对事态产生恐惧，对生活失去信心，对现实感到绝望而采取的最后“保卫自己”的手段。自杀的原因多种多样，在我国以农村妇女多见，青少年也是高危人群。

（1）社会因素：家庭不和、青年人恋爱失败、经济困难、人际关系紧张等常使人产生自杀意念。我国农村妇女的劳动能力与其提高家庭地位的愿望之间存在较大的反差，以及诸多因素所引发的家庭矛盾不能调和时，容易产生以死抗争的意念。青年人恋爱失败，对失恋者带来重大心理刺激，也容易产生自杀行为。人际关系紧张如同事间、上下级之间、婆媳间、妯娌间、亲子间、邻里间的不和，当这些矛盾不断激化并且不能调和时，也容易产生自杀行为。

（2）心理因素：患严重疾病，特别是患有给病人带来极大痛苦又无法治愈的疾病，病人常因失去生活的信心而导致自杀。青少年自杀的主要因素是竞争激烈的入学考试，以及青年人寻找就业机会时，面临激烈的竞争，一旦失败时容易产生自杀行为。这在大学生中表现的尤为明显。

（3）其他：有自杀家庭史的青少年具有更大的自杀倾向。战争期间自杀的人数也会上升，如科索沃战争时，许多塞尔维亚人在恐惧、生活贫困的状态下，看不到战争胜利或结束的希望而采取自杀行为。某些人尤其是妇女在人身权利受到侵害时，如被强奸、侮辱、诽谤时，也会采取自杀行为。

2．自杀的防治　由于自杀的原因较多，而且大多是突发性行为，给预防工作带来很大困难。但自杀者往往经过一个较为复杂的心理变化过程。因此，应加强健康教育，尤其是心理卫生教育，增强人们对各种生活紧张刺激、突发性事件的心理承受能力。积极采取措施，使有自杀倾向的人及时恢复健康的正常心理。加强对高危人群的研究和监测，及早采取干预措施。尤其对自杀未遂者，要加强监护，分析自杀的原因，采取针对性的措施，以防止再次发生自杀行为。

3．自杀的护理　由于自杀的方式不同，其造成的伤害亦有所不同，护理的方法及重点有较大差异。在我国，由于自杀者以农村妇女最多见，其自杀的手段以服毒多见。现以服毒为例，说明自杀的护理诊断及措施。

（1）护理诊断：主要有：有中毒的危险、组织完整性受损、精神困扰、有暴力行为的危险等。潜在并发症：呼吸麻痹、肺水肿、脑水肿等。

（2）护理措施：护理人员在急救时，应协助医生对患者进行洗胃，在判明其服用的毒物后及时应用特效解毒剂，严密观察病情并作详细记录。在患者脱离危险后，护理人员在进行常规护理的同时，应及时掌握患者的心理状态，施以相应的心理护理。如有的患者有速死心理，表现为狂躁大喊大叫，拒绝抢救和治疗，护理人员可用转移法，使其坏的情绪转移到好的方面来，也可以使用宣泄法，在取得患者的充分信任后，诱导患者说出苦衷和服毒的原因，让其尽情哭个够，待其宣泄后，就会积极配合治疗；有的患者具有焦虑、悲观心理，害怕因服毒留下残疾，害怕亲人不能接受自己或旁人耻笑，对此，护理人员在住院期间对其关心、爱护的同时，对患者出院后可能出现的情况要作充分的估计，并做好其家属及亲友的思想工作，使其具有良好的家庭、生活环境，随着时间的推移，患者会安定情绪，重新做人，并可防止出现再次自杀行为。

四、传染病的危险因素及护理

传染病在人类历史上，曾是危害人类的最主要的一类疾病。虽然随着社会的发展，科技的进步以及人类活动，使传染病的威胁逐步下降，但是，传染病并未完全消灭，而且近年来，新的传染病又开始出现，旧的传染病有的又呈上升趋势。因此，积极开展传染病危险因素的研究，加强对传染病的预防仍是卫生工作的一个重要方面。

（一）传染病的危险因素

传染病在人群中发生、传播、蔓延及终止的过程，形成了传染病的流行过程。传染病的流行过程必须具备相互联系、同时存在的三个环节，即传染源、传播途径、易感人群。而传染病的危险因素则寓于这三个环节之中。

1．传染源　人类传染病的传染源有受感染的人和动物两大类。在病原体传播过程中的某些媒介物，如水、食物、排泄物、分泌物等则不是传染源。

（1）病人：病人是重要的传染源，也是传染病重要的危险因素。由于疾病不同以及在病程的不同阶段其排出病原体的数量不同，因此，其传染性及传染期各不一样。大部分传染病在潜伏期内不排出病原体，但有些传染病在潜伏期之末可排出病原体，如：流感、流行性乙型脑炎、甲型病毒性肝炎等。有些传染病在其前驱期可有大量的病原体排出体外，如麻疹、百日咳等。发病期的传染病病人都可以排出病原体，此期病人体内繁殖和排出的病原体最多，传染性最强。恢复期的病人多数不再排出病原体，但有些病人可继续携带病原体。

（2）病原携带者：指外表无症状但能排出病原体的人。其传染性的强弱与其职业、个人卫生习惯、周围人群的易感水平等关系密切。病原携带者按病原携带状态与临床分期可分为四类:潜伏期携带者、恢复期携带者、慢性携带者和健康携带者。

(3) 动物传染源：指受感染的动物。由于人类可以与许多种动物患同种疾病，如狂犬病、鼠疫、布氏杆菌病等，在人类和这些受感染的动物接触时被感染，此类疾病大多为自然疫源性疾病。其传染性的强弱取决于感染动物的数量、与人接触的机会及方式。

2. 传播途径　每种传染病的病原体从传染源排出后，都需借助一定的传播因素进行传播，这些传播因素，如受病原体污染的空气、水、食物、土壤等都是传染病的危险因素。

(1) 经空气、飞沫传播：病原体通过病人呼吸、谈话、咳嗽、喷嚏时排出体外后，浮游于空气中，被易感者吸入后即可感染，如白喉、结核等。人群密度升高、居住条件不良等都可使之易于传播。

(2) 经水传播：某些传染病可通过水进行传播，如霍乱、伤寒、血吸虫病等。对水源的净化、消毒以及居民的饮水习惯对此可产生重要影响。

(3) 经食物传播：有病的家畜、家禽，被污染的水果、蔬菜等都可引起一些疾病的传播，肠道传染病都可经食物进行传播。健全的卫生检疫以及居民的良好卫生习惯，可预防此类疾病的传播。

(4) 接触传播：有直接接触和间接接触。如性乱是性病的主要传播方式；输注受感染的血液及其制品，使用受污染的医疗器械、生产工具和日常生活用品等，都可造成传染病的接触传播。

(5) 土壤传播：传染源的排泄物、分泌物、死亡的传染源的尸体未经处理直接埋入土中，都可导致土壤受污染，又可经多种途径侵入易感者机体。

(6) 虫媒传播：携带病原体的昆虫，如苍蝇、蚊子、虱等可引起某些传染病的传播。如疟疾、斑疹伤寒、森林脑炎等。

3. 易感人群　易感人群是传染病流行过程中重要的一环。人群易感性即人群作为一个整体对某种病原体容易感染的程度，受多种因素的影响，如个体的免疫力下降、易感人口的增加等，特别是婴幼儿对许多传染病都易感。因此，加强人工免疫，改善人们的生活条件，可减少易感人群，预防传染病的传播。

(二) 传染病的预防

传染病的预防工作是针对流行过程的三个环节所采取的综合措施。

1. 管理传染源　对受感染的人早发现、早诊断、早治疗是预防传染病传播的重要措施。《中华人民共和国传染病防治法》对此已做出明确规定。对动物可根据引起传染病的性质和动物的经济价值，采取捕杀、隔离、治疗等措施。对无经济价值的动物可焚烧、深埋。

2. 切断传播途径　根据不同传染病的传播途径制订具体的预防措施。对外环境的病原体可采取消毒或灭菌的方法，包括饮水、餐具消毒、医院及公共场所空气、表面物品的消毒以及家庭日常防病的消毒等。对昆虫媒介可根据其生态习性特点，采用不同的杀灭方法，如机械、物理、化学及生物杀虫法。

附表　健康评价年龄表

男性存在死亡危险	实际年龄最末一位数 0 5	1 6	2 7	3 8	4 9	女性存在死亡危险	男性存在死亡危险	实际年龄最末一位数 0 5	1 6	2 7	3 8	4 9	女性存在死亡危险
530	5	6	7	8	9	350	4510	38	39	40	41	42	2550
570	6	7	8	9	10	350	5010	39	40	41	42	43	2780
630	7	8	9	10	11	350	5560	40	41	42	43	44	3020
710	8	9	10	11	12	360	6160	41	42	43	44	45	3380
790	9	10	11	12	13	380	6830	42	43	44	45	46	3560
880	10	11	12	13	14	410	7570	43	44	45	46	47	3870
990	11	12	13	14	15	430	8380	44	45	46	47	48	4220
1110	12	13	14	15	16	460	9260	45	46	47	48	49	4600
1230	13	14	15	16	17	490	10190	46	47	48	49	50	5000
1350	14	15	16	17	18	520	11160	47	48	49	50	51	5420
1440	15	16	17	18	19	550	12170	48	49	50	51	52	5860
1500	16	17	18	19	20	570	13230	49	50	51	52	53	6330
1540	17	18	19	20	21	600	14340	50	51	52	53	54	6850
1560	18	19	20	21	22	620	15530	51	52	53	54	55	7440
1570	19	20	21	22	23	640	16830	52	53	54	55	56	8110
1580	20	21	22	23	24	660	18260	53	54	55	56	57	8870
1590	21	22	23	24	25	690	19820	54	55	56	57	58	9730
1590	22	23	24	25	26	720	21490	55	56	57	58	59	10680
1590	23	24	25	26	27	750	23260	56	57	58	59	60	11720
1600	24	25	26	27	28	790	25140	57	58	59	60	61	12860
1620	25	26	27	28	29	840	27120	58	59	60	61	62	14100
1660	26	27	28	29	30	900	29210	59	60	61	62	63	15450
1730	27	28	29	30	31	970	31420	60	61	62	63	64	16930
1830	28	29	30	31	32	1040	33760	61	62	63	64	65	18560
1960	29	30	31	32	33	1130	36220	62	63	64	65	66	20360
2120	30	31	32	33	34	1220	38810	63	64	65	66	67	22340
2310	31	32	33	34	35	1330	41540	64	65	66	67	68	24520
2520	32	33	34	35	36	1460	44410	65	66	67	68	69	26920
2760	33	34	35	36	37	1600	47440	66	67	68	69	70	29560
3030	34	35	36	37	38	1760	50650	67	68	69	70	71	32470
3330	35	36	37	38	39	1930	54070	68	69	70	71	72	35690
3670	36	37	38	39	40	2120	57720	69	70	71	72	73	39250
4060	37	38	39	40	41	2330	61640	70	71	72	73	74	43200

3．保护易感人群　有计划地实施预防接种，如人工自动免疫、人工被动免疫等。此外加强卫生检疫，积极开展健康教育，实施自我保健也是重要的预防措施。

（三）传染病护理

1．护理诊断　传染病的护理诊断主要有：有体温改变的危险、有感染的危险、知识缺乏、有孤独的危险等。

2. 护理措施 ①一般护理：病员隔离，根据病原体的不同以及病情的需要进行治疗的同时，根据传染源及传播途径的不同，可采取不同的隔离消毒措施。病情观察：对急性传染病或慢性传染病的急性发作，定时观察体温、脉搏、呼吸、血压、心率、心律、大小便等，并作详细记录，必要时采取抢救措施。注意营养及休息，供给病人易于消化、吸收的高营养食品；急性期时卧床休息，根据病情采取Ⅰ、Ⅱ或Ⅲ级护理。②心理护理：传染病病人往往具有较为复杂的心理活动。一般患者常具有恐惧、焦虑、孤独心理，害怕传染别人，又害怕被他人拒之较远，陷入孤立状态，受人鄙视。住院期间又不易与他人过多交往，探视人员、次数、时间受较大的限制，针对此种情况，护理人员应根据其不同的心理状态，采用不同的方法去关心、爱护病人、不能言语刺激患者，拒患者于千里之外。患有不易治愈的传染病患者往往悲观绝望而自杀。对此种患者，护理人员应积极调整其情绪，鼓励患者，树立战胜疾病的信心，加强监护，防止自杀行为出现。

（临沂医学高等专科学校　胡怀富）

第四章　社会环境与健康

在现代社会中，人的健康不仅要受到遗传因素的影响，还要受到环境因素的影响。环境可以分为自然环境与社会环境。自然环境又称为物质环境，它包括天然形成且未受人类影响的原生环境，也包括受人类影响而造成的生活、生产等次生环境。社会环境也称为非物质环境。社会环境可以作为对健康产生影响的社会因素，它包括一系列与社会生产力、生产关系有关的因素。即以生产力发展水平为基础的经济状况、社会保障、教育、科学技术等；和以生产关系为基础的社会制度、法律、文化教育、家庭、医疗保健制度等。

社会环境因素对健康的影响非常广泛，方式多种多样，但其主要是通过对人的身体和心理造成影响以及对人的社会适应造成影响等方面产生作用。本章主要讨论社会环境与健康的关系及影响。

第一节　社会经济因素与健康

一、社会制度对人群健康的影响

社会制度是指在一定历史条件下形成的社会关系和社会活动的规范体系。社会制度的涵义有三层，一是指社会形态，如封建制度、资本主义制度、社会主义制度等，是广义的社会制度，常用于区别人类社会的不同发展阶段和不同性质。二是指社会生活的某一领域的行为规范体系，如政治制度、经济制度、法律制度等，是社会制度最基本的内容。三是指人们具体行动的行为准则，如考勤制度、奖惩制度、休假制度等，是狭义的社会制度，代表某种行为模式和办事程序。社会制度对人群健康的影响常常是间接的，但其所起的作用广泛而深远。社会制度对人群健康影响的主要途径可以从以下几个方面考虑。

社会制度决定分配制度。社会制度是人民健康的根本保证。人民创造的财富能否合理分配，卫生资源能否合理分配取决于社会制度，合理的分配制度有利于人群健康。不同社会制度的国家，其社会政治结构和社会经济结构不同，分配制度必然会有所不同，它对健康的影响主要体现在国家制定的各种方针政策对人民的社会地位、经济水平和卫生事业方面的作用。现代社会主要有两种社会制度，即资本主义制度和社会主义制度。在资本主义制度条件下，国家的经济命脉掌握在少数垄断财团手中，国家的各种方针政策、法律法令主要是维护垄断财团的生存和发展，即使实行一些有利于人民大众健康的卫生政策，也因为与其主体政治结构不同而阻力重重。因此，在资本主义国家会出现居民健康水平与其高经济水平、高物质生活条件不相适应的状况。在社会主义制度条件下，人民是国家的主人，国家的各项方针政策、法律法令都是从维护广大人民群众的根本利益出发。我国是社会主义国家，国家保证人民能够享受必需的生活资料和基本的医疗卫生服务，生活水平和健康水平不断提高。特别是我国在经济实力远远低于发达国家、资源缺乏的情况下，能够相对合理地使用卫生资源，通过积极建立和发展城乡三级卫生保健网保证和提高广大人民群众的健康水平，一些主要健康指标已经接近或达到了经济发达国家的水平，这是社会主义制度的优越性在卫生领域的体现。

社会制度决定卫生政策。提高人群的健康水平，经济是基础和条件，政策导向是决定性因素，它决定了一个国家卫生事业发展的出发点和立足点。我国在新中国成立初期就确定了卫生工作的四大方针："面向工农兵，预防为主，团结中西医，卫生工作与群众运动相结合。"明确指出了社会主义制度条件下卫生工作的方向，对我国卫生事业的发展，对维护和促进人民的健康起到了极其重要的作用。近年来，随着我国卫生工作改革及世界卫生保健策略的发展，我国的卫生工作方针几经修改，但都继承和保持了卫生工作为人民服务的基本方针。1997 年 1 月中共中央、国务院在《关于卫生改革与发展的决定》中提出新时期卫生工作方针："以农村为重点，预防为主，中西医并重，依靠科技与教育，动员全社会参与，为人民健康服务，为社会主义现代化建设服务。"更是对新中国成立以来一贯的卫生政策和策略的继承和发展。我国卫生工作在半个世纪的时间里取得了举世瞩目的成绩，曾严重威胁人民生命健康的烈性传染病、营养不良性疾病基本得到控制，居民平均期望寿命大幅度提高，这与我国的社会主义制度和贯彻卫生工作为人民健康服务的一系列卫生工作方针、政策有密切关系。

社会制度影响人的行为。人的生存和全部活动都是在特定的社会条件下进行的，社会制度是社会关系的综合体，是社会关系的最高层次，并通过法律、法规、规则、规章、规范等直接或间接地影响人的行为。

二、经济发展对健康的影响

社会经济是提高人民健康水平和卫生事业发展的根本的物质基础。社会经济与人类健康之间存在着一定的双向作用。经济贫困会导致居民健康状况低下和疾病流行，而后者又会加剧社会经济的贫困。相反，社会经济状况的改善和发展能推动卫生事业的发展和提高人群的健康水平。

分析经济因素对健康的影响，常常用反映经济发展的指标及居民健康指标进行综合分析。衡量经济发展的主要指标是：国民生产总值（GNP），其反映一个国家或地区的综合经济实力；人均国民生产总值，其排除了人口因素的影响，便于国家或地区之间的比较，是分析经济因素与健康之间关系的重要指标。常用反映居民健康状况的指标包括：出生率、死亡率、平均期望寿命、婴儿死亡率等。其中出生率和死亡率反映人口变动情况，与经济发展有重要关系；平均期望寿命是反映居民健康状况的综合指标；婴儿死亡率则是反映居民健康状况比较敏感的指标。

（一）经济贫困对健康的影响

经济贫困使居民物质生活条件和劳动条件恶劣，在衣、食、住、行及医疗保健等方面都存在较大困难。如食物的短缺，缺乏安全饮用水，恶劣的居住条件和生产环境，缺少基本的医疗保健条件等，这些均易导致疾病流行特别是传染病流行，对健康造成损害。经济贫困落后导致对卫生工作投入低，不能保证基本的卫生服务，这也是经济贫困落后的国家或地区居民健康水平低的重要原因。

经济贫困对健康的不利影响体现在经济发展指标和居民健康状况指标中，社会经济贫困落后的国家或地区，人均国民生产总值低，婴儿死亡率高、平均期望寿命低（表 4-1），营养不良的发生率和传染病的发病率与死亡率均很高。

表 4-1　10 个国家的经济与健康状况

国　家	人均国民生产总值（美元）1995 年	婴儿死亡率（‰）	预期寿命（岁）1995 年
塞拉利昂	180	169	37
安哥拉	410	160	40
马拉维	170	142	40
乌干达	240	113	41
卢旺达	180	125	42
美国	28020	7.4	76
英国	19600	6.1	77
澳大利亚	20090	5.9	78
瑞士	40630	5	78
日本	40940	4.2	80

（二）社会经济发展对健康的促进作用

经济发展是提高居民物质生活水平的前提。社会经济的发展可以促进人类生活水平、生活质量的提高和健康状况的改善。由于社会经济的发展，物质生活条件和卫生条件得到改善，使有关的传染病、寄生虫病和地方病的发病率明显下降，营养不良、劳动条件恶劣对健康的影响逐渐减少，疾病谱和死因谱出现新的变化。

经济发展可以增加卫生投资。国家、社会对卫生保健的投入及卫生服务的组织实施过程直接关系到人民的健康。经济因素对健康的影响是肯定的，经济水平差别大的国家或地区间居民健康指标有显著差异，这是全球普遍存在的现象。但实践证明，单纯增加经济收入不是改善健康的唯一途径，在保证一定的社会经济和文化的前提下，医疗卫生服务对促进人群健康起着非常重要的作用。卫生保健方面的投资包括卫生费用的投入，卫生人员的培养及卫生设施的建设。卫生事业通过预防、医疗、康复和健康教育等服务，可以提高人群的健康水平，提高人口质量。

（三）社会经济发展对健康的潜在危害

社会经济发展状况是影响人群健康的重要因素，但经济因素不是影响健康的唯一因素，尤其是社会经济达到能满足居民的基本需要水平后，影响健康的社会因素更加复杂。与社会经济发展有关的社会生活现象和社会环境的变化，有的有益于健康，有的则危害健康。

经济发展改善了人们的物质生活条件，衣、食、住、行、劳动与生活方式及社会交往随之出现变化，丰富的物质生活引起了新的健康问题——现代社会病的产生。高血压、冠心病、糖尿病、肥胖症等与行为和生活方式有关的疾病呈增加趋势。并出现了空调综合征、电子计算机症等与现代生活方式有关的健康问题。

随着经济的发展，生活节奏加快，高技术的应用，紧张的工作和激烈的竞争，使心理紧张因素增加，易导致心身疾病、精神疾患增多，并成为影响健康的重要因素。

经济发展也使环境问题日益突出，人类的生存环境遭到破坏，环境污染加剧，如大气污染导致的酸雨、臭氧层破坏，温室气体排放使地球气温不断上升，土壤盐碱化和沙漠化，水污染等这些都对人的健康构成严重威胁。环境污染的加剧不仅使人的健康受到影响，而且直接威胁到人类的生存。

三、人群健康对经济发展的作用

经济发展从根本上讲是生产力发展的结果。生产力诸要素中最重要的要素是具有一定的体力、智力和劳动技能的人。人的健康与智慧对生产力发展起着决定性的作用。提高人群的健康水平可以延长人的平均寿命，从而延长人们参加劳动和工作的时间，为社会创造更多的财富。提高健康水平还可以通过提高工作效率对社会经济的发展起促进作用，现代社会生产需要的是具有文化科学知识和一定的工作技能、能从事复杂劳动的劳动者，健康则是先决条件，没有健康就不会有高工作效率。人群健康水平的提高又可以有效地降低卫生资源的消耗，这对社会经济的发展也具有重要的积极意义。健康的人民为国家和社会经济的发展注入了生命力。

第二节　文化因素与健康

一、文化的概念及特征

在影响人类健康的各种社会因素中，文化因素的作用十分明显。世界卫生组织报告，一旦人们的生活水平达到或超过起码的需求，有条件决定生活资料的使用方式时，文化因素对健康的作用就越来越重要了。文化是一个大范畴，它与文明相通。一个国家的发达程度，通常用物质文明与精神文明程度来衡量。

文化可以从不同角度进行划分，广义的文化是指物质文化和精神文化的总和。人类生产活动的一切产物，如发明创造、产品等都属物质文化的范畴。狭义的文化指精神文化，是人类精神财富的总和，有较确切的范畴，包括思想意识、文学艺术、宗教信仰、科学技术、道德规范、风俗习惯、教育、法律等。从文化在社会中所处的地位来看，文化可分为主文化、亚文化、反文化、跨文化等，主文化指在社会上占主导地位、为多数人所接受的文化；亚文化指仅为社会上一部分成员所接受的或为某一社会群体特有的文化，如民族亚文化、职业亚文化等；反文化是对现存主文化的背离、否定、抵制和对抗。从文化在社会中所起的作用来看，文化可分为智能文化、规范文化、思想文化等。

文化的基本特征，一是历史性，人类文化的产生和发展是世代努力的结果，是人类发展和智慧的结晶。二是现实性，古今中外，人类总是生活在一定的文化模式之中，受一定文化的制约。尽管文化在国家间、地区间、民族间存在着差别，但生活其间的个体或群体都必须面对现存文化环境。三是渗透性，文化的渗透性主要表现为不同文化之间的影响及传递，文化渗透主要是通过人与人之间的学习、交往实现的，文化传播、渗透的速度和广度受传播媒介的影响。四是继承性，文化的继承性主要表现为文化的积累，以积累为基础，通过逐代传递，为后人提供相对完善的生活模式和条件。由于文化是人们调适环境的指导，人们在新环境下必然汲取前人有用的文化遗产，并在生活中发扬光大。文化的继承与发展并存，人类在生活中总是以旧文化为基础不断创造新文化，从而推动社会的发展和进步。认识文化的特征有利于了解文化对健康的影响。

二、文化因素对健康的作用方式

文化的特征决定了它对健康影响的广泛性及持久性。文化对健康的影响不仅限于影响个人健康，而是影响人群的健康，其广泛程度远远大于生物因素和自然因素；文化作为精神财富影响人的思想意识、观念，这种影响及作用一旦发生，并非短期内能够消失，因此，文化因素对健康的影响常常持续于人生命的整个过程，甚至几代人或更长时间。

在现代社会，人的生命过程中文化的作用时时处处都在发生。人们的生活模式是以经济为基础，以文化为导向。是否有物质生活资料，这是一个经济问题；如何消费这些资料，这是一个文化问题。

不同类型的文化，通过不同的途径影响人群健康。

智能文化包括科学技术、生产生活知识等，主要通过影响人类生活环境和劳动条件作用于人群健康。规范文化包括社会制度、教育、法律、风俗习惯、伦理道德等，主要通过支配人类的行为生活方式影响人群健康。思想文化包括文学艺术、宗教信仰、思想意识等，主要通过干扰人们的心理过程和精神生活影响人群健康。

不同类型文化对人群健康的影响，既有主要途径又有交叉途径，往往是综合作用不易分辨。

三、文化诸现象与健康

（一）教育与健康

教育是人的社会化的过程和手段。教育有两种职能，一是按社会需要传授知识，即对人的智能进行规范；二是传播社会准则，即对人的行为进行规范。成功的教育使人能承诺一定的社会角色并有能力执行角色功能。失败的教育将导致人的角色承诺障碍，即人的社会功能不全，是不健康的重要表现。

1. 教育与人的社会化　社会化是指人从一个自然人转化为一个能够适应一定的社会环境、参与一定的社会生活、履行一定的角色职能的社会人的过程。社会化的内容非常广泛，凡是社会生活所必需的知识、技能、行为方式、生活习惯，乃至社会的各种思想、观念等都包括在内。现代人类的社会化，大体上要经历家庭、同龄人、社区、学校、单位或团体、大众传媒等一系列社会环境才能得以完成。教育是人类社会化的主要手段。

人的出生，只是一个生物个体的出现，只有经历从“生物人”到“社会人”的过程，才能从身体上、心理上、社会上造就健康生活的基础。实际上，人不经过社会化是无法生活的。印度狼孩的例子就充分地说明了这一点。人的初始社会化的完善与否，社会化环境起决定性作用，这个环境就是家庭教育、学校教育和社会教育。由于社会在不断地进步，生产技术、行为规范、生活方式乃至社会生活的各个方面都在不断地发生变化，新形势、新问题、新要求不断出现，这就要求已经完成了初始社会化的成年人为适应社会生活的需要，不断学习、培养和造就新的生产、工作、生活技能。这种继续社会化的内容非常广泛，其中与健康关系最直接的就是生活技能的培养，并主要体现在消费结构和闲暇时间的安排方面。

在一定的经济条件下，文化程度或受教育水平不同的人，生活资料的支配方式也不同，因此产生的健康效果也不同。人们对生活资料的支配取决于对生活的认识，包括如何生活才好的价值取向和怎样实现好生活的知识范畴。教育正是通过传播这两方面的知识，对人的物质消费进行文化导向。判断受教育程度对人们健康的影响，消费结构和闲暇时间如何安排，是两个重要指标。消费结构因人们所受教育或社会化程度不同而有所不同。理智型的人偏重于生活、工作条件的改善及精神生活的丰富，健康、合理地支配和使用生产资料；享乐型的人追求物质享受，大量消费多在无益于健康方面；堕落型的人则在有损健康方面消费，如酗酒、赌博、吸毒等。同样，闲暇时间的安排也体现人的社会生活能力，知识型的人利用闲暇时间增长知识；事业型的人把闲暇时间作为工作的延续；享乐型的人用闲暇时间寻欢作乐；堕落型的人将闲暇时间醉生梦死。

人的社会化持续于生命的全过程。社会发展越快，人的社会化范围越广泛，社会化程度越深，教育对人的生存的影响就愈加明显。现代社会飞速发展，要求生活在社会中的人不断调整自己的生活方式，造就新的生活技能，这样才能成为健康地生活于现代社会中的社会人。

2. 教育水平与健康　教育只是文化的一个方面，是传播文化的一种方式，文化的内容比教育广泛得多。但是，教育水平常作为文化的代名词，这表明教育的重要性。教育水平对健康的影响是多方面的，当传统社会向现代社会过渡时，受教育者起着改变传统的作用。教育可以普及卫生保健知识，有助于感知疾病，改变不良传统习惯，参与社会卫生和提高卫生服务的利用。教育能使人学会正确地使用卫生设施改善卫生状况。

研究表明，文化教育水平可以明显影响婴儿、儿童、青壮年及老年人的健康状况。双亲文化水平低可以导致婴儿或儿童的较高的死亡率，较高的营养不良及智能低下的发生率，其中尤以母亲的影响最为突出。我国某地死亡率调查证明，30～54岁各年龄组中，文化程度与死亡率呈明显的负相关（表4-2）。导致这一结果的重要原因是，文化教育程度较高者能够经常避免和减少有关不良的行为和生活方式；而文化教育程度较低者往往缺少良好的自我保健意识。文化教育程度还可能与心理状态有关，文化教育程度低者常表现出对社会环境的适应性较差。

表4-2　我国某地居民文化教育程度与死亡率（‰）关系

年龄组（岁）	大学	中学	小学	文盲与半文盲
30～	0.36	0.70	1.03	11.41
35～	0.44	0.79	1.25	2.95
40～	1.36	1.55	1.72	4.27
45～	1.33	3.16	2.44	3.31
50～	2.45	4.16	5.14	4.20
55～	6.95	6.62	8.84	6.53

（二）风俗习惯与健康

风俗也称习俗，指人类社会发展进程中长期形成的风尚、礼节、习惯等。风俗一般是对社会人群而言；习惯一般是对个人而言，指人们在长期生活里逐渐养成的、一时不易改变的行为倾向。风俗习惯属于传统文化，因此越是古老的生活形态中，风俗习惯的作用越强烈。风俗习惯经常连用，常呈现一定的地域性和继承性。风俗习惯与人的日常生活联系极为密切，贯穿于人们的衣、食、住、行等诸多环节，故可以直接或间接地影响人的健康状况。风俗习惯对健康的影响是非常广泛的，有的有益于健康，有的危及健康，还有的属于中性。

良好的风俗习惯有益于健康。如中国人喝开水的习惯，有助于避免由于饮水卫生条件较差可能带来的危害。西方人分餐进食的方式则是更符合卫生要求的进餐方式。

不良的风俗习惯可以导出不良行为，危害健康，因此更应引起人们的注意。如曾发生于新几内亚东部高地的Fore土著居民中的Kuru病，是一种以小脑变性为特征的中枢神经系统疾病，年死亡率为1%，病死率为100%。经Gajdusek DC研究，该病系由当地的落后习俗——分食死者尸体肉及脑髓（称食人俗葬仪）所致；禁止该葬仪后，Kuru病日趋控制和消灭。我国河南省林县是国内食管癌高发区之一，当地居民的一种主要副食品——酸菜，腌制时间短且常被霉菌严重污染，并含有高浓度的硝酸盐、亚硝酸盐和二级胺。目前认为当地居民食用酸菜是促使食管癌高发的重要因素之一。

风俗习惯是一种习惯性行为模式，涉及面广。移风易俗保护健康，要采取法律禁止、行政命令和说服教育相结合的方式。如燃放烟花爆竹是一种习俗，但是对环境和健康存在危害，近年我国许多城市颁布法令禁燃禁放，取得了较好的效果。但更多的需要说服教育，让人们自觉地移风易俗、维护健康。

（三）宗教信仰与健康

宗教是以神的崇拜和神的旨意为核心的信仰与行为准则的总和。宗教伦理及教义以观念意识注入的思想，强烈地影响人的心理过程及行为。宗教主要通过给人们以精神寄托、宣扬代表神的旨意、宣扬不同的人生观、宗教仪式和禁令等影响人类健康。这些宗教活动，有的对人类健康有积极作用，有的则产生消极作用。

1. 宗教的精神力量　宗教信仰常常使人对自已难以解决或难以回答的问题有一定的归宿。使信徒把自己的人生曲折或难题归于天命、上帝，从而达到心理平衡，虽然缺乏科学性，但能给人以某种精神寄托、使人心理平衡。从健康的角度来看，这是有利的方面。

宗教信仰的强大心理驱动作用是常人难以理解的。宗教宣扬中常以神的旨意出现，对信徒具有强大的精神强制和心理驱动作用。信徒无条件地采取教义或教主指向的行为，尽管这些行为有时是有害自身健康的、甚至是危及生命的，也在所不辞。在世界形形色色的教派中，以神的名义使信徒放弃生命的事例屡见不鲜。如1977年，美国人民圣殿教914名教徒在教主的带领下集体自杀，成为轰动全球的悲剧。

2. 宗教对行为的影响　宗教对人的行为的影响，是通过教规或教令及信徒的信仰来实现的，其作用有明显的强制性和高度的自觉性。宗教对行为的影响有些是有益于健康的，如宗教大多有教化人们修身养性、劝恶从善的宗旨，比如佛教有不杀生、不奸淫、不饮酒的戒条。宗教的某些规定对健康有积极作用，如犹太教对男婴都要行割礼，即包皮环切仪式，因此犹太人中阴茎癌几乎匿迹，宫颈癌的发生率也极低。但是，教徒的盲目信仰也给健康带来危害。如世界上曾经发生过六次古典霍乱大流行，夺走了成千上万人的生命，每次流行都源于印度。时至今日，印度仍是霍乱威胁世界的疫源地。究其原因，主要是印度教教徒视恒河为“圣河”，若生前能饮其水，死后能用恒河水浴身，便可除去一切罪孽。于是教徒常千里迢迢云集恒河饮水，将死人送进恒河洗浴，尸体或就地火焚、或任其随水漂流，使恒河水终年污染严重。

第三节　社会心理因素与健康

心理是客观事物及它们之间的联系在人脑中的反映。人的心理受到教育程度、文化修养、经济收入、人际关系、工作环境、生活方式及宗教信仰等诸多社会因素的作用与影响，因此也称社会心理因素。社会心理因素可以来源于恋爱婚姻家庭、学习工作环境及社会生活与个人特殊遭遇等方面。

随着社会政治、经济、文化及科学技术的发展，社会心理因素对人类健康与疾病的影响越来越明显。大量的研究结果和事实表明，有害的社会心理因素可以是躯体疾病和精神疾患的致病因素；良好的社会心理因素对于疾病的预防、治疗和康复有着重要的积极作用。人在社会中生活，不但是一个生物有机体，而且是一个有思想、有知觉、有情感、参与社会活动的社会成员。因此，仅仅从生物因素和自然因素的影响去研究人类的健康和疾病是片面的，必须从生物、心理、社会三方面考察健康和疾病，才符合客观实际。

社会心理因素涉及的内容非常复杂，它包括人的人格心理特征，如气质、性格，心理活动过程的变化及影响因素，如情绪、紧张刺激等。研究社会心理因素与健康和疾病之间的关系，主要是分析人格心理特征、心理活动过程及其影响因素对健康和疾病的作用，以及它们相互之间的关系。

一、人格特征与健康

一般来说，人在出生时除存在一定的生理区别外，并无定型的心理、行为模式。虽然心理学家认为，某些心理特征与先天、遗传有一定关系，但主要受后天条件影响。由于生活环境、受教育水平、所从事的工作不同，每个人的心理活动总会带有个人特征。这种个性心理特征或称人格，一旦形成就很难或很少改变。

人格心理特征主要包括能力、气质和性格三个方面。有研究表明，具有健全人格的人能力强、智力高，能正确认知、处理各种事物，情绪稳定且乐观，意志坚强，能搞好各种人际关系，适应不同的社会环境，所以有利于健康。临床发现各种有人格不健全的人，都不同程度地患有各种心理疾患或心身疾病，如强迫性人格是强迫性神经症的人格基础等。目前关于能力与健康的关系缺乏研究，对于人格心理特征的另外两个要素，即气质和性格与健康、疾病的关系研究较多，且有许多有价值的结果。

气质是人的高级神经活动类型特点。在行为方式上表现的是心理活动的动力特征。所谓心理活动的动力是指心理过程的强度、速度、稳定性和心理活动的指向性特点等。气质使所有心理活动都具有个人色彩，它可以影响人的情感和行动，影响人的活动效率。人的气质具有极大的稳定性，但是在环境和教育的影响下，气质也会发生某些变化。

研究表明，许多疾病具有明显的气质分布。如我国有人曾对确诊为精神分裂症病人的前期心理特征进行调查，发现抑郁型气质者占40%。

性格是个人对客观现实稳定的态度和与之相适应的行为模式，它是个性的重要组成部分，能反映人的本质属性。人的性格是受一定思想、意识、信仰、世界观的影响和制约。与气质相比，性格主要与后天条件有关，因此，性格虽然稳定，但通过努力是可以改变的，这就为去劣取优提供了机会。性格的特征可以从四个方面分析，①性格的态度特征，包括对社会、集体、他人、自己以及学习、工作、劳动的态度。②性格的情绪特征，包括心境、强度与稳定性。③性格的意志特征，包括对行为的自制与放纵等。④性格的智力特征，包括感知、想象等。性格和气质均属于人格的范畴，从气质的自然性质而言，气质似乎是性格的基础，而性格在一定程度上掩盖和改造气质，二者互相渗透，彼此制约，影响人的行为。

自弗雷德曼（Friedman）等人提出A型性格模型以来，关于它与冠心病的关系已有多门学科的大量研究，结果表明，A型性格者冠心病发病率、复发率、死亡率均较高。A型性格的特征为，①时间紧迫感，如同一时间做两件事，行为急促，说话快，办事快；②脾气暴躁，容易激动；③争强好胜；④对人有敌意等。具有这种性格特点的人经常处于忙碌状态，研究发现其血中应激性激素，如儿茶酚胺、垂体加压素、肾上腺皮质激素均较B型性格的人高，流行病学调查证明，A型性格者冠心病发病率是B型性格者发病率的2倍，复发率的5倍，死亡率的4倍。因此，A型性格被认为是冠心病的主要危险因子。

与A型性格相反的是B型性格，其特点是温和、安静、言行缓慢、不争强好胜，无时间紧迫感。近年又有人提出C型性格模型，是指易发生肿瘤的性格模型。其特征为，①童年生活挫折，不顺利；②性格克制，压抑情绪，压抑愤怒；③焦虑、抑郁；④谦虚、谨慎、过分合作、调和行为。C型动物模型研究发现，受束缚和压抑后通过交感-肾上腺、垂体-肾上腺皮质、垂体-神经免疫肽类、丘脑下部－神经免疫肽类系统使细胞和体液免疫力低下，加上遗传癌基因和易损伤性器官使之发生各种癌症。国内流行病学研究表明，C型性格者，宫颈癌发病率比其他人高3倍，患胃癌、肝癌等消化系统肿瘤的危险性更高。此外，近年还发现，C型性格者还易得溃疡病、哮喘、糖尿病和皮肤疾患。

二、情绪与健康

（一）情绪与健康

情绪是基本的心理过程之一，与健康有密切的关系。在心理学中，情绪和情感是两个紧密联系又有区别的概念。情绪是人和动物受到情景刺激时，经过是否符合自己需要的判断后，产生的行为、生理变化和对事物态度的主观体验；情感是人的高级心理，是人对精神性和社会性需要的态度的体验。

情绪可以通过神经系统、内分泌系统和免疫系统的生理反应，对人体健康产生影响，乐观的心境有利于健康，而愤怒、紧张、焦虑情绪可使交感神经兴奋，应激性激素分泌，免疫系统功能低下而产生心身疾病。流行病学调查和实验医学研究证明，消极情绪与多种疾病有密切关系。长期的负性情绪作用可导致产生心身疾病。

情绪致病主要包括两个方面，一是作为疾病发作或复发的诱发因素；二是直接作为致病因素或疾病促发因素。实际上情绪作为一些疾病的诱发因素在临床已肯定。如急剧的情绪变化被认为是心肌梗死、脑溢血、精神病发作等的重要诱发因素。

（二）导致疾病的情绪因素

1. 焦虑　焦虑是一种对自己的处境和前途命运过度担心而产生的消极情绪。其中包含着急、担心、紧张、不安和害怕等成分。引起焦虑的原因是多方面的，可能来自经济方面原因，身体方面原因，也可能来自社会政治、社会变迁或自然方面的原因，还可能是自身学习、家庭、人际关系等原因所引起。焦虑的程度与自我认知评价有关。严重的焦虑可使饮食、睡眠、工作效率受到影响，妨碍人准确地认识客观环境，因而难以在现实条件下作出合乎理性的分析和决定，导致心理异常和躯体功能障碍。

2. 恐惧　恐惧是由那些被自己认为对自身有威胁或危害的刺激情景引起的消极情绪。恐惧是人的基本情绪之一。恐惧的产生和程度与年龄、生活经历和知识的丰富性有关。在幼儿阶段，恐惧的对象可以是陌生人、环境或黑暗情景；随年龄的变化和生活经验及知识的增加，对上述对象的恐惧逐渐减弱。在青年阶段，恐惧的对象多是那些威胁自身安全、社会利益的事物，如受伤、患病、学业、社会动荡、自然灾害等。中年人和老年人的恐惧情绪则与相应的生活环境、职业劳动、就业机会、家庭问题、患病、亲人亡故等问题更为密切，与其自身的生活经验、社会支持等方面相联系。病人的恐惧情绪与其自身的认知评价有较密切的关系，病人在患病后对疾病的预后，对治疗过程、手段、效果均会产生一定的恐惧，特别是对疼痛的恐惧，常常被认为是影响最大的因素。而且，病人的恐惧常常会伴有疑虑和担心。

恐惧情绪引起机体的变化十分明显，体内的生理活动方面主要有血液循环加快、心率显著增加，呼吸急促，骨骼肌系统的紧张度增加；外部表现主要有面部表情紧张、面色苍白，短时凝视，全身僵直等；极度恐惧可伴发抖、惊叫等，脱离恐惧情景后，回忆仍会心有余悸。恐惧对人体的健康有直接影响，持续出现的恐惧情景和恐惧情绪是引发心身疾病的原因之一。

3. 抑郁　抑郁是一种忧愁压抑、闷闷不乐的消极情绪，包括悲观、失望、自怜和绝望的言行表现。抑郁情绪以消极低沉为突出特征，对周围事物反应迟钝，失去生活乐趣，有的人甚至会出现轻生念头。消极情绪使人的心理动机强度下降，生活、学习和工作失去主动性，因为感到无能为力，所以消极被动地对待事物，这种恶性循环加剧了抑郁程度。抑郁的心境会导致心理疾患或心身疾病，长期抑郁会使多种疾病的危害性升高。

三、生活事件对健康的影响

生活事件（Life event）是指日常生活中引起人的心理平衡失调的事件。这些生活事件有消极的（负性生活危机，如离婚、死亡），也有积极的（正性生活变化，如结婚、升学），但都会出现过度刺激，即从正反两方面造成人的心理平衡严重失调。不同的生活事件所产生的心理应激量或心理刺激强度不同。1973 年美国精神病学家霍尔姆斯（Holmes）根据人们在社会生活中所遭受的生活事件，按身体的承受能力归纳并划分等级，以生活变化单位（Life change units，LCU）为指标评分，并编制了生活事件心理应激评定表。该表可以用于评估社会心理刺激的质和量。霍尔姆斯在研究中发现，LCU 与 10 年内重大健康变化有关。如果一年内，生活变化单位（LCU）超过 200 单位，则发生心身疾病的概率较高；如果 LCU 超过了 300 单位，则在二年内生病的可能性达 70%以上。

1985 年我国的张明园等人在国内原有的研究基础上，参照霍尔姆斯的评定量表及调查方法，在全国 10 个省市 1 000 多名正常人中间进行调查，编制了正常中国人生活事件常模结果表，表中列出了 65 种中国人在日常生活中可能遭遇的生活事件。该表与霍尔姆的生活事件心理应激评定表高度正相关，且更符合我国国情。(表 4-3)。

表 4-3　正常中国人生活事件量表

生活事件		LCU	生活事件		LCU
1	丧偶	110	20	恢复政治名誉	45
2	子女死亡	102	21	重病外伤	43
3	父母死亡	96	22	严重差错事故	42
4	离婚	65	23	开始恋爱	41
5	父母离婚	62	24	行政纪律处分	40
6	夫妻感情破裂	60	25	复婚	40
7	子女出生	58	26	子女学习困难	40
8	开除	57	27	子女就业	40
9	刑事处罚	57	28	怀孕	39
10	家属亡故	53	29	升学就业受挫	39
11	家属重病	52	30	晋升	39
12	政治性冲击	51	31	入党入团	39
13	子女行为不端	50	32	子女结婚	38
14	结婚	50	33	免去职务	37
15	家属刑事处罚	50	34	性生活障碍	37
16	失恋	48	35	家属行政处分	36
17	婚外两性关系	48	36	名誉受损	36
18	大量借贷	48	37	中额借贷	36
19	突出成就荣誉	47	38	财产损失	35

续表

生活事件		LCU	生活事件		LCU
39	退学	35	53	学习困难	25
40	好友去世	34	54	流产	25
41	法律纠纷	34	55	家庭成员纠纷	25
42	收入显著减少	34	56	和上级冲突	24
43	遗失贵重物品	33	57	入学或就业	24
44	留级	32	58	参军复员	23
45	夫妻严重争执	32	59	受惊	20
46	搬家	31	60	业余培训	20
47	领养子女	31	61	家庭成员外迁	19
48	好友决裂	30	62	邻居纠纷	18
49	工作显著增加	30	63	同事纠纷	18
50	小量借贷	27	64	睡眠重大改变	17
51	退休	26	65	暂去外地	16
52	工作变动	26			

生活事件量表有很强的时效性，因为社会生活中不断有新的生活事件出现，同一生活事件在不同年代对人造成的刺激及反应的程度也会有所不同。生活事件对人只是一种外部刺激，它受人格心理特征的影响，如自我调控能力，对刺激的承受能力等。因此，对具体生活事件作用于个人，还应综合分析。

四、心身疾病的防治

（一）心身疾病的概念

心身疾病是指由心理、社会因素，主要为情绪引起的躯体生理变化并伴有器质性变化的疾病。心身反应是指心理因素引起的短暂的生理反应。心身障碍是指长期心理刺激引起机体功能持久变化，但并不伴有器质性变化。

心理活动和生理活动具有统一性。心身是相互影响、相互统一的，心是指心理活动或精神活动，是占支配、主要的方面，身是指躯体或生理活动，是从属的、被支配的另一方面。两者相互依从，相互转化，作为整体对外界产生心身两方面的反应。

（二）心身疾病的致病因素

心身疾病是社会、心理、生理等致病因素在不同程度和不同时间上相互作用的结果。

1. 社会因素　社会因素对心身疾病的致病作用，也可以归因为人的社会属性。因为生活在社会环境中的人们，必须按照一定的社会规范约束自己的行为，不断地增强自身的社会适应性，调整自己的不适行为。社会适应良好的个体，大多能保持身心健康；社会适应不良的个体，则较易罹患心身疾病。

心身疾病与心理社会刺激有关。社会生活的变化不以人的主观意志为转移，人对社会的适应，不是主动适应就是被动适应。但无论哪种适应，并不都是成功的。个体某种适应行为的失败，特别是面对一些重大社会生活情景改变，如战争、灾害、丧偶等，引起心理上的剧烈冲突，或较短时期内连续面对多起社会生活事件，如工作紧张疲劳、人际冲突久未解决，居住拥挤改善无望等，心理压力累加，均可能导致心身疾病。

心身疾病的患病率与不同社会环境有密切关系。生活在高度工业化和现代化城市的人，不可避免地要面对交通拥挤、环境污染、人口高度密集、生活节奏快、竞争激烈等问题，这些社会因素有使心身疾病的发生增加的趋势。特殊职业由于社会职能对个体的特殊要求，也可以成为导致心身疾病的社会因素之一。如汽车司机、领航员、银行职员、监狱看守、脑力劳动者患病率均偏高。

2. 心理因素　心理因素导致心身疾病，可以从消极情绪的致病作用、人格特征与心身疾病的关系得到证实。

消极情绪的致病作用主要有两种情况，一是突然超强紧张刺激，通常人面对突如其来的超强刺激所发生的情绪反应十分强烈，伴随的生理变化也十分剧烈，若超过人的承受能力，机体就会丧失适应能力。罹患心身疾病。二是持久的劣性刺激，使压抑的情绪长期得不到疏导和宣泄，也会使机体的自身调节能力受到损害，继而引发心身疾病。

人格特征的致病作用主要包括两方面，一方面，人格特征是许多疾病的发病基础，不同的人格特征可以诱发不同的心身疾病；另一方面，人格特征又可以对许多疾病的发展过程产生重要影响，具有不同人格特征的人在患同类疾病时，其病情轻重、病程长短、转归等，都可能不同。

3. 生理因素　社会、心理因素之所以能导致心身疾病，从根本上讲，是由于这些刺激引起了体内相应的生理变化，对心身疾病生理因素的研究，主要集中在生理始基和生理中介机制两方面。

生理始基指心身疾病患者在患病前所具有的机体生理学特点。一般认为，人们是否罹患心身疾病，与其自身的生理始基有密切关联。不同的生理始基使人对相应的心理生理疾患具有一定的易感性。大量事实表明，每经历一次大的心理社会刺激后，总是只有部分人罹患心身疾病，且他们所患的心身疾病也各不相同，另一部分人却安然无恙。这说明社会刺激、心理特征和生理始基在心身疾病的发病过程中，都具有不可忽视的作用，其中，社会生活事件在心身疾病的发病过程中起着“扳机”作用。

导致心身疾病比较重要的生理中介机制包括：神经内分泌系统，中枢神经递质和免疫系统。这三种生理中介机制相互影响，相互制约，共同发挥致病作用。①神经内分泌系统同时接受大脑皮质、下丘脑、垂体的调节，支配着靶器官的活动。心理社会因素总是通过各种信息形式影响大脑皮质的功能，继而影响机体内环境的平衡，并使各靶器官发生病变。故构成了心身疾病发病机制假说，社会心理因素→大脑皮质功能变化→自主神经功能变化→内脏器官功能变化→内脏器官形态改变。个体的情绪状态与其神经内分泌系统的功能是相互作用的，心理因素或负性情绪状态可引起内分泌功能障碍，内分泌功能障碍及紊乱又可导致个体的负性情绪反应。②中枢神经递质的变化是心身疾病发生过程中的重要中介机制。主要有两方面依据，一是中枢神经系统的神经功能传递是以神经递质为媒介，心理社会应激可使中枢神经递质出现改变，继而影响大脑皮质功能并由此导致心身疾病的发生。二是中枢神经递质与自主神经功能及内分泌系统的活动相互影响，相互制约。中枢神经递质的改变可继发引起自主神经和内分泌系统的变化，其对心身疾病的发生发展的作用不可忽视。③研究表明，心理应激等强烈的情绪变化，可以影响T细胞的正常功能，导致免疫系统功能紊乱或低下，易引起自身免疫性疾病、变态反应性疾病。

（三）心身疾病的诊断和治疗

1．心身疾病的诊断标准　主要有如下几方面。①根据临床症状、体征、特殊检查和实验室检查已证明有器质性病变，如胃溃疡、动脉硬化、糖尿病等。②疾病的发生有明确的心理社会因素，如情绪障碍、生活事件、A型行为、心理紧张等，且与疾病发生、发展与心理应激相平行。③排除神经症、精神病、心因性精神障碍。④用单纯的生物医学的治疗措施收效甚微。

2．心身疾病的治疗原则　要坚持心身兼顾的原则。①通过心理诊断测验与量表评定、谈话，详细调查了解与疾病、病情有关的心理因素。②有针对性地进行心理治疗与心理护理。③矫正不良行为习惯。④教会和训练病人自我放松、自我心理调节。⑤药物解除症状。

（四）心身疾病的预防

心身疾病是多种因素相互作用的产物，加强预防工作是最有经济效益和社会效益的策略，应该从生物、心理、社会等各方面采取综合预防措施。相对于改善环境条件来说，改变个体行为、生活方式要容易得多。有资料表明，在影响健康的诸因素中，行为、生活方式问题所占比重较为突出，因此加强这方面的预防，具有更强的针对性。心身疾病的预防主要包括以下几个方面，①心境乐观、心胸宽大，减少负性情绪对健康的不利影响。②健全人格，调整个体认知结构，正确认知各种生活事件。③养成健康行为习惯与生活方式，矫正各种不良的行为。④劳逸结合，不超负荷工作，学会心身放松技术。

第四节　家庭与健康

家庭是以婚姻和血缘关系组成的社会基本单位。家庭是人出生后接受社会化的第一个社会环境。家庭结构、功能和关系处于完好状态的健康家庭有利于增进家庭成员的健康。反之，则可能危害家庭成员的健康。

一、家庭结构与健康

家庭结构主要指人口结构。家庭结构的建立是以婚姻和血缘关系的确定为标志。家庭类型可以从不同的角度划分，按世代数划分，可分为一代户、两代户、三代户等；按人际关系划分，可分为核心家庭、主干家庭、联合家庭、单身家庭、其他家庭等。最常见、最基本的家庭类型是由父母和未成年子女组成的核心家庭。主干家庭指父母（或一方）与一对已婚子女共同生活。联合家庭指父母（或一方）与多对已婚子女共同居住生活。无父母的未婚子女共同居住、跨代或缺代以及由实体婚姻产生的其他多人共居组合形式称其他家庭。

家庭结构的状况与健康有重要的关系。家庭结构破坏或缺陷对健康的影响已经有许多资料报告，常见的家庭结构破坏或缺陷有，丧偶、子女或同胞死亡、离婚等，这些都是影响健康的重要的生活事件，影响家庭功能。有人对近期丧偶的妇女进行研究，发现居丧可以引起人体免疫功能改变，血液中NK细胞、T细胞、免疫复合物等均显著低于对照组。

二、家庭功能与健康

家庭主要有四种功能，即养育子女、生产和消费、赡养老人、休息和娱乐等。它对健康的影响非常广泛。在生育方面，通过优生、优育，有利于控制人口数量，提高人口质量；家庭经济状况良好、消费方式正确，可以保障家庭成员的健康；赡养老人、对老人关怀照料，是他们身心健康的保证；休息和娱乐也对健康有不可忽视的影响。

表4-4　家庭功能评估表——FAMILY APGAR

	经常这样	有时这样	几乎很少
1. 当我遇到困难时，可以向家人得到满意的帮助 补充说明……			
2. 我很满意家人与我讨论各种事情以及分担问题的方式 补充说明……			
3. 当我希望从事新的活动或发展时家人都能接受且给予支持 补充说明……			
4. 我很满意家人对我表达感情的方式以及 对我的情绪（如愤怒、悲伤、爱）的反应 补充说明……			
5. 我很满意家人与我共度时光的方式 补充说明……			

家庭功能失调主要是通过破坏提供物质及文化生活的微环境对人体健康产生影响。尤其是老人和儿童在缺乏家庭支持的情况下，将会出现诸多健康问题。

家庭功能的评定，1978 年 Smilkstein 设计了 APGAR 家庭功能问卷，从适应度（adaptation）、合作度（partnership）、成长度（growth）、情感度（affection）及亲密度（resolve）五个方面提出五道问题，采用封闭式回答方式评价家庭功能。见表 4-4。

每个问题都有三个答案供选择，若答“经常这样”得 2 分，答“有时这样”得 1 分，答“很少这样”得 0 分。总分为 7～10 分，表示家庭功能良好，4～6 分表示家庭功能中度障碍，0～3 分表示家庭功能严重障碍。

三、家庭生命周期与健康

家庭的形成、发展与消亡的过程称为家庭生命周期。一般可以划分为五个阶段。

表 4-5　家庭生活周期中重要家庭问题及保健重点

阶段	平均长度	定　义	家 庭 问 题	保 健 重 点
新婚期	2 年左右	男女结合，适应新的生活方式，学习共同生活	1. 性生活协调 2. 生育问题 3. 沟通问题 4. 适应新的亲戚关系	1. 婚前健康检查 2. 计划生育 3. 性生活指导
成员增加期	7 年	孩子出生，家庭人口增多，孩子尚在幼年	1. 父母角色的适应 2. 经济问题 3. 生活节奏 4. 照顾幼儿的压力	1. 新生儿筛检 2. 计划免疫 3. 婴幼儿营养与发育 4. 基本习惯的养成 5. 母亲产后的恢复
成员扩散期	18 岁	孩子介于 6～24 岁，小孩入学，家庭要适应孩子渐渐独立的过程	1. 儿童的身心发展 2. 上学问题 3. 性教育问题 4. 青春期卫生 5. 注意与子女的沟通问题	1. 安全防范（防范意外事故） 2. 健康生活方法指导 3. 青春期教育
空巢期	15 年	孩子成家立业，家长学会独处	1. 给孩子以精神和实际支持 2. 使“家”仍是孩子的后盾 3. 重新适应婚姻关系 4. 照顾高龄祖父母	1. 防止药物性成瘾 2. 婚前性行为指导 3. 意外事故防范 4. 家长定期体检 5. 不健康生活方式的改变
退休死亡期	10～15 年	家长退休，因丧偶而人员减少，又称收缩期	1. 适应退休后的角色和生活 2. 健康状况衰退 3. 收入减少，可能有经济问题 4. 适应丧偶的悲伤	1. 慢性病防治 2. 孤独心理照顾 3. 老人赡养 4. 丧偶期照顾 5. 临终关怀

1. 结婚无孩阶段，即从结婚到生第一个孩子；

2. 生育阶段，即从生第一个孩子到生最后一个孩子；

3. 离巢阶段，即从第一个孩子离（成）家到最后一个孩子离（成）家；

4. 空巢阶段，即从最后一个孩子离（成）家到配偶一方死亡；

5. 鳏寡阶段，即从配偶一方死亡到另一方死亡。

各个阶段时间的长短有一定的规律，但在我国实行计划生育后会有所不同。各个阶段可能出现的家庭问题和保健问题的重点也有所不同。可参照表 4-5。

四、高危家庭

高危家庭往往会损害家庭成员的健康。因此应该是预防保健工作的重点。具有以下任何一个或多个标志的家庭即为高危家庭：

1. 单亲家庭。

2. 吸毒、酗酒者家庭。

3. 精神病患者、残疾者、长期重病者家庭。

4. 功能失调濒于崩溃的家庭。

5. 受社会歧视的家庭。

第五节　行为生活方式与健康

人的行为是具有认识、思维能力的人对环境刺激所作出的能动反应。是人类为了满足自身需要，在心理动机的支配下进行的有意识的活动。个体之间的行为可呈明显的差异。生活方式是指各种个人和社会的行为模式，它是个人先天的和习惯的倾向，同经济、文化和政治等因素相互作用所形成的。虽然生活方式受自然环境的影响，但它是一种社会行为，或者说是社会文化行为。生活方式又是可以由个人控制的。

不良行为可以对人的健康造成较大影响和危害。绝大多数慢性病、失能和早死是由环境和行为因素造成的，但这些因素是可以预防的。实践证明，改变不良行为将明显有益于健康和生命质量的提高。但实际上，要改变人们长久形成的已定型的行为和生活方式并不容易，即使是对健康不利或有害的行为和生活方式，要做出极小改变也是困难的。影响人们改变不良行为和生活方式的原因，与不愿割舍个人爱好、不愿付出艰苦努力、担心改变会影响群体关系、担心改变意义不大以及人们普遍存在的侥幸心理有关。

从影响健康的角度讲不良行为，一般指吸烟、酗酒、药物滥用、饮食不当、缺乏运动和不良性行为。

一、吸　烟

吸烟者指每日吸烟1支以上，连续超过1年者。不同国家、地区或人群中，吸烟率具有较大的差异。近20年来，发达国家吸烟率已经下降，但在发展中国家日益严重，成为当今重大的卫生问题之一。我国是世界烟草生产和消耗大国，据WHO统计，每年世界新增加的吸烟者中有半数在中国，90%是青少年。吸烟对健康的危害及所带来的损失极大。据中国预防医学科学院1995年完成的专题研究表明，我国居民由于吸烟造成对健康的危害，折算成经济损失，每年达人民币3000亿元。确实是一个不可等闲视之的严重问题。

吸烟有其文化基础。一般人认为吸烟能缓解疲劳、提高工作效率。香烟还是某些社会人际交往和沟通的媒介物。吸烟的起始多由好玩、模仿、讲派头及精神压抑等引起。一旦成瘾，即产生生理上的依赖，难以戒掉。有调查表明，我国工人和农民吸烟率最高，文化水平与吸烟率成反比。

烟草工业是巨大盈利集团。尽管不少国家对香烟广告进行限制，但烟草公司还是通过赞助体育比赛等方式制造宣传声势，影响广大群众，特别是青少年。

吸烟是对健康危害最为严重的社会问题之一。香烟烟雾中含有3 800余种化学物质。有害成分包括生物碱（尼古丁）、胺类、腈类、醛类、烷烃、醇类、多环芳烃、脂肪烃、杂环族化合物、羟基化合物、氮氧化合物、一氧化碳、重金属元素（镍、镉、铬、钋）及有机农药等，范围极广。它们具有多种生物学作用，与人体多种疾病的发生有关，如癌症、呼吸系统疾病、心血管疾病以及对孕妇和婴儿的影响。据WHO报告，全世界每年有250万以上的人死于与吸烟有关疾病。吸烟已成为社会公害。

对吸烟者健康的危害。吸烟者容易罹患以下疾病：①恶性肿瘤。在所有恶性肿瘤患者中，约33%与吸烟有关。其中吸烟与肺癌的关系最为密切，吸烟者患肺癌的危险性是不吸烟者的10倍左右。与吸烟有关的其他癌症还有喉癌、口腔癌、食管癌及膀胱癌等。②慢性阻塞性肺病。据估计，80%～90%的慢性阻塞性肺病系吸烟所致。其死亡率与每日的吸烟量呈明显的剂量-反应关系。③冠心病。据国际上10次比较大的前瞻性研究表明，吸烟者的冠心病发病率或死亡率，高于不吸烟者约70%。而且吸烟与高血压、高血脂以及女性口服避孕药对冠心病有协同致病作用。如，女性吸烟并口服避孕药者的冠心病死亡率，为不吸烟或不用口服避孕药者的10倍。

对被动吸烟者健康的危害。①母亲吸烟对胎儿的影响。孕妇重度吸烟者，易发生新生儿低体重、早产和自然流产。据日本报道，孕妇吸烟者的早产婴儿和胎内发育迟缓的发生率，均明显高于非吸烟者，且与每日吸烟支数呈明显剂量-反应关系。②对儿童的影响。父母吸烟可增加2岁以下婴幼儿患支气管炎及肺炎的发病率。据调查，母亲吸烟，子女因呼吸道疾病的住院率，比不吸烟母亲的子女高28%～

70%。此外，双亲吸烟还会影响儿童的生长发育，易发生婴儿猝死。③对成人的影响。被动吸烟可增加患肺癌的相对危险性。还可以出现其他常见症状，如头痛、咳嗽增多等。国内调查显示，丈夫吸烟可明显影响妻子的心理健康，其中抑郁、焦虑及恐惧等多种心理症状均超过对照组。

控制吸烟虽然很难，但并非不可能。20 世纪 70 年代末至 80 年代末，西方国家男性吸烟率至少下降了一半。主要是通过全民性的健康教育活动。同时，禁止在公共场所吸烟是减少危害的有效措施，尤其是保护了被动吸烟者的健康。对青少年进行吸烟危害健康的教育极其重要。

二、酗　酒

酗酒系指无节制地超量饮酒。酗酒对健康的危害可分为急性危害和慢性危害两种类型。一次性过量饮酒，轻则情绪改变，重则精神恍惚，神志不清，丧失自控能力，表现行为放肆、思维紊乱、动作失调，不仅对身体造成轻重不等的直接损害，而且会带来一系列社会问题，明显影响周围人群的正常健康生活，酗酒是车祸、犯罪、打架、家庭不和及其他意外事故等的重要根源。长期过量饮酒，会引起全身各系统的严重损害，其中以肝脏损害最为严重，可发生中毒性肝炎、脂肪肝和肝硬化，胃溃疡，心血管系统疾病，神经系统疾病等。还可导致性格改变和诱发有关精神疾患。特别是酗酒同时大量吸烟，具有协同致病作用。女性孕期饮酒，可使胎儿酒精中毒，出生后子女的智力迟钝。

酗酒行为的原因与吸烟类似，根本原因是社会心理因素。饮酒习惯的形成常与社会交际有关，而酗酒者常把饮酒作为内心冲突、心理矛盾发泄的主要方式，逐渐产生生理依赖而成瘾。饮酒习惯在我国的分布，一般农村多于城市，北方多于南方；许多少数民族饮酒较多。

由于酗酒的社会危害明显，许多国家采取法律措施进行控制。如禁止酒后驾车，禁止对青少年销售酒精等，效果是明显的。但是，要降低人群的酗酒率，关键还是采取行之有效的健康教育措施，使人们自觉避免危害健康的行为。

三、药物滥用

根据 WHO 专家委员会的定义，药物滥用（drug abuse）是指“持续地或偶尔过量用药，这种用药与公认的医疗实践不一致或无关”。从行为的角度看，药物滥用这个概念有以下涵义，①不论是药品类型，还是用药方式和地点都是不合理的。②没有医生指导的自我用药，且这种自我用药已经超出医疗范围和剂量标准。③使用者对该药不能自拔地并有强迫性用药行为。④由于使用药物，往往导致精神和身体及社会危害。

药物滥用的基本问题有两个，即成瘾和习惯性。成瘾是一个人难以抗拒地渴求用药，突然停药则出现戒断综合征，证明机体依赖药物，同时伴有耐受性。习惯性是指心理的依赖性，有用药的欲望，但停药不产生戒断综合征。滥用禁止的药品通称吸毒，吸毒对人类健康的危害非常严重，人一旦尝试毒品，数次即可成瘾，成瘾后很难逆转，很快造成精神和身体崩溃。

滥用药物是当今世界性卫生问题之一。它不仅直接损害健康，而且不洁的注射方式（吸毒方式之一）可以传播病毒性肝炎和艾滋病，同时还引起犯罪等各种社会问题。药物滥用的主要危险因素，①药物因素，被滥用的药物一般可以引起精神依赖、引起中枢神经系统效应、引起身体耐受和依赖及急性毒性与器官毒性。②心理、精神因素，药物滥用的心理因素是十分复杂和多方面的，不同年龄、性别、社会阶层和文化背景的人可能有完全不同的认识和心理原因。一般初始阶段与接受暗示、模仿、顺从、厌烦情绪和好奇心有关。③社会与环境因素，主要包括社会矛盾和社会问题的影响（如经济危机、失业、生活节奏紧张、竞争激烈等）；社会文化和生活方式的影响，传统社会文化崩溃所造成的社会规范、社会道德的软弱无力，西方社会文化和生活方式对人们潜移默化的影响都是导致吸毒泛滥的社会因素。另外家庭因素中，稳定性和结构遭到破坏的家庭成员吸毒率高。④同辈群体和文化群体的影响。如美国 60 年代的青年亚文化群，其中逃避现实亚文化也称麻醉品亚文化。

旧中国吸毒（吸鸦片）现象较为普遍。解放后，国家对毒品的生产和使用实行严格管制，吸毒现象随之绝迹。近年随着打开国门毒品问题卷土重来，国际贩毒组织在我国开辟新的贩毒路线，云南、贵州、广东、甘肃、陕西、四川等省毒品问题日趋严重，并有向内地蔓延的趋势。我国政府对贩毒、吸毒采取了严厉的打击措施。

滥用药物一般有以下几类，①麻醉剂。主要为海洛因，极易成瘾。度冷丁和美沙酮为合成止痛剂，我国有因度冷丁治疗而成瘾者。②致幻剂。麦角酸二乙酰胺(LSD) 是此类药物的原型。主要作用为精神错乱、感觉失常、无法辨别现实与幻境，出现危险行为或暴力伤人。③兴奋剂。常用的有可卡因、苯丙胺、利他林和咖啡因等。可卡因虽不成瘾，但习惯性作用强烈，能引起震颤、精神失常和荒诞的幻觉，亦可引起心率加快、体温和血压升高。苯丙胺作用与可卡因相似。④安乐药。大麻是西方吸用最广泛的毒品。大麻可影响驾驶和技巧性行为，是导致车祸的重要因素；还可以降低短期记忆力和脑力活动，使学习成绩下降。大剂量有致幻作用。长期使用损伤肺功能。⑤镇静剂。巴比妥酸盐有高度成瘾性，大剂量使用时与酒精作用相似，表现为“兴奋”或情绪激动，可引起个性改变、暴力行为、抑郁和精神失常。

滥用药物还包括以下情况，①运动员为了促进肌肉发达、增强肌肉力量和减轻体重，提高竞技能力，常滥用β阻滞剂、类固醇（苯丙酸诺龙）、麻醉止痛剂（吗啡等）和利尿剂。滥用药物不仅违反体育比赛的公正性原则，而且有害于运动员的健康，应严格禁止。②滥用解热止痛药。这类药亦可产生舒适和欣快感，常见胃肠不适或出血等副作用，停药有轻微戒断症状。我国黑龙江省宾县的两个自然村曾出现16%的成人长期大量服用复方阿司匹林的现象，这与贫困、文化落后和缺少适当的卫生服务有关。

由于滥用药物、特别是吸毒对个人和整个社会的危害极大，无论吸毒行为还是毒品走私、销售在全球范围内都是严格禁止的。避免滥用药物对健康的危害最重要的是贯彻预防为主。

四、饮食不当

随着经济的发展，全世界的膳食模式渐渐从自植物性食物中获取热能和营养素转变为日趋依赖于高脂肪、高饱和脂肪酸和高胆固醇的动物性食物。这种转变伴随着两种现象，即与营养不足有关的健康问题减少，与膳食有关的慢性病罹患率上升。饮食不当主要是指不良饮食行为，包括饮食过度、高脂肪饮食、低纤维素饮食、偏食，喜食烟熏烤、腌制的食品，食入过酸、过热、过硬的食物等。每种不良的饮食习惯都与一种或多种疾病或健康问题有密切关系。由于饮食不当引起的健康问题主要有以下两个方面。

（一）营养不良

营养不良在不同国家、不同人群的表现和所引起的疾病或健康问题不同。

发展中国家、特别是经济贫困落后的国家，营养问题主要还是营养不足。其原因一是农业落后，粮食产量的增长低于人口增长；二是分配不合理，穷人买不起粮食。另外，自然灾害、社会动乱和战争也是造成食物不足和营养不良的重要原因。

发达国家的营养不良则不同，其营养不良主要是不良饮食行为造成。临床和流行病学研究表明，发达国家主要有以下几种营养不良。①过度营养导致肥胖。肥胖的比例与一个国家的人均GNP和脂肪、动物蛋白摄取量成正比。从世界范围内看，发达国家中，低社会阶层的人肥胖比例较高。②饮食中脂肪过多，可导致动脉硬化和癌症。③食糖过多，与龋齿和肥胖有关。④吃盐过多，与高血压的发生有关。⑤食物中粗纤维减少。

特殊人群的营养不良。如孕妇乳母的营养不良，会直接影响胎儿与婴儿的生长发育。有研究表明，人类大脑及智力发育的最重要时期是胎儿期和婴儿期。因此，孕妇乳母的热量、蛋白质摄入量不足，会明显影响胎儿大脑的发育，从而影响婴儿的智力。而膳食中微量元素的缺乏，则有造成胎儿先天畸形的可能。另外，一些特殊职业的人群对营养的需求不同，如在高温、寒冷环境下工作，从事强体力劳动和强脑力劳动者，需要摄入的营养物质的种类和总量均与普通人群有所不同，如果不能注意补充，也有可能因营养不良而影响健康。

我国是发展中国家，在有些地区的农村居民营养不足的问题仍然存在，但城市中由于饮食不当造成的健康问题在不断增加，与膳食有关的慢性病也在增加，加强营养教育和膳食指导是十分必要的。

（二）慢性疾病

饮食不当与许多慢性疾病的发生发展有关。如长期摄入高热量、高脂肪、高饱和脂肪酸饮食会带来较多的健康问题。热量偏高的饮食，摄入超过机体消耗所需的热量，易发生肥胖症。肥胖对人体健康影响极大，可以引起一系列疾病，如高血压、冠心病和心力衰竭、脑卒中、糖尿病、高血脂、高尿酸血症和痛风、胆囊炎及胆石症、脂肪肝、肿瘤等。女性肥胖者易发生乳腺癌。含过多脂肪和胆固醇的饮食，会明显增加动脉粥样硬化的发生率。高脂肪可使胆汁的分泌增加，引起肠道中含有较多的胆酸及其衍生物，后者经肠道微生物的作用可产生致癌物质。以饱和脂肪酸为主的饮食，易诱发人体内分泌紊乱。长期摄入高热量、高脂肪、高饱和脂肪酸的饮食，还可能易发生子宫癌、睾丸癌、前列腺癌和大肠癌。食盐量过多是我国饮食问题之一，它不仅与高血压、中风发病有关，而且大量进食食盐腌渍食物可能是胃癌的发病因素之一。

饮食控制在慢性病预防和治疗中的作用非常重要且得到证实。注意合理营养，已成为防治疾病、提高人们健康水平的重要方面。随着生产力水平的提高和社会经济的发展，人们在食物方面的选择范围越来越大，能否根据自己的生理及健康特点，选择有利于健康的食品，主要受个人营养科学知识的影响，通过广泛的健康教育，积极引导食物消费，是有利于全体人民健康的社会卫生措施。

五、缺乏运动

运动是人类赖以生存的最基本的生理活动。生命在于运动，健康在于锻炼。适度的体育锻炼可以增强体质，促进生长发育，防病治病。在当今社会里，随着社会经济的发展和科学技术的进步，生产、生活日益现代化，许多繁重的体力劳动逐渐为机器、仪器、计算机等机械化、自动化设备所代替，人们劳动强度逐渐降低，非体力劳动者和缺乏运动者的数量在逐渐增加。由于体力活动减少，体内物质代谢的迟缓，接踵而来的各类与缺乏运动有关的疾病也越来越多，严重威胁健康。目前将这类疾病称为运动不足综合征。它包括以下各系统疾患。

1. 心、脑血管疾病。长期缺乏运动，导致心肌收缩力减弱，心脏功能减退，血液循环变慢，血粘度增高，引起心、脑血管疾病。缺乏运动，可引起肥胖、高血压、高血脂和糖尿病等，增加引起心脑血管疾病的危险因素。

2. 消化系统疾病。缺乏运动和精神紧张会使消化系统功能减退，胃肠吸收功能降低，肠粘膜及腺体萎缩，腹壁肌肉松弛无力，易诱发慢性胃炎、消化道溃疡、胃肠功能紊乱、胃与内脏下垂等疾病。

3. 代谢性疾病。运动缺乏加上饮食过量，常导致机体能量过剩，引起肥胖症。长期的肥胖可引起脂肪和糖代谢紊乱，糖耐量降低，最终发展成糖尿病。

4. 免疫功能减退。身体活动量的减少会引起体内免疫功能下降，使机体抗病能力减弱，易患各种感染性疾病。

5. 骨骼关节系统改变。缺乏运动可导致肌力减退、韧带钙化、骨质疏松、关节软骨变性等，易患颈椎病、腰椎间盘病变及骨关节炎等。血钙增高又可引起尿路结石。

6. 呼吸系统疾病。经常缺乏运动会使横膈运动幅度下降，肺泡弹性减弱，肺活量和肺组织的抵抗力逐渐下降，易患支气管炎、肺炎等。

7. 对神经系统的影响。长期缺少运动，可减少大脑血流量，使神经系统的兴奋与抑制过程均受到影响，易发生对外反应迟钝，动作协调性差，记忆力减退等。

体育锻炼可以促进健康已被大量的研究及事实证明，关键是如何培养经常锻炼的好习惯，制订适宜的锻炼计划。应根据个人的爱好、兴趣、场地设施及身体条件制订锻炼计划。量力而行，循序渐进，适宜的锻炼计划是取得良好效果的基础，持之以恒是关键。

六、不良性行为

不良性行为主要指性滥交，包括异性滥交和同性滥交两个方面。不良性行为是一种偏离社会规范和道德的不正当性行为，其不仅严重危害健康，引发多种性传播疾病（sexually transmitted diseases，STD）；而且破坏社会和家庭稳定，影响人们正常的生活和工作秩序。

性滥交是STD最主要的传播途径，STD是当今较为严重的传染性疾病之一，主要包括梅毒、淋病、软下疳、性病性淋巴肉芽肿、非淋菌性尿道炎、生殖器疱疹、艾滋病、尖锐湿疣等20余种，其中艾滋病对健康和社会的危害最为严重。在很多国家STD已经成为严重的公共卫生问题，而且越来越对社会、文化、经济、政治产生影响。一些国家和地区，艾滋病的猖獗已造成工农业生产受损，国民经济总产值下降，家庭和社会不稳定，社会负担增加，军队补充力量不足。在艾滋病流行严重的国家，人均期望寿命下降30岁左右。

性滥交行为的产生，与社会制度、文化背景和道德观念有密切的关系。在西方国家，性解放观念及允许娼妓制度合法存在是性滥交行为的主要根源。我国在新中国成立初期，坚决取缔娼妓制度，使流行猖獗的性病绝迹，成为人类防病史上的创举。但随着对外开放，西方文化观念和生活方式的影响，人群的性观念和性行为改变，以及卖淫、嫖娼地下活动难以完全禁止，性病在我国又死灰复燃，发病呈上升趋势。

性滥交行为除与上述社会、文化等外在因素有关，主要与个人行为和生活方式密切相关。因此，自觉抵制和改变不良性行为，重新规范自己的生活方式，减少和消除危险因素，是防止由此引发的健康危害的最重要措施。对STD的预防，广泛的健康教育，增强人们的自我保护意识和自我保护能力；加强社会综合防治，建立有效的监测防范体系，保护健康人群等都是非常重要的。

（北京军医学院　左月燃）

第五章　生活环境与健康

环境（environment）是指与人类生存和繁衍密切相关的各种自然的和社会的外部条件。人与环境密不可分。由于多种因素的影响，人类的健康状况和主要疾病谱发生了明显的变化，而环境因素的变化是导致疾病谱发生转变的重要原因之一。“环境与健康息息相关”的观点已为越来越多的人所认识。本章主要讨论空气、水、土壤等生活环境与人类健康相互影响的特点和规律。

第一节　人与环境

一、人与环境的关系

人类与环境的关系极为复杂。一方面，人类本身就是地球物质发展的产物，人类不能脱离客观环境而生存，而是在环境中不断的进化和发展，与环境不断地进行着物质与能量的交换；环境中的物理因素（如阳光、气温等）、化学因素（包括天然的及非天然的）、生物因素（如细菌、病毒）对人体健康产生很大的影响。另一方面，人类活动对环境也产生了巨大的影响（如环境污染、生态平衡的破坏），引起了环境因素的改变，这些改变对人体健康又会产生直接、间接或潜在的影响。

二、环境污染对健康的影响

（一）环境污染的来源

1．工农业生产　工业生产“三废”（废水、废气、废渣）和农业生产过程中使用的农药、化肥等是造成环境污染的最主要的来源。这些污染物既可能造成化学污染，也可能造成物理污染和生物污染，对人群健康的危害极大。医疗卫生工作者必须重视对医疗垃圾和医院废水的处理。

2．生活污染　日常生活垃圾、粪尿、污水如果处理不当均会造成环境污染。现代生活所使用的各种化学物品，如洗涤剂、杀虫剂、家庭装饰材料等，以及生活炉灶燃气等也会对环境，尤其是室内环境造成污染。

3．交通运输及其他　交通运输工具排放的尾气和产生的噪声与振动是城市环境污染的重要来源。

4．其他　落后的卫生清洁方式和建筑灰尘也会加重环境污染。此外，电磁通讯设备所产生的微波和电磁辐射对人类健康产生的影响也日益受到重视。

（二）环境污染的种类

根据环境污染物的性质可以将环境污染分为：

1. 化学污染　如有毒金属与类金属、气体、有机溶剂、农药及其他有机和无机物；

2. 物理污染　如噪声、振动、热能、电磁辐射、电离辐射等；

3. 生物污染　如细菌、病毒、寄生虫、真菌等。

（三）环境污染的作用特征

1. 影响人群的范围大　环境污染的地区，受影响的人群往往是该地区的整个人群。但不同性别、年龄组人群的反应可有差异。

2. 作用时间长　接触者可以长时间不断地暴露在被污染的环境中。如空气污染、水污染可长时间对人体产生影响。

3. 污染物浓度低　一般情况下，污染物在环境中的浓度较低，对人体的作用在短时间内往往不明显，容易被忽视。

4. 污染物的种类多　环境中往往存在多种污染物，它们可以同时作用于人体。它们对人体的影响可以为拮抗作用或协同作用等。

5. 治理困难　环境被污染后，治理较为困难，往往需要投入巨大的人力、物力、财力，以及花费相当长的时间。

（四）环境污染与疾病

环境污染对健康的危害有特异性损害与非特异性损害，所导致的疾病主要有以下几类：

1. 感染与传染病　环境中的细菌、病毒、寄生虫等均可能造成人类的感染。许多传染病依靠环境媒介进行传播，如流行性感冒、肺结核等通过空气传播；伤寒、霍乱、痢疾等通过水和食物传播；破伤风通过土壤传播；鼠疫通过蚤类传播。医院环境与医疗器械污染也可造成医源性感染。切断环境传播途径是控制感染和传染病流行的重要手段。

2. 化学中毒与公害病　环境化学污染物的种类繁多，包括金属、有机溶剂、刺激性和窒息性气体、农药、高分子化合物等，可能引起多种类型的中毒。一般情况下，常表现为慢性中毒。但是，当发生意外污染事故，或出现特殊地理、气象条件，污染物无法及时得以稀释和扩散，也可能发生急性或亚急性中毒事件，如英国的伦敦烟雾事件、美国洛杉矶和日本东京的光化学烟雾事件、印度博帕尔的异氰酸甲酯事件。严重的环境污染所导致的区域性中毒性疾病，称为公害病。

金属物质在环境中不会降解，但可能发生氧化、还原等反应，可影响金属物质的吸收和毒性大小，例如：金属有机化会增强毒物吸收率，磷酸化则因形成沉淀物而妨碍吸收。一般而言，只要剂量达到一定量，所有金属物质均对人体有毒。地壳中含量较丰富的金属毒性相对较弱，而较稀有的金属毒性较强，由于稀有金属的工业开发和生活应用日益增多，其对人体的毒性作用不容忽视。锌、铜等金属可能拮抗其他一些金属的毒作用。

有机溶剂是一大类化学物质，可引起肝、肾、骨髓、神经等系统和器官的损害。大多数有机溶剂都具有中枢神经抑制效应。长期接触有机溶剂可引起顽固性的头痛、乏力、记忆力和智能减退、注意力不集中、情绪不稳、抑郁、性欲丧失、阳痿等症状，严重者出现中枢神经系统的器质性损害。

刺激性气体有氯、氨、氮氧化物、光气、氟化氢、二氧化硫、硫酸二甲酯等，主要造成呼吸道刺激，还可能引起中毒性肺水肿。窒息性气体有一氧化碳、二氧化碳、硫化氢、氰化氢、苯胺、氮、甲烷等，其毒作用的共同之处在于造成组织供氧不足。

农药和高分子化合物在生产和使用过程中，同样会造成相应的中毒现象。但对于高分子化合物而言，其中聚合不全的单体和添加物的毒性往往要比高分子物质的毒性强得多。

3. 物理因素所致疾病　现代城市生活中，噪声污染是一个非常严重的问题。噪声污染声强多在140分贝以下，对人类的危害是在不知不觉中造成的，被人们称作无形的“凶手”，可对神经、心血管、免疫等许多系统带来损伤，引起心理障碍。如果长期生活在70分贝以上的噪声环境中，会对人们的身心健康带来严重危害。80～85分贝以上的噪声还可导致感音性耳聋，使人们永久性地丧失听力。

核辐射是物理因素中危害最严重的因素之一，可引起确定性效应和随机性效应。确定性效应是指疾病严重程度和发病率随照射剂量改变的效应，包括急性放射病（分为骨髓型、肠型和脑型）和慢性放射损伤（如生育能力受损、造血功能障碍、白内障、慢性皮肤损伤、器官坏死萎缩、死胎、流产、畸胎、智力迟钝等）。随机性效应则指发生概率（而不是严重程度）随照射剂量而改变的效应，如癌症和遗传缺陷。

4. 癌症与畸胎　生物污染、化学污染和物理污染均可能导致癌症或畸胎。其中，以化学污染最为常见。

动物实验证实有致癌作用的化学物质有上千种，已明确对人致癌的常见化学致癌物有：4-氨基联苯、石棉、联苯胺、铬和铬化物、马利兰、镍和镍化物、砷及砷化物、苯、双氯甲醚和氯甲甲醚、芥子气、2-萘胺、煤烟、沥青、氯乙烯等。一些临床药物也会致癌，须引起注意。如癌症化学治疗药物苯丁酸氮芥、环磷酰胺、长春新碱；止痛药物非那西丁；激素类药物已烯雌酚、结合雌性激素；免疫抑制剂硫唑嘌呤等。可导致畸胎的常见化学污染物有甲基汞、一氧化碳、铅、雌激素类、雄激素类、氨甲蝶呤、苯丁酸氮芥、白消安、环磷酰胺、敏克静、苯甲哌嗪等。

在生物污染中，目前已经比较明确的可导致癌症或畸胎的有：黄曲霉毒素、展青霉素、黄米霉素、杂色曲霉素、环氯霉素、灰黄霉素等与肝癌及其他内脏癌；乙肝病毒与肝癌；EB病毒与鼻咽癌；血吸虫与膀胱癌及肠癌；风疹病毒、巨细胞病毒、梅毒螺旋体等与畸胎。

许多研究表明，突变可能是致癌和致畸的重要原因。突变指生物遗传物质发生的突然变异，主要表现在两个方面：染色体畸变和基因突变。人们通常将致癌、致畸和致突变统称为“三致”效应。

5. 其他　不良生产环境所致职业病和“不洁、有毒”食物所致食物中毒也是常见的环境污染所致疾病，详见有关章节。

第二节　空气环境与健康

一、空气物理因素与健康

空气物理因素中与健康关系比较密切的主要有：辐射、气象及空气离子。

（一）辐射

辐射（radiation）是指能量以波的形式在空间向四周的传播。辐射按其生物学作用可分为电离辐射和非电离辐射两大类。电离辐射的波长较短，能量水平较高，可引起物质电离，使机体产生严重损害。包括加速器产生的电子射线、质子射线；放射性核素产生的α、β、γ射线；反应堆和中子源产生的中子射线；以及X射线等。非电离辐射的波长较长，能量水平较电离辐射低，不足以导致组织电离。主要包括紫外线、可见光、红外线、激光和射频辐射。太阳辐射对健康的影响主要体现在非电离辐射上。

1. 紫外线　波长100～400nm，不同波段的紫外线的生物作用不同，但在自然环境中，100～190nm波段的紫外线大多被空气分子所吸收，只有200～400nm的紫外线具有较强的生物学效应。根据其生物学效应将紫外线分为三段：

（1）A段：波长320～400nm，可以使人皮肤细胞中的黑色素原通过氧化酶的作用转变成黑色素，发生色素沉着。黑色素可防止短波光线透入皮肤组织，起到保护皮肤的作用。

（2）B段：波长275～320nm，具有较强的红斑作用，可使细胞释放组胺和类组胺，引起皮肤毛细血管扩张，造成局部皮肤潮红、水肿，此外，还能使皮肤中的7-脱氢胆固醇转化为维生素D_3，进而促进骨骼对钙的吸收，因而具有抗佝偻病的作用。

（3）C段：波长200～275nm，具有较强的杀菌作用，能使细菌蛋白质分解，并透过细胞核破坏DNA结构。

适量的紫外线照射可以增强机体的免疫力，加速创伤的愈合。但过量的紫外线可能引起严重的健康危害，如短波紫外线可导致雪盲和电光性眼炎。长期暴露在紫外线中会加速皮肤的老化，使皮肤弹性减弱，严重者可出现白内障和皮肤癌。调查显示，90%以上的皮肤癌发生在皮肤的暴露部位，提示与紫外线照射有关。近年来，在南半球皮肤癌患者日益增加，这与大气层出现臭氧空洞所致紫外线辐射量增大有关。

护理学应用：可利用紫外线的杀菌和抗佝偻病作用，为病人服务。病房要常开窗，使室内受到适宜的紫外线照射（须注意：玻璃可以阻挡紫外线的射入）。教育家长常带孩子在户外活动，并适当裸露部分皮肤，以接受太阳紫外线照射。但是，病房内不宜用人工紫外线灯照射，因为紫外线照射可能产生空气臭氧，危害病人健康，且过量紫外线照射会引起皮肤癌。

2．可见光　可见光线的波长为400～760nm，是视觉器官可以感受到的光线，根据波长由短到长，分别呈紫、蓝、绿、黄、橙、红等色。红光能引起兴奋；蓝、绿光有镇静作用；黄、绿光具有舒适感。科学地利用光线所引起的色彩作用，能有效地调节情绪和劳动效率。人体的许多生理功能，如脉搏、体温、睡眠、代谢等，均随可见光线的变化发生节律性的变化。

护理学应用：在化妆、着装等方面须注意给病人愉悦的感受，减轻病人的紧张情绪。避免使用过多的红色色彩，对目前的白色病房环境可做适当的修饰，尤其在儿童病房，可做些生动活泼的剪贴画，放置简单安全的玩具。室内光线既要考虑方便护理操作，又要考虑避免过强刺激，以利于病人的休息。

3．红外线　红外线又称热射线，波长为760～30000nm。温度在绝对零度以上的物体均可发出红外线。物体温度越高，红外线的辐射强度越大。人体皮肤可以吸收近99％的红外辐射。长波红外线（1500～30000nm）主要被皮肤表层吸收，使皮肤温度升高，血管扩张，出现红斑。短波红外线（760～1500nm）则可穿透组织深部，加热血液及组织，促进新陈代谢和细胞增生，起消炎、镇痛作用。因此，红外线可用于慢性皮肤病、神经痛、冻伤等疾病的康复治疗。虽然适量的红外线照射对机体有益无害，但过量辐射也可能导致严重健康损害。例如：皮肤、角膜、视网膜灼伤、中暑、白内障等。

护理学应用：可利用红外线治疗仪对部分患者进行康复治疗，如果在室内用红外线炉加温，须注意安全，避免灼伤。

4．射频/微波辐射　射频/微波辐射是指频率在30MHz～300GHz的辐射，近年来在生活中的广泛应用，尤其是无线移动通讯电话的使用，使人们开始关注其可能引起的健康损害。射频/微波辐射的生物学效应与辐射强度有关。低强度的射频/微波辐射可因其热效应而影响细胞的电生理反应，并产生类似于应激反应的血液和免疫系统变化，但这些变化通常都是暂时的。如果孕妇暴露在高于15W/kg以上的射频/微波辐射中，则有发生出生缺陷的危险。动物实验还表明，射频/微波辐射对动物的中枢神经系统、内分泌系统均有一定程度的影响，并能引起白内障。射频/微波辐射对人体健康的损害值得进一步的研究。

（二）气象

气象指大气状态，是气温、气湿、气压、气流等气象因素的综合作用结果。气象因素的变化与疾病的发生及死亡有关。例如：心脏病、脑血管病、肺炎、支气管炎、流行性感冒等疾病的发病和死亡在冬春季节明显多于夏秋季节；风湿性关节炎、肌肉痛、断肢痛、偏头痛等遇湿冷天气会加剧；潮湿的空气适合于微生物的繁殖，干燥的空气又容易形成灰尘，均会促使上呼吸道疾病的传播。气象还与环境污染物的扩散有关。如果空气的温度随高度的增加而下降，高空的空气将由于较冷而拥有较高重量，而地表的空气则刚好相反，重量较轻，于是，高空冷空气下移，地表热空气上升，可推动污染物迅速在空气中扩散。如果在一定的空气范围内出现相反的情况，上下空气等温，甚至出现逆温，高空的气温高于地表气温，则会出现空气很稳定的状态，环境污染物不能及时扩散，不断浓集，严重时可发生公害病。逆温层的出现与空气气流、太阳辐射、地形等自然条件有关。在冬春季节的夜晚和多云天气下，空气的稳定度往往较高，较易出现逆温层。

护理学应用：尽管大气气象状态无法人为改变，但可加强个人防护。遇阴冷天气，须注意对骨、关节的保暖。遇大雾或逆温天气，可采用戴口罩等呼吸道防护措施。

（三）空气离子

在宇宙射线、雷电、水体冲击、摩擦等作用下，空气中的一些分子的外层电子获得能量后，可能脱离分子，成为自由电子。失去电子的分子成为带有正电荷的阳离子。氧分子如果捕获自由电子，则成为带有负电荷的阴离子，又名负氧离子。通常认为，负氧离子对人体的健康有益，可以调节中枢神经系统的功能、改善睡眠、镇静、镇痛、刺激骨髓造血功能、降低血压、改善呼吸功能、促进组织细胞的生物氧化和还原过程等，有利于疾病的康复。在海滨、森林、瀑布等处，负氧离子的浓度往往较高。空气离子化的过程中，阳离子和阴离子是成对出现的。这些空气离子可以吸附周围的异性离子和中性分子，如果吸附 10～15 个中性分子，则形成质量轻、直径大的所谓轻离子，轻离子可以进一步吸附空气中的灰尘、烟雾等，形成重离子。所以，轻重离子的比例可以在一定程度上衡量空气污染的程度。空气中重轻离子的比值如果大于 50，就说明空气污浊。

护理学应用：可利用自然界的条件，如绿化带、河滨、海滨等开展康复工作。也可适当应用负氧离子发生器，但目前对其效果尚不肯定。

二、空气化学污染与健康

（一）空气化学污染对健康的危害

空气化学污染对人类健康可能造成多种危害，其危害的程度一方面取决于空气化学污染物的种类、性质、浓度、持续作用的时间，另一方面取决于个体生理功能状态和抵抗力。其造成的危害包括：

1. 直接危害　引起急、慢性中毒；造成呼吸道和眼的局部刺激，诱发上呼吸道炎症和眼部疾病；损害免疫功能，降低呼吸道抵抗力，导致慢性阻塞性肺部疾患等的发生；致癌。

2. 间接危害　影响微小气候，减弱太阳辐射强度；形成酸雨；腐蚀绿色植物和建筑物；影响居民日常生活卫生；CO_2 导致全球“温室效应”；粉尘造成局部地区的“冷室效应”。

（二）常见的空气化学污染物及危害

我国常见的空气化学污染物有：二氧化硫、氮氧化物、飘尘、二氧化碳、一氧化碳、多环芳烃等。

1．二氧化硫　SO_2是刺激性、腐蚀性气体，对呼吸道和眼有强烈刺激作用。主要来源于含硫燃料的燃烧。由于SO_2的水溶性较强，在进入呼吸道的途中，约90%能被上呼吸道的含水粘液吸收，因此主要刺激上呼吸道平滑肌，造成气管和支气管的反射性收缩，气道阻力增加。SO_2和其二次污染物亚硫酸以及硫酸还能腐蚀呼吸道组织，引起炎症、坏死。吸附在飘尘上的SO_2也可以进入深部呼吸道，促使肺泡壁纤维增生，严重时可造成老年人肺气肿。被血液吸收的SO_2可破坏正常情况下维生素B_1和维生素C的结合，使维生素C丧失维生素B_1对其的保护，导致维生素C代谢失衡，影响新陈代谢和生长发育，抑制机体免疫功能。据研究，SO_2可促进空气中的苯并芘的致癌作用。此外，SO_2还是酸雨的主要来源。

我国大气环境质量标准规定居住区SO_2日平均最高容许浓度不得超过0.15mg/m^3，一次最高容许浓度不得超过0.50mg/m^3。

2．氮氧化物　空气中的氮氧化物主要是NO和NO_2。化工生产和汽车尾气均可排放NO和NO_2，NO_2也可由NO氧化而来。NO无刺激性，但可转化为亚硝酸根，引起高铁血红蛋白血症，造成组织缺氧，中枢神经损害。NO_2具有较强的刺激性和腐蚀性，其毒性比NO强4～5倍。由于NO_2水溶性较弱，可以比较顺利地进入深部呼吸道，所以，急性氮氧化物中毒患者早期上呼吸道刺激症状不十分明显，但在6～30小时后，可能突发肺充血、水肿等。一些中毒者在急性期过去1月之后，还可能发生慢性肺部疾患、反复肺部感染以及永久性肺功能减弱。NO_2及其二次污染物亚硝酸和硝酸对肺组织的慢性损害也主要表现为类肺气肿样症状，严重的可导致肺水肿。

我国大气环境质量标准规定居住区NO_X日平均最高容许浓度不得超过0.10mg/m^3，一次最高容许浓度不得超过0.15mg/m^3。

3．光化学烟雾　光化学烟雾是由氮氧化物和碳氢化合物在太阳紫外线的照射下发生光化学反应产生的二次污染物，主要成分有：臭氧、甲醛、丙烯醛、过氧乙酰硝酸酯等。这些物质具有较强的氧化性，又称光化学氧化剂。这些二次污染物的刺激性更强，能够造成呼吸道、肺和眼的刺激，且可诱发变态反应性疾病。

我国大气环境质量标准规定居住区光化学氧化剂（O_3）一小时平均浓度不得超过0.16mg/m^3。

4．飘尘　飘尘系指直径10μm以下的固体颗粒物，可长期悬浮在空气中。自然界的风沙尘土和发电、钢铁、水泥、化工生产，以及生活炉灶燃烧等均可产生飘尘。飘尘的理化性质非常复杂，不同来源的飘尘，往往化学成分也不同，可含有金属、石英、石棉、水泥、有机物等，导致不同类型的健康危害。飘尘具有很强的吸附力，能吸附空气中的许多污染物（包括化学污染物和细菌等病原体），其中含有的金属氧化物还可催化SO_2变成硫酸、催化NO_X变成硝酸。吸附SO_2的飘尘是变应原，可引起支气管哮喘发作。飘尘及其他污染物还可反射太阳辐射，使到达地表的辐射能量减少，导致局部地区气温下降，产生“冷室效应”。

我国大气环境质量标准规定居住区飘尘日平均最高容许浓度不得超过0.15mg/m^3，一次最高容许浓度不得超过0.50mg/m^3。

5. 二氧化碳　CO_2是大气的正常组成成分，占空气正常化学成分的0.03%。动物（包括人）在呼吸的过程中，吸入必需的氧，排出代谢中产生的CO_2。而植物则在光合作用中利用CO_2，并将其转化为氧。如能维持正常的生态平衡，空气中的氧和CO_2的浓度将维持相对稳定。然而，由于人类大量砍伐树木、燃烧煤炭、石油等燃料，使大气中的CO_2浓度以每年平均0.8ppm的速度逐年上升。如果空气中的CO_2浓度达到2%～3%，组织细胞就不能获得足够的氧供应。CO_2浓度达到3%以上时，通常会出现呼吸急促、乏力、头痛、眩晕、惊厥等症状，但这些症状的出现还与氧气的含量有关，氧气含量下降可加重症状。CO_2还对红外线有很强的吸收性能，可使地球变暖，产生“温室效应”。

6. 一氧化碳　CO是含碳物质不完全燃烧的产物。工业与生活炉灶、交通尾气及吸烟是CO的主要来源。CO无刺激性。进入血液的CO与血红蛋白结合形成碳氧血红蛋白，这种结合位点与氧和血红蛋白的结合位点一致，但其结合能力却比氧强200～300倍，因此可造成组织缺氧，损害心、脑功能。血液中碳氧血红蛋白的浓度超过2%可引起时间辨别行动迟缓；碳氧血红蛋白浓度达5%时，开始出现视、听功能障碍，碳氧血红蛋白浓度达10%以上便会出现急性CO中毒。病人通常首先出现精神运动能力下降，自觉头痛，接着发生意识模糊、视敏度下降，继而出现心动过速、呼吸急促、晕厥、昏迷等，最终可因休克、呼吸衰竭而死亡。长时间接触低浓度的CO可抑制中枢神经系统的功能，CO污染还与动脉粥样硬化、心肌梗死、心绞痛等有关。

我国大气环境质量标准规定居住区CO日平均最高容许浓度不得超过1.00mg/m^3，一次最高容许浓度不得超过3.00mg/m^3。

7. 多环芳烃　多环芳烃的种类很多，代表性的有苯并芘等，可引起肺癌。多环芳烃主要来自含碳燃料不完全燃烧和有机物的高温裂解。我国大气环境质量标准中尚无对多环芳烃的限制规定。但据美国的有关研究，大气中苯并芘的浓度增加0.001μg/m^3，肺癌死亡率就会升高5%。

（三）大气污染的卫生防护

大气污染受地理、气象、工业生产、生活活动、交通运输等多方面因素的影响。应该从规划和工艺两方面着手，控制大气污染，严格遵守实施大气卫生标准。特别在居住区，要严格控制，使大气中有害物质在最高容许浓度内（见表5-1）。

1. 规划　城镇建设必须进行规划，生活区与生产区须分开，两者间用绿化带隔离。生活区应建在地势较高，向阳的上风向和上水向。主要交通干道不应穿越城市。

2. 工艺　尽量使用污染少的能源，如电力、燃气、无铅汽油等。用无毒或毒性较低的生产原料代替毒性大的原料。生产过程密闭化，避免和减少污染物的排放。如果无法避免污染排放，则应在排放前施加除尘净化措施，排气烟囱应足够高，以降低人群呼吸带的污染物浓度。

表 5-1　我国居住区大气中有害物质最高容许浓度

编号	物质名称	最高容许浓度 (mg/m^3)		编号	物质名称	最高容许浓度 (mg/m^3)	
		一次	日平均			一次	日平均
1	一氧化碳	3.00	1.00	23	氟化物（换算成 F）	0.02	0.007
2	一酰苯	0.008		24	氨	0.20	
3	乙醛	0.01		25	氧化氮（换算成 NO_2）	0.15	
4	二甲苯	0.30		26	砷化物（换算成 As）		0.003
5	二氧化硫	0.50	0.15	27	敌百虫	0.10	
6	二硫化碳	0.04		28	氢氰酸		0.01
7	五氧化二磷	0.15		29	酚	0.02	
8	丙烯		0.05	30	硫化氢	0.01	
9	丙烯醛	0.10		31	硫酸	0.30	
10	丙酮	0.80		32	硝基苯	0.01	
11	戊酮	1.50		33	铅及其化合物（换算成 Pb）		0.0007
12	甲基对硫磷（甲基 1605）	0.01		34	铍		0.00001
13	甲基丙烯酸甲脂	0.10		35	氯	0.10	0.03
14	甲醇	3.00	1.00	36	氯丁二烯	0.10	
15	甲醛	0.05		37	氯化氢	0.05	0.015
16	汞		0.0003	38	铬（六价）	0.0015	
17	汽油（换算成 C）	5.00	1.50	39	锰及其化合物（换算成 MnO_2）	0.03	0.01
18	吡啶	0.08					
19	苯	2.40	0.80	40	灰尘自然沉降量	3 吨/平方公里/月	
20	苯乙烯	0.01					
21	苯胺	0.10	0.03	41	煤烟	0.15	0.05
22	环氧氯丙烷	0.20		42	飘尘	0.50	0.15

三、室内空气环境与健康

人类平均 75%以上的时间是在室内度过的。通常室内空气污染要比室外严重，因此室内环境对健康的影响比室外更大。室内空气污染的来源主要有三个方面：一是大气污染（即室外空气污染）；二是人的生活活动；三是建筑装修材料和家具产生的污染。

（一）微小气候

室内微小气候与建筑物所在地段以及建筑设计有关。它不仅直接影响人们的健康，而且还与室内空气污染物的稀释与净化有关。为了维持机体的热平衡和正常的生理功能，住宅的气温、气湿、气流等必须稳定在一定的范围内。夏季室内适宜微小气候为：气温 21～32℃（24～26℃更佳）；气湿 30%～65%；气流 0.2～0.5m/s（最大不超过 3m/s）。冬季室内适宜微小气候为：集中式采暖室中央温度 16～20℃、垂直温差不大于 3℃、水平温差不大于 2～3℃、昼夜温差不大于 4～6℃；分散式采暖室内温度以维持在 13～17℃为宜；皮肤散热速度不应大于 0.0038J/(cm^2.·s) ～0.0052 J/ (cm^2.s)；当室内温度为 18～20℃时，气湿应维持在30%～45%，气流维持在 0.1m/s ～0.5m/s。

（二）化学污染

与大气相比，室内空气中污染比较严重的化学污染物主要有：来自人的呼吸和燃料燃烧产生的 CO_2，燃料不完全燃烧形成的 CO 和苯并芘，建筑和装修材料释放的甲醛、石棉，以及吸烟产生的烟雾等。其中，吸烟烟雾、厨房油烟、石棉和苯并芘等与呼吸道癌症有关。甲醛具有强烈的刺激性，并能导致变态反应性疾病。

（三）辐射污染

随着社会经济的进步与发展，家庭装修已成为人们日常生活中的重要消费。但是，在矿渣砖、瓦、水泥、石材等建筑和装饰材料中均可能含有放射性核素。如果居室氡的浓度超过卫生标准，则可能引起严重的健康危害，如癌症、畸胎等。

视频终端（VDTs）是另一个引人注目的问题，电视和电脑的大量普及使人们不得不重视其对健康可能带来的影响。从目前的研究结果看，VDTs 主要引起视觉疲劳和近视，诱发腰、背、颈、腕酸痛和心理紧张等问题，尚无充分证据证实其对眼和生殖系统的器质性损害。

（四）生物污染

室内细菌和病毒污染主要来源于人们的生活活动。许多致病微生物在室内可以生存很长时间，如溶血性链球菌在室内灰尘中可生存 70～240 天，白喉杆菌和肺炎球菌在灰尘中可生存 120～150 天，金黄色葡萄球菌也可以在灰尘中生存 72 小时。

目前，对室内空气污染的评价主要采用 CO_2、细菌、灰尘量。由于个别敏感的人对浓度为 0.07%的 CO_2就有反应，浓度为 0.1%时，大多数人有不适的感觉。因此居室空气中的 CO_2应在 0.07%以下，最高不超过 0.1%。室内生物污染的评价多采用细菌总数和链球菌总数两个指标（表 5-2)。

表 5-2　室内空气细菌和灰尘污染状况的卫生评价

地点		夏季（个/米^3）		冬季（个/米^3）		灰尘粒子数目（个/米^3）
		细菌总数	绿色与溶血性链球菌	细菌总数	绿色与溶血性链球菌	
室内	清洁	＜1500	＜16	＜4500	＜36	＜100
	污染	＞2500	＞36	＞7000	＞124	＞500
室外	清洁	＜750		＜150		＜50
	污染	＞2000		＞400		＞1000

为了达到适宜微小气候，减少室内空气污染，住宅应建在干燥、向阳、绿化较好的地段，主要房间应尽量朝南，并保证良好的通风。住宅间距应达到前排建筑物的1.5～2倍以上。住宅人均居住容积应在25～30m^{3}以上，居室净高（地板至屋顶的高度）至少应2.6m以上，开设窗户的外墙内表面至对面墙壁内表面的距离应在地板至窗上缘高度的2～5倍以内，其中，单侧采光的居室不应超过2～2.5倍，双侧采光的居室不应超过4～5倍。

第三节　水环境与健康

一、水源的种类及其卫生学特征

地球水资源可以大体分为三种类型：降水、地面水和地下水。

（一）降水

降水是指雨雪水。其矿化度很低，但在降落的过程中可以吸收空气中的成分与污染物。因此，降水的化学组分在不同的地区差异很大，与地区地质特点以及大气污染有关。沿海地区降水中的氯化钠含量较高，飘尘污染严重的地区降水浑浊度则较高。降水量往往也存在明显的地区和季节差异，因此，将降水作为饮用水水源时，水量常常难以得到保障。

（二）地面水

地面水是指裸露在地表的水体，包括江、河、湖、池塘等。地面水的主要补给来源是降水，与地下水也有相互补给关系。地面水的化学组分除了与降水有关外，还与其流经的地面土壤特征有关。由于直接暴露在地表，地面水最易受到污染。在与土壤接触和流动的过程中，地面水还能冲刷、携带和溶解土壤中的污染物。尽管如此，由于地面水的水量大，流动性强，其自净能力较强，经稀释、沉降和化学转化等过程，一些污染物可能因此而解毒。加之地面水取用方便，水质较软，成为日常生活和工业用水的主要来源。地面水的净化能力，与地面水的水量和流动性有关。江河水水量大，流速快，水质较浑浊，但其净化能力也较强。湖水流动较慢，水质较清亮，有利于水生植物的生长。池塘水水量较小，自净能力较差，是地面水中水质较差的水源。

（三）地下水

地下水是指潜藏在地表下的水体，由降水和地面水补给，水质与地下水在地表下的位置以及土壤岩石成分及结构有关。地面水流经由颗粒疏松的土壤和较大的有裂隙的砂石组成的地表时，能够渗透过地表，形成地下水。在渗透的过程中，如果土壤结构较紧密，渗透的速度较慢，地面水中的一些成分如悬浮物和微生物等可能得以过滤，被截留在土壤中，与此同时，土壤中的一些成分如矿物质等则可能溶解在水中。因此，地下水的水质往往较清洁，矿化度较高。但如果在过滤的过程中遇到地层裂隙，水质可能变差。位于地表下第一个不透水层上的地下水叫浅层地下水，而位于第一个不透水层下的地下水叫深层地下水。地下水如果遇到地表裂隙或断层，可能依靠重力或压力流出，称为泉水。浅层地下水较易受到污染，而深层地下水则因距地表较深，不易被污染，水质好，水量稳定。如果水量充足，是较为理想的饮用水水源。值得注意的是，地下水流动慢，溶解氧含量低，一旦被污染，自净能力较差，所以，在挖井供水时，须注意防止污染。某些地区的地下水可能还含有较高的放射性。

天然矿泉水来自于深层地下水，以含有一定量的矿物盐、微量元素（如锂、锶、锌、溴、碘、偏硅酸、硒）以及二氧化碳为特征。各国对矿泉水的矿物质含量和二氧化碳水平有相应的规定。通常要求水中含有不少于1000mg/L的溶解性无机盐类或含游离二氧化碳250mg/L以上。

二、水体污染

（一）化学污染

水体常见的化学污染主要有毒性较强的重金属、类金属、有机物等。

1. 汞　汞污染主要来源于工农业生产（如塑料、电池、仪表、冶炼、灯泡、氯碱等工业生产行业）、医院口腔科废水，以及含汞农药的生产和使用等。汞的比重较大，在水中能够很快沉降到水底。在水底淤泥中的细菌作用下，无机汞可转化为有机汞，如甲基汞和二甲基汞等。这一转化过程对于汞的致病过程而言意义重大。无机汞很难经消化道吸收（尽管呼吸道可很快吸收无机汞），但经过转化后的有机汞则能够很快被生物体吸收，且顺利透过血脑屏障和胎盘屏障，毒性比无机汞强许多倍。水中的有机汞经食物链逐级浓集，使一些水生物体内的汞水平达到足以导致人体中毒的量。如果人们长期食用含汞的水生物，则可能引起严重疾病。

1953～1956年期间，在日本水俣湾附近，出现了大量中枢神经性疾病患者，病因不明，后来发现与食用含甲基汞的鱼贝类食物有关，故命名为水俣病。这是水环境被汞污染后所导致的严重的公害病。

甲基汞在通过食物进入人体后，在胃酸的作用下，形成氯化甲基汞，几乎可以全部被肠吸收，随血液分布至各脏器器官。由于脑细胞富含脂类，对甲基汞的亲和力很强，因此，甲基汞对中枢神经系统会产生严重损害。典型的临床表现为肢端和唇周感觉麻木刺痛，中心视野缩小，手部运动障碍，语言和听力障碍，步态失调等。严重的可能全身瘫痪、精神错乱，最终死亡。胎儿和幼儿如果患病，症状更加严重，如果存活，随年龄的增长还可能出现明显的智能低下、发育不良、四肢变形等。水俣病尚无有效治疗方法，在诊断上须考虑环境和生物污染的证据，测定发汞有一定参考价值。

水俣病可能出现的主要护理诊断有：反射失调、语言沟通障碍、社交障碍、精神困扰、不合作、躯体移动障碍、淋浴/卫生自理能力缺陷、穿戴/修饰自理能力缺陷、入厕自理缺陷、生长发育改变、婴儿行为改变、感知改变等。

2. 酚　酚是常用的化工原料，其化合物可用于消毒、防腐、除锈等日常生活领域。酚类化合物污染主要来源于炼焦、炼油、化工、造纸、制药、印染等生产行业。主要污染物是苯酚。酚是一种原浆毒，主要导致蛋白质凝固。酚易溶于水，可经消化道、呼吸道和皮肤等多种途径吸收。一次吸入大量酚蒸气或皮肤大面积接触酚溶液可造成急性酚中毒，引起腹泻、口腔炎和黑尿等。在日常生活环境中，酚主要引起慢性健康危害。酚本身就有臭味，但如果采用氯化消毒，则微量的酚(0.001mg/L）与余氯结合就可产生特殊的氯酚臭，恶化水的感官性状。酚类化合物被吸收后，在肝脏经氧化和结合等过程可解毒，少量转化为多元酚，其毒性也比一元酚低。长期摄入低浓度酚类化合物可引起记忆力减退、皮疹、瘙痒、头昏、贫血等。有些酚类化合物如五氯酚还可引起动物畸胎。

酚中毒可能出现的主要护理诊断有：腹泻、口腔粘膜改变、睡眠形态紊乱、记忆障碍、疲乏等。

3. 氰化物　氰化物是无机氰和腈（有机氰）的总称。无机氰化物主要包括氢氰酸及其盐类（氰化钠、氰化钾等)。有机氰主要包括丙烯腈、乙腈等。氰化物污染主要来源于炼焦、电镀、燃料、选矿、医药和塑料等行业。氰化物是剧烈的窒息毒物。无论污染物是无机氰还是有机氰，被机体吸收时均可水解为氢氰酸，抑制数十种酶的活性，其中最主要的作用是使细胞色素氧化酶转化为高铁细胞色素氧化酶，从而丧失传递电子的作用，使呼吸链中断，引起细胞窒息死亡。有机氰水解形成的氰根通常比无机氰少，但一些有机氰分子本身也具有毒性。如丙烯腈分子对大脑呼吸中枢有麻醉作用，丙烯腈还是确认的动物致癌物。氰化物的代谢产物主要是硫氰酸盐，这是一种可以促进甲状腺肿大的化学物质，在一些天然食品中也存在。

氰化物急性中毒主要表现为头昏痛、乏力、胸闷等，严重者意识丧失、痉挛、呼吸困难，可发生肺水肿，并因呼吸麻痹而猝死。慢性中毒则主要表现为神经衰弱综合征、肌肉酸痛、甲状腺肿大、皮疹等。

氰化物中毒可能出现的主要护理诊断有：不能维持呼吸形态、有窒息的危险、突发性意识模糊、躯体移动障碍、疲乏、睡眠形态紊乱、疼痛等。

4. 铬　铬是人体必需的微量元素，但过量铬会引起中毒。对健康有影响的铬主要是三价铬和六价铬，大量污染水环境后可对人体造成严重的健康危害。铬污染主要来源于铬铁冶炼、电镀、颜料、制革、耐火材料等行业。六价铬较易被消化道吸收，且毒性比三价铬高。铬对皮肤和粘膜有刺激和腐蚀作用，可引起变态性皮炎。若作用于消化道可导致恶心、呕吐、腹痛、腹泻等消化道症状，严重者可能发生血便、脱水表现，如烦躁不安、呼吸急促、脉速、少尿、甚至无尿等。三价铬对实验动物有致畸作用，六价铬是致突变物。有人认为铬是致癌物。

铬中毒可能出现的主要护理诊断有：腹泻、体液不足、疼痛等。

5. 有机物　工农业生产和生活活动常常会造成水体的有机物污染。常见的有机污染物有：

（1）农药：农药包括有机磷农药、氨基甲酸酯类农药、杀虫脒、有机氯农药、有机氟农药、拟除虫菊酯类农药等。

（2）有机溶剂：有机溶剂是指一大类具有不同化学结构的，能溶解脂、蜡、漆、橡胶等物质的化学物质。包括醇、酮、醚、酯、醛、脂肪族和芳香族碳氢化合物、卤化碳氢化合物、二硫化碳等。

（3）多氯联苯：多氯联苯是一组氯化芳香族碳氢化合物。其化学性质相当稳定，因此在环境中很难降解和净化。在一些水体和食用油中可检测到多氯联苯，它主要来源于工业污染。如绝缘剂、增形剂、润滑剂、油漆、油墨等生产和使用行业。

（二）物理污染

水体的物理污染主要有两类：放射污染和热污染。

1. 放射污染　自然界本身就有一些放射源（如岩石），因此在水体中也可能含有一定的放射性物质。通常地下水中的放射性要强于地面水和降水。如果工业和医院中含有高强度放射性的废水污染水体，则会对人类健康带来严重危害。因此，有关废水需要密封足够的时间，以便放射性物质自然衰变，直至达到国家许可的标准后，方可排放。

2. 热污染　工矿企业生产过程中常常会产生高温，为了使生产过程顺利进行，往往要使用循环水对产热设备进行冷却。这些冷却水虽然不一定含有特殊的有害物质，但大量热水直接流入水体，会导致水温增高，水中的生化反应增快，溶解氧减少，从而影响水体生态平衡，一些水生动、植物的生存和繁殖受到威胁。因而将此称为热污染。

（三）生物污染

与水污染相关的感染性疾病很多。从病原学上可分为细菌、病毒和原虫等三类。引起伤寒、细菌性痢疾、霍乱、甲型病毒性肝炎、脊髓灰质炎、阿米巴痢疾等疾病。水体生物污染引起感染性疾病的途径有二：①被污染的水作为饮用水被居民饮用，直接导致感染；②水体被污染后，使水生动物受到污染，居民食用未经彻底消毒的污染食物后导致感染。上海市曾经发生的甲型肝炎大流行就是这样发生的。饮用水受到生物污染的原因既可能是水源污染，消毒不彻底造成的；也可能是经消毒后的饮用水在管网和储水池重新被污染所致。因此，预防和控制介水传染病，必须对水源、消毒、管网供水和储水等几个环节实施综合管理，才能取得实效。

鉴于水污染可通过饮用水、食物链等多种途径引起许多严重的健康问题，我国政府对该问题十分重视，先后颁布了《室外排水设计规范》、《工业废水最高容许排放浓度》、《医院污水排放标准》、《地面水环境质量标准》、《渔业水质标准》、《农业灌溉用水的水质标准》、《生活饮用水水质标准》等规则和条例。分别从水源保护、农渔业生产和生活饮用水等角度出发，综合性防治水污染问题，以保障人民的健康。

三、饮用水的卫生学要求

水是人体的重要成分，其含量约占成年人体重的 65 %，占胎儿体重的 90 %。清洁卫生的饮用水是保障人体健康的重要因素。

（一）饮用水的基本卫生要求

1. 感官性状良好　饮用水应该是无色、透明、无嗅、无味的，水中不能有肉眼可见的颗粒物，也不能有特殊颜色和异味。

2. 微生物学安全　饮用水不能引发传染性疾病。为了实现这一目标，大多数生活饮用水都需要进行净化和消毒处理。此外，应注意保护水源，在地下水水井周围 30 米范围内，不得设置渗水厕所、粪坑、垃圾堆等污染源。地面水生产区外围不小于 10 米范围内不得设置生活居住区和修建饲养场、渗水厕所等，不得堆放垃圾、粪便。

3. 化学组成安全　通常在饮用水中含有钙、镁、钠、氯、氟等成分。适宜浓度的上述化学成分对身体健康是有益的，但如果一些化学成分的量过大，也会对健康带来损害，如氟与氟中毒。水源的化学污染和放射污染可能对健康带来严重的危害。饮用水消毒处理也会加剧饮用水的化学污染，产生氯仿等副产物。必须将饮用水中的化学物质的量限制在卫生标准规定的最高容许浓度以内，才能保证饮用水的毒理学安全。为此，在地面水取水点周围半径 100 米的水域内，严禁各种可能污染水源的生产和生活活动，取水点上游 1000 米至下游 100 米的水域不得有任何工业“三废”和生活废水的排放。

4. 水量充足，取用方便　尽管地球表面覆盖了大量的水资源，但大多数水是不能直接饮用的（如海水），加之水资源分布的严重不均衡，许多地区的居民都面临饮用水得不到保障的困境。也有一些地区在开发水资源时，未能从长远的利益出发，肆意浪费水，使水资源得不到及时补充，会对未来的饮水资源产生人为的不可弥补的危害。因此，在建设居民区和开发饮用水资源时，必须从可持续发展的战略出发，有规划，有目标，既满足居民目前的生活用水需求，又考虑水资源的平衡与补充。一般而言，供水量应至少满足平均每人每天生活用水量 40～50L 的要求。

（二）饮用水的水质标准

饮用水的水质标准是国家为了保障人民健康而专门制定的饮用水中有害物质的最高容许值。我国的生活饮用水水质标准有四大类 35 项指标（表 5-3）。

1. 感官性状和一般化学指标　此类指标有 15 项，主要从感官性状方面制定其最高容许浓度。属于此类指标的多数化学物质并不引起直接的特异性健康损害，如金属铁、锰、铜、锌等，它们主要会使水产生颜色和金属味，或使水浑浊。少数化学物质如酚虽然可能引起毒理学危害，但由于其有特殊味道，且在尚不足以产生毒理学损害的浓度范围内就可能被人感知，所以按感官性状制定其最高容许浓度，也列在此类指标中。饮水硬度是此类指标中比较受人瞩目的指标。一些研究认为，饮水硬度与一些心血管疾病的死亡呈负相关，但也有不少人持怀疑和否定的看法。饮水硬度过高，也可引起胃肠道功能的暂时紊乱，并形成水垢，消耗肥皂、影响茶味。

表 5-3 生活饮用水水质标准

编号	项目	标准
	感官性状和一般化学指标	
1	色	色度不超过 15 度，并不得呈现其他异色
2	浑浊度	不超过 3 度，特殊情况下不超过 5 度
3	臭和味	不得有异臭、异味
4	肉眼可见物	不得含有
5	pH	6.5～8.5
6	总硬度（以碳酸钙计）	不超过 450mg/L
7	铁	不超过 0.3mg/L
8	锰	不超过 0.1mg/L
9	铜	不超过 1.0mg/L
10	锌	不超过 1.0mg/L
11	挥发酚类（以苯酚计）	不超过 0.002mg/L
12	阴离子合成洗涤剂	不超过 0.3mg/L
13	硫酸盐	不超过 250mg/L
14	氯化物	不超过 250mg/L
15	溶解性总固体	不超过 1000mg/L
	毒理学指标	
16	氟化物	不超过 1.0mg/L
17	氰化物	不超过 0.05mg/L
18	砷	不超过 0.05mg/L
19	硒	不超过 0.01mg/L
20	汞	不超过 0.001mg/L
21	镉	不超过 0.01mg/L
22	铬（六价）	不超过 0.05mg/L
23	铅	不超过 0.05mg/L
24	银	不超过 0.05mg/L
25	硝酸盐（以氮计）	不超过 20mg/L
26	氯仿*	不超过 60μg/L
27	四氯化碳*	不超过 3μg/L
28	苯并芘*	不超过 0.01μg/L
29	滴滴涕*	不超过 1μg/L
30	六六六*	不超过 5μg/L
	细菌学指标	
31	细菌总数	不超过 100 个/ml

续表

编号	项　　目	标　　准
32	总大肠菌群	不超过 3 个/L
33	游离余氯	在接触水 30 分钟后不低于 0.3mg/L。集中式供水除出厂水应符合上述要求外，管网末梢水不应低于 0.05mg/L。
	放射性指标	
34	总 α 放射性	不超过 0.1Bq/L
35	总 β 放射性	不超过 1.0Bq/L

* 试行标准

2. 毒理学指标　属于此类指标的化学物质的浓度如果超过一定的界限值，均可能引起急慢性中毒，对人体健康造成严重危害。我国饮用水卫生标准中的毒理学指标共 15 项，其中，大多数是对金属和无机物的限量标准，仅有五项有机物的限量标准，包括两种有机氯农药和三种致癌物（氯仿、四氯化碳、苯并芘）。氯仿和四氯化碳不仅可能来源于工业污染，而且可能来源于氯化消毒时氯与水中腐殖质发生的化学反应。

由于有机物的种类繁多、结构复杂，给污染的监测带来很大的难度。尽管饮用水水质标准中仅有上述五项有机物的限量标准，但对于饮用水水源，常用溶解氧、化学需氧量和生化需氧量来反映水体被有机物污染的程度，用“三氮”含量的变化反映水体对有机物的净化过程。

溶解氧（DO）：溶解氧是指溶解在水中的氧。溶解氧是保障水中有机物顺利分解的重要条件。水中有机物在分解的过程中会消耗溶解氧，因此溶解氧的含量可以间接反应水体受有机物污染的程度。

化学需氧量（COD）：化学需氧量是指用强氧化剂氧化水体中的有机物时所消耗的溶解氧的量，同样可间接反映水体中有机物污染的程度。但是，所用的化学氧化剂必须有很强的氧化活性。否则，如果不能彻底氧化水中的有机物，则可能低估有机物污染的程度。

生化需氧量（BOD）：生化需氧量是指在标准条件下，细菌分解水中有机物时所消耗的氧量。由于细菌的繁殖和分解有机物的量与水温及培养时间有关，所以，必须规范细菌在水中的繁殖条件，这样才可以保证测量结果的可比性。通常规定培养温度 20℃，培养时间 5 日。清洁水的生化需氧量通常小于 1mg/L。

“三氮”：“三氮”是氨氮、亚硝酸盐氮和硝酸盐氮的简称。氨氮主要来源于人畜粪便污染。水体对氨氮的净化过程是将氨氮转化为亚硝酸盐氮，进而再转化为硝酸盐氮。因此，氨氮含量越高，常表明水体受到人畜粪便新近污染。亚硝酸盐含量高，表明水体对有机物污染的净化过程正在进行。硝酸盐含量高，则表明有机物污染净化完成。所以，将“三氮”指标综合评价，可以反映水体对有机物污染的自净进展情况。然而，须注意：植物性分解产物和硝酸盐还原可形成氨氮；氮氧化合物随降水落入水体会形成亚硝酸盐氮；地层中的硝酸盐也可进入水体形成硝酸盐氮。在利用“三氮”指标进行评价时应该排除上述因素的干扰。

3. 细菌学指标　制定细菌学指标的主要目的是为了保障饮用水的微生物学安全性。但致病微生物的种类很多，且检测手段复杂，不可能逐一进行检测。由于致病微生物的污染多来自人畜粪便，因此可以用肠道常见菌（大肠杆菌）来指示。我国生活饮用水卫生标准中制定了三项细菌学指标：

（1）细菌总数　指每毫升水中可以检测到的细菌总数，要求不超过100个。

（2）总大肠菌群　可用两种指标来衡量：①大肠菌群数：指每升水中可以检测到的大肠杆菌数量，要求不得超过3个；②大肠菌群值：指能够检测到大肠杆菌的最低需水量，要求必须大于333ml。

（3）游离性余氯　指氯化消毒后水中剩余的游离氯。饮用水中的游离性余氯含量与氯与水的接触时间有关，接触时间越长，游离性余氯的量越少，因此，规定氯化消毒接触30分钟后，游离性余氯达0.3mg/L以上，管网末梢水游离性余氯不低于0.05mg/L。

4. 放射性指标　我国地面水的放射性指标基本都能满足卫生标准的要求，少数地下水的放射性可能超出限制标准，须组织专家鉴定能否饮用。

（三）饮用水的净化

水质净化是指除去水中悬浮颗粒物质的过程。常用的手段有沉淀和过滤。

1. 沉淀　水中质量较重的悬浮颗粒物质可自然沉淀。但一些质量较轻、粒径较小、较分散的颗粒物质则可以长时间的悬浮在水中。为此，须加入适当的化学物质，促进颗粒物质的凝聚和沉降，这种沉淀方法称为混凝沉淀。具有促进颗粒物质凝聚和沉淀作用的化学物质称为混凝剂。常用的混凝剂有硫酸铝、明矾、三氯化铁等。一些高分子化合物如聚合氯化铝和聚丙烯酰胺等也可用做混凝剂。石灰、聚丙烯酰胺、活化硅胶、骨胶等在适宜的情况下可改善混凝沉淀的效果，因此被称为助凝剂。混凝沉淀的原理可能有二：

（1）电中和原理：混凝剂加入水中后，会水解产生带正电荷的胶粒，吸引水中带负电荷的颗粒，凝聚成较大的颗粒（称绒体或矾花）。绒体具有强大的吸附能力，可进一步吸附水中的悬浮物质及部分细菌和可溶解性物质，使其体积和重量逐步增加，从而沉降下来。

（2）吸附架桥原理：混凝剂在水中会水解和缩聚形成线型结构的高聚物。高聚物可吸附水中胶体微粒，在此过程中，其线形结构会逐渐弯曲、形成网状，从而更有利于对胶体微粒的吸附，弯曲的线端如距离接近，可相互粘接在一起，形成粗大的絮聚体。絮聚体也可进一步吸附水中的部分细菌和可溶解性物质。随着重量和体积的增加，絮聚体最终下沉。

混凝沉淀的效果与混凝剂的类型和用量、水中悬浮颗粒物质的性质和分散度以及水质特征（如水中溶解性有机物和离子的成分与含量、水温、水的碱度等）有关。

2. 过滤　过滤的原理有两种：一是筛除作用，直径大于滤料间隙的颗粒物质被阻挡而不能随水流流出。滤料间隙越小，水流速度越慢，被筛除的颗粒物质越多、粒径越小，过滤的效果越好；二是接触混凝作用，一些细小的悬浮微粒和绒体在通过滤料间隙时，与滤料碰撞接触而被吸附，逐渐形成滤膜，后者可提高滤料对水中细小颗粒物质的吸附能力。通常，在过滤的初始阶段，滤料以筛除作用为主，滤除的主要是较大的颗粒物质，此时，细小的微粒往往不能很好地得以滤除，所以过滤效果不理想。随着使用时间的延长，滤料形成较为成熟的滤膜，此时过滤效果最佳。但最后，滤料间隙可能因阻塞而阻力过大，滤料必须在清洗后方可继续使用。为了保证滤料有较大的容污量和较高的过滤效率，通常要在滤池中铺设多层滤料，滤料直径沿进水的方向逐渐减小。例如从粒径 0.8～1.8mm 的无烟煤到粒径 0.5～1.0mm 的石英砂，再到粒径更小的拓榴石、磁铁矿石等。滤料的层数多为二至三层，可视水质的清洁程度和滤水量而定。滤料与容器的接触部位应拉毛以防未经过滤的水从此部位流出，影响过滤效果。滤料应始终浸泡在水中，一旦空气进入滤料，过滤效果和效率均会受到不同程度的影响。

（四）饮用水的消毒

消毒是指清除或杀灭水中病原体的过程。可分为物理消毒和化学消毒两种。

1. 物理消毒　适用于饮用水的物理消毒手段主要有煮沸和紫外线照射。煮沸可以有效杀灭水中的许多致病微生物，能够降低水的硬度（使碳酸钙等沉淀形成水垢），挥发水中的一些沸点较低的化学污染物，是理想的家用消毒手段，但不适用于大批量的饮用水生产。紫外线消毒多采用高压石英水银灯作为紫外线光源，灯管可放置在水面上，也可置于水下，通常水下照射的消毒效果较水面照射的效果好。无论采用哪种方式，紫外灯的功率、数量和布点均会直接影响消毒的效果。由于紫外线照射消毒需要较复杂的设备，消毒效果不稳定，且无持续消毒效果，处理的水量也有限，故较少使用。

2. 化学消毒　化学消毒的方法很多，有氯化消毒、醛类消毒、季胺类消毒、醇类消毒等，但大多数的化学消毒剂因具有较高的毒性而不适用于饮用水的消毒。目前用于饮用水消毒的主要方法有氯化消毒、二氧化氯消毒、臭氧消毒和碘消毒等。

（1）氯化消毒：含氯化合物中氯的价数大于-1 的叫有效氯，具有杀菌效果。常用的氯化消毒剂有液态氯、漂白粉、漂白粉精及氯胺等。氯化消毒剂在投入水中后，会发生水解，形成次氯酸（见式 5.1）。次氯酸可穿过细胞壁，损害细胞膜，使蛋白质、核酸等物质释出，并影响多种酶系统，因此具有很强的消毒作用。

$$Cl_2 + H_2O \rightleftharpoons HOCl + HCl \tag{5.1}$$

$$HOCl \rightleftharpoons H^+ + OCl^- \tag{5.2}$$

氯化消毒的效果受许多因素的影响。其中主要有：①加氯量和接触时间：通常，加氯量越大，消毒剂与饮用水的接触时间越长，消毒效果越好。为了保证消毒效果，一般要求游离性余氯在投入消毒剂半小时后维持在0.3～0.5mg/L以上。在污染严重的地区，如自然灾害发生后，应考虑采用过量氯消毒法，使余氯达1～5mg/L，以预防传染病的爆发流行。过量氯消毒只能短时间内应用，并在消毒后，用硫代硫酸钠、活性炭等脱氯。②水的浑浊度及有机物含量：水中悬浮颗粒可吸附微生物，使消毒剂难以对微生物产生作用；有机物可以与有效氯发生化学反应，不仅降低消毒效果，而且会形成氯仿、四氯化碳等卤代烃类，可能引起癌症。因此在投放消毒剂前，应尽可能降低水的浑浊度和水中有机物的浓度。目前，国内外一些饮用水生产厂家已经或正在考虑用氯胺消毒或其他消毒手段替代游离氯消毒，以减少卤代烃类的产生。③水的pH值：次氯酸在水中可发生电离，形成次氯酸根离子（见式5-2），降低消毒的效果。次氯酸的消毒效果超过次氯酸根近百倍。因此，偏酸性的水，氯化消毒的效果较好。④水温：水温越低，消毒效果越差。

（2）碘消毒：碘消毒的效果可靠、速度快，但会使水染成淡黄色，且价格昂贵，不适宜于大规模的饮用水消毒，但可用于小规模临时消毒，如战时军用水壶消毒。每升水加有效碘10毫克，振荡混匀10分钟后即可饮用。

（3）二氧化氯消毒：二氧化氯消毒的效果与氯化消毒的效果接近，但其成本较高，毒副作用尚不明了，所以较少使用。

（4）臭氧消毒：臭氧是强氧化剂，消毒效果较好，也不会产生卤代烃类。但臭氧的稳定性差，制备过程复杂。

第四节　土壤环境与健康

一、地　方　病

由于地质环境中元素分布不均，一些地区因某种元素过多或过少而引起的缺乏性疾病和中毒性疾病，称为地球化学性疾病，通常简称为地方病。我国的地方病主要有碘缺乏性疾病、克山病、地方性氟病和地方性砷中毒，前两者为元素缺乏性疾病，后两者为元素中毒性疾病。

（一）地方性甲状腺肿和克汀病

1.地方性甲状腺肿　地方性甲状腺肿是流行比较广泛的一种地方病。在我国，地方性甲状腺肿的分布有明显的地区差异，西北、华北和西南地区是主要流行区，通常，地方性甲状腺肿的发病率是内陆地区高于沿海地区、乡村高于城市。尽管各年龄组的人均可能患病，但处于快速生长发育阶段的青少年发病率最高，女性发病高峰期为12～18岁，男性发病高峰期为9～15岁。在一般的轻病区，女性发病率常常高于男性发病率。

（1）发病原因：地方性甲状腺肿的发病原因有：①碘缺乏。碘缺乏是造成地方性甲状腺肿的最主要的原因。碘是合成甲状腺激素的原料之一，主要来源于海洋。

如果碘的摄入量不足，甲状腺激素的合成原料不足，为了维持甲状腺激素的分泌水平，甲状腺发生代偿性肥大，以蓄积足够的碘，供合成甲状腺激素。因此，地方性甲状腺肿患者的主要临床表现为甲状腺肿大，其诊断须排除甲状腺功能亢进、甲状腺炎、甲状腺癌等疾病。②碘摄入量过多。除了碘摄入量不足可能引起甲状腺肿大外，如果饮水和食物中的碘含量过高，过多的碘可能占据过氧化酶的活性基，妨碍酪氨酸氧化，该过程是甲状腺激素合成中的重要步骤，因此，甲状腺激素的分泌量反而减少，由此也可引起甲状腺的肿大。③促甲状腺肿物质。在饮用水和一些食物（如木薯、芥菜、莲白等）中含有硫氰酸盐、硫葡萄糖苷等成分，可干扰碘的吸收和利用，所以即使食物和水中碘含量足够，也可能出现体内碘量不能满足需要的状况，由此而导致甲状腺的肿大。另外，高钙饮水亦会干扰肠道对碘的吸收；膳食中植物性脂肪摄入过多，碘可与其中的不饱和脂肪酸结合，可导致碘的不足；氨基酸是合成甲状腺激素必须的原材料，蛋白质尤其优质蛋白质的摄入量不足，同样会促使地方性甲状腺肿的发生和发展。

(2) 临床分度：地方性甲状腺肿在临床上可分为四度，主要的分度依据是甲状腺肿大的程度。

Ⅰ度：可看到肿大的甲状腺，但大小不超过本人拳头的 1/3，或能够摸到结节；

Ⅱ度：脖根变粗，甲状腺为本人拳头的 2/3 至 1/3 大小；

Ⅲ度：颈部变形，甲状腺为本人拳头大小的 2/3 以上，但不超过一个拳头；

Ⅳ度：甲状腺超过本人拳头的大小，多带有结节。

(3) 护理诊断：地方性甲状腺肿可能出现的主要护理诊断有：精神困扰、自我形象紊乱等。

2. 地方性克汀病　碘缺乏不仅会引起甲状腺肿大，在一些重病区，还可能出现一些表现为痴呆、矮小、聋哑和甲状腺功能低下的患者，称为地方性克汀病。这是由于胚胎发育期或婴儿期严重缺碘所致。

地方性克汀病在临床上根据聋、哑、呆、小、运动障碍等症状表现的严重程度，可分为轻度（症状有的没有，有的虽有却不明显）、中度（各种症状均有，有的明显，有的不明显）、和重度（各种症状均明显）。可能出现的主要护理诊断有：语言沟通障碍、社交障碍、生长发育改变、感知改变（特定的）、知识缺乏（特定的）等。

3. 碘缺乏性疾病的预防措施　碘缺乏性疾病的预防和控制主要从食物着手，重点措施是在食盐中加碘。按照我国的有关规定，为了预防碘缺乏性疾病，应在食盐中添加 1∶50 000 到 1∶20 000 的碘化钾或碘酸钾。同时应注意在食盐的贮存和饮食的加工与烹调方面减少碘的损失，如保持食盐干燥、避免日晒、食盐在食物即将熟透时加入等。如饮用水中存在致甲状腺肿物质，应设法净化除去，避免或减少含有较多硫氰酸盐和硫葡萄糖苷等物质的食物的摄入量。对重点人群（如婴幼儿）和碘缺乏病患者可采用口服碘化钾或碘化油丸的方式定期进行补碘，也可采用碘油注射的方式补碘，每次肌内注射1～2ml（约含碘500～1000mg），一般间隔三年可重复注射一次。

（二）地方性氟病

氟是人体需要的微量元素之一。由于氟能够稳定地储存在骨骼和牙齿等组织器官内，当人体摄入的饮用水和食物中含有高浓度的氟时，过量的氟就会对机体带来严重的健康损害，如氟骨症和斑釉齿等，这种全身性慢性中毒称为地方性氟病。我国除上海市区外，其余各省、自治区均有该病的流行。

1．发病原因　少量的氟有坚齿护齿的作用，然而，过量的氟则会与体内的钙结合成氟化钙，主要沉积于骨骼中，少量也可沉积于软组织中，造成骨质、骨膜、韧带、肌腱硬化等，同时引起血钙浓度降低，促使甲状旁腺分泌增多，加速骨钙的释放，以维持正常血钙水平，其结果是造成骨质疏松或软化。如果血钙浓度降至6～7mg/dl（1.5～1.75mmol/L）时，也可能发生腰腿痛、手足麻木和抽搐等缺钙症状。此外，氟还可取代骨骼与牙齿中的羟磷灰石中的羟基，形成氟磷灰石，适量的氟磷灰石可提高牙釉质的耐酸性，但大量的氟磷灰石则会破坏骨骼和牙齿的正常结构，如造成骨皮质增厚、表面粗糙、外生骨疣和髓腔变窄、牙釉质呈不规则球状结构，产生斑点，牙硬度减弱，易脆裂。此外，氟还可能抑制那些需要钙和镁等阳离子参加的酶的活性，其中包括与三羧酸循环有关的烯醇化酶和琥珀酸脱氢酶，与骨组织对钙的吸收和利用有关的骨磷酸化酶等，可导致骨组织的营养不良和骨钙化不良等。

人体内的氟绝大多数来自于饮用水和食物，分别约占体内氟总量的2/3和1/3，因此，饮用水中氟含量过高是造成地方性氟病的最主要的原因，饮用水含氟量与地方性氟病的发病率和严重程度有明显的相关关系。有一些地区，饮用水中的氟含量虽然不高，但土壤和食物中的氟含量较高，也有一些地区，饮用水和食物中的氟含量均不高，但使用的燃煤中含有较高量的氟，通过燃烧污染空气，通过烘烤食物污染食物，会分别引起食物型和燃煤型地方性氟病的流行。工业污染也可使环境中的氟含量增高。

地方性氟病的患病率随年龄增长而提高，妊娠和哺乳期的女性病情往往较重。蛋白质、钙、维生素等营养素的缺乏亦会加速地方性氟病的发生，并使病情加重。

2．临床表现　地方性氟病的临床表现主要为氟斑牙和氟骨症。

（1）氟斑牙：多见于恒齿，高发年龄为7～15岁。分为似粉笔状的白垩型、呈黄或褐色的着色型、以及牙釉质凹陷缺损的缺损型等三种类型。根据牙齿受到的损害的程度，每型又可分为轻、中、重三度。轻度患者需在充足光线下方能辨认出，中度患者肉眼可轻易辨认出，重度患者则在对话时即可辨认出。

（2）氟骨症：一般在10～15岁以后发病。病情比氟斑牙严重，常伴发氟斑牙。但如果是在成年后才接触高氟，也可无氟斑牙。病人的主要表现是腰背和四肢大关节的持续性酸痛、变形，活动受限，也可能出现肢体皮肤感觉异常，如蚁行感、紧束感、麻木和知觉减退等。有些患者还伴有神经衰弱综合征和胃肠道功能紊乱。氟骨症患者与其他类型的骨骼炎症反应不同，一般体温不高，也无关节肿胀，不受气候改变的影响，在活动后，症状可减轻。

3. 护理诊断　地方性氟病可能出现的主要护理诊断有：营养失调、组织完整性受损、精神困扰、躯体活动障碍、自我形象紊乱、慢性疼痛、社交障碍、睡眠形态紊乱等。

4. 预防措施　预防与控制地方性氟病应首先查清氟的来源，然后有针对性地采取降低氟的措施。饮水型氟中毒应尽可能选择低氟水源，也可用铝化合物降低应用水中的氟含量，有研究表明，铝化合物不仅可有效降低水中氟的浓度，而且与氟有拮抗作用，能降低氟对机体的毒作用。食物型氟病应重点检查土壤、农药、化肥和灌溉水中的氟含量，选择吸收和蓄积氟较少的农作物种植，避免农药、化肥、灌溉水对农作物的氟污染。燃煤型氟病则应改良炉灶，减轻氟对室内空气和食物的污染，可能的话，可考虑更换污染少的燃料。当然，治理工业“三废”污染，也是控制环境中氟含量的重要手段和措施。

（三）克山病

克山病是一种地方性心肌病，以心肌坏死为主要临床表现，病死率较高，首先发现于我国黑龙江克山县。该病分布在我国东北、华北、西北、中南、西南以及西藏等14个省、市、自治区。

1. 发病原因　克山病的病因尚不完全明了。目前多认为克山病的发生与硒缺乏有关，病人血硒和发硒含量普遍低于非病区人群。流行病学研究显示，发病地区饮用水中离子总量较无病地区低（包括钙、镁、钾、钠、硫等）。

2. 临床表现　克山病可分为急型、亚急型、慢型和潜在型等。主要表现为由心肌损害和坏死而引起的心力衰竭。潜在型可无明显症状，或在劳累后出现头昏、心悸、气短等。

3. 护理诊断　克山病可能出现的主要护理诊断有：营养失调（低于机体需要量）、体液过多、心输出量减少、活动无耐力、疲乏等。

4. 预防措施　克山病的预防与控制可采用补硒的方法，同时也要重视对整体营养水平的提高和环境水质的改善。常用的补硒方法有口服亚硒酸钠（每周0.04mg/kg体重）、供应加硒盐（1.5g/100kg食盐）、或用亚硒酸钠喷洒结穗期的玉米和水稻等农作物（0.5～1克/亩，分两次喷洒）。

（四）地方性砷中毒

砷是地壳的组成成分之一，但在自然界的分布不均，在含砷矿区附近、湖沼相地层或一些沿海地区，地下水中的含砷量常常较高，可达0.2～1.0mg/L。温泉和地热水中含较多的岩浆砷，某些地热水含砷量甚至高达8.5mg/L。因此，地方性砷中毒多由饮用地下水引起，我国台湾省西南部和新疆奎屯地区是地方性砷中毒的高发区。

1. 发病原因　砷的毒性与砷的化学状态有关，无机砷的毒性通常比有机砷高，水中的砷多数为五价，但在深井水中则含有较多的三价砷，三价砷的毒性比五价砷强。但如果少量多次长期摄入五价砷，五价砷也能在体内逐步还原成三价砷。

砷极易被胃肠道吸收，可迅速进入各脏器组织，包括胎儿体内。约两周后，体内的砷开始逐渐在皮肤、毛发和指甲中蓄积，主要与这些组织中的巯基结合。

由于砷能与巯基和羧基结合，可抑制许多含巯基和羧基的酶的作用，影响细胞的正常代谢，导致多个组织器官的损伤。研究和实验还表明，砷具有致癌、致畸作用。

2.临床表现　地方性砷中毒多为慢性，早期主要表现为末梢神经炎、感觉障碍、肌肉萎缩等；后期则以砷性皮肤病为主要表现，出现皮肤色素沉着（黑皮病）或白癜风、手脚皮肤高度角化、增生、溃裂等。也可能发生心脏血管病变及支气管、肺、肝、肠损害。如果在较短的时间内摄入大剂量的砷可出现急性和亚急性中毒，病人出现剧烈的胃肠道症状、脱水、血尿，还可伴有末梢神经炎、肝肾中毒症状等。严重者可在出现胃肠道症状之前就发生昏迷、中枢神经麻痹，并导致死亡。

3.护理诊断　地方性砷中毒可能出现的护理诊断主要有：排尿异常、腹泻、皮肤完整性受损、躯体移动障碍、疼痛、感知改变（特定的）、精神困扰、自我形象紊乱、有周围血管神经功能障碍的危险等。

4.预防措施　饮用水中砷的卫生标准为0.05mg/L，如发现超标，应密切关注居民的健康状况的变化，并考虑改换水源或用石灰、混凝沉淀、过滤等措施除砷。对患者除改水措施外，应施以驱砷（可用二巯基丙醇或二巯基丙磺酸钠）、解毒（可用维生素C）等措施，对局部角化皮肤可用5%的5-氟尿嘧啶霜涂擦。

二、土壤污染与健康

土壤与前面介绍的两种环境（空气和水）不同，其物质组成更为复杂，包括固体部分和水分、空气等。固体部分由矿物质和有机质组成。在土壤中还生存着大量微生物。土壤的这些特性决定了土壤污染及其对健康危害的复杂性。

（一）土壤污染的来源与净化

1.土壤污染的来源　土壤污染物来源复杂。无论空气和水污染，均会对土壤造成污染。工农业生产和生活污染也会直接污染土壤。因此可以将土壤污染分为水型污染、空气型污染、工业废渣型污染和农业型污染等类型，每种类型的污染所带来的土壤污染物的种类不同。例如：水型污染和工业废渣型污染主要带来重金属和类金属污染；空气型污染主要带来酸雨和铅、砷、氟等污染物；农业型污染主要带来农药和化肥污染。

2.土壤污染物的净化　土壤主要呈固体状态，流动性很差，因此一旦受到污染，污染物较集中，不易扩散，可对局部地区带来长期的危害。通常，土壤对有机污染物有较强的净化能力。由于土壤中含有大量的微生物，在这些微生物的作用下，含氮的有机物可通过氨化作用和硝化作用彻底分解成无机物氨和硝酸等，不含氮的有机物也可分解为二氧化碳、水、甲烷、氢等。某些有机物还可能重新合成为不会腐败分解的无臭的高分子有机物质——腐殖质，变成农业肥料。但也有一些性质非常稳定的高分子有机化合物稳定性极强，在土壤中很难分解，严重恶化人类的生存环境，如“白色”塑料污染等。农药在土壤中的转化和降解视农药的化学性质而定，有机氯和有机汞农药在土壤中的残留时间很长，通常可达2年以上，而有机磷农药在土壤中的的残留时间相对较短，常用的对硫磷等农药的残留期仅1周时间，因此目前已有许多国家停止使用有机氯农药，而改用稳定性较差的有机磷农药。土壤对重金属的净化很困难，土壤的成分、酸度、氧化状态等均可能影响重金属的状态和迁移。通常，偏酸土壤有利于重金属的溶解和迁移，也易被农作物吸收。旱地土壤空气含量高，重金属易被氧化为高价离子状态，水地土壤则相反，以此影响重金属的毒性。土壤中若含有较多的金属络和物也会影响到重金属在土壤中的溶解性和迁移。土壤的净化还可与水和植物有关，流经土壤的水可溶解部分土壤中的污染物，植物也能吸收和蓄积部分污染物，包括重金属。

（二）土壤污染的危害

土壤污染的危害可直接导致疾病、破坏土壤生态环境，还可通过饮用水和农作物间接地对机体健康产生危害。从土壤受到污染到造成健康危害，一般要经过一段较长的时间。由于土壤污染物净化过程复杂，速度缓慢，所以土壤污染的健康危害往往要持续很长时间。

1. 重金属污染对健康的危害　土壤中对机体危害较大的金属污染物有镉、铅、汞、铬等。

（1）镉污染：发生在日本的“痛痛病”是一种典型的由镉污染土壤后造成的严重公害病。被镉污染的土壤，如pH值较小，会提高镉的水溶性，且有利于农作物对镉的吸收。旱地土壤中的镉主要以难溶的碳酸镉、氢氧化镉等形式存在，不易被农作物吸收。因此，土壤中的镉主要污染水田农作物，“痛痛病”多由食用被镉污染的稻米后引起。

经消化道吸收的镉被血液输送至肾脏后，可被肾小管重吸收蓄积，久而久之损伤肾小管和肾功能。患者尿液中可出现蛋白、糖、氨基酸等。由于肾脏与维生素D的活化有关，肾功能的损伤会影响到维生素D的正常代谢，进而造成钙、磷代谢的障碍，使骨质疏松、骨骼软化等。本病多发生于40～60岁的妇女，这可能与该年龄段妇女内分泌功能的生理变化有关，主要症状表现为腰背及各关节疼痛，活动时疼痛加剧。病情严重者骨骼变形，活动受限等。

痛痛病的主要护理诊断可能有：躯体移动障碍、自我形象紊乱、疼痛等。

（2）铅污染：工业“三废”和使用含铅汽油均会造成土壤的铅污染，许多城市土壤中的铅浓度明显高于农村，居民血铅和尿铅的浓度也高于农村居民。由于日常生活和生产活动中接触铅的机会很多，城市土壤铅污染对健康的危害尚很难判定。但鉴于慢性铅中毒可引起贫血和神经系统及肾损伤（详见生产环境与健康），它对少年儿童生长发育的影响，尤其是智力发育的影响，引起了人们的广泛关注。

2. 农药污染对健康的危害　农药的种类很多，对健康有不同的危害。含氟、汞的农药会引起相应的氟、汞中毒性疾病。有机磷农药的稳定性较差，通常不会对土壤造成严重污染。有机氯农药不仅稳定性高，且能通过食物链发生生物浓集，也可以在人体脂肪组织中蓄积，可能对机体内的酶、内分泌系统以及免疫功能产生影响。

3. 生物污染对健康的危害　土壤含有大量的微生物，其中大多数是天然存在的，对人体的健康无害。但也有一些天然存在的致病菌，可能引起疾病。此外，人畜排泄物中的致病微生物也可能污染土壤，引起相应的感染性疾病。土壤中的生物病原体可通过以下三种途径致病。

(1) 人—土壤—人：人体内的致病微生物，通过粪便直接污染土壤，或者污染水体后再引起土壤污染，最终因土壤培植的食物受到污染而致病。所致疾病包括细菌、病毒性疾病和寄生虫疾病。有研究表明：致病微生物在土壤中可以存活相当长的时间，如霍乱弧菌可存活8～60天，痢疾杆菌可存活22～142天，沙门氏菌可存活约70天，肠道病毒在中性土壤中也可存活2～4月。土壤更是一些寄生虫生长发育过程中必需的一个环节，寄生虫卵在土壤中的存活时间非常长，如蛔虫卵可存活二年以上。

(2) 动物—土壤—人：该途径传播的是人畜共患疾病，人接触受到动物排泄物污染的土壤后而感染得病。常见的人畜共患疾病有钩端螺旋体病和炭疽等。土壤中的钩端螺旋体主要来自于感染动物的尿液。炭疽芽胞则具有极强的抵抗力，一旦污染土壤后在相当长的时间内都会引起动物和人类炭疽的传播。

(3) 土壤—人：天然土壤中可能存在一些生命力很强的致病微生物，人在接触土壤后，尤其是当伤口暴露在土壤中后，可能引起感染而致病，通过该途径引起的典型疾病有破伤风。另外，某些土壤中的致病微生物也可能污染食物，并通过食物引起疾病，如肉毒中毒等。

（三）土壤的卫生防护

1. 化学污染的卫生防护　土壤一旦受到化学污染，治理非常困难。因此必须重视对工业“三废”的治理，以避免对土壤造成污染，农田灌溉用水应符合我国《农田灌溉用水水质标准》的要求，同时，应合理选择和施用农药和化肥。

2. 生物污染的卫生防护　为了保障居民的健康，对生活垃圾、医院废水和粪便等应进行无害化处理。常用的方法包括化学消毒、焚烧、密封发酵、发酵沉卵、沼气发酵和堆肥法等。化学消毒中常用的化学消毒剂有含氯消毒剂（如液氯、漂白粉）和石灰等。焚烧只适用于可燃垃圾的处理，处理成本较高。发酵是指将垃圾密封，使垃圾在厌氧菌的作用下，分解发酵，产热产气，致病微生物在这种特殊的理化环境中逐渐死亡，从而达到净化土壤的效果。经过无害化处理的粪便应符合以下卫生学要求：①杀灭虫卵和病原体。全部杀灭钩虫卵和血吸虫卵；蛔虫卵杀灭率达95%以上；大肠菌值大于10^{-5}～10^{-4}；②防止蚊蝇滋生；③不污染环境；④防止肥效损失。

（华西医科大学　刘朝杰）

第六章　生产环境与健康

劳动是人类获得健康的必需条件之一，良好的生产环境对健康有利，不良的生产环境则可损害健康，甚至可致职业病。因此，必须对职业性有害因素进行识别、评价和控制，以达到保护和促进劳动者的健康、提高生产率、保障工农业生产顺利发展的目的。

第一节　职业性有害因素概述

一、职业性有害因素的来源和分类

生产工艺过程、劳动过程和生产环境中存在和产生的可能危害人体健康和劳动能力的因素称为职业性有害因素（occupational hazard）。职业性有害因素按其来源可分为下列三类。

（一）生产过程中的有害因素

1. 化学因素

（1）生产性毒物：常见的有以下几种：①金属及类金属：如铅、汞、锰等；②有机溶剂：如苯、二硫化碳、四氯化碳等；③刺激性气体和窒息性气体：前者常见的有氯、氨、氮氧化物、光气、氟化氢、二氧化硫；后者常见的有一氧化碳、氰化氢、硫化氢等；④农药：如有机磷农药、有机氯农药、拟除虫菊酯类农药等；⑤苯的氨基和硝基化合物：如三硝基甲苯及苯胺等；⑥高分子化合物生产过程中的毒物：如氯乙烯、氯丁二烯、丙烯腈等。

（2）生产性粉尘：如矽尘、石棉尘、水泥尘、煤尘、各种有机粉尘等。

2. 物理因素

（1）异常气象条件：如高温、高湿、低温等；

（2）异常气压：如高气压、低气压；

（3）噪声、振动；

（4）非电离辐射：如紫外线、红外线、可见光、射频辐射、激光等；

（5）电离辐射：如X射线、γ射线等。

3. 生物因素

（1）细菌：如炭疽杆菌、布氏杆菌等；

（2）病毒：如森林脑炎病毒等；

（3）霉菌：如甘蔗霉菌等。

（二）劳动过程中的有害因素

1．劳动组织不合理、劳动作息制度不合理等；

2．精神（心理）过度紧张，如机动车驾驶；

3．劳动强度过大或生产定额不当，如安排的作业与生理状况不相适应等；

4．个别器官或系统过度紧张，如视力紧张、发音器官过度紧张等；

5．长时间处于某种不良体位或使用不合理的工具等。

此外，人机因素近年来越来越引起人们的关注。人机因素是指机械设备、工作环境和劳动者三者之间的彼此协调关系。如这种关系处在最佳化，则工作效率最高；否则不仅影响工作效率，还可造成机体的损害。

二、职业性有害因素与职业性损害

职业性有害因素所致的各种职业性损害，包括职业病（occupational disease）、工作有关疾病（work-related disease）和职业性外伤（occupational trauma）三大类。

（一）职业病

当职业性有害因素作用于人体的强度与时间超过一定限度时，人体不能代偿其所造成的功能性或器质性病理改变，出现相应的临床征象，影响劳动能力，这类疾病通称为职业病。

1．职业病范围及规定范围的意义　广义的职业病是泛指职业性有害因素所引起的特定疾病，而立法意义上职业病具有一定范围，即指政府规定的职业病。我国卫生部于1957年2月首次公布了《职业病范围和职业病患者处理办法的规定》，1987年对该规定进行了修订和增补，将职业病名单扩大为9类99种。由卫生部、劳动人事部、财政部和全国总工会联合颁发，并自1988年1月起实施。《规定》中的职业病名单不仅具有医学意义，而且还具有立法意义。

2．职业病的特点

（1）病因明确，病因即相应的职业性有害因素，在控制病因或作用条件后，发病可减少或消除；

（2）所接触的病因大多数可检查和识别，一般接触到一定程度才使劳动者致病。因此，存在接触水平（剂量）-反应关系（exposure-response relationship）；

（3）在接触同样的职业性有害因素中，常有一定的发病率，很少只出现个别病人；

（4）如能早期发现并及时处理，预后较好，也易恢复；

（5）大多数职业病目前尚无特效治疗办法，发现愈晚，疗效愈差。因此，防制职业病，关键在于三级预防。

3．职业病的种类　目前我国公布的职业病共9类99种，9类职业病是：

（1）职业中毒（occupational poisoning）；

（2）尘肺（pneumoconiosis）；

（3）物理因素职业病（occupational disease due to physical factor）；
（4）职业性传染病（occupational infectious disease）；
（5）职业性皮肤病（occupational dermal disease）；
（6）职业性眼病（occupational eye disease）；
（7）职业性耳鼻喉疾病（occupational ENT disease）；
（8）职业性肿瘤（occupational cancer）；
（9）其他职业病

附：职业病名单

一、职业中毒

1. 铅及其化合物中毒(不包括四乙基铅)
2. 汞及其化合物中毒
3. 锰及其化合物中毒
4. 镉及其化合物中毒
5. 铍病
6. 铊及其化合物中毒
7. 钒及其化合物中毒
8. 磷及其化合物中毒(不包括磷化氢、磷化锌、磷化铝)
9. 砷及其化合物中毒(不包括砷化氢)
10. 砷化氢中毒
11. 氯气中毒
12. 二氧化硫中毒
13. 光气中毒
14. 氨中毒
15. 氮氧化合物中毒
16. 一氧化碳中毒
17. 二硫化碳中毒
18. 硫化氢中毒
19. 磷化氢、磷化锌、磷化铝中毒
20. 工业性氟病
21. 氰及腈类化合物中毒
22. 四乙基铅中毒
23. 有机锡中毒
24. 羰基镍中毒
25. 苯中毒
26. 甲苯中毒
27. 二甲苯中毒
28. 正己烷中毒
29. 汽油中毒
30. 有机氟聚合物单体及其热裂解物中毒
31. 三氯乙烷中毒
32. 四氯化碳中毒
33. 氯乙烯中毒
34. 三氯乙烯中毒
35. 氯丙烯中毒
36. 氯丁二烯中毒
37. 苯的氨基及硝基化合物(不包括三硝基甲苯)中毒
38. 三硝基甲苯中毒
39. 甲醇中毒
40. 酚中毒
41. 五氯酚中毒
42. 甲醛中毒
43. 硫酸二甲酯中毒
44. 丙烯酰胺中毒
45. 有机磷农药中毒
46. 氨基甲酸酯类农药中毒
47. 杀虫脒中毒
48. 溴甲烷中毒
49. 拟除虫菊酯类农药中毒

50. 根据《职业性中毒性肝病诊断标准与处理原则》可以诊断的职业性中毒性肝病

51. 根据《职业性急性中毒诊断标准及处理原则总则》可以诊断的其他职业性急性中毒

二、尘肺

1. 矽肺
2. 煤工尘肺
3. 石墨尘肺
4. 炭黑尘肺
5. 石棉肺
6. 滑石尘肺
7. 水泥尘肺
8. 云母尘肺
9. 陶工尘肺
10. 铝尘肺
11. 电焊工尘肺
12. 铸工尘肺

三、物理因素职业病

1. 中暑
2. 减压病
3. 高原病
4. 航空病
5. 局部振动病
6. 放射性疾病
   (1) 急性外照射放射病
   (2) 慢性外照射放射病
   (3) 内照射放射病
   (4) 放射性皮肤烧伤

四、职业性传染病

1. 炭疽
2. 森林脑炎
3. 布氏杆菌病

五、职业性皮肤病

1. 接触性皮炎
2. 光敏性皮炎
3. 电光性皮炎
4. 黑变病
5. 痤疮
6. 溃疡
7. 根据《职业性皮肤病诊断标准及处理原则》可以诊断的其他职业性皮肤病

六、职业性眼病

1. 化学性眼部烧伤
2. 电光性眼炎
3. 职业性白内障（含放射性白内障）

七、职业性耳鼻喉疾病

1. 噪声聋
2. 铬鼻病

八、职业性肿瘤

1. 石棉所致肺癌、间皮瘤

5. 砷所致肺癌、皮肤癌

2. 联苯胺所致膀胱癌
3. 苯所致白血病
4. 氯甲醚所致肺癌
6. 氯乙烯所致肝血管肉瘤
7. 焦炉工人肺癌
8. 铬酸盐制造业工人肺癌

九 、其他职业病

1. 化学灼伤
2. 金属烟热
3. 职业性哮喘
4. 职业性变态反应性肺泡炎
5. 棉尘病
6. 煤矿井下工人滑囊炎
7. 牙酸蚀病

4. 职业病的诊断和处理　职业病诊断是一项政策性和科学性很强的工作，应根据职业史、现场劳动卫生学调查、病史、临床检查、实验室检查等五方面的资料进行综合分析，并会同当地职业病防治机构或职业病诊断小组共同作出诊断。

(1) 职业史：认真详细地了解职业史是确定职业病的极为重要的前提，必要时还需有单位证明。职业史内容包括：①详细描述工种和工龄；②接触有害因素的情况；③症状出现的时间；④同工种其他病人的发病情况；⑤非职业性接触和其他生活情况。

(2) 现场劳动卫生学调查：了解生产环境中存在哪些职业性有害因素及其种类和特点，还要了解历年来环境监测的资料。

(3) 病史 ：详细询问接触某职业性有害因素后出现的症状及发生、发展以及目前状况，分析判断这些症状与职业接触的关系。

(4) 临床表现：根据症状和体征分析判断符合哪种职业病；特别要了解症状出现的时间与接触的关系；要注意与非职业性疾病的鉴别。

(5) 实验室检查：除进行一般检查外，要重点进行与职业接触有关的特殊项目的检查，如接触四氯化碳者应检查肝功能，苯接触者应检查血常规等。

职业病确诊后，要出具诊断证明书，并认真贯彻执行 1989 年卫生部、劳动人事部、财政部及中华总工会颁发的《职业病报告办法》，做好逐级上报工作。

职业病的处理主要有两个方面的工作，一是对职业病患者的治疗；二是要按照我国 1988 年颁发的《职业病范围和职业病患者处理办法的规定》，落实职业病患者应享有的各种待遇。

(二) 工作有关疾病

工作有关疾病又称职业性多发病，是由于生产环境、劳动过程中某些不良因素，造成职业人群常见病发病率增高、潜伏的疾病发作或现患疾病的病情加重等，这些疾病统称为工作有关疾病。

1. 工作有关疾病的特点

(1) 工作有关疾病的病因往往是多因素的，职业性有害因素是该病发病的诸多因素之一，但不是唯一因素；

(2) 职业性有害因素影响了健康，促使潜在疾病暴露或病情加重；

(3) 通过控制职业性有害因素和改善作业环境，可减少工作有关疾病的发生；

(4) 工作有关疾病不属于我国规定的职业病范围，但它对工农业生产发展的影响不可忽视。

2. 常见的工作有关疾病

(1) 与工作有关的肺部疾病：如慢性支气管炎、肺气肿等；

(2) 骨骼及软组织损伤：如腰背疼痛、肩颈疼痛等；

(3) 与职业有关的心血管疾病：如接触二硫化碳、一氧化碳等化学物质导致冠心病的发病率及病死率增高；

(4) 生殖功能紊乱：如接触铅、汞及二硫化碳可导致早产及流产发生率增高；

(5) 消化道疾患：如高温作业可导致消化不良及溃疡病的发生率增高。

(三) 工伤

工伤是指工人在从事劳动生产过程中，由于外部因素直接作用，而引起机体组织的突发性意外损伤。工伤可造成缺勤及残废，重则导致死亡。导致工伤的主要原因有：生产设备本身有缺陷；防护设备缺乏或不全；劳动组织不合理或生产管理不善；个人因素，如患病或精神因素、年龄、性别、文化程度等不适合本人的工作；操作环境因素，如生产环境布局不合理、照明不良或不合理等。

三、职业性有害因素的致病模式

劳动者接触职业性有害因素不一定发生职业性损害，要造成职业性损害，必须具备一定的条件，即三个因素（个体、职业性有害因素、作用条件）联系在一起才能构成引起职业性损害的条件。致病模式如下图所示。

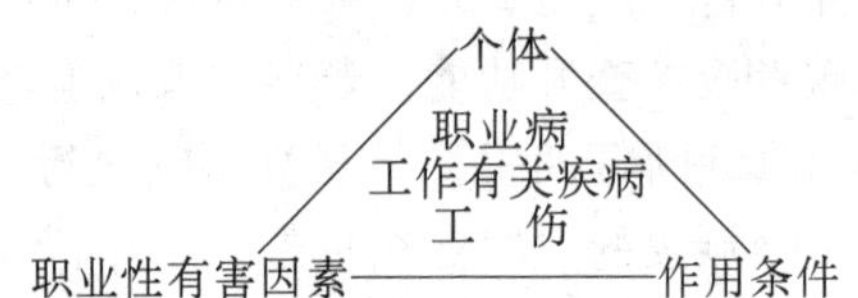

图 6-1 职业性有害因素的致病模式

作用条件包括：①接触机会：如在生产工艺过程中，经常接触或使用某些职业性有害因素；②接触方式：职业性有害因素经呼吸道、皮肤或其他间接途径进入人体，或由于意外事故造成病损；③接触时间：每天或每周，甚至一生中累积接触的总时间；④接触的强度（浓度）。后两个方面是决定机体接受危害剂量大小的主要因素。

在同一生产环境从事同一种作业的工人中，职业性有害因素所产生职业性损害的机会和程度，可有较大差别，主要取决于以下四方面：①环境因素：生产工艺过程、劳动过程以及生产环境是否符合卫生要求；②职业卫生服务：如劳动者就业前体检和就业后的定期体检，以及建立健全健康档案，都有助于早期发现职业性损害；③个体感受性：除个体遗传因素外，年龄、性别的差异，可引起个体对职业性有害因素的感受性不同；④行为生活方式：如吸烟、酗酒、缺乏锻炼、过度紧张、不合理饮食等均可增加职业性损害的程度。后两种因素称为个体危险因素（host risk factor）。

四、职业性有害因素的防制

（一）职业性有害因素的识别和评价

通过作业环境监测、生物监测、职业健康监护、职业流行病学和实验研究等方法，充分识别和评价职业性有害因素的性质、程度及其作用条件，为有效地预防、控制或消除这些职业性有害因素、改善不良劳动条件提供依据。

1. 生产环境监测和生物监测

（1）生产环境监测（environmental monitoring）：是识别、评价职业性有害因素的重要依据之一，其目的有：①掌握作业环境中职业性有害因素的性质、强度（浓度）及其在时间、空间的分布情况；②估计作业者的接触水平，为分析接触水平-反应（或效应）关系提供依据；③了解作业环境的卫生质量，评价劳动条件是否符合劳动卫生标准要求；④检查预防措施效果，为进一步控制职业性有害因素及制订、修订卫生标准提供依据。

（2）生物监测：生物监测是指定期、系统地检测生物材料中外源性物质或其代谢产物的含量或由其所致的非损害性生物效应水平，并与合适的参考指标相比较，以评价接触水平和健康受损的危险度。其目的在于：①反映机体总的接触量：包括不同途径（呼吸道、消化道和皮肤等）、不同来源（职业和非职业）总的接触量；②检测引起健康损害的内剂量和生物效应剂量：内剂量是指不同途径、不同来源以及不同时间吸收到体内的化学物的含量，即在体内某个或几个器官组织或整个机体贮存的量。效应剂量是指到达体内效应部位的毒物或其代谢产物的浓度，可为估测接触毒物的危险度提供依据；③综合个体差异：由于生物监测是测定化学物或其代谢产物以及它们所致的非损害性生物效应，测定结果综合了个体差异，如性别、年龄、健康状况等因素，特别是个体在毒物代谢动力学过程的变异性；④筛出易感者：通过某些特异性指标如某种酶的测定，可尽早发现易感个体，如α-1-抗胰蛋白酶缺乏者，对呼吸道刺激剂较敏感，葡萄糖-6-磷酸脱氢酶缺陷者，对氧化剂、芳香族氨基及硝基化合物较敏感。

2. 健康监护　健康监护（health surveillance）是通过各种检查和分析，掌握职工健康状况，早期发现不健康征象的重要手段。其目的在于评价职业性有害因素对接触者健康的影响及其程度，以便采取有效的预防措施，控制疾患的发生和发展。健康监护基本内容包括就业前健康检查、定期健康检查、建立健全健康档案、健康状况分析和劳动能力鉴定等。

（1）健康检查：包括就业前健康检查和定期健康检查。就业前健康检查（pre-employment examination）指对准备从事某种作业的人员进行的健康检查，以了解受检者原来健康状况和各项基础数据以及发现职业禁忌证（occupational contraindication）。定期健康检查（periodical examination）是指按一定时间间隔，对接触某种职业性有害因素的工人进行常规及某些特殊项目的健康检查，目的在于及时发现职业性损害的早期征象，并尽早处理；检出高危人群并作为重点监护对象。

（2）建立健全健康档案：主要内容包括①职业史和病史；②接触职业性有害因素的种类及接触水平；③家族史：重点注意遗传性疾病史；④基础健康资料；⑤与职业有关的监护项目；⑥其他：包括个人行为生活方式等。

3．职业流行病学调查　职业流行病学调查（occupational epidemiology）是以职业人群为研究对象，采用有关流行病学的理论和方法研究职业性有害因素及其对健康影响在人群、时间及空间的分布，分析接触与职业损害的剂量-反应（或效应）关系，评价职业性有害因素的危险度及预防措施的效果，以找出职业性损害发生和发展的规律，为制订和修订卫生标准、改善劳动条件和预防职业性病损提供依据。

4．实验研究　包括动物实验、某些职业人群健康效应检查和体外测试，是识别评价职业性有害因素潜在作用的重要手段之一，动物实验常用于测试化学物的毒性及物理因素的致病作用，以预测对人的危害，为制定和修订卫生标准提供依据。

（二）职业性有害因素的控制

1．生产环境的控制措施　主要有：①生产工艺过程要符合卫生要求，正确选择厂址，合理安排车间布局等；②消除和控制产生职业性有害因素的操作环节；③隔离、密闭及合理通风；④加强设备维修，做到洁净生产；⑤安全贮运。

2．个人防护措施　包括：①严格遵守安全操作规程；②正确选择和使用个人防护用品；③限制接触时间；④主动采纳良好的行为生活方式。

3．职业人群健康促进（health promotion for working）　又称作业场所健康促进（workplace health promotion）是职业卫生的重要内容，指通过健康教育和企业管理政策、支持性环境、职业人群参与、卫生服务等有关综合措施，改善劳动条件，提高自我保健意识，改变不健康的生活方式，降低病伤缺勤率，从而达到促进职工健康，提高职工生命质量（quality of working life）的目的。

通过职业人群健康促进，可以使广大职工认识职业危害因素，提高自觉防护意识，并选择有益于健康的行为和生活方式；可以提高决策和管理人员的劳动保护观念及执行政策水平；还可以促进文明生产，消除或减少三废污染，保护人们的生存环境。

4．劳动卫生法规与监督管理

（1）劳动卫生法规：它是保障工人在安全、卫生条件下进行生产劳动的行政管理和立法依据。目前具有重要意义的现行劳动卫生法规有：1987 年 12 月 3 日国务院颁布的《中华人民共和国尘肺病防治条例》；卫生部、劳动人事部、财政部、中华全国总工会1988年联合颁发的《职业病范围和职业病患者处理办法的规定》；卫生部颁发的《职业病诊断管理办法》（1984）和《职业病报告办法》（1989）；1988年中华人民共和国国务院发布的《女职工劳动保护规定》；1987年卫生部、农牧渔业部颁发的《乡镇企业劳动卫生管理办法》和同年国务院发布的《化学危险物品安全管理条例》。

（2）劳动卫生监督管理：目前，我国劳动卫生管理工作由工业主管部门和厂矿企业负责。劳动卫生监督工作由劳动卫生职业病防治院（所）或卫生防疫机构（简称卫生监督机构）承担，执行既管又帮的原则。其基本工作方式是对厂、矿企业实施劳动卫生监督管理。监督机构的改革将会更有利于职业性有害因素的控制工作。卫生监督按其性质可分为预防性卫生监督和经常性卫生监督。预防性卫生监督系指地方劳动卫生机构对新建、改建、扩建企业的建设项目中的劳动卫生防护设施，是否与主体工程同时设计、同时施工、同时投产（简称“三同时”）所进行的劳动卫生监督。经常性卫生监督是指地方劳动卫生监督机构对现有企业贯彻执行卫生法规和卫生标准的情况，随时或定时进行的劳动卫生监督，并根据监督检查的结果作出相应的处理。

第二节　生产性毒物与职业中毒

一、概　　述

毒物是指在一定条件下，摄入较小剂量时可引起生物体功能性或器质性损害的化学物。生产性毒物是指在生产劳动过程中产生和使用的各种毒物。劳动者在生产劳动过程中，由于接触生产性毒物而引起的中毒称为职业中毒。

（一）毒物存在的状态与接触机会

1. 毒物在生产过程中的存在形式　主要的存在形式有：原料、中间产品（中间体）、辅助材料、成品、副产品或废弃物以及夹杂物。此外，生产过程中的毒物尚可以分解产物或“反应产物”的形式出现，如磷化铝遇湿自然分解产生磷化氢等。

2. 毒物在生产环境存在的形态　生产性毒物可以固体、液体、气体或气溶胶的形态存在。气体是指常温、常压下呈气态的物质。例如，氯化氢、二氧化硫、氯气等。固体升华、液体蒸发或挥发时均可形成蒸气。凡沸点低、蒸气压大的物质均易形成蒸气。粉尘是指能较长时间悬浮在空气中的固体微粒。其粒子大小多在0.1～10μm。烟（尘）是指悬浮在空气中直径小于0.1μm的固体微粒。雾为悬浮于空气中的液体微滴。粉尘、烟及雾统称为气溶胶（aerosol）。搞清生产性毒物存在的形态，不仅可了解毒物进入机体的途径、制定预防措施，而且可为环境监测和生物监测提供依据。值得注意的是同一种生产性毒物存在的形态常不是单一的、固定不变的。

3. 接触机会　在生产劳动过程中主要有以下一些操作或生产环节可能接触到毒物：①原料的开采与提炼；②材料的搬运与贮藏；③材料加工与准备；④加料与出料；⑤产品处理与包装；⑥辅助操作；⑦其他：有些作业虽未使用有毒物质，但在特定情况下亦可接触到毒物乃至发生中毒。例如，进入地窖、矿井下废巷道或清除化粪池时发生硫化氢中毒；修船作业中气割旧船体时接触铅烟。

（二）生产性毒物进入人体的途径

在生产劳动过程中毒物主要经呼吸道、皮肤进入人体；亦可经消化道进入，但实际意义较小。

1. 呼吸道　呼吸道是生产性毒物进入人体的主要途径。进入呼吸道的毒物，通过肺泡直接进入大循环，毒作用发生较快。大部分职业中毒系毒物由此途径进入体内而引起的。呈气体、蒸气、气溶胶状态的毒物都可经呼吸道进入体内。影响毒物经呼吸道吸收的因素有：接触毒物的水平；血/气分配系数；水溶性的大小。此外，劳动强度、肺通气量、肺血流量及劳动环境的气象条件等因素亦可影响毒物经呼吸道吸收。

2. 皮肤　在生产劳动过程中毒物经皮肤吸收而致中毒者也较常见。经皮肤吸收途径有两种，一是经表皮屏障到达真皮，进入血循环；另一种是通过汗腺，或通过毛囊与皮脂腺，绕过表皮屏障到达真皮。某些毒物可透过完整皮肤进入体内。影响毒物经皮吸收的因素有：毒物本身的化学特性，如脂溶性等；毒物的浓度和粘稠度；接触的皮肤部位、面积；以及溶剂种类，环境气温、气湿等。

3. 消化道　生产性毒物经消化道进入体内而致职业中毒的事例甚少。不可忽略的是进入呼吸道的难溶性气溶胶被清除后，可经由咽部进入消化道，通过小肠吸收进入大循环。

（三）毒物在体内的过程

1. 分布、蓄积与转化　毒物被吸收后，随血循环分布到全身。毒物进入体内后，如解毒和排出的速度低于吸收的速度，毒物在体内逐渐增加，称为蓄积。毒物吸收后受到体内生化过程的作用，其化学结构发生一定改变，称为毒物的生物转化。生物转化可使大多数毒物的毒性降低，使亲脂性的物质转变为更具极性和水溶性的物质，使之更快地随尿或胆汁排出体外。另一方面，有些毒物经过生物转化毒性反而增强。许多致癌物，如芳香胺，就是经过体内生物转化而被激活的。

2. 排出　进入体内的毒物可经转化后或不经转化而排出。排出的途径有：①肾脏：是从体内排出毒物极有效的器官，许多毒物经此途径排出；②呼吸道：气体及挥发性毒物可经肺呼出；③消化道：许多金属毒物（如铅、锰、镉等）随胆汁由肠道排出。但粪便中的金属包括了经口摄入而未被吸收的部分；④其他途径：有些毒物可经乳汁、唾液及汗液排出，但其量甚微。头发和指甲虽不是排泄器官，但有些毒物（如砷、汞、铅、锰等）可积聚于此。

（四）影响毒物对机体作用的因素

生产性毒物对机体损害的程度和特点，取决于下列因素和条件。

1. 毒物本身的特性

(1) 化学结构：毒物的毒性与其化学结构有一定关系，目前已掌握了一些规律。例如，脂肪族直链饱和烃的麻醉作用，随着碳原子数的增加而增加；

(2) 理化特性：毒物的理化特性对其进入人体的机会及体内过程有重要影响。例如，分散度高的毒物，其化学活性大；挥发性大的毒物吸入中毒的危险性大。

2. 剂量、浓度、作用时间　在接触毒物的作业中，中毒的概率、毒害的程度与进入机体的毒物量或空气中毒物浓度及作用时间有直接联系。即剂量、浓度及作用时间必须达到一定程度才可致机体损害。

3. 毒物的联合作用　生产环境中常常数种毒物同时存在共同作用于人体。这种联合作用表现为独立作用、相加作用、相乘作用或拮抗作用。因此，进行生产环境评定时，应考虑毒物的联合作用。此外，亦应注意生产性毒物与生活性毒物的联合作用，例如，酒精可增强苯胺、硝基苯的毒作用。

4. 生产环境与劳动强度　在高温环境下，毒物对机体的作用比常温条件下大。如高温条件下接触对硫磷可增加皮肤吸收。体力劳动强度大时，毒物吸收多，耗氧量大，使机体对导致缺氧的毒物更加敏感。

5. 个体感受性　不同个体接触相同剂量的毒物，出现的反应可有差异。引起这种差异的因素很多，如性别、年龄、健康状况、生理变动期（孕期、月经期、授乳期）、内分泌功能、营养状况等。有时与某种遗传性缺陷有关，如 a-抗胰蛋白酶（a-SAT）缺陷者，对刺激性气体的作用特别敏感。

（五）职业中毒的诊断

职业中毒诊断要综合分析职业史、劳动卫生条件调查资料、临床表现及实验室检查资料，并排除非职业性疾病的可能性。

（六）职业中毒的急救与治疗原则

1. 急性中毒　①现场急救：立即使患者脱离现场停止接触毒物，尽快将患者移至空气流通处，保持呼吸道畅通。污染的衣服须更换，污染的皮肤须用温水或肥皂水洗净。如出现休克、呼吸障碍、心搏停止等，应立即进行紧急抢救，按内科急救原则给予利肺、强心等对症治疗。②防止毒物继续吸收：如现场清洗不够彻底，要重复清洗。气体或蒸气吸入中毒时，可给予吸氧，以预防或纠正缺氧，加速毒物经呼吸道排出。如系经口中毒，须尽早引吐、洗胃及导泻。③加速排出或中和已进入体内的毒物；④消除进入体内毒物的作用：金属中毒时，尽快使用络合剂，如二巯基丙醇、二巯基丁二酸钠等。中毒性高铁血红蛋白血症可用美蓝或维生素 C 治疗。急性有机磷农药中毒使用阿托品或氯磷定等药物。严重一氧化碳中毒时要及时给予吸氧治疗。

2. 慢性职业中毒　要立足于早期发现、早期诊断、早期治疗。有特效解毒剂的要尽早按要求使用。

（七）职业中毒的预防

预防职业中毒必须采取综合措施，分清主次，从根本上解决防毒问题。防毒措施的具体办法有根除毒物、降低毒物浓度、加强个体防护、增强体质、安全卫生管理以及环境监测与健康监护。

1. 根除毒物　用无毒或低毒物质代替有毒物质，如用无汞仪表代替汞仪表。

2. 降低毒物浓度　为降低空气中毒物浓度使之达到或低于最高容许浓度，首先要控制毒物的逸散或消除工人接触毒物的机会；其次，要加强通风排毒；第三，缩小毒物波及的范围，以便于控制排出和减少受毒危害的人数。

3. 安全卫生管理　生产设备的维修和管理，特别是化工生产中防止跑、冒、滴、漏，以及建立健全安全生产的各项规章制度，对预防职业中毒具有重要意义。

4. 个人防护　在预防职业中毒中，个人防护与个人卫生虽不是根本措施，但在许多情况下起着重要作用。常用的个人防护用品有防护服装、防护面具（包括防毒口罩与防毒面具）。个人卫生设施中应设置盥洗设备、淋浴室及存衣室、配备个人专用更衣箱。

5. 增强体质　合理实施有毒作业保健待遇制度，加强锻炼，做好季节性多发病的预防等，对提高机体抗病能力有重要意义。

6. 环境监测与健康监护　要按规定定期监测作业场所空气中毒物的浓度。做好就业前健康检查和定期健康检查工作，以便早期发现工人健康受损害情况，并作及时处理。

二、常见的职业中毒

（一）铅中毒

1. 理化特性　铅（lead，Pb）为蓝灰色重金属。原子量 207.2，比重 11.3，熔点 327℃。加热至 400℃以上时即有大量蒸气逸出，在空气中可迅速氧化为氧化亚铅（Pb_2O），并凝集为铅烟。

2. 接触机会　工业上所用的铅约 40%为金属铅，35%为铅化合物，25%为合金。接触金属铅的主要工业及工种：铅矿开采、金属冶炼、熔铁；印刷业；造船工业；电线制造。接触铅化合物的主要工业及工种：铅氧化物常用于制造蓄电池、玻璃、搪瓷、铅丹、铅白（碱式碳酸铅）、油漆、颜料、橡胶硫化促进剂等。

3. 毒理　工业生产中的铅及其化合物主要以粉尘、烟或蒸气形态经呼吸道进入人体，少量是经消化道摄入。铅的无机化合物不能通过完整皮肤吸收。铅的吸收和毒性主要取决于分散度和在组织中的溶解度。铅烟颗粒小，化学活性大，溶解度大，易经呼吸道吸收，发生中毒的可能性较铅尘大。经呼吸道吸收的铅约有25%～30%被吸收进入血循环，其余仍随呼气排出。进入血液中的铅约占体内铅负荷量的2%，其中约 90%与红细胞结合，其余在血浆中。血浆中的铅一部分为可溶性磷酸氢铅，另一部分为与蛋白质结合的铅。血液中的铅初期分布于肝、肾、脾、肺、脑中，数周后约有95%的磷酸氢铅形成稳定、不溶性磷酸铅，沉积于骨、牙齿、毛发等组织中。骨骼内的不溶性磷酸铅先进入骨小梁，然后逐渐分布至皮质。体内铅的代谢与钙相似，当血钙降低或感染、饥饿、酗酒、服用酸性药物等使 pH 改变时，骨内的铅可转移至血液，重新分布到各器官组织，常可引起铅中毒症状发作或加重。吸收的铅主要随尿排出，小部分随粪、毛发、胆汁、乳汁、唾液、汗液和月经排出。部分铅烟可由呼吸道排出。血铅可通过胎盘进入胎儿。

铅作用于全身各系统和器官，主要累及神经、造血、消化、心血管系统及肾。铅中毒机制目前比较清楚的有以下几个方面：

（1）铅对造血系统的影响：铅对血红素合成的影响是铅中毒早期的主要改变。见图 6-2。

铅对血红素合成的影响主要抑制含巯基的δ-氨基-γ-酮戊酸脱水酶（ALAD）和血红素合成酶，也可抑制δ-氨基-γ-酮戊酸合成酶（δ-ALAS）。ALAD 受抑制后，使血 ALA 增加，由尿排出。血红素合成酶受抑制后，体内的锌离子被络合于原卟啉Ⅸ，形成锌原卟啉（ZPP）。从而出现红细胞游离原卟啉（FEP）或 ZPP 增高。此外，铅可致血管痉挛，亦可使红细胞脆性增加。

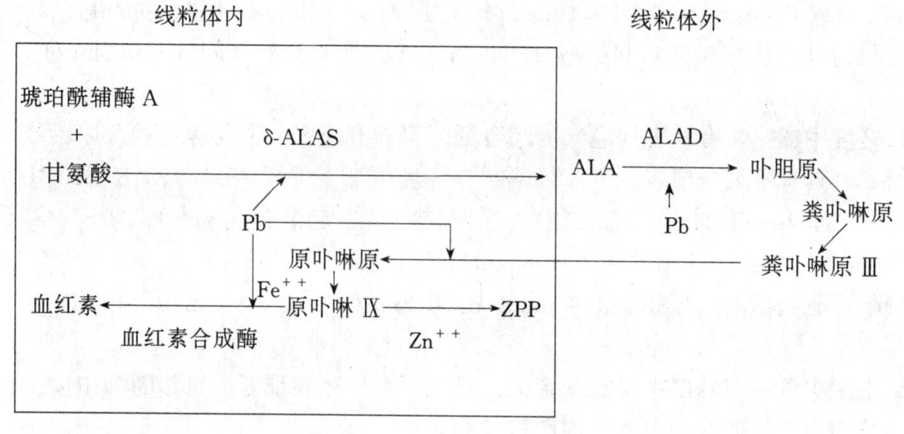

图 6-2　铅对血红素合成的影响

（2）铅对神经系统的作用：铅可使大脑皮层兴奋和抑制的正常功能紊乱，也可直接损伤周围神经，引起神经纤维节段性脱髓鞘，最终导致腕下垂。

（3）铅对肾脏的作用：铅可直接损害肾脏，引起急性或慢性铅肾病。急性铅肾病多见于儿童急性铅中毒。慢性铅肾病多见于职业性铅接触者，其病理表现主要是肾间质纤维化、肾小管萎缩或扩张以及动脉硬化。

4．临床表现　工业生产中急性中毒较少见，常见的是慢性中毒，可累及以下各个系统：

（1）神经系统：主要表现为神经衰弱综合征；轻重不同的感觉型、运动型和混合型周围神经病。早期出现感觉和运动神经传导速度减慢，肢端麻木或呈手套、袜套样感觉迟钝或缺失，肌运动无力，重者瘫痪，呈“腕下垂”。严重时可出现中毒性脑病，主要表现为表情淡漠、精神异常、运动失调；严重时可出现昏迷、惊厥、呕吐，呈癫痫病样发作，出现脑损害综合征的症状与体征。

(2) 消化系统：有食欲不振、恶心、腹胀、腹隐痛、腹泻或便秘。腹绞痛见于较重病例或急性发作。多数为突发性剧烈绞痛，部位常在脐周，腹软、喜按，多伴呕吐、面色苍白、全身冷汗，每次持续数分钟，甚至数小时，一般止痛药不易缓解。

(3) 造血系统：血、尿卟啉代谢产物异常增多；点彩红细胞、网织红细胞增多；贫血多属轻度低血色素性正常细胞型贫血。

(4) 其他：肾脏损害较重时，可出现蛋白尿及肾功能减退，尿中有红细胞、管型；尚可引起月经失调、流产。

5. 诊断　铅中毒一般不难诊断，但应注意密切结合接触史和生产现场的情况来进行。

我国现行职业性慢性铅中毒诊断及分级标准（GB 11504-89）如下：

(1) 铅吸收：有密切铅接触史，尚无铅中毒的临床表现，尿铅≥0.39μmol/L (0.08mg/L) 或 0.48μmol/24h (0.1mg/24h)；血铅≥2.40μmol/L (50μg/dl)；或者诊断性驱铅试验后尿铅≥1.44μmol/L (0.3mg/L) 而＜3.84μmol/L (0.8mg/L) 者。

(2) 轻度中毒：常有轻度神经衰弱综合征，可伴有腹胀、便秘等症状，尿铅或血铅量增高。具有下列一项表现者，可诊断为轻度中毒：①尿 ALA≥23.8 μmol/L (4mg/L) 或 35.7μmol/24h (6mg/24h)；②尿粪卟啉半定量≥（++）；③FEP≥2.34μmol/L 或 ZPP≥2.07μmol/L (130μg/dl)。

经诊断性驱铅试验，尿铅≥3.84μmol/L (0.8mg/L) 或 4.80μmol/24h (1mg/24h) 者。

(3) 中度中毒：在轻度中毒的基础上，具有下列一项表现者，可诊断为中度中毒：①腹绞痛；②贫血；③中毒性周围神经病。

(4) 重度中毒：具有下列一项表现者，可诊断为重度中毒：①铅麻痹；②铅脑病。

6. 护理诊断　主要的可有：反射失调、便秘、腹泻、组织灌注量改变（肾、脑、心肺、胃肠或周围血管）、口腔粘膜改变、精力困扰、性功能障碍、精神困扰、躯体移动障碍、有周围血管神经功能障碍的危险、活动无耐力、疲乏、有活动无耐力的危险、睡眠形态紊乱、记忆障碍。

7. 医护合作处理问题　主要可有：贫血、肾灌注不足、颅神经损伤（特定的）、外周神经损伤、神经系统疾病、月经过多、月经频繁、早产。

8. 治疗和处理

(1) 一般疗法：根据病情给予支持疗法。如酌情维生素 B 族和维生素 C 等，有贫血时，给予铁制剂。神经衰弱综合征可选用谷维素等。

（2）驱铅治疗：首选的金属络合剂是依地酸二钠钙（$CaNa_2$-EDTA），加5%葡萄糖生理盐水静脉滴注；也可加普鲁卡因肌内注射。一般3～4日为一疗程，两疗程间隔停药3～4日，疗程视患者情况而定，轻度铅中毒一般不超过三个疗程。也可用二巯基丁二酸钠（Na-DMS）或促排灵（二乙烯三胺五乙酸三钠钙，$CaNa_3$-DTPA）或二巯基丁二酸（DMSA）驱铅。

（3）处理：铅吸收可继续原工作，3～6个月复查一次；轻度中毒驱铅治疗后可恢复工作，一般不必调离铅作业；中度中毒驱铅治疗后原则上调离铅作业；重度中毒必须调离铅作业，并根据病情给予治疗和休息。

9.预防　关键在于控制接触水平，其措施如下：

（1）用无毒或低毒物代替铅：如用锌钡白、钛白代替铅白造漆；用计算机激光排版代替铅字排版等。

（2）降低车间空气中铅浓度：①改革工艺，自动化、密闭化作业；②控制熔铅温度尽量减少铅烟产生；③加强通风及烟尘的回收利用。

（3）加强个人防护，做好定期检查工作：铅作业工人应穿工作服，戴滤过式防尘、烟口罩。定期测定车间空气中铅浓度、检修设备。按卫生要求进行定期体检。

职业禁忌证：神经系统器质性疾病，明显的肝、肾疾病、明显贫血、心血管器质性疾病。

（二）汞中毒

1.理化特性　汞（mercury，Hg）为银白色液态金属。原子量为200.7，比重13.59，熔点为-38.9℃，蒸气比重为6.9，在常温下即能蒸发，随温度增高，蒸发量也增高。汞表面张力大，洒落在地面或桌面上，立即形成许多小汞珠，增加蒸发的表面积，易被墙壁、衣服、毛发及皮肤吸附，成为二次污染源。汞有三种形态，即金属汞、无机汞化合物和有机汞化合物。

2.接触机会　汞矿开采，冶炼与成品加工；仪表制造、维修或使用，如汞温度计、气压表等；电气器材制造或维修，如整流器、紫外光灯、荧光灯、X线球管等；化学工业用汞作为原料生产汞化合物（如含汞农药或试剂）或作为催化剂（如塑料、染料工业）；用汞齐法提取金、银等；国防工业中，汞为重要的起爆剂和钚反应堆的冷却剂；口腔科用银汞齐补牙等。

3.毒理　在生产条件下，金属汞蒸气或粉尘经呼吸道进入人体。汞蒸气易透过肺泡壁吸收，约占吸入量的75%～85%。金属汞经皮吸收仅在皮肤破损、溃烂或使用含汞油膏等药物时遇到。金属汞经消化道的吸收量极少。汞进入血液后，无机汞50%与血浆蛋白结合。有机汞90%与红细胞结合，以后分布到脑和肾脏，其次为肝、肠壁、心、肺、呼吸道粘膜和皮肤。汞在体内分布以肾脏为最高；其次为肝、脑。肾中以近曲小管上皮细胞内含量最高，脑中以小脑和脑干中最多。睾丸及副睾丸的间质细胞及甲状腺中也有多量沉积。无机汞主要由尿排出，而甲基汞主要从肠道排出，汞蒸气可由呼气呼出，少量汞随唾液、乳汁、汗液排出。毛发中也含有汞。汞在体内的生物半减期约为60日。

汞中毒机制尚未完全清楚。金属汞在血液内氧化成二价汞离子后，可与血浆蛋白、血红蛋白等结合；汞可抑制多种含巯基的酶及与低分子巯基化合物如半胱氨酸、还原型谷胱甘肽等以及与体液中的阴离子结合，影响机体代谢。例如汞作用于细胞膜的巯基，改变其结构和功能，进而损害整个细胞。

4. 毒作用表现　职业性急性中毒极罕见，多见于意外事故。如在狭小而通风不良的室内熔炼金属，大量吸入金属汞蒸气。主要表现为呼吸道刺激症状、口腔炎，严重者可致化学性肺炎。尿汞增高，尿蛋白阳性或出现管型。

慢性中毒较为常见，最早出现为神经衰弱综合征，常伴有自主神经功能紊乱。主要有三大症状：即兴奋性增高，震颤和口腔炎。表现为情绪不稳定、烦躁、易怒、注意力不集中、记忆力减退及失眠、胆怯。震颤多为意向性的，最初多出现在眼睑、舌及手指的肌肉，以手指细震颤最为典型。以后发展到肢体，较重时全身肢体出现粗大震颤。口腔炎主要表现齿龈炎、口腔粘膜肿胀、溃疡、糜烂、牙齿松动易脱落。少数可出现肾病综合征及肾小球肾炎等。

5. 诊断　急性中毒诊断一般不困难，尿汞往往增高。慢性中毒诊断主要依靠接触史、症状和体征以及尿汞和驱汞试验等。目前规定尿汞正常上限值为250nmol/L（0.05mg/L）（双硫腙法）、100nmol/L（0.02mg/L）（冷原子吸收法）。我国现行诊断慢性汞中毒的标准，规定除需有明确的汞接触史外，诊断分级如下：

（1）汞吸收：尿汞超过正常，无明显中毒症状。

（2）急性汞中毒：有明显的口腔炎、流涎、情绪易激动、手指震颤等。可出现汞中毒性皮炎、发热、肾脏与肝脏损害。尿汞增高。

（3）慢性汞中毒

1）轻度中毒：有神经衰弱综合征和轻度易兴奋症表现，可伴有轻微震颤，口腔炎，尿汞增高。

2）中度中毒：上述症状加重，尚有精神性格改变，震颤加剧，牙龈萎缩，牙松动，尿汞增高。

3）重度中毒：上述症状加重，汞中毒性脑病或中毒性肾病，精神性格改变显著，四肢共济失调。尿汞增高或正常。

6. 护理诊断　主要可有：体温过高、尿潴留、组织灌注量改变（肾、脑、心肺、胃肠或周围血管）、口腔粘膜改变、有皮肤完全性受损的危险、精力困扰、精神困扰、躯体移动障碍。有周围血管神经功能障碍的危险、活动无耐力、疲乏、睡眠形态紊乱、感知改变（特定的）、定向力障碍、记忆障碍、性功能障碍。

7. 医护合作处理的问题　主要可有：肾灌注不足、肝功能异常、外周神经损伤、神经系统疾病等。

8. 治疗和处理　患者应脱离汞接触，进行驱汞治疗和对症处理。

误服汞盐患者不应洗胃，立即灌服鸡蛋清、牛奶或豆浆，有助于延缓汞的吸收和保护被腐蚀的胃壁。也可用0.2%～0.5%的活性炭洗胃。同时可给50%的硫酸镁40ml导泻，使毒物排出。

驱汞治疗的原则是小剂量、间歇、长期用药。首选药物为二巯基丙磺酸钠和二巯基丁二酸钠，均为巯基络合剂。巯基络合剂不仅可保护人体含巯基酶不受汞的毒害，还可解救被汞作用而失去活性不久的酶。药物中的巯基与汞结合后，可由肾脏排出。以上两药均为用药一日停药一日，间歇用药，用药 4 周后，可停药 8～12 周。用药疗程可根据病情而定，如轻度及中度中毒可分别用药一个月或几个月，重度中毒者几乎每年都要驱汞几个疗程。

9. 预防　主要采取下列预防措施：

(1) 改革工艺，自动化、密闭化作业，如从事汞的灌注、分装应在通风柜内进行。

(2) 用无毒原料代替汞，尽可能少用汞或不用汞，如电力工业中可用硅整流器代替汞整流器。用酒精温度计代替汞温度计。

(3) 加强通风排气降低车间汞蒸气浓度，操作台设置板孔下吸风或旁侧吸风。防止汞的污染和沉积；车间地面、墙壁及天花板宜选用不吸附汞的光滑材料；操作台和地面应有一定的倾斜度，以便清扫与冲洗；对汞污染的车间，要采取措施降低汞浓度，如用 $1g/m^3$ 碘加酒精点燃熏蒸，使生成不易挥发的碘化汞，然后用水冲洗；对排出的含汞废气，应用碘化或氯化活性炭吸附净化后排放。

(4) 加强个人卫生防护，汞浓度较高的车间，可戴 2.5%～10% 碘处理过的活性炭口罩，工作后用 1∶5000 的高锰酸钾溶液洗手。

职业禁忌证：神经系统、肝、肾器质性疾病、自主神经功能紊乱、精神病均不宜从事汞作业。妊娠和哺乳期的女工应暂时调离汞作业。

（三）苯中毒

1. 理化特性　苯（benzene，C_6H_6）属芳香烃类化合物，有特殊芳香气味。分子量 78，常温下为油状液体，沸点 80.1℃，极易挥发，蒸气比重为 2.8。微溶于水，易溶于乙醇、乙酸及丙酮等有机溶剂。

2. 接触机会　苯广泛用于工农业生产，其主要接触机会有：①煤焦油分馏或石油裂解生产苯及其同系物时；②苯用作化工原料，如生产酚、硝基苯、香料、染料、药物、合成纤维、塑料等；③苯用作溶剂及稀释剂，在有机合成、制药、橡胶加工及印刷等工业中用作溶剂；在制鞋、喷漆行业中用作稀释剂。

3. 毒理　苯主要以蒸气形式通过呼吸道进入人体，皮肤仅能吸收少量。吸收后的苯约 50% 以原形由呼吸道重新排出。苯的代谢主要在肝脏内进行。40% 左右在体内氧化为酚类（酚、对苯二酚、邻苯二酚等），这些代谢物与硫酸和葡萄糖醛酸结合（约 30%）随尿排出，故测定尿中硫酸盐及尿酚的含量可反映近期的接触情况。部分邻苯二酚也可氧化形成粘康酸，然后分解为 CO_2 和水排出体外。进入体内的苯，主要分布在含脂肪组织多的组织中，如骨髓、脑及神经系统等，尤以骨髓中含量最多，约为血液中的 20 倍。

苯属中等毒类，大量吸入苯主要引起中枢神经系统抑制作用；慢性接触可损害造血系统，出现血象及骨髓象异常如白细胞、血小板减少等，严重时可发生再生障碍性贫血或白血病。

苯中毒的发病机制迄今尚未清楚，目前的观点主要有：①对骨髓造血系统的影响：苯的代谢产物，如苯醌、醌酸，特别是对苯二酚或邻苯二酚具有影响白细胞中DNA合成的作用；② 苯影响免疫系统，苯的代谢产物与蛋白质结合后极易形成自身抗原性质的变性蛋白，诱发机体产生变态反应，造成血液细胞的损害；③ 酚类为原浆毒，可直接抑制造血细胞的核分裂，对骨髓中增生活跃的幼稚细胞有明显的毒作用。

4. 毒作用表现

(1) 急性中毒：工业生产中的急性中毒是由于短时间内吸入大量苯蒸气而引起。主要表现为中枢神经系统症状，轻者出现粘膜刺激症状，并伴有头痛、头晕、恶心、呕吐等现象，随后出现兴奋或酒醉状态，严重时发生昏迷、抽搐、血压下降、呼吸和循环衰竭。

(2) 慢性中毒：以造血系统和神经系统损害为主要表现。患者常有头晕、头痛、乏力、失眠、记忆力减退等神经衰弱综合征的表现，有的出现自主神经功能紊乱的现象，个别病例晚期可出现四肢末端麻木和痛觉减退的现象。造血系统损害的表现是慢性苯中毒的主要特征，以白细胞数减少最常见，主要为中性粒细胞减少。白细胞数低于 $4\times10^9/L$ 有诊断意义。除数量变化外，中性粒细胞中出现中毒颗粒或空泡时，提示有退行性变化。此外，血小板亦出现降低，血小板数减至 $80\times10^9/L$ 有诊断意义，皮下及粘膜有出血倾向，出血倾向与血小板数减少往往不平行。慢性重度中毒的病人可出现全血细胞减少，引起再生障碍性贫血，亦可引起白血病。

(3) 局部作用：经常直接接触苯的皮肤，可因脱脂而变干燥、脱屑以致皲裂，有的出现过敏性湿疹。

5. 诊断　根据大量长期接触苯的职业史和以造血系统及中枢神经系统损害为主的临床表现，结合作业环境空气中苯浓度的测定资料，排除其他原因引起的疾病，进行综合分析做出诊断。我国慢性苯中毒分级诊断标准如下：

(1) 观察对象：常有头昏、头痛、乏力、失眠、记忆力减退等神经衰弱综合征的表现，在1个月内复查，白细胞数波动于 $4\sim4.5\times10^9/L$。或血小板波动于 $80\sim100\times10^9/L$，兼有出血倾向。

(2) 慢性轻度苯中毒：除上述症状外，白细胞数低于 $4\times10^9/L$（1～3个月内检查3次以上），或中性粒细胞低于 $2\times10^9/L$ 者，可予诊断。如白细胞数波动于 $4\sim4.5\times10^9/L$ 者。有下列情况之一者，也可诊断：血小板低于 $80\times10^9/L$，并伴有出血倾向；中性粒细胞碱性磷酸酶活性明显升高；中性粒细胞胞浆中毒性颗粒明显增多。

(3) 慢性中度苯中毒：具有下列情况之一时可诊断为慢性中度苯中毒：白细胞数低于 $3\times10^9/L$；白细胞数低于 $4\times10^9/L$，血小板数低于 $60\times10^9/L$，并有明显出血倾向。

(4) 慢性重度苯中毒：在上述的临床表现基础上，经血象及骨髓象检查，确定有再生障碍性贫血或白血病者，可诊断为慢性重度苯中毒。

6. 护理诊断　主要可有：精力困扰、精神困扰、活动无耐力、疲乏、睡眠形态紊乱、记忆障碍、有感染的危险。

7. 医护合作处理的问题　主要可有：贫血、血小板减少症等。

8. 治疗和处理　急性中毒患者应立即移至空气新鲜处，脱去污染的衣服，清除体表污染物，注意安静和保温。若呼吸抑制，应给予氧气和辅以人工呼吸。但忌用肾上腺素。静脉注射大剂量维生素C和葡萄糖醛酸，有辅助解毒作用。慢性苯中毒治疗的关键是设法恢复已受损的造血功能，增升白细胞，改善中枢神经系统功能。可采用中西医结合疗法，给以多种维生素、核苷酸类药物以及皮质激素、丙酸睾丸素等。发生再生障碍性贫血或白血病者，治疗原则同内科。

确诊的苯中毒患者，除给予积极治疗，还应根据病情适当安排休息，必要时，要调离苯作业。

9. 预防　采用综合性的预防措施：

(1) 以无毒或低毒的物质代替苯：如喷漆作业中改用无苯喷料，制药工业以酒精代苯作萃取剂，印刷工业中以汽油代替苯作溶剂。

(2) 改革生产工艺：目的是使工作人员不接触或少接触苯，如对喷漆业，可根据具体情况采用静电喷漆、自动化淋漆或浸漆，制鞋工业中改用无苯胶等。

(3) 通风排毒：接触苯的作业应有通风装置，常以局部机械通风方式为主。排出的气体要进行回收处理，以防污染大气环境。

(4) 卫生保健措施：对苯作业现场进行定期的劳动卫生调查和空气中苯浓度的测定。加强劳动防护设备的管理，注意维修及定期更新，以防失效。在特殊作业环境下无法降低空气中苯浓度时，应教育工人加强个人防护，戴防苯口罩或使用送风式面罩。

做好就业前及工作后定期体检工作，重点在血液系统和中枢神经系统指标的检查。对具有从事苯作业的职业禁忌证者，如患有血液系统、中枢神经系统疾病及肝、肾器质性疾病者，都不宜从事接触苯的工作。

(四) 刺激性气体和窒息性气体中毒

1. 刺激性气体中毒　刺激性气体（irritant gas）是一类对眼、呼吸道粘膜和皮肤具有以刺激作用为主要特征的化学物。常见的有氯、氨、氮氧化物、光气、氟化氢、二氧化硫、三氧化硫、硫酸二甲酯等。

(1) 对机体的致病作用：刺激性气体常以局部损害为主，所致病变及其发病时间、病变部位和病变程度与其毒性、理化特性尤其是水溶性大小及接触部位有关。其致病作用有三种类型：

1) 急性作用：①局部炎症：短时间高浓度吸入或接触水溶性大的刺激性气体，如氯气、氨等，引起接触的局部或上呼吸道局部急性炎症反应，如急性眼结膜炎、角膜炎或角膜腐蚀脱落，咽喉痉挛和水肿，局部皮肤灼伤等；②全身中毒：吸入刺激性气体，尤其是水溶性小的气体，如光气、氮氧化物等，易进入呼吸道深部的细支气管和肺泡，引起中毒性肺水肿等损害；③变态反应：如氯气中毒和二异氰酸甲苯酯引起的变态反应性哮喘性支气管炎。

2）慢性损害：长期接触低浓度刺激性气体，可引起慢性炎症，如慢性结膜炎、鼻炎、咽炎、支气管炎；牙齿酸蚀症；接触性或过敏性皮炎。

3）中毒性肺水肿：刺激性气体中毒对人群健康的最大威胁是中毒性肺水肿。刺激性气体引起肺泡和肺毛细血管通透性增加，使肺间质和肺泡的水分淤滞，其发病机制有：①进入肺泡的刺激性气体，直接损害肺泡的I型和II型上皮细胞和肺毛细血管内皮细胞，使肺泡和毛细血管通透性增加，毛细血管内的液体渗出，进而流向肺泡；②刺激性气体可使体内血管活性物质，如5-羟色胺、组胺酸、前列腺素等大量释放，使肺毛细血管通透性增加。刺激性气体还可使淋巴管痉挛，引起淋巴回流受阻，进一步加重了毛细血管的液体渗出。③肺泡II型上皮细胞与肺毛细血管损伤后，肺泡表面活性物质减少，表面张力增高，肺泡缩小，促使液体从血管内进入肺间质；④缺氧又可进一步引起毛细血管痉挛，压力增高，致肺水肿加速发展。

刺激性气体中毒性肺水肿的临床全病程一般可分四期：①刺激期：出现咳嗽、胸闷、气急、头晕、恶心、呕吐、低热等。水溶性小的刺激性气体，有时症状不明显；②潜伏期：刺激期后患者自觉症状减轻或消失，但潜在的病理变化仍在发展，实属“假愈期”。特别是水溶性小的刺激性气体，容易出现刺激症状减轻的假象。潜伏期的长短取决于刺激性气体的溶解度和浓度，一般为2～8小时，水溶性小的可长达36～48小时，甚至72小时；③肺水肿期：症状加重，出现剧咳、呼吸困难、烦躁不安、咯出大量粉红色泡沫痰。指端和口唇可呈明显紫绀，两肺满布湿啰音，血压下降，体温升高。X线胸片肺纹理增多、增粗、紊乱。两肺呈散在的或局限性边缘模糊的斑片状阴影或呈大小不等的云絮状阴影。该期可并发混合性酸中毒，自发气胸，肝、心等脏器的损害，以及继发性肺部感染等。④恢复期：如无严重并发症，经积极治疗一般3～4天症状减轻，7～11天可基本恢复。某些刺激性气体如二氟乙氯甲烷，可产生广泛的肺纤维化。

（2）防治原则：

1）预防措施：①消除事故隐患：刺激性气体中毒大部分是突发性事故造成的群体性中毒和死亡。因此，预防控制的重点是消除事故隐患，防止生产过程中的跑、冒、滴、漏，杜绝意外事故；②卫生技术措施：生产和使用刺激性气体的设备和过程实行密闭化、自动化及局部吸出式通风，做好废气的回收和利用。加强生产设备的维修和管理，做好防爆、防火、防漏工作；③定期进行环境检测，分析刺激性气体超过最高容许浓度的原因，及时提出改进措施；④提高作业人员自我保健意识，加强职工上岗前安全培训，严格执行安全操作规程；⑤提高现场急救水平，控制毒物吸收。

2）防止肺水肿的措施：防止毒物继续进入：尽快脱离现场。

2. 窒息性气体　窒息性气体（asphxiating gas）是指那些主要以气态吸收而直接引起窒息作用物质。

（1）窒息性气体的分类：按毒作用机制将其分为两类：

1）单纯性窒息性气体：本身毒性很低或属惰性气体。但因他们在空气中含量高时，使空气氧分压降低，致使机体动脉血红蛋白氧饱和度和动脉血氧分压降低，导致组织缺氧窒息，如氮气、甲烷、二氧化碳等。

2）化学性窒息性气体：主要使血液携带输送氧的能力或组织利用氧的功能发生障碍，造成全身组织缺氧，引起严重中毒表现。常见的有一氧化碳、氰化物和硫化氢中毒。

（2）窒息性气体中毒的某些特点：①所有窒息性气体的主要致病作用都是引起机体缺氧。②脑对缺氧极为敏感，轻度缺氧即可出现智力减退、注意力不集中、定向能力障碍等表现。中毒较重时可有烦躁、头痛、头昏、乏力、呕吐、嗜睡、甚至昏迷。进一步发展可出现脑水肿。因此，在治疗时，除及时给予有效的解毒剂外，应重视脑缺氧的治疗和脑水肿的预防及处理。③不同的化学性窒息性气体中毒机制各异，治疗时必须针对性地选用有效的解毒剂。

（3）一氧化碳中毒：CO经呼吸道进入血液循环，对机体的作用有：①与血红蛋白（Hb）结合形成碳氧血红蛋白（HbCO）。CO与Hb的亲合力较O_2与Hb的亲合力约大300倍，而HbCO的解离速度较氧合血红蛋白（HbO_2）慢3600倍，且可影响HbO_2释放氧的能力，最终结果使血液携氧能力下降，引起组织缺氧。影响CO致组织缺氧及程度的主要因素有HbCO饱和度、吸入空气中的CO和O_2分压以及每分钟通气量。②CO可与肌红蛋白结合，使氧从毛细血管弥散到细胞线粒体的能力下降，从而损害线粒体功能；③CO还可与线粒体中的还原型细胞色素两价铁结合，阻断电子传递，引起细胞内窒息。

（4）氰化氢（HCN）中毒：HCN主要经呼吸道吸入，高浓度可经皮肤吸收，氰氢酸也可经消化道吸收。进入体内的氰化氢，部分以原形由肺排出，而大部分在硫氰酸酶的作用下，与含巯基的胱氨酸、半胱氨酸、谷胱甘肽等化合物结合，形成硫氰酸盐，随尿排出。体内的CN^-可抑制多种酶的活性，但它主要与细胞色素氧化酶的^{3+}Fe结合，使细胞色素失去传递电子的能力，造成呼吸链中断，组织不能摄取和利用氧，引起细胞内窒息。氰化物引起的窒息特点是虽然血液为氧所饱和，但不能被组织利用，静脉血仍呈动脉血的鲜红色。氰化氢中毒的临床表现主要为头痛、头昏、口唇及咽部麻木、胸闷或呼吸浅表频数、皮肤粘膜呈鲜红色，症状加重可出现血压下降、强直性和阵发性抽搐；高浓度或大剂量摄入，可引起呼吸和心脏骤停，发生“闪电样”死亡。

（5）硫化氢（H_2S）中毒：H_2S主要经呼吸道进入体内，与粘膜表面的钠作用形成硫化钠。硫化氢的毒作用机制与氰化氢相似，在体内主要与氧化型细胞色素氧化酶中的^{3+}Fe结合，抑制细胞呼吸酶的活性，引起细胞缺氧窒息。

窒息性气体中毒的临床诊断及抢救治疗参见有关课程内容。

(6) 窒息性气体中毒的预防

1) 加强设备的管理和检修，防止泄漏。

2) 在窒息环境设警告标志，装置自动报警设备，如CO报警器等。

3) 加强生产安全教育，严格执行安全操作规程。

4) 普及急救互救训练，对防护用具进行定期有效性检测和维修。

5) 高浓度或通风不良的窒息环境作业时，应进行有效通风换气，戴防护面具，并有人保护。现场抢救时一定要戴防护用具，同时要通风换气。

(五) 苯的氨基和硝基化合物

1. 概述　苯的氨基和硝基化合物中最基本的化合物是苯胺（$C_6H_5NH_2$）和硝基苯（$C_6H_5NO_2$），以此为基础，苯环不同位置上的氢可被不同数量的氨基或硝基、卤素或烷基取代而形成很多种的衍生物。工业生产中常见的有苯胺、苯二胺、联苯胺、二硝基苯、三硝基甲苯、硝基氯苯等。这类化合物广泛应用于制药、印染、油漆、硫化橡胶、印刷、炸药、有机合成、染料制造以及化工、农药等工业。

这类化合物大多属于沸点高、挥发性低的液体或固体，不易溶于水而易溶于脂肪和有机溶剂。在生产条件下，主要以粉尘和蒸气的形态存在于空气中，因此，可经呼吸道进入体内。更为重要的是该类化合物大多可经完整皮肤吸收，特别是液态化合物，经皮吸收更快。其作用有以下一些共同点。

(1) 血液损害：能形成高铁血红蛋白，从而失去携氧能力，出现紫绀，以苯胺和硝基苯最为典型。高铁血红蛋白不仅本身不能携氧，还妨碍血红蛋白释氧功能，因为当血红蛋白氧化成高铁血红蛋白时，有些血红蛋白的4个铁原子都变成三价，有些则部分变成三价，出现三种可能的中间产物（Fe^{3+}）$_3$（Fe^{2+}）×；（Fe^{3+}）$_2$（Fe^{2+}）$_2$×；（Fe^{3+}）（Fe^{2+}）$_3$×，血红蛋白的分子内只要有一个三价铁时，就可加强其他二价铁对氧的亲和力，使氧不易释放到组织中去。

促使高铁血红蛋白形成的机制可分为直接和间接两种，苯的氨基和硝基化合物的作用需经生物转化后，形成具有氧化作用的中间物质，将血红蛋白氧化形成高铁血红蛋白。因此，大多数是间接的作用。

这类化合物还可产生溶血作用。正常红细胞需要不断供给还原型谷胱甘肽(GSH)，GSH的作用为：①维持细胞膜的正常功能；②与还原型辅酶II（TPNH）一起，防止血红蛋白氧化或促使高铁血红蛋白还原；③使红细胞内产生的过氧化物分解，起解毒作用。当苯的氨基和硝基化合物进入人体后，经过转化产生的中间物质，可使还原型谷胱甘肽减少，而致红细胞破裂，产生溶血。特别是先天性葡萄糖-6-磷酸脱氢酶（G6PD）缺陷者，更易引起溶血。其次，这些中间物质还可直接作用于珠蛋白分子中的巯基（-SH）使其变性，变性的珠蛋白凝聚为沉淀物，即为赫恩滋小体（Heinz body）。含该小体的红细胞极易破裂，是溶血的又一原因。赫恩滋小体呈圆形或椭圆形，直径0.3～2μm，具有折光性，一般位于红细胞的边缘，多数为1～2个，似附着于细胞膜上。中毒后2～4天左右赫恩滋小体计数可达高峰，7天左右才完全消失，消失的时间与接触毒物的品种有关。

虽然溶血作用和高铁血红蛋白形成关系密切，但程度上不呈平行关系。许多高铁血红蛋白形成剂，可同时产生赫恩滋小体导致溶血；但也有不少物质仅能形成其中一种。另外，高铁血红蛋白、赫恩滋小体的形成和消失速度，亦不相平行。

（2）肝脏损害：有些苯的氨基和硝基化合物，可直接作用于肝细胞，引起中毒性肝炎；有的则由于溶血作用，使血红蛋白及含铁血黄素等红细胞破裂分解物沉积于肝脏，继而引起肝脏损害。严重者可发生急性、亚急性黄色肝萎缩，或发展为肝硬化，但这类病例甚为罕见。

（3）泌尿系统损害：某些苯的氨基和硝基化合物或其代谢产物可直接作用于肾脏，引起肾脏实质性损害，出现肾小球及肾小管上皮细胞变性、坏死，也可继发于大量溶血，红细胞破坏后的溶解产物如血红蛋白及胆色素沉积于肾脏，间接地引起肾脏损害。部分病人早期可出现化学性膀胱炎，例如，5-氯-邻甲苯胺可引起出血性膀胱炎；邻甲苯胺和对甲苯胺可引起一过性肉眼血尿。

（4）神经系统损害：本类化合物脂溶性强，易通过血脑屏障引起神经系统的损害。重度中毒患者可有神经细胞脂肪变性，视神经区可受损害，发生视神经炎、视神经周围炎。

（5）皮肤损害和致敏作用：有些化合物对皮肤有强烈的刺激作用和致敏作用，可引起接触性皮炎及过敏性皮炎。表现为丘疹、疱疹、皮肤色素减退或变黑、角化等，一般在接触后数日至数周后发病，脱离接触及进行适当治疗皮损可痊愈。个别过敏体质者，接触对苯二胺和二硝基氯苯后，可发生支气管哮喘。

（6）晶状体损害：本类化合物中三硝基甲苯、二硝基酚、环三次甲基三硝苯胺（黑索金）均可引起中毒性白内障。

（7）致癌作用：苯的氨基化合物具有致癌作用，如联苯胺、4-氨基联苯等均可引起膀胱癌。

2．三硝基甲苯

（1）理化特性：三硝基甲苯［trinitrotoluene，$CH_3C_6H_2(NO_2)_3$］为无色或淡黄色单斜形结晶。有六种同分异构体，通常所指的是2，4，6-三硝基甲苯，简称TNT。分子量为227.1，熔点82℃，比重1.65，沸点240℃。溶于乙醚，易溶于丙酮及苯，不溶于水。突然受热容易爆炸。

（2）接触机会：三硝基甲苯作为炸药，广泛应用于国防、采矿、开凿隧道与建筑业，当制造硝胺炸药时，在粉碎、过筛、配料、包装等生产过程中，均可接触大量粉尘。

（3）毒理：三硝基甲苯可经皮肤、呼吸道进入人体，在生产条件下，主要经完整皮肤和呼吸道吸收。TNT有亲脂性并很容易吸附在皮肤上，故容易从皮肤吸收，尤其气温高时，由于手臂等外露，接触面加大，如果再有汗液，更易加速经皮肤吸收。在生产硝胺炸药时，由于硝酸胺具有吸湿性，因此，一旦污染皮肤就能使皮肤保持湿润，起到了类似汗液的作用。已有TNT污染皮肤引起严重中毒甚至死亡的病例报道。

TNT的毒作用主要是对眼晶状体、肝脏、血液和神经系统的损害。晶体损害以中毒性白内障为主要表现，是接触该毒物最常见、最早和特异性的体征，其发病随接触工龄增长而增加、增重。晶状体损害的进展过程，一般由周边散在点状形成楔状（尖向内、底向外）而聚集成环形混浊，进一步发展可在中央部出现环状，以至盘状混浊；如继续加重则周边与中央混浊聚合，故发展到后期视力明显减退。晶状体损害一旦形成，虽脱离接触仍可继续发展。关于白内障形成的机制尚无统一的看法，一般认为：①血循环中的 TNT，首先使血-前房屏障受损，TNT 进入前房液中，而前房液中的 TNT 通过 NO 基的作用使血管扩张，晶体囊通透性改变，而致晶状体受损；②TNT 又产生高铁血红蛋白，导致血氧下降，晶状体糖酵解异常，乳酸积聚损害晶状体；③也可能由于体内色氨酸和酪氨酸代谢异常，产生酮体，使晶状体的可溶性蛋白发生变性而混浊。

TNT 所致肝损害的特点主要是影响肝脏的解毒功能、排泄功能以及糖代谢。肝损害的产生可能是由于 TNT 与体内氨基酸结合，导致氨基酸缺乏，间接引起肝细胞营养不良性片状坏死。

据近年来国内调查资料，肝肿大检出率与 TNT 性白内障的病变程度之间并无平行关系。

至于该毒物对血液的损害，主要是形成高铁血红蛋白、赫恩滋小体、网织细胞、碱粒红细胞等，并可产生溶血作用，可能与三硝基甲苯直接作用于骨髓造血器官有关。但据近年来国内大量调查材料，目前生产条件下已较少发生血液方面的改变，可见血液系统对 TNT 的敏感程度远低于肝脏和眼晶状体。

此外，应重视三硝基甲苯的远期效应。已有实验结果提示，TNT 有致突变和致畸的可能性。

（4）毒作用表现：在生产条件下，以慢性中毒为主，急性中毒很少见。

急性中毒时，轻者可见头晕、头痛、恶心、呕吐、食欲不振、上腹部及右季肋部痛，口唇紫绀，可扩展到鼻尖、耳壳、指（趾）端。重者除上述症状加重以外，尚可出现神志不清，呼吸浅表、频速等症状，偶尔惊厥，甚至瞳孔散大，对光反射消失，角膜及腱反射消失，大小便失禁。

慢性中毒时，往往伴有神经衰弱综合征，部分病人可出现自主神经功能紊乱的表现。眼部主要表现为晶状体混浊，进一步发展成中毒性白内障；消化系统可出现各种胃肠道症状，甚至胃液游离酸缺乏，胃肠运动功能紊乱，胃粘膜萎缩性变化或见单纯性胃炎改变等；中毒性肝炎较少见，表现有肝脏肿大、压痛，轻度黄疸、肝功能异常；血液系统可见低血色素性贫血，网织细胞增多，淋巴细胞、嗜酸细胞、大单核细胞增多，有时可有少量高铁血红蛋白，赫恩滋小体，红细胞大小不等，个别严重者可发展成再生障碍性贫血、全血细胞减少及骨髓增生不良；心血管系统方面，常可发生低血压，且发病率与工龄长短成正比，心电图可有异常变化；长期接触者可有“三硝基甲苯面容”，即面部苍白色，口唇、耳壳青紫色；接触部位的皮肤可出现皮炎，甚至呈鳞片状脱屑。

近期国内调查资料表明，有些慢性接触者出现肝脏、脾肿大。

(5) 诊断：急性或亚急性中毒，根据大量的毒物接触史，临床表现，特别是肝脏及血液的改变，诊断不难确立。但慢性 TNT 中毒，应根据患者的确切职业接触史、肝脏及眼晶状体损害和实验室检查结果，并结合劳动卫生学调查及必要的动态观察，排除其他疾病所引起的肝脏、眼及血液系统损害等，进行综合分析，作出诊断。

(6) 护理诊断：主要可有：便秘、腹泻、睡眠形态紊乱。

(7) 医护合作处理的问题：主要可有：肝功能异常、贫血。

(8) 处理原则：主要做好治疗和劳动能力鉴定：①治疗：宜采取中西医结合疗法，应用维生素、保肝、抗贫血及对症治疗，适当休息，加强营养；②劳动能力鉴定：对疑有肝脏损害者，每 3 月复查肝脏功能一次；因晶体或血液改变列入观察对象者可一年复查一次。轻度中毒治愈后调离原岗位；中度中毒治愈后，可从事无害无毒作业；重度中毒者应积极进行治疗，并长期休息或疗养。

(9) 预防：预防的关键是要采取措施降低粉尘和蒸气的浓度，加强密闭化、自动化操作；同时，应防止和清除皮肤污染，加强个人防护和卫生，工后彻底洗手淋浴。就业前体检应重点放在肝脏及其功能、血液系统及详细的眼科检查（包括散瞳检查晶体）。凡患有肝脏、血液系统疾病或乙型肝炎表面抗原携带者；患有心、肾、神经系统或胃器质性疾病者；患有较广泛的皮肤过敏性疾病者以及患有晶体及眼底病变者，可列为职业禁忌证。

（六）农药中毒

农药（pesticide）是指用于消灭、控制危害农作物的害虫、病菌、鼠类、杂草及其他有害动植物和调节植物生长的药物。农药的种类繁多，按其用途可分为杀虫剂、杀螨剂、杀线虫剂、杀软体动物剂、杀鼠剂、杀菌剂、除草剂、脱叶剂和植物生长调节剂等。其中杀虫剂品种最多，常用的有有机磷、有机氯、杀虫脒及氨基甲酸酯类。近几年混配农药的使用在不断增加，其中毒也引起人们的关注。工农业生产中农药中毒主要发生于农药厂生产的包装工和农村施用农药的人员。

1. 改革农药生产工艺　特别是出料、包装实行自动化或半自动化。

2. 严格遵守农药使用安全规程　①配药、拌种要有专用容器和工具，正确掌握配药浓度，防止污染环境；②喷药时严格遵守安全操作规程，施药工具有专人保管和维修，防止堵塞、渗漏；③加强管理、限制用药范围。农药的运输、销售应有专人负责。剧毒农药不得用于成熟期的食用作物及果树治虫。

3. 加强个人防护，做好就业前体检和定期体检工作。患精神病、神经病，肝、肾疾病，明显的呼吸系统疾病，胆碱酯酶活性低于正常者、妊娠期和哺乳期妇女不宜从事接触有机磷农药的工作。

三、生产性粉尘和肺尘埃沉着症

（一）概述

生产性粉尘是指在生产中形成的，并能够长时间浮游在空气中的固体微粒。

1. 分类　生产性粉尘按其性质，可分以下三类：

(1) 无机粉尘（inorganic dust）：①金属性粉尘：例如铅、锰、铝、铁、锡、锌等金属及其化合物粉尘。②非金属的矿物性粉尘：例如石英、石棉、滑石、煤等粉尘。③人工无机粉尘：例如水泥、玻璃纤维、金刚砂等粉尘。

(2) 有机粉尘（organic dust）：①植物性粉尘：例如木尘、烟草、棉、麻、谷物、茶、亚麻、甘蔗等粉尘。②动物性粉尘：例如皮毛、羽毛、角粉、骨质等粉尘。③人工有机粉尘：例如有机农药、染料、合成橡胶、树脂、纤维等粉尘。

(3) 混合性粉尘（mixed dust）在作业环境中，无机性粉尘和有机粉尘同时混合存在，是生产中最常见的粉尘存在形式。

2. 接触机会　在各种不同的生产环境，可以接触到不同性质的粉尘。如在采矿、凿岩、建筑施工、机械铸造、耐火材料及陶瓷等行业，可接触到的粉尘主要是石英及含石英的混合粉尘；在石棉开采、加工制造石棉制品时，主要接触的是石棉或含石棉的混合粉尘；焊接、金属加工、冶炼时，接触金属性粉尘；农业、农副产品加工、制糖工业、动物管理及纺织工业等，以接触有机粉尘为主。

3. 粉尘的理化特性及其卫生学意义

(1) 粉尘的化学成分和粉尘浓度：作业场所空气中粉尘的化学成分和浓度直接决定其对人体作用的性质和程度，例如，游离二氧化硅粉尘可引起肺纤维化，铅尘可引起铅中毒等。同一种粉尘，作业环境空气中浓度愈高，暴露时间愈长，则对人体危害愈严重。

(2) 粉尘的分散度：分散度是指物质被粉碎的程度，以粉尘中各种颗粒直径大小的组成百分比来表示。小颗粒粉尘所占的比例愈大，则分散度愈大。粉尘分散度愈高，其在空气中浮游的时间愈长，沉降速度愈慢，被人体吸入的机会也就愈多，对人体危害愈严重。

(3) 粉尘的硬度、形状和比重：坚硬的尘粒能引起呼吸道粘膜机械性损伤。比重愈大、愈接近球形，沉降速度愈快，进入人体的机会相对就愈小。

(4) 粉尘的溶解度：某些有毒粉尘可在呼吸道溶解吸收如铅、砷等，随溶解度增加，对人体的危害增强；而无毒或毒性低的粉尘如面粉、糖等粉尘的溶解度高，易吸收并被排出，故可减轻对人体的危害。

(5) 粉尘的荷电性：在粉尘产生过程中各种物质相互摩擦或吸附空气中离子而带电。带同性电荷的粉尘相斥，增强了空气中粒子稳定程度，带异性电荷的粉尘相吸，尘粒在撞击中凝集而沉降。

(6) 爆炸性：可氧化的粉尘如煤、面粉、糖、硫磺、铝、锌等，在达到一定的浓度时（如煤尘达 35g/m^3，铝、淀粉、硫磺 7g/m^3，糖 10.3 g/m^3，聚乙烯 25g/m^3），一旦遇到明火、电火花和放电时，即会发生爆炸。

4. 粉尘对人体健康的影响　进入呼吸道的粉尘绝大部分被清除。直径＞10μm 的粉尘粒子在空气中很快沉降，即使吸入也被鼻腔鼻毛阻留，随痰液或鼻涕排出；直径在 10μm 以下的粉尘，绝大部分被上呼吸道阻留；直径在 5μm 以下的粉尘，可进入肺泡；直径在0.5μm以下的粉尘，因其重力小，不易沉降，随呼气排出，故阻留率下降；而直径<0.1μm的粉尘因布朗氏运动，阻留率反而升高。人体通过各种清除功能，可使进入呼吸道的约97%的粉尘排出体外，只有约2%～3%尘粒沉积在体内。部分尘粒被巨噬细胞吞噬成为尘细胞，尘细胞或未被吞噬的游离尘粒可沿着淋巴管进入肺门淋巴结。长期吸入粉尘可使人体防御功能失去平衡，清除功能受损，而使粉尘过量沉积，造成肺组织损伤，形成疾病。

(1) 局部作用：粉尘对上呼吸道鼻、咽、喉粘膜、气管、支气管的作用，早期表现为功能亢进、充血、毛细血管扩张，分泌液增加。进而阻留更多粉尘，久之引起肥大性病变，粘膜上皮细胞营养不足，终造成萎缩性改变。粉尘还可引起皮肤、耳、眼的疾病，如堵塞性皮脂炎、粉刺、毛囊炎、脓皮病等；金属粉尘可引起角膜外伤以及沥青粉尘可引起光感性皮炎等。

(2) 呼吸系统疾病

1) 肺尘埃沉着症：肺尘埃沉着症是由于在生产环境中长期吸入生产性粉尘而引起的肺组织纤维化改变为主的疾病。我国1988年公布实施的《职业病范围和职业病患者处理办法的规定》中，尘肺（肺尘埃沉着症）有十二种，即矽肺、石棉肺、煤工尘肺、石墨尘肺、炭黑尘肺、滑石尘肺、水泥尘肺、云母尘肺、陶工尘肺、铝尘肺、电焊工尘肺及铸工尘肺。尘肺中以矽肺（silicosis）为最严重，其次为石棉肺（asbestosis）。现分别称为硅沉着病和石棉沉着病。

2) 粉尘沉着症：某些生产性粉尘（如锡、钡、铁等）吸入后，可沉积于肺组织中呈现一般异物反应，可继发轻微的纤维化改变，对人体健康危害较小或无明显影响，脱离接尘作业后，病变可无进展，X线胸片阴影可逐渐消退。

3) 有机粉尘引起的肺部病变：如棉尘引起的棉尘症（byssinosis）；如被霉菌、细菌或血清蛋白污染的有机粉尘可引起职业性变态反应性肺泡炎（occupational allergic alveolitis），又如吸入人造纤维、聚氯乙烯等粉尘可引起非特异性慢性阻塞性肺病（chronic obstructive pulmonary diseases, COPD）等。

4) 呼吸系统肿瘤：如石棉、放射性矿物、金属（镍、铬、砷等）等均可引起肺部肿瘤。

此外，有些粉尘还可引起支气管炎、肺炎、哮喘性鼻炎、支气管哮喘等疾患。

(3) 中毒作用：如吸入铅、砷、锰等粉尘可引起中毒。

(二) 硅沉着病

硅沉着病是由于生产过程中，长期吸入游离二氧化硅（SiO_2）含量较高的粉尘所致的以肺组织纤维化为主的疾病。硅沉着病是肺尘埃沉着症中危害最严重的一种，病人约占其一半。

1. 病因　游离二氧化硅在自然界中分布很广，是地壳的主要成分，约95%的矿石中含有游离二氧化硅，石英中游离二氧化硅含量可达99%。接触含有10%以上游离二氧化硅的粉尘作业，称为矽尘作业。常见的矽尘作业有：①矿山开采、选矿等作业；②开山筑路、修建水利工程及开凿隧道等；③工厂（如玻璃厂、石英粉厂、耐火材料厂等）中的矿石原料破碎、碾磨、筛选、配料等作业；④机械制造业中铸造车间的砂型调制、砂型制作、铸件开箱、清砂及喷砂等作业，均可产生大量的含矽粉尘。此外，有的沙漠地带，砂中含矽量也很高。

2．影响因素　硅沉着病的发病与粉尘浓度及其游离 SiO_2 含量、接触时间、粉尘分散度、机体状态等因素有关。

（1）粉尘浓度及其游离 SiO_2 含量：在生产环境空气中粉尘浓度越高，进入机体的量越多，造成的危害越大。粉尘中游离 SiO_2 含量越高，引起硅沉着病的可能性越大，损害的程度越严重。

（2）接触时间：硅沉着病的发病是一个缓慢过程，一般在接触矽尘 5～10 年发病，有的长达 5～20 年以上。但持续吸入高浓度、高游离二氧化硅含量的粉尘，经 1～2 年即可发病，称为“速发型硅沉着病”（acute silicosis）。有些矽尘作业工人，在离开粉尘作业时 X 胸片未发现矽肺的征象，但日后出现矽结节，并诊断为硅沉着病，为“晚发型硅沉着病”（delayed silicosis）。一旦发生硅沉着病，即使脱离接尘作业，病变仍继续发展。

（3）粉尘分散度：分散度是影响硅沉着病发生、发展及病变程度的重要因素之一，分散度越高，小颗粒粉尘所占的比例越大，进入肺的量越多，发病率越高。

（4）机体状态：凡有慢性呼吸道炎症、呼吸系统感染、尤其是肺结核者易发生硅沉着病，并可促使其病程迅速进展和加剧。此外，个体因素如年龄、健康素质、行为生活方式、营养状况等也是影响硅沉着病发病的重要条件。

3．病理改变　尸体解剖肉眼观察见硅沉着病病例肺体积增大，重者晚期缩小，色灰白或黑灰，晚期呈花岗岩样；触及表面有散在、孤立的结节，晚期融合成团块，质硬似橡皮。有胸膜广泛增厚和粘连。在肺门和支气管分叉处淋巴结肿大，色黑灰。

硅沉着病的基本病理改变是肺组织内有特征性的矽结节形成和弥漫性间质纤维化。矽结节是典型的病变。肉眼观察矽结节稍隆起于肺表面呈半球状，在肺切面多见于胸膜下和肺组织内，多为 1～3mm 的散在矽结节。典型的矽结节由多层排列的胶原纤维构成，横断面似洋葱头横切面状。早期矽结节中的胶原纤维排列疏松，结节成熟后，胶原纤维变得粗大而密集，胶原纤维可发生透明样变。进一步发展，矽结节增多、增大，进而融合形成团块状。

4．发病机制　硅沉着病发病机制至今尚无满意的解释。多数学者认为其发病机制可归纳为四个方面：①异物反应：沉积在肺内的粉尘可使其沉积部位的肺组织发生异物反应性改变，亦可引起轻微的肺组织纤维化，但一般不再持续增生；②炎症反应：粉尘使巨噬细胞的结构和功能受到损害后，释放出各种活性物质如白细胞介素 I（IL-1）、纤维粘连蛋白（FN）、肿瘤坏死因子（TNF）等，引起成纤维细胞增生，进而导致肺组织纤维化；③细胞毒性：游离二氧化硅能使巨噬细胞膜的类脂质发生过氧化反应，产生自由基，使膜的通透性发生改变，继而引起细胞死亡，释放出致纤维化因子，导致肺组织纤维化；④免疫反应：粉尘引起巨噬细胞功能和结构的改变，诱发一系列的免疫反应，如抗原抗体复合物沉积于胶原纤维上形成透明样变。上述四方面的反应在粉尘致肺组织纤维化的过程中均在不同时间或不同程度上参与。

5. 临床表现

（1）症状和体征：多数患者早期无明显症状，随病情进展，或有合并症时，出现气短、胸闷、胸痛、咳嗽、咯痰等症状和体征。当活动或病情加重时，呼吸困难可加重。早期患者，并发慢性阻塞性支气管炎时可听到哮鸣音，合并感染可听到有湿啰音，若有肺气肿，则呼吸音降低。严重时，右心衰竭，呼吸困难，不能平卧。

（2）X线胸片表现

1）肺纹理改变：X线胸片上表现为肺纹理增多、增粗、出现圆形或不规则小阴影。晚期X线片上显示融合块状大阴影。这些X线胸片改变的分布范围及密集程度，通过综合分析可为硅沉着病的期别诊断提供依据。

2）肺门改变：由于尘细胞在肺门淋巴结积聚，纤维组织增生，早期肺门阴影扩大，密度增高。晚期由于肺部纤维组织收缩和团块的牵拉，使肺门上举外移，肺纹理呈"垂柳状"。肺气肿加重使肺纹理相对减少，肺门阴影可呈"残根状"改变。如果淋巴结包膜下有钙质沉着可呈现蛋壳样钙化。

3）胸膜改变：由于淋巴管阻塞致淋巴阻滞和逆流而累及胸膜，引起胸膜广泛纤维性变而增厚，以肋膈角变钝或消失最常见。晚期由于肺部纤维组织收缩牵拉和膈胸膜粘连，横膈可呈现"天幕状"影像，肺底胸膜粘连，使肋膈角变钝。

（3）肺功能改变：早期硅沉着病患者，由于病变轻微，对肺功能影响不明显。随着病变进展，肺组织纤维增多，肺功能显示肺活量和肺总量有一定程度减低。病变进一步发展至弥漫性结节性纤维化和并发肺气肿时，肺活量降低明显，当肺泡大量损害和肺泡毛细血管壁因纤维化而增厚时，可引起肺弥散功能障碍，肺功能以限制性通气功能障碍为特点。

（4）并发症：硅沉着病病人的主要并发症有肺结核、肺及支气管感染、自发性气胸及肺源性心脏病等，其中最常见的合并症是肺结核。

6. 诊断　根据职业史、病史、临床表现和胸部X线检查，结合现场环境（尤其是工作环境中粉尘浓度、分散度及粉尘中游离SiO_2的含量）和操作方式（干式或湿式作业）等。我国1986年2月颁布了《尘肺X线诊断标准及处理原则》(GB5906-86)，此项尘肺X线诊断标准适用于我国现行法定《职业病名单》中所规定包括矽肺在内的各种尘肺（见表6-1）。

7. 护理诊断　主要可有：感染的危险、组织灌注量改变（心、肺）、低效性呼吸形态、疲乏。

8. 医护合作处理的问题　主要可有：肺不张/肺炎、支气管狭窄、气胸。

9. 硅沉着病的防治

（1）治疗：硅沉着病的治疗应采取综合措施，原则是提高病人的抗病能力，积极防治并发症，消除症状和改善病情，减轻病人痛苦，延长寿命。主要措施有：

①增强体质，加强营养，预防感染；②针对症状及并发症的处理；③药物治疗，可酌情选用克矽平（聚2-乙烯吡啶氮氧化物，P_{204}）、口服汉防已甲素、磷酸喹哌及柠檬酸铝、糖皮质激素等，但各地报道的使用疗效看法不一。

（2）预防：至今尚未找到消除硅沉着病病变的特效办法，关键在于必须采取综合措施进行预防，包括组织措施、技术措施及卫生保健措施。我国经过几十年的防尘工作，总结出八字综合防尘措施，即①革，改革生产工艺和技术革新；②水，即湿式作业；③密，密闭除尘；④风，加强通风及抽风措施；⑤护，即个人防护；⑥管，维修管理；⑦教，加强宣传教育；⑧查，定期检查环境空气中粉尘浓度及接触者的定期健康检查。

硅沉着病病人一旦确诊，立即脱离接触，并作劳动能力鉴定，根据患者全身状况、X线诊断分期及结合肺功能测定结果，安排适当工作或休息。

表6-1　我国尘肺X线诊断标准及处理原则（GB5906-86）

尘肺X线诊断标准运用于国家现行《职业病名单》中规定的各种尘肺。

1　诊断原则

尘肺X线检查是确定尘肺和分期的主要诊断方法。应根据详细可靠的职业史、技术质量合格的后前位胸片、参考必要的动态观察资料及该单位尘肺流行病学调查情况，方可做出X线诊断和分期。

尘肺的临床诊断除X线诊断和分期外，还要结合患者的病史、症状、体征、临床化验以及必要的特殊检查，进行鉴别诊断、早期发现并发症、评定代偿功能等级。

2　诊断及分级标准

2.1　无尘肺（代号0）

a.　0：无尘肺的X线表现

b.　0+：X线表现尚不够诊断为“Ⅰ”者。

2.2　一期尘肺（代号Ⅰ）

a.　Ⅰ：　有密集度1级的类圆形小阴影，分布范围至少在两个肺区内各有一处，每处直径不小于2cm；或有密集度1级的不规则形小阴影，其分布范围不少于两个肺区。

b.　Ⅰ+：　小阴影明显增多，但密集度与分布范围中有一项尚不够定为“Ⅱ”者。

2.3　二期尘肺（代号Ⅱ）

a. Ⅱ：有密集度2级的类圆形或不规则形小阴影，分布范围超过四个肺区；或有密集度3级的小阴影，分布范围达到四个肺区。

b. Ⅱ+：　有密集度为3级的小阴影，分布范围超过四个肺区；或有大阴影尚不够定为“Ⅲ”者。

2.4　三期尘肺（代号Ⅲ）

a.　Ⅲ：　有大阴影出现，其长径不小于2cm，宽径不小于1cm。

b. Ⅲ+：　单个大阴影的面积，或多个大阴影面积的总和超过右上肺区面积者。

第三节　物理因素对健康的影响

生产环境中的物理因素包括：气象条件如气温、气湿、气流及气压，电离辐射、非电离辐射，噪声和振动等。当物理因素对机体作用的强度、剂量超过一定限度或接触时间过长，则会对人体产生不良影响，甚至引起病损。

一、高温作业与中暑

（一）高温作业的主要类型

高温作业系指工作地点有生产性热源，当室外实际出现本地区夏季通风室外计算温度时，工作地点的气温高于室外2℃或2℃以上的作业。一般将热源散热量大于23W/m^{3}的车间称为热车间或高温车间。高温作业按其气象条件特点分为三种基本类型。

1. 高温、强热辐射作业（干热环境） 如冶金工业的炼焦、炼铁、炼钢、轧钢等车间；机械制造工业的铸造、锻造、热处理等车间；陶瓷、砖瓦、玻璃、搪瓷等工业的炉窑车间；火力发电厂和轮船的锅炉间等。这些生产场所的气象特点是高气温、热辐射强度大，而相对湿度较低，形成干热环境。

2. 高温、高湿作业（湿热环境） 其特点是高气温、气湿，而热辐射强度不大。主要是由于生产过程中产生大量水蒸气或生产上要求车间内保持较高的相对湿度所致。例如印染、缫丝、造纸等。

3. 夏季露天作业 夏季在农田劳动、建筑、搬运、野外勘探等露天作业中，除受太阳的辐射作用外，还受被加热的地面和周围物体放出的热辐射作用，其结果形成高温、热辐射的作业环境。

（二）高温作业对机体生理功能的影响

高温作业时，机体为了维持热平衡，出现一系列生理功能改变。主要为体温调节、水盐代谢、循环系统、消化系统、神经系统、泌尿系统等方面的适应性变化。但如果超过一定限度，机体不能维持热平衡，则可产生不良影响，如中暑。

1. 热适应 热适应（acclimation of heat）是指人在热环境下工作一段时间后，对热耐受性提高而产生对热负荷的适应能力。热适应后，体温调节能力提高，劳动时代谢减慢，产热减少；参与活动的汗腺数量和每一汗腺活动强度均增加；心血管系统的紧张性下降，且适应能力提高，使得每搏输出量显著增加。由于热适应者对热的耐受能力增加，不仅可提高高温作业的劳动效率，也可有效地防止中暑发生。但人体热适应有一定限度，如超出适应能力限度，仍可引起正常生理功能紊乱。

2. 中暑 中暑是高温环境下由于热平衡和/或水盐代谢紊乱等而引起的一种以中枢神经系统和/或心血管系统障碍为主要表现的急性疾病。按发病机制与临床表现可分为三种类型：即热射病（heat stroke，包括日射病）、热痉挛（heat cramp）和热衰竭（heat exhaustion）。中暑常以单一类型出现，亦可多种类型并存。

（1）热射病：是人体在热环境下，散热途径受阻，体温调节机制失调，引起机体蓄热所致。其临床特点是在高温环境中突然发病，体温常在41℃以上，可达43℃或更高。开始时大量出汗，以后出现“无汗”，并可伴有干热和神志不清、嗜睡、昏迷等中枢神经系统症状。

(2) 热痉挛：由于大量出汗，体内钠、钾过量丢失所致。主要表现为明显的肌肉痉挛，伴有收缩痛。痉挛以四肢肌肉及腹肌等经常活动的肌肉为多见，尤以腓肠肌为最明显。痉挛常是对称性，时而发作，时而缓解。患者神志清醒，体温多不高。

(3) 热衰竭：发病机制尚不明确。一般认为在高温、高湿环境下，外周血管扩张、皮肤血流的增加但不伴有内脏血管收缩或血容量的相应增加，以至不能足够的代偿，加之大量出汗，致脑部暂时供血减少而晕厥。一般起病急。先有头昏、头痛、心悸、出汗、口渴、恶心、呕吐、皮肤湿冷、面色苍白、血压短暂下降，继而晕厥，体温不高或稍高。通常休息片刻即可清醒，一般不引起循环衰竭。

(三) 中暑的诊断

根据高温作业史和主要临床表现，排除其他引起高热伴有昏迷的疾病即可诊断。

1. 中暑先兆　即观察对象，是指在高温环境下劳动一段时间后，出现头昏、胸闷、心悸、口渴、多汗、注意力不集中、动作不协调等症状，体温正常或稍高。

2. 轻症中暑　除上述症状加重外，出现面色潮红、有呼吸与循环衰竭的早期症状，如大量出汗、血压下降、脉搏细弱而快，肛温升高可达38.5℃以上。

3. 重症中暑　凡出现前述热射病、热痉挛、或热衰竭的主要临床表现之一者，均可诊断为重症中暑。

(四) 护理诊断

主要可有：营养失调、体温过高、排尿异常、精力困扰、语言沟通障碍、精神困扰、躯体移动障碍、有周围血管神经功能障碍的危险、疲乏、睡眠形态紊乱、定向力障碍、记忆障碍。

(五) 医护合作处理的问题

主要可有：心输出量减少、心律失常、肺水肿、肾灌注不足、电解质紊乱、体温过高（严重的）。

(六) 治疗

1. 轻症中暑　应使患者迅速离开高温作业现场，到通风良好的阴凉处安静休息，给予含盐清凉饮料或对症处理。

2. 重症中暑　①热射病：迅速采取降低体温和维持循环呼吸功能的措施；②热痉挛：主要及时补充氯化钠，如及时口服含盐清凉饮料；③热衰竭：使患者平卧，移至阴凉通风处，口服含盐清凉饮料，一般可恢复。

对中暑患者及时进行对症处理，一般可很快恢复，不必调离原作业。若因体弱不宜从事高温作业，或有其他就业禁忌证者，则应调换工种。

(七) 防暑降温措施

1. 技术措施

(1) 合理设计工艺流程，改进生产设备和操作方法；

(2) 合理布置热源：热源的布置应符合下列要求：①尽量布置在车间外面；②采用热压为主的自然通风时，尽量布置在天窗下面；③采用穿堂风为主的自然通风时，尽量布置在夏季主导风向的下风侧；④对热源采用隔热措施；⑤使工作地点易于采取降温措施，热源之间可设置隔墙（板），以免扩散到整个车间。热成品和半成品应及时运出车间或堆放在下风侧。

(3) 隔热：隔热是防暑降温的一项重要措施。可以利用水或导热系数小的材料进行隔热。

(4) 通风降温：充分利用合理的厂房建筑形式和布局，加强自然通风，必要时可采用机械通风。

2. 保健措施　①供给合理饮料和补充营养：高温作业工人应补充与出汗量相等的水分和盐分；②个人防护：高温作业工人的工作服，应以耐热、导热系数小而透气性能好的织物制成。特殊高温作业工人（如修炉工）为防止强烈热辐射的作用，须佩戴隔热面罩和穿着隔热、阻燃、通风性能良好的防热服。③做好就业前和入夏前体格检查工作，凡有心血管疾病、持久性高血压、胃肠溃疡病、活动性肺结核、肺气肿和肝、肾疾病者，以及明显的内分泌疾病、中枢神经系统器质性疾病者、重病后恢复期及体弱者，均不宜从事高温作业。

3. 组织措施　加强领导，改善管理，严格遵照国家气象条件卫生标准、《高温作业分级》和《防暑降温措施暂行办法》等有关政策与法规，是做好防暑降温工作的保证。

二、噪　　声

噪声（noise）是当今世界的第三大公害，其对人的危害也日益受到重视。噪声不但影响工作、学习和休息，而长期接触强噪声还会损害听力和身体健康。

从物理学角度讲，噪声是各种不同频率、不同强度的声音无规律的杂乱组合；从医学观点来看，凡是使人不喜欢或不需要的声音统称噪声。因此，在某些情况下音乐也可能是噪声。

（一）噪声的物理特性

物体受振后，振动能在弹性介质中以波的形式向外传播，到达人耳能引起音响感觉的振动波称声波，发出声波的振动体称声源。声波在对空气介质扰动的过程中，对正常大气压附加了一定的压力，该附加的压力称声压（sound pressure），声压的大小反映声音音响程度的强弱。对正常青年人耳刚能引起音响感觉的声压称听阈声压或听阈（threshold of hearing），声压增大到人耳产生疼痛感觉时称痛阈声压或痛阈（threshold of paining），垂直于声波传播方向上单位面积单位时间通过的声能量称声强（sound intensity），从听阈到痛阈的声强以对数量级来表示即为声强级，单位为分贝（decibel，dB）。引起音响感觉的声波振动的频率范围为20～20000Hz，称声频（sound frequency），低于此频率范围的称为次声（infrasonics），高于此频率范围的称为超声（ultrasonics）。

（二）接触机会

在生产过程中产生的一切声音都可称为生产性噪声或工业噪声。其来源一般分为机械性噪声、流体动力性噪声和电磁性噪声三种。

1. 机械性噪声　由于机械的撞击、摩擦、转动及振动而产生，如各种车床、纺织机、球磨机、电锯等发出的声音。

2. 流体动力性噪声　由于气体压力的突变或液体流动而产生，如各种风机、空气压缩机、喷射器、汽笛、放水、冲刷等发出的声音。

3. 电磁性噪声　由于电磁脉冲、磁场伸缩引起电器部件振动而发出的声音，如发电机、变压器等发出的嗡嗡声。

生产性噪声根据持续时间和出现的形态，可分为连续声和间断声；稳态声和非稳态声。声音持续时间小于0.5秒，间隔时间大于1秒，声压有效值在0.5秒以内变化大于40dB者称脉冲噪声（impulsive noise）；声压波动小于5dB称稳态噪声（steady state noise）。根据频率特性和频谱特征，将噪声分为低频（主频率在300Hz以下）、中频（主频率在300～800Hz）和高频（主频率在800Hz以上）噪声。

（三）噪声对人体的影响

噪声对人体的作用可分为特异作用（对听觉系统）和非特异作用（对其他系统）两类。

1. 听觉系统　长期暴露在90dB以上的噪声环境，主观感觉耳鸣、听力下降，检查可发现听阈提高10dB以上，离开噪声环境，数分钟即可恢复，这种现象称听觉适应（auditory adaptation）。较长时间停留在强噪声环境，听力明显下降，听阈提高超过15dB甚至30dB以上，离开噪声环境需较长时间如数小时甚至二十几小时以后听力才能恢复，称听觉疲劳（auditory fatigue），也叫暂时性听阈位移（temporary threshold shift，TTS）。尽管听觉疲劳属生理性功能改变，但如不采取措施，听觉疲劳继续发展，以至听力不能恢复正常水平，可导致病理性永久性听力损失，称为永久性听阈位移（permanent threshold shift，PTS），临床上称噪声性耳聋（noise-induced deafness）。

2. 神经系统　噪声通过听觉器官传入大脑皮质和自主神经中枢（丘脑下部），引起中枢神经系统一系列反应。常有神经衰弱综合征。接触高强度噪声的工人中有的可出现情绪不稳，易激怒、易疲倦等症状。出现自主神经中枢调节功能减弱时，主要表现为皮肤划痕试验反应迟钝、血压不稳、血管张力有改变。

3. 心血管系统　在噪声作用下，自主神经调节功能发生变化，表现心率加快或减慢；血压不稳，长期作用多表现升高；心电图可见S-T段和T波改变，对心脏收缩功能有不良影响。

4. 消化系统　噪声可引起胃肠功能紊乱，消化能力减弱，食欲减退，消瘦，胃液分泌减少，胃肠蠕动减慢，造成营养不良、体重减轻。

5. 其他系统　噪声使交感神经兴奋性增强，肾上腺素分泌增加，尿中儿茶酚胺排出增多。女性性功能与生殖功能发生变化，月经周期紊乱，经量增多，自然流产率或早产率增高。噪声刺激前庭器，出现眩晕和眼球震颤。噪声影响工作效率、干扰谈话，使人产生厌烦、苦恼、心情烦躁不安等心理异常表现。

影响噪声对机体作用的因素主要有：①噪声强度：强度愈大听力损伤出现的愈早、损伤的程度愈严重；②接触时间：接触时间越长，听力损伤越严重，损伤的阳性率越高；③噪声的频谱：在相同声级作用下，以高频为主的噪声比低频声对听力的危害大；④噪声类型和接触方式：脉冲噪声比连续噪声危害大。持续接触比间断接触危害大。此外，机体健康状况和敏感性与听力损伤的发生和损伤程度也有关系，如患中耳疾患、严重神经症及心血管疾病患者，可能因接触噪声而加重病情。振动、寒冷及某些有毒物质可加强噪声的不良作用。

（四）噪声性耳聋诊断分级标准

1. 有明确地接触高强度噪声的职业史；

2. 排除其他致聋原因，如中耳炎、药物、老年及外伤等；

3. 用听力计测听，永久性听阈位移超过正常范围，即高频纯音 3000、4000、6000Hz 任一频率听力下降，≥30dB 为听力损伤，列为观察对象；500、1000、2000Hz 语言听力下降，三者的均值≥25dB 时为噪声聋。

国内有人建议噪声聋分级标准：听力下降 25～40dB 为轻度；41～55dB 为中度；56～70dB 为重度；71～90dB 为严重度；>90dB 为全聋。

（五）防护措施

防护措施主要有：①严格执行工业噪声卫生标准；②控制和消除噪声源，以无梭织机代替有梭织机、以压铸代替锻造；③控制噪声的传播和反射，如吸声、消声、隔声和隔振等；④使用个人防护用品，如耳塞、防音耳罩等；⑤安排好工间休息，恢复听觉疲劳。

三、振　　动

振动（vibration）是弹性物体受外力作用后，围绕一平衡位置呈周期性的往复振荡或旋转的运动。生产性振动主要来自振动性工具和设备，人体长期接触强烈振动可能产生病损。

（一）振动对机体的影响

1. 全身振动对机体的不良影响　全身振动（whole-body vibration）可以引起不适感，甚至不能忍受。振动可以干扰发音，影响手眼配合，影响注意力集中，引起空间定向障碍，降低工作效率和影响作业能力。长期慢性作用可能出现前庭器官刺激症状及自主神经功能紊乱，如眩晕、恶心、血压升高、心率加快、疲倦、睡眠障碍；胃肠分泌功能减弱，食欲下降，胃下垂患病率增高；内分泌系统调节功能紊乱，月经周期紊乱，流产率增高；司机、驾驶员腰背痛，椎间盘突出、脊柱骨关节病变的患病率增加。

2．局部振动对机体的不良影响　局部振动（segmental vibration）　又称为手臂振动，振动通过振动工具、振动机械或振动工件传向操作者的手和臂。长期持续使用振动工具，可以引起手臂的血管、神经、肌肉、骨关节等各种类型的病损，严重时可引起局部振动病（segmental vibrational disease）。局部振动病是长期使用振动工具，接触手传振动引起的以末梢循环障碍为主的疾病。其典型表现为发作性手指变白（有些国家称职业性雷诺氏现象，Raynaud's phenomenon of occupational origin），往往伴有神经肌肉损害以及骨、关节改变。

局部振动病的临床表现多为手部症状和神经衰弱综合征。手部麻木、疼痛、发凉、手掌多汗，其次为手僵、手无力、手颤。白指的出现以左手较多见，拇指一般很少受累，二、三、四指最常发病。骨、关节X线改变多见于指骨、掌骨、腕骨，表现为骨质增生，骨皮质增厚，骨质疏松，骨关节变形。

影响振动对人体作用的因素主要有振动的频率、振幅和加速度以及接触振动时间和接触方式。寒冷是振动引起机体不良反应的重要外界条件。

（二）防护措施

1．改革生产工艺　采取隔振、减振技术，如在可能条件下以液压、焊接、粘接代替铆接；改进风动工具；合理设计司机、驾驶员座椅，设置隔振、减振装置；机器设置隔振地基，建筑物地板、墙壁装设隔振材料等。

2．加强个人防护　发放隔振、防寒手套，防寒工作服，防音耳罩。

3．制定劳动休息制度，以控制和减少接触时间。

4．严格执行我国公布的局部振动卫生标准（GB 10434-89）。

此外，就业前体检和工作后定期体检以及处理有职业禁忌证者亦是预防振动病不可缺少的一个环节。

四、非电离辐射与电离辐射

凡能使物质电离，产生离子的辐射称为电离辐射（ionizing radiation）。一般量子能量水平达到12eV以上时，即可发生电离作用，使机体受到严重损害，如X射线、γ射线等。非电离辐射（nonionizing radiation）系指作用于物质，不引起电离的射线。如紫外线、可见光、红外线、激光和射频辐射等。

（一）非电离辐射

1．射频辐射　高频电磁场（highfrequency electromagnetic field）与微波（microwave）统称为射频辐射或无线电波。接触机会有：①高频感应加热：如高频热处理中的焊接、冶炼等；②高频介质加热：加热对象为不良导体，如木材、棉纱的烘干，塑料制品热合，橡胶的硫化等；③微波：主要用于雷达导航、通讯、电视及核物理科学研究等。微波加热用于木材、纸张、皮革、药材的干燥，食品加工，医学上的理疗等。射频辐射对机体主要影响是引起中枢神经和自主神经的功能障碍。女工常有月经周期紊乱，个别男工出现性功能减退。长期接触微波可出现外周血白细胞总数下降现象，当接触强度较大时眼晶状体可受到损害。一般讲，射频辐射的生物学活性随波长的缩短而增加，即微波＞超短波＞短波＞中长波。脉冲波对机体的损害作用比连续波严重。

高频电磁场防护措施有：①场源的屏蔽：如用金属材料包围场源，以吸收和反射场能；②远距离操作；③合理的车间布局：如高频加热车间尽可能宽敞，各高频机之间要有一定的距离等；④严格执行我国超高频辐射卫生标准（GB 10437-89）规定。微波的防护措施有：①微波辐射能吸收：如需要时可安装功率吸收天线吸收微波能量；②合理布局操作位置：如操作位置应置于辐射强度最小的部位，尽量避免正对辐射束工作；③个体防护用品：如某些工作需要时，可穿戴防微波专用的防护衣帽和防护眼镜；④严格执行我国微波辐射卫生标准（GB 10436-89）规定。此外，微波作业1～2年应进行一次健康检查，重点观察眼晶状体的变化，其次为心血管系统、外周血象及男性生殖功能。

2. 紫外辐射　紫外辐射也称紫外线，自然界中的紫外线来自太阳辐射，在生产环境中，凡是物体温度达1200℃以上时，辐射光谱中即可出现紫外线。如冶炼炉、电焊、气焊、电炉炼钢。此外，从事碳弧灯和水银灯制版或摄影工作，紫外线灯消毒等工作，亦可接触到过量紫外线。

对机体的作用主要有：①对皮肤的损害：接触的紫外线强度大时，皮肤可发生弥漫性红斑，有痒感或烧灼感，并可形成小水泡和水肿，此时往往伴有头痛、疲劳、周身不适等全身症状。红斑消退后，皮肤可留有色素沉着。已有报道，长期接触紫外线可发生皮肤癌。②对眼睛的损伤：眼睛受到280nm左右过强的紫外线照射时，可引起急性角膜结膜炎，常因电弧光所致，故称为电光性眼炎（electro-ophthalmitis）。电光性眼炎的临床表现早期、轻症仅有双眼异物感和轻度不适；症状较重者有眼部烧灼感或剧痛，并伴有高度畏光、流泪和眼睑痉挛；重症时，角膜上皮有点状甚至片状剥脱。

3. 红外辐射　红外辐射（infrared radiation）即红外线，也称热射线。凡温度在0°K（-273℃）以上的物体，都能发射出红外线。物体的温度愈高，辐射强度愈大。红外线对人体健康的影响主要是热效应，能使皮肤局部温度升高，血管扩张，出现红斑反应。短波红外线（1.5μm以下）可透入皮下组织，使血液及深部组织加热。红外线对眼睛的损害作用主要表现在对角膜的损害、引起红外线白内障和视网膜脉络膜灼伤三个方面。

4. 激光　激光（laser）系指因受激辐射而产生的放大光。由于它具有指向性准、亮度大、单色性高和相干性好等物理特性，在工业、农业、国防、医疗和科研中得到广泛应用。激光对组织有热烧伤作用，尤其对视网膜的灼伤和对皮肤的损害为多见。眼睛受激光照射后，可突然出现眩光感，视力模糊或眼前出现固定黑影，甚至视觉丧失。大功率激光可灼伤皮肤，表现为红斑、水泡，以至焦化、退色、溃疡、结疤。

（二）电离辐射

在工农业生产中许多作业可接触电离辐射，如核工业中的核原料的勘探、开采、冶炼及加工部门；核能源生产、使用与研究部门；放射性核素及其制剂的生产、加工和使用部门；射线发生器的生产和使用部门，包括各种加速器、X 线发生器等。具有卫生学意义的电离辐射有：电子射线、β射线、β+ 射线、α射线、质子射线、中子射线、γ射线、X 射线。

1. 对机体的影响

(1) 造血系统：是电离辐射的重要靶器官，过量照射人体可影响造血系统的造血功能，导致外周血细胞严重缺乏。

(2) 免疫系统：电离辐射作用于免疫系统可抑制淋巴细胞再生，影响机体免疫和抗体生成。

(3) 神经系统：受照后易引起自主神经系统紊乱，出现恶心、头昏、乏力等症状。

(4) 消化系统：小肠对电离辐射最敏感，其次为食管、胃、结肠，临床表现可有食欲减退、恶心、呕吐、腹泻、腹痛等症状。

(5) 内分泌系统：受照后引起下丘脑功能改变，导致垂体促肾上腺皮质激素储集，使肾上腺皮质与甲状腺功能增高。受到大剂量照射后，垂体细胞部分萎缩、变性，肾上腺皮质也萎缩，甲状腺重量减轻。

(6) 性腺：睾丸组织对电离辐射敏感，出现生精小管萎缩，甚至生精停止。卵巢中增生颗粒细胞敏感，引起周围颗粒细胞破坏，影响了营养供应，导致卵死亡。

(7) 皮肤：皮肤组织受照射后组胺类物质释放增加，表皮下血管扩张、水肿。接触大剂量照射后可引起水泡性皮炎，甚至坏死，出现溃疡。

(8) 骨骼：骨骼受电离辐射作用后成软骨细胞减少。大剂量照射后可发生骨坏死、骨折与骨髓炎等。

(9) 晶体：电离辐射可损伤眼晶状体，不溶性蛋白增多，引起晶体混浊或白内障。

(10) 其他脏器：电离辐射对肺、肝、肾、心等的间质血管的影响较为明显。早期胚胎发育过程中受照射，可引起胎儿发育迟缓或死亡。在胚胎器官发生期受照射，易导致先天畸形。

(11) 致癌和遗传效应：电离辐射可诱发各种肿瘤，如肺癌、骨肉瘤、甲状腺癌、白血病等。遗传效应表现在生殖细胞的染色体断裂和畸变，或基因突变率增加。

2. 临床表现

(1) 急性放射病：急性放射病（acute radiation sickness，ARS）是指人体一次或短时间（数日）内分次受到大剂量照射引起的全身性疾病。根据其受照剂量大小、临床特点和基本病理改变，分为骨髓型、肠型和脑型三种类型。骨髓型急性放射病（bone marrow form of acute radiation sickness）：又称造血型急性放射病（hematopoietic form of acute radiation sickness）是以骨髓等造血组织损伤为基本病变，以白细胞数减少、感染出血为主要临床表现。肠型急性放射病（intestinal form of acute radiation sickness）：主要以胃肠道损伤为基本病变，出现频繁呕吐，呕吐物由食物转为含胆汁或血性液体，并可出现水样便和血水便。脑型急性放射病（cerebral form of acute radiation sickness）：本型以脑组织损伤为基本病变，出现意识障碍、共济失调、肌肉震颤、抽搐、定向障碍、躁动、休克等症状，此型病例较少见。

（2）慢性放射病：人体长期受到超容许剂量的慢性辐射可引起慢性放射病。如慢性皮肤损伤、造血功能障碍、生殖功能受损、白内障等。慢性放射病临床表现早期以神经衰弱综合征为主，进一步发展出现造血系统或有关脏器功能改变的症状，常见白细胞减少，可出现晶体混浊、白内障，以及皮肤干燥、皲裂、色素沉着、指甲增厚和变脆等慢性皮肤损害。

3. 防护措施

（1）严格执行我国公布的有关电离辐射卫生标准：目前公布的标准有：《放射卫生防护基本标准》（GB 4792-84），是进行放射防护工作的重要依据；此外，还有《医用诊断X线卫生防护标准》（GB 8279-87），《磷肥放射性镭-226限量卫生标准》（GB 8921-88），《建筑材料放射卫生标准》（GB 6566-86）和《核电站放射卫生防护标准》（ZBC 57001-84）等。

（2）放射卫生防护基本原则：包括放射实践的正当化、放射防护最优化和个人剂量限额化。

（3）放射卫生防护基本措施：①对辐射源的控制：尽量减少辐射源的活度（强度）、能量和毒性，以减少受照剂量；②外照射防护：主要采取时间防护、距离防护和屏蔽防护三种方法；③内照射防护：主要采取围封隔离、除污保洁和个人防护等综合性防护措施。

（4）加强放射卫生防护管理：依照国务院发布的《放射性同位素与射线装置放射防护条例》，定期进行放射卫生防护监测。包括电离辐射源监测、环境监测、工作场所监测和个人剂量监测，做好放射工作人员的就业前健康检查和就业后的定期健康检查工作。

第四节　生物因素对健康的影响

一、概　　述

我国1988年颁布的《职业病范围和职业病患者处理办法的规定》中，已将因职业接触病原体而引起的炭疽、森林脑炎和布氏杆菌病列为法定的职业病。除了上述三种法定职业病外，生物因素还可引起鼻疽、口蹄疫、挤奶工结节病、牧民狂犬病、放射菌病和皮肤真菌病、钩端螺旋体病和职业性寄生虫病等。此外，由生产环境中的变应原或致敏原，如霉菌或酵母菌孢子、兽皮和羽毛碎屑、昆虫碎屑、引起职业性变态反应，临床可出现支气管哮喘、间质性肺炎、荨麻疹或湿疹性皮炎。大多数职业性传染病可经接触病畜或污染源而发病，少数可通过媒介昆虫的叮咬而感染。

与其他职业性损害一样，职业性传染病的诊断首先要明确职业史，结合临床表现、生产环境微生物学检查资料、实验室检查结果，进行综合分析作出诊断。

预防生物因素引起职业性损害，最根本的是在对生物因素识别、评价的基础上，针对性地采取相应措施，切断病原传播的途径，销毁传染源，保护易感人群，积极治疗患者，必要时要及时隔离患者。对人畜共患的动物传染病应做好兽医监督、监测工作，家畜和畜产原料必须严格执行检疫制度，使动物宿主无害化。

二、炭　疽

（一）病原体和传播途径

炭疽（anthrax）是炭疽杆菌引起的动物源性传染病。炭疽杆菌为革兰染色阳性，排列成长链，呈竹节状，无鞭毛，在人和动物体内有荚膜形成。芽胞在煮沸10分钟后仍有部分存活，湿热120℃ 40分钟可被杀死，在屠宰后的兽体和尸体与泥土中可生存很长时间。传染源主要是草食动物牛、马、羊、骆驼，其次是猪，极少是人。人直接接触病畜及染菌的皮、毛、骨粉等均可引起皮肤炭疽；吸入含炭疽芽胞的粉尘可引起肺炭疽；食用未煮透的病畜肉类、奶或该菌污染的食物、水可引起肠炭疽。该病的流行特征具有一定的职业性，多发于牧民、农民、饲养员、屠宰工人、皮毛加工工人、制革工人及兽医。

（二）临床表现

潜伏期一般1～3天，可长至12天。按主要的损害部位不同临床分为4型。

1. 皮肤炭疽　最多见，约占90%以上。皮肤，面、颈、肩、手、足等裸露部位易受感染。发病1～2天后出现全身反应，有发热、头痛、恶心、呕吐、全身不适、局部淋巴结肿大与压痛以及脾肿大等症状。皮肤开始为斑疹或出血疹，随病程发展疹子中心区呈现出血性坏死、溃疡，其血性分泌物结成黑痂。黑痂脱落，组织愈合成疤痕。

2. 肺炭疽　骤然起病，出现高热、寒颤、乏力、咳嗽伴血性痰、胸痛、紫绀、大汗和呼吸困难等症状。常见胸膜积液和并发败血症。

3. 肠炭疽　有恶心、呕吐、腹痛和腹泻等急性胃肠炎症状。重者高烧，频繁呕吐、腹泻、大便呈血水样、腹胀、腹痛等，呈急性腹膜炎体征。易发败血症。

4. 炭疽性脑膜炎　多数为上述3类炭疽并发败血症所引起，发病急骤，剧烈头痛、呕吐、谵妄、昏迷、抽搐，有明显的脑膜刺激症状和体征。血性脑脊液。常因治疗不及时，病情迅速恶化而死亡。

诊断、鉴别诊断及治疗参照传染病学，诊断时特别注意要有明确的职业接触史。

（三）预防

严格管理传染源，如动物应定期检疫，病畜应予管理，病畜死亡后应及时销毁、焚烧或深埋。对污染的皮、毛、骨粉等应进行有效的消毒。对易受感染的职业者要加强卫生宣传教育，工作时注意个人防护用具的使用，如穿工作服、戴口罩和手套等。接触皮毛、牲畜和可能感染本病者，应定期接受检疫和作炭疽杆菌减毒活菌苗接种。

三、布氏杆菌病

（一）病原体和传播途径

布氏杆菌病（brucellosis）又称波状热，是由布氏杆菌引起的人畜共患的传染病。布氏杆菌为革兰阴性球状杆菌。该菌对外环境的抵抗能力强，在干燥的土壤中可生存数月，在皮毛中可生存3～4月。布氏杆菌病的主要传染源是病的羊、牛和猪，我国以绵羊和山羊为主，其次是牛。布氏杆菌可经破损的皮肤和呼吸道粘膜进入体内。牧区接羔、兽医为病畜接生、屠宰病畜、剥牛羊皮、剪、打羊毛、挤乳、肉类加工等是重要的传播途径。

（二）临床表现

轻重不一，羊型常较重，猪型次之。潜伏期一般2～3周，最短仅3天，最长达1年。

急性期主要表现为发热和多汗；关节痛，以大关节为主，常呈游走性；生殖系统改变，男性可发生睾丸炎或附睾炎等，女性可患卵巢炎、输卵管炎或子宫内膜炎，个别发生流产；神经系统症状主要为神经痛，如腰骶神经痛、肋间神经痛和坐骨神经痛等。此外，可见侵入部位的局部淋巴结肿大，肝、脾也可肿大。

慢性期症状无特异性，病人常有疲乏、出汗、低热、抑郁、失眠、烦躁不安，可伴有固定而顽固的关节或肌肉疼痛。诊断、鉴别诊断及治疗参照传染病学。

（三）预防

预防接种和病畜管理是控制本病的主要措施。

1. 管理传染源　发现病畜时应隔离，并按兽医卫生措施处理。外来的牧畜经检疫证实确无本病后方可合群。做好病人隔离及流产胎羔的处理工作。加强畜产品的卫生监督管理工作，如屠宰牲畜时应将健畜和病畜分开、病畜肉应高温处理等。

2. 预防接种和个人防护　给健康牧畜进行预防接种，每年接种1次，并连续3～5年，以达到加强免疫的目的。凡有可能感染本病的人员均应进行预防接种。从事畜牧业、屠宰工作、兽医、以及皮、毛、乳、肉加工人员应穿工作服、戴口罩、帽子、手套等，工作完毕要洗手消毒，个人防护用品、用具和受污染的地面等均应及时严格消毒。

第五节　农村、妇女劳动卫生

一、农村劳动卫生

我国人口的80%是农村人口，其中有半数以上的人全部或部分地从事农业生产。农村劳动卫生可分为农业劳动卫生和乡镇工业劳动卫生两部分。

（一）农业劳动卫生

在农业生产活动中所遇到的劳动卫生问题，可分为三类：①传统农田作业卫生；②农田机械作业卫生；③使用农药、化肥的职业卫生。

1. 传统农田作业卫生　农田作业直接受地理、季节和气象变化的影响，如高温和寒冷，特别是南方炎热地区，不注意劳动保护，常可发生农田中暑。传统的农田作业劳动强度大、时间长，易引起腰肌劳损、下肢静脉曲张。稻田作业时，长时间在水中浸泡，可诱发皮炎或关节酸痛。解决这些问题的根本措施是逐步实现农业机械化。此外，亦应加强牲畜暴力伤、蛇咬伤、蜂、蜈蚣以及水蛭等的伤害的预防工作。

2. 农田机械作业卫生　随着农业机械化程度的不断提高，机械性损伤、噪声及振动所致病损，触电和外伤事故等的发生率在增加。如农业机械产生的噪声和振动可使农机手产生暂时性听力减退、耳鸣、注意力不集中，并使农机手与周围作业者联系困难，从而引发外伤事故。预防措施主要是要重视机具维修保养，保证各部件性能完好；安装防护罩，注意个人防护。

3. 使用农药、化肥的卫生防护　不正当的使用农药、化肥，不仅污染环境，影响农业生态平衡，还可引起作业者和牲畜中毒。预防详见农药中毒一节。

（二）乡镇工业劳动卫生

改革开放以来，乡镇工业得到蓬勃发展，在我国国民经济和社会发展中起着重要作用。乡镇工业劳动者的身体健康问题已受到各级政府的重视。

1. 乡镇工业劳动卫生的特点　①规模小、数量多、发展速度快、地域分布广，人员不固定；②多数乡镇工业因陋就简，生产工艺落后，设备陈旧，防护设施不全，致使生产环境中有毒物质的浓度或有害因素的强度较高；③产品更新快，造成安全及工业卫生措施难以跟上变化的需求；④卫生条件和劳动保护设施差，目前大多数的乡镇工业的厂房简易，或是利用非生产建筑改造而成，缺乏足够的劳动保护设施；⑤有些城市工业企业将可致严重职业损害的产品或生产过程“转移”给乡镇工业，而未同时配备必要的防护设施，从而加剧了职业性有害因素的危害程度；⑥职业卫生服务人员、设施和网络均与城市工业有较大差距，远满足不了乡镇工业劳动卫生工作的需求。

2. 乡镇工业劳动卫生工作的基本要求　①加强组织管理，建立健全职业卫生服务、监督、管理体系，如在各级医疗卫生机构建立职业卫生服务网络，并明确各级职能；②认真贯彻落实国家关于劳动安全，防尘、防毒等一系列法令、规定和管理办法。卫生部和农牧渔业部于 1987 年联合颁布的《乡镇工业劳动卫生管理办法》，对乡镇工业劳动卫生的“管理与监督”、“防护措施”和“监测与健康监护”等都作了具体规定。③总结推广实用、经济、有效的防尘防毒技术，以解决乡镇工业开展劳动卫生工作资金短缺、而需求高的困难。当劳动条件不能从设备上改善时，加强个人防护仍是主要的防护措施。④大力开展职业健康教育，使企业领导认识到职业危害的严重性和可预防性，提高职工的自我保护意识，自觉地改变不良的行为生活和工作方式。

二、妇女劳动卫生

妇女是我国劳动力的重要组成部分，约占职工总人数的 38%，她们肩负着物质生产和人类自身生产的双重任务。由于女性和男性在生殖系统、解剖和生理、内分泌系统及其他器官系统的生理功能等方面有差异，加之女工在月经、妊娠、分娩、哺乳和绝经等过程中的特殊生理变化，往往易受职业性有害因素的影响，影响的性质及程度有时与男工有较大差异。

（一）职业性有害因素对妇女的特殊影响

1. 对妇女某些生理功能的影响　由于男女在解剖与体力上有差别，从事同等强度的体力作业时，易出现疲劳；女性的肝脏和造血系统对某些毒物较为敏感，因此。在妇女接触铅、苯、四氯化碳等毒物时，应予以特别注意。女性皮肤嫩、皮下脂肪多，接触有机溶剂易经皮肤吸收，也易遭受刺激物质的损害；女性对某些农药较男性吸收快，潴留时间也长。因此，对机体的损害相对大一些。

2. 对女性生殖功能的影响　有些职业性有害因素不仅对女性生殖功能有不良影响，如性功能障碍、月经异常、生育能力下降、妊娠和分娩并发症发生率增高等，而且可累及下一代，如胎儿发育异常、婴儿及儿童期死亡率增高、儿童期肿瘤的发生率增加等。职业性有害因素对女性生殖功能的影响可归纳为以下几类：①通过影响丘脑下部-垂体-卵巢轴的神经内分泌调节，影响生殖细胞的形成，可造成初级卵母细胞死亡；②影响性功能与受精，如长期接触铅、汞、锰，镭、有机溶剂可致性欲减低和性功能紊乱；③影响着床，毒物可通过影响激素的分泌，引起子宫内膜的异常改变，导致自然流产、胚胎重吸收、生育力低下、死产和出生低体重等；④影响胚胎的正常发育，如出现死胎、发育迟缓或低下、结构畸形和功能缺陷等；⑤对围生期和产后的影响，有些毒物具有胎儿毒性，可引起胎儿发育阻滞、胎儿死亡以及婴儿存活率下降。

（二）妇女劳动保护

妇女劳动保护是维护妇女合法权益的重要方面，要认真贯彻执行国家有关妇女劳动保护的各项政策。我国于 1988 年公布了《女职工劳动保护规定》，1990 年又公布了与之相配套的《女职工禁忌劳动范围的规定》，1992 年公布了《中华人民共和国妇女权益保障法》。以上法律、法规是指导我们开展妇女劳动保护工作的重要依据。在此基础上要合理安排妇女的劳动，做好妇女“五期”即经期、孕前期及孕期、产前及产后期、哺乳期以及更年期的劳动保护工作。

（山东医科大学　胡俊峰）

第七章　学校卫生与健康

学校是一个由特定年龄层的人群所组成的团体机构，每个人在其一生的成长过程中几乎都曾经历过学生阶段。因学生每天大部分时间在学校渡过，学校卫生则是学校教育工作中一个重要环节，学校一定要培养学生正确的卫生观念使之建立良好的健康习惯，同时还要加强各种常见病的防治和意外伤害的防范。

第一节　学校人群的特点

学校卫生的主要对象是学生，大部分分布在6～12岁的学龄期和13～18岁的青少年。其主要特点是身体量的变化，虽也有质的变化但不十分明显。青春发育期（约10～20岁）是一个量和质的突变时期，特别明显的是性变化。20岁后则发育成为成人体格。

一、青少年的生理特点

（一）身高、体重

男、女儿童在10岁以前，每年身高、体重都在增长，生长发育基本上是量的变化。10岁以前同龄的女生比男生一般来说长的矮一些，体重也轻一些，10岁以后，同年龄的女生身高、体重就逐渐地普遍地超过了男生，这说明女生已开始了青春期的突增阶段。

进入青春期（11、12岁），女生比男生长得高而重。但在14岁左右，同龄男生又超过了女生，医学上叫“两次交叉”。体重的增加反映出身体内脏增大、肌肉发达、骨骼增长和变粗。青春发育期前，儿童体重增加很慢，每年平均增加2～4kg。到了青春期，每年可增加6～7kg，甚至达10kg。成熟后体重仍继续增长，男青年肌肉发育可持续到30岁。由于肌肉发达，形成男性魁梧健美的体型，而女青年在体重突增高峰后，脂肪量随年龄而增加，体态上显得圆润丰满。

（二）青春期性器官及第二性征发育

1．青春期男性性发育　包括生殖器官形态发育、功能发育和第二性征发育。生殖器官睾丸发育最早（10岁左右），12～16岁期间迅速增大，17岁左右达到正常成人水平。阴囊皮肤也逐渐出现皱褶和色素沉着，阴茎也开始增大增粗，17～18岁发育如成人。在婴幼儿时期，阴茎前端的龟头外面包着一层包皮，在青春发育后逐渐露出龟头，这是由于阴茎加速增长的原因。如果青春发育后期，包皮仍包着龟头，向后翻动才能露出龟头者称“包皮过长”，若不能翻出则称为“包茎”，后者需要进行手术治疗。在青春发育期后洗澡时要翻开包皮清洗污垢，避免包皮发炎。

性功能发育的主要表现是遗精。男孩首次遗精的正常年龄范围是12～19岁，平均15岁左右，大多数在睡梦中不知不觉发生。

第二性征主要表现在阴毛、腋毛和胡须的生长及喉结突起。12、13岁开始长出喉结，18岁有喉结突出者占97%以上。喉结突起时伴随变音，这时童音开始变粗、沙哑，最后变为成人声。有1/3的男孩几乎与腋毛出现的同时，由于雌激素的关系乳房也有发育，但随后会自然消失。

男孩青春期各发育指征出现的年龄差异很大，但顺序大致相似：睾丸首先发育，其次是阴茎，与此同时出现生长突增，然后是阴毛、腋毛与胡须依次出现，身高突增高峰后一年，肌力开始突增。

2．青春期女性性发育　女孩的性器官如卵巢、子宫、阴道等在青春期前基本上处于静止状态。8～10岁卵巢发育开始加快，17～20岁发育最快，13岁左右出现月经初潮，但不规则，月经初潮时，卵巢只达成熟重量的30%，所以月经初潮并不意味着卵巢发育完全成熟，一般1～2年后卵巢才成熟，月经也逐渐转为正常。子宫发育10～12岁时呈直线上升，长度增加一倍，形状也有改变，形似鸭梨，头朝下底向上倒置在骨盆中间。阴道增长，粘液腺发育并分泌稀薄、糊状、乳白色的阴道液，可以防止致病细菌的繁殖。女性的尿道口在阴道上方，是细菌潜伏的地方，细菌进入尿道容易引起尿路感染。所以，女青年应该注意外生殖器和会阴部的卫生，每晚要用温水冲洗外阴。

女孩第二性征发育，主要表现在乳房、阴毛、腋毛的增长。乳房发育最早，月经初潮前10～12岁时乳晕增大，以后乳房逐渐增大，乳头突出。阴毛长出的时间大多于月经初潮前出现，腋毛则晚半年到1年出现。同时皮下脂肪增多，骨盆变大，臀部变圆，出现女性特有的体型和身材。

二、青少年心理发育的特点

人的心理从本质上说是大脑对客观现实的反映。青少年由于生理发育的不同，心理发育也表现出不同的特点。

（一）童年期的心理特点

1．语言方面　童年期口头语言有所发展，用词合乎语法并且会用生动的单词进行交谈。此期开始练习和掌握书面语言。

2．感情方面　儿童富于表情，喜怒哀乐均易在面部表现出来，在学校里学习活动和集体生活增多，高级感情也得到发展，例如取得优良成绩、完成老师委托的任务时感到愉快，当集体荣誉受到损害时则感到憎恶等。

3．智力方面　学习有目的性和意志性，才能保证学习任务的顺利完成。这时，儿童注意力有时不集中。同时，记忆方面向逻辑记忆发展。观察力从凭自己的兴趣向某一问题发展到能够从总体上观察事物。综合分析能力不断加强，想象力也发展起来，对未来产生了理想。

4．意志方面　低年级学生意志活动的自觉性、持久性差，故在学习上常需督促。到高年级后，意志增强了，在学习上能够克服困难，自觉坚持，并能为实现未来的理想而努力。

5．气质、性格方面　小学生明显地表现出不同的特有气质。有的儿童热情奔放，有的则文静内向。性格也逐渐形成，在一定的教育环境下，可以改变其性格。在良好的教育下可以形成忠诚、勤奋、责任心强、守纪律的优良品质；如在不良的教育影响下，则可形成任性、懒惰、骄傲、蛮横不讲理等不良性格。

（二）青春发育期的心理特点

1．对性发育的困惑不解　有的男孩对本属生理现象的遗精产生种种猜测，个别人甚至认为是病理现象而苦恼、焦虑，形成紧张的心理压力。又由于性征的发育，开始意识到自己正向成熟期过渡，朦胧地意识到了两性关系，对性知识发生兴趣，开始对同性，然后转向异性产生爱慕感。这些都是正常的转变，但有个别青少年由于缺乏成人对他们的正确引导，心中的疑惑得不到答案而又难以启齿发问，便从不正当途径去探索两性知识，容易受黄色淫秽书刊、录像带的诱惑，甚至走入歧途。还有些青少年由于有手淫习惯，常产生追悔、自责的情绪，甚至影响到正常学习。鉴于这些心理特点，应当及时把正确的科学的性知识告诉他们，纠正他们的错误思想。

2．独立意向发展很快　随着年龄的增长，青少年与社会的交往和接触越来越广泛，这时也具有了一定的知识技能和独立工作的能力。他们渴望独立的愿望日益变得强烈，并逐渐疏远开始与家庭联系，不再事事听父母的指挥，对父母和老师的约束产生质疑，对家庭的一些传统习惯不愿适应，尤其当家长或老师仍以对待儿童的方式对待他们、伤害其自尊心时很容易引起反抗心理，并表现在言论和行动方面。另外，在经济上由于社交的需要很希望自主支配一些钱和物，但他们还必须依靠父母。以上种种独立与依附的矛盾心理常使青少年情绪不愉快，甚至形成亲子关系和师生关系的紧张。

成年人应针对青少年独立意向的发展，应尊重他们正确的意见，要把他们看成家庭生活中具有一定独立自主性的成员，有事同他们商量，使他们处于愿意讲心里话，创造一个愉快的家庭环境。成年人应做青少年的知心朋友，去了解他们在想什么、有什么困难、需要什么等等，这样才能帮助他们正确的发展其独立性，培养其独立自主的能力。

3．伙伴关系密切　同龄人、伙伴是青少年在交往中非常重要的社会关系，他们信任伙伴胜过信任家长和老师。他们互相倾吐内心的秘密和苦恼，也经常从伙伴那里得到同情和温暖。他们很容易讲哥们义气，而且对父母和老师的教导和劝告持怀疑和忽视的态度。此时如果能交上好的伙伴，可以互相鼓励、共同成长。若结交了不好的伙伴，会沾染一些不良的嗜好，如吸烟、喝酒等。有的可发展成为小集团，并过高估计小集团的力量去冒险，甚至走上犯罪道路。因此，父母、长辈和老师一定要理解他们这一心理特点，相互配合，采取有效措施，谨慎、耐心、积极地开展各项有益的活动，把他们吸引到有组织的教育系统中来，让他们结交正派的朋友。

4. 自我意识迅速发展及人生理想的形成　自我意识就是对自己的认识，或者说对自己和周围人的关系的认识。在这时期，由于青少年的自我意识还不稳定，对自己的评价有时过分夸大了自己的能力；暂时的挫折和失败又会使他们丧失信心，产生自卑情绪而妄自菲薄，又过分地低估了自己。评价别人时，他们常常不够客观、全面，而且也不够稳定。根据这一特点应引导他们对现实生活中的同伴、同学、电影小说中的各种人物的言谈举止、个性品质、内心世界等方面作出公正而准确的评价，培养他们判断什么是好品质、什么是坏行为，慢慢学会如何正确地评价自己和别人，主动地进行自我控制和教育，形成正确的自我意识。

通过对自己的认识，产生对自己前途的向往，树立自己的人生理想也是这一时期的心理特点。但这时，他们只能从自己仰慕的英雄人物中指出想做某个人物，而且常常见异思迁。因此，成人应和他们讨论前途、理想，并使他们和社会保持良好的接触，使他们的人生理想跟上时代的发展，与社会的要求相符合，建立正确而稳定的人生理想。

5. 认识社会的能力还不够强　青少年虽然独立意识发展很快，但他们对社会的认识能力还不够成熟。他们在思考问题上往往受所接触事物的局部影响，分析问题比较浅肤、片面，从而易得出片面错误的判断，导致行为缺乏理智。加之这个时期情绪不稳定，支配他们情绪的是对事物的新奇性、趣味性、刺激性，以新奇为美好，缺乏分辨是非的能力，而情绪又带有一定的冲动性且变化无常，具有明显的两极性，如时而热情、激动、振奋，时而消沉、愤怒、悲观。因此，要让他们多接触社会、了解社会，帮助他们全面分析考虑问题，引导他们建立广泛的兴趣并从各个角度观察社会，从而提高他们认识社会的能力。

第二节　学习环境对学生健康的影响

学习环境的好坏直接影响学生的身心健康，1990 年 6 月 4 日，国家教育委员会及卫生部联合颁发了经国务院批准的《学校卫生工作条例》

青少年卫生保健工作是以学校为主体来实现的。卫生部门要给予技术指导并进行卫生监督。社区保健医师应以医院为后盾，在医疗及预防的技术措施上、在健康教育的具体内容上，协助学校做好学生的卫生保健。

一、教室设施及卫生要求

教室的采光照明是学生学习的重要环境，直接影响学生的视力。室内采光状况如何，课桌面上是否有足够的照度，取决于自然采光和人工照明两个环节。

（一）自然采光

1．教室自然采光的卫生要求　课桌面和黑板面上有足够的照度，照度分布比较均匀，避免发生较强的眩光作用，造成愉快、舒适的学习环境。为了提高室内照度，教室的采光窗应适当地加大，窗的上缘尽可能高些。窗的透光面积与地面积之比（玻地面积比）不应低于1:6。光线应来自左侧，以免造成手部阴影。为减少眩光，设置黑板的前墙不应设窗。除北向窗外，均应备有半透明窗帘。为防止黑板的反射眩光，黑板表面应采用耐磨和无光泽材料。

窗下缘过高时，靠窗墙侧的桌面上光线不足。故窗下缘高度（窗台高）不宜高于1m，不宜低于0.8m。窗间墙宽应不大于窗宽的1/2。最好是设计成带形窗。

教室外面的建筑物、墙壁或高大树木等遮挡物体，对室内采光影响很大。为使离窗最远的课桌上获得较好的光线，要求最小开角［即课桌面的测定点到对面遮挡物（如建筑物等）顶点的连线同该测定点到教室窗上缘连线之间的夹角］不小于4～5°，对面遮挡物至教室之间的距离（即建筑物间距）最好不小于该建筑物高的2倍（指北京地区，此时南向房间冬至这一天满窗日照时间可达2～3小时）。

窗玻璃的清洁程度、墙壁、天棚以及室内设备的色调，对室内照明也有很大影响，如普通玻璃遮光率为10%左右，而被尘埃污染的玻璃遮光率可达20%～30%或更多。

为改善教室的采光照明条件，房间各表面应采用浅色的装修。有资料表明，桌椅为黑色的教室照度比绿色的照度低12%。要经常保持门窗玻璃的整洁。天棚和墙壁要定期清扫和粉刷。采光窗外如有建筑物遮挡，该遮挡物也应刷成浅色。《中小学校教室采光照明卫生标准》规定，房间各表面的反射系数值如表7-1所示。

表7-1　教室各表面的反射系数值

表面名称	反射系数（%）	表面名称	反射系数（%）
顶　棚	70～80	侧墙、后墙	70～80
前　墙	50～60	课桌面	35～50
地　面	20～30	黑　板	15～20

2．计算室内光的量和单位

（1）光通量：表示光源向四周空间发射的光能总量，单位是流明（lumen，lm）。

（2）发光强度：不同光源发出的光通量在空间的分布是不同的。即使是同一光源，其光通量在空间各个方向的分布也不一样。如在加上灯罩之后，分布情况又有所变化。故必须了解光通量在空间的分布即光通量在空间的密度。表示光通量在空间的密度的量称为发光强度。发光强度的单位是坎［德拉］（cd），它是光源在给定方向上的发光强度。如 40 瓦的荧光灯管，若安装在 1 个 6cm 宽刷白漆的木板上，则灯管中央向下方的发光强度为 300cd。

（3）光照度：表示被光照射平面上的光通量密度，即被照平面上单位面积所接受的光通量数值。其公式为：

$$E=\frac{F}{S}$$

式中：E—照度，F—光通量（单位：lm），S—面积（单位：m^2）

照度的单位是勒克斯（lx，原称米烛光）。1 勒克斯等于 1 流明的光通量均匀分布在 1 平方米的被照表面上所产生的照度。某表面的照度与光源在该方向的发光强度和入射角的余弦成正比，与光源至该表面的距离平方成反比，以公式表示如下：

$$E=\frac{I_a\cos\alpha}{d^2}$$

式中：E—照度，Ia—光源在该方向的发光强度，α—灯的下方的垂直线与灯至照度测量点之间的夹角，d—距离（单位：m）。

上述公式称为平方反比定律。

（4）光亮度：表示发光表面明亮度的量。光亮度的单位是坎德拉/平方米（cd/m^2）。

一个漫反射表面的亮度可大体用下式求得：

$$B=\frac{\rho E}{\pi}$$

式中：B—亮度（单位：cd/m^2），ρ—该表面的反射系数，E—照度（单位：lx）。

常见的白炽灯丝亮度约为 $300\times10^4\sim500\times10^4 cd/m^2$，荧光灯表面亮度约为 $800\sim900cd/m^2$。

（二）人工照明

采光条件较好的教室，白天一般不需要人工照明，但在冬季以及在阴雨天或者在校进行早、晚自习，特别是教室采光窗前有遮挡的情况下，必须开照明灯。《中小学校教室采光照明标准》规定，“凡教室均应装设人工照明”。教室人工照明的主要卫生要求与自然采光的卫生要求基本上是一致的，即保证课桌面和黑板面上有足够的照度；照度分布均匀，不产生或少产生阴影；没有或尽量减少眩光作用；安全和有良好的空气条件（不因人工照明而使室内气温过度增高或使空气受到污染等），造成具有舒适感的学习环境。

教室的灯光布置应满足人工照明的主要卫生要求。教室课桌面上照度的大小取决于灯和灯具的种类、功率、数量以及墙壁、天棚面等的颜色。照度的均匀度与灯的数量、灯具形式、布置方式特别是与灯的悬挂高度有关。一般来说，均匀度是随悬挂高度的升高而加大的（表7-2）。

表7-2 课桌面照度与灯悬挂高度的关系（普通白炽灯6×100W）

灯与桌面距离（m）	课桌面照度（lx）			照度均匀度（最低/平均）
	最高	最低	平均	
0.5	280	19	67.4	0.3
1.0	140	27	58.7	0.5
1.5	90	24	52.4	0.5
2.0	65	36	50.8	0.8

注：教室面积为53.4m^2（8.7×6.14）

（三）教室的通风

通风的目的是通过空气的流动，排出室内的污浊空气，送进室外的新鲜空气。在卫生要求上，除需供给一定量的新鲜空气外，还要保证有适宜于儿童少年身体健康的微小气候（气温、气湿和气流）。在炎热的天气，室内需要流速较大的、温度较低的空气；在寒冷的天气则需要流速较小的、温度较高的空气。室内微小气候的调节是与通风的形式和设置有密切关系的。

通风的形式可以分自然和人工通风两种。一般学校大多采用自然通风形式。根据测定，在室内外温差为1℃时，经1小时，1m^{2}的墙壁仅能通过0.25m^{3}的空气，只靠此远远不够，故必须规定教室的换气次数。换气次数取决于每名学生每小时的必要换气量和每名学生所占教室容积（气积）。根据计算，每名学生每小时必要换气量：小学生不应低于11m^3，初中生不应低于14m^3，高中生不应低于17m^3（中学生平均每小时必要换气量为15.5m^3），《中小学校建筑设计规范》规定，每名学生占教室面积：小学为1.1m^2，中学为1.12m^2；教室净高：小学为3.1m，中学为3.4m，则每名小学生所占容积应为3.41m^3，每名中学生所占容积应为3.8m^3。因此要求小学教室每小时换气次数不应少于3次，中学教室最好不少于4次。

（四）教室的采暖

在冬季尤其在北方地区的寒冷季节里，若维持室内有一定的气温，同时又要使空气保持一定的清洁度，必须从两方面解决。即在实行通风换气的同时，还要保证有合理的采暖方式。学校的采暖方式可分为集中式和局部式采暖两种。

集中式采暖有蒸气式采暖和热水式采暖。蒸气式采暖时散热片的表面温度较高，容易引起儿童的烫伤以及使有机尘埃燃烧而造成臭味。此外，在停止供气时，散热片很快冷却，使室温有较大的波动。热水式采暖，经锅炉加热后水温不高于95℃，散热片表面温度不高于70℃。当停止供热水时，散热片中的热水逐渐冷却，室内温度波动较小，所以，在教室内以集中的热水式采暖为宜。

平铺辐射式采暖也是集中的热水式采暖的一种。即将室内散热片改为迂回式导管，平铺在室内地板内、内墙或天棚内。此种采暖方式的优点是容易调节室内气温，使室内各处气温比较均匀，节省室内面积，并可防止儿童的外伤。较好的采暖方式是空气调节，但造价高管理也比较困难，在学校不易推广。

在规模较小的中小学校里，往往采用局部采暖方式。如在我国北方采用火炉、火墙或地炕等。其中以地炕和火墙形式较好（室内温度较均匀）。烧炕在教室外，以避免烟和灰尘进入室内。同时也要防止地面和墙面漏烟。用火炉采暖时一定要安装烟筒，以便排烟。为尽量使室内气温均匀，应在室内前后各设一炉，炉周围应安放隔热铁板或栏杆。要注意防止CO中毒、烫伤、火灾和烟尘飞扬等。

（五）课桌椅

课桌椅是培养学生良好坐位姿势的重要外界环境，它与脊柱弯曲异常及近视眼的发生有一定的关系，也是影响学习作业能力及身体功能状态的一个因素。

对课桌椅的基本要求是：① 课桌椅要满足教育上的需要，如写字、看书和听课等。②在满足教育需要的基础上，提出卫生学要求：课桌椅要适合就座儿童的身材，提供良好的坐姿，少产生疲劳，不妨碍儿童的正常生长发育，保护视力。③ 坚固、安全、美观、造价低廉，不妨碍教室的彻底清扫。

一般而言，椅高为身长的2/7或小腿长度，桌子高度为身长的3/7或坐高的1/3+小腿长度。课桌椅最好选用可随意调整高度者；同时为避免反光，宜选用无光泽且色深的油漆。

（六）厕所

为保证建筑物的清洁及学生入厕方便，在教学楼内最好设置水冲厕所。中小学校建筑设计规范规定：小学教学楼学生厕所，女生应按每20人设一个大便器（或1m长大便槽）计算；男生应按每40人设一个大便器（或1m长大便槽）和1m长小便槽计算。中学、中师、幼师教学楼学生厕所，女生应按每25人设一个大便器（或1.1m长大便槽）计算；男生应按每50人设一个大便器（或1.1m长大便槽）和1m长小便槽计算。此外，教学楼内厕所，应按每90人设一个洗手盆（或0.6m长盥洗槽）计算。要求厕所内均应设污水池和地漏。室内厕所应设在楼的一端，并向外开窗，不应对向教室、教师办公室。

室外厕所应设在游戏或运动场所的边角处，但也不宜距教室过远。同时要考虑设置在通风和光照条件良好，在教室、宿舍的下风向的地方。厕所要经常进行消毒和清扫并有防蝇设备。

二、学校作息制度

作息制度一般是指一日生活制度，即对一昼夜内的学习、劳动、课外活动、进餐、休息和睡眠等，合理规定其时间分配和交替顺序。学校作息制度还包括学年和学周的安排。

（一）作息制度的基本原则

1．区别对待，为不同年龄阶段和不同健康状况的青少年分别制订作息制度；

2．按照大脑皮层的功能特征和脑力工作能力变化规律，合理安排活动和休息的交替；

3．既满足规定的学习任务，又能保证身心健康，德、智、体、美、劳全面发展；

4．学校与家庭的作息制度相互协调统一；

5．作息制度一经确定，不要轻易改变。

遵守合理的作息制度能保证劳逸结合，生理生活需要获得满足，起到促进生长发育，加强身体抵抗力和预防疲劳的重要作用。同时，由于各种活动是按一定顺序有规律地进行的，便于动力定型形成，能显著节省神经细胞的功能损耗，也使神经过程变得更加均衡和灵活，从而大大提高学习能力和学习效率。

（二）学年安排

学年安排的重心是合理安排一年中的学习、劳动和假期。根据教育的统一安排实行学期和假期轮换，使学生在连续几个月的紧张学习后有一段较长时间的休息以恢复学习能力。

小学生发育尚不成熟，持久工作能力较差，所以他们的学期要短些，假期应长些。寒暑假的起止日期应视各地气候特点，在充分考虑气候对生理功能和学习能力影响的基础上，作出适应规定。我国国家教育委员会颁布的《全日制中小学校工作条例》明确规定，寒暑假中学应有两个月，小学两个半月；劳动时间中学每年最多一个月，小学四年级以上每年最多半个月。农村学校可根据当地农事季节安排假期，增放农忙假，但包括寒暑假在全年假期安排不得超过三次；应保证农村学生每年至少一个月的休息时间。

教学大纲规定的教学任务须在学期内完成。假期不应用来补课，可组织些诸如郊游、科技夏令营、文艺欣赏等有益于身心健康的活动，但同样不能过多地占用学生的自由活动和休息。

学年内学习任务的分配应充分考虑学生在学年中的工作能力变化规律。例如，每学期的教学内容应从学期初逐步加重，教学进度要循序渐进，学年末应少安排新课多安排复习，等等。

学年开始时的准备和组织工作很重要。开学初可带领学生熟悉学校环境，组织师生座谈，了解学习任务和作息制度，说明学生守则，安排座位等。还可通过家访，沟通学校与家长联系，培养师生感情。这些做法能使学生对学习生活和学校环境尽快建立条件联系，带着良好情绪进入新学年。还应特别注意对一年级新生的照顾。因为他们生活自理能力较差，活动方式刚从游戏转为学习，对课业负担、课堂纪律一时尚不能适应。对他们的要求应逐步提高、顺利完成对环境的适应。

（三）学周安排和课程表编制

根据学生一周内的脑力工作能力变化规律，星期一的学习任务不宜过重；星期六应安排较轻的学习。如果能把劳动课、社会实践活动等安排在星期四，常可显著提高学生下半周的工作能力。周末布置作业不要太多，以免影响星期天休息。

课程表编制是把上述学周安排付诸实施的主要手段，同时还应充分考虑学生在学习中的脑活动规律。最难的课一般应排在上午第二、三节，最容易的排在上午第四节和下午末节。早晨第一节课前安排短时间早读，可帮助学生适应大脑皮层的始动调节。课程的难易程度大多视抽象逻辑思维等的难度而定，但也不绝对。通常认为数学、物理和化学等最难，其次是外语、语文、生物、历史和地理等；比较容易的是音乐、体育、图画和手工等。

课程表编制还应充分考虑大脑皮层镶嵌式活动的特点。除作文、实验等特殊需要外，一般不要连排两节相同课程。对小学生尤其应注意这一点。否则，同样的教学内容，同一教师的形象、语言和动作很容易形成单一刺激。这种单一刺激使学生提前出现疲劳、学习效率降低的重要原因。相反，如果在文化课间插入体育、手工、图画等课程能提高学习效率。

（四）一日生活制度

一日生活制度安排是教育过程卫生的重要因素。评价某学校的生活保健制度是否合乎卫生要求，往往需从调查一日生活制度入手。

1．课业学习　课业学习负担主要取决于上课和自习时数。因课业负担过重导致一日作息制度破坏，睡眠和户外活动不足，是造成儿童身心发育不良的重要因素之一。儿童年龄愈小，大脑皮层的兴奋过程愈占优势，兴奋和抑制过程也都愈容易扩散而致疲劳，因此学习时间应该愈短。我国现行教育制度明确规定，学生每日学习时间（包括自习和课外活动），小学不应超过 6 小时，中学不应超过 7 小时。中学生每日早读 40 分钟，上课 6 学时（上午 4 节、下午 2 节，包括自习）。

2．课外与校外活动　课外与校外活动包括体育锻炼、文艺、科技、社团活动和社会公益劳动等。这些活动既可促进身心发育，提高社会适应能力，又能起到使大脑皮层的不同区域按镶嵌式轮换工作的作用。但活动过多过频，也会造成体力、脑力负荷过重。

3．睡眠　正常睡眠是大脑皮层抑制过程广泛扩散的结果。

睡眠时间应随年龄和健康状况而异。小学生每天应睡足 10 小时，中学生 9 小时，大学生 8 小时。体质虚弱、大病初愈的低年龄儿童则至少应保证 10～11 小时。除要求足够时间外，睡眠还要保证深度。为此，应尽量创造良好的睡眠环境，养成定时睡眠和起床的习惯，睡前避免各种精神刺激。

4．休息　休息是消除疲劳的重要措施，休息也决不能用睡眠取代。例如，课间休息应采用活动性休息方式，到室外呼吸新鲜空气、散步、闲谈、游戏或远眺等，既消除脑力疲劳，又能放松眼的调节，松弛因维持坐姿而造成的肌肉静止性紧张。

午休对消除上午的学习疲劳、保持下午和晚上的学习效率有重要意义。午休应以静息性休息为主，炎热季节应保证有短时间的午睡。

5．自由活动　学生应每日有一定的自由支配时间，从事个人爱好的活动、生活自理和帮助做家务。小学四年级以下每日应有1～1.5小时，四年级以上到高中应有1.5～2.5小时，但每日看电视时间不应超过1小时，以免干扰其他作息。

6．进餐　进餐应在合理膳食制度（即科学合理地安排每日进餐次数、时间及热量分配）下定时定量，使胃部负担均衡适宜；并使进餐时间成为条件刺激，形成动力定型，即进餐时正当食物中枢兴奋，引起良好食欲，保证食物充分吸收利用。

三、阅读和书写

（一）阅读

看书是与视觉活动有密切联系的脑力活动。书籍上的文字、插图、符号等都是视觉的刺激，而对每个文字感觉时间又是非常短暂的。书籍的印刷质量不仅影响到学习效果，而且对保护学生视力具有重要意义。因此，书籍必须符合以下几方面卫生学要求：

1．书籍上的文字及插图、符号等要清晰够大，文字的排版要考虑便于阅读。

2．质地结实、装订合理，文字与质地间要有明显的对比。

3．防止传播某些传染病，过分破旧的书籍应废止使用。

（二）书写

在中小学校，主要是黑板和文具，它们与视觉卫生联系密切，应该给予重视。

1．黑板　教室的黑板应书写流畅，无眩光，易擦拭，书写时不产生噪声。因此，黑板表面应为耐磨材料制成。如磨砂玻璃黑板经磨砂处理后，长期维持表面磨砂状态而不产生眩光现象。常用的黑绿色磨砂玻璃黑板及木制树脂涂面黑板使用效果较好。普通木制黑板易膨胀造成表面凸凹，易脱色、字迹不清楚，书写不流畅；水泥或白灰加麻制做的黑板，油漆或脱落、脱色，书写困难，字迹不清楚，学生难辨认；白色涂漆的铁皮书写板产生眩光，难擦拭等。后面这几种都有明显缺点，不符合卫生要求，不宜采用。此外，书写时要尽量少用颜色粉笔，因颜色粉笔多含有毒物。用湿布擦黑板，黑板下缘有小槽，可以防尘。吸粉尘的黑板擦值得推荐。

2．文具　用钢笔写字的作业本，所用纸张应致密，不被墨水浸透，从纸的背面不应看到正面所写的字。作业本的页数不宜太多，以免使用日久破旧污染。

学生用的蜡笔、绘画颜料、墨水以及新出现的儿童作业纸张都不应含有毒色素或其他有毒物质。小学低年级不宜使用圆珠笔。

铅笔是学生的主要文具。铅笔杆上所涂颜料的上面应有不脱落、不溶于唾液的透明漆膜。按国家卫生标准规定，铅笔涂漆层中总铅的含量不应超过2500mg/kg（2500ppm），可溶性铅的最高允许含量不应超过250mg/kg（250ppm）。本标准限定的数量达到国际一般水平。笔杆直径约为0.8cm。铅笔以中等硬度（HB）为宜，学龄儿童不要使用太硬的铅笔，不要写太小的字。

第三节 合理营养与体育锻炼

一、合理营养与平衡膳食

合理营养的实现不仅应尽量满足儿童少年对各种营养成分数量和质量上的需求，而且需由平衡膳食及合理膳食制度作保证。

青少年的营养特点可归纳为：①各种营养素需要量（以公斤体重计）高于成人；②生长发育高峰期各种营养素需求量更大；③个体差异较大；④年龄越小，营养缺乏病发病越高，营养特点越明显。

(一) 合理营养

1. 平衡膳食　膳食由多种食物组成，每种食物都含有不同营养素。除新生儿和婴儿早期仅靠母乳可满足需要外，其他各年龄的人都不能只靠某种单一食物生存。平衡膳食，是指摄入的各种食物品种、数量和质量与儿童少年身体需要相平衡。包括以下几类食物：

(1) 粮食类：在我国膳食构成中占主导地位，是热能和蛋白质的主要来源。

(2) 高蛋白质类：瘦肉、鱼、禽、蛋、豆制品等。小学生每日至少应摄入50～100g,中学生每天应达到100～150g。如果具备条件，每人每日摄入250ml牛奶则有利于促进儿童少年生长发育。

(3) 蔬菜水果类：是维生素和矿物质主要来源。每日应保证500g，其中绿叶蔬菜应占50%。

(4) 烹调油类。

膳食除上述四类食品外，还应品种多样化。

2. 平衡膳食要求

(1) 各类食物搭配：粗细粮搭配可使粮食中的各类蛋白质互补，提高蛋白质营养价值。荤素搭配也可有利于食物的蛋白质互补并调节机体酸碱平衡。食物酸碱性取决于所含矿物质种类而不是有机酸。有些水果中的有机酸使它有酸味，但在体内氧化生成二氧化碳和水，不影响机体酸碱平衡。动物性食品含丰富的氯、硫、磷等非金属元素，在体内氧化成酸根（如$^{-}NO_2$，$^{-}PO_3$或$^{=}SO_3$等），属酸性食物。植物性食品如谷类、蔬菜和水果中含钠、钾、镁等金属元素多，在体内则生成碱性氧化物。所以，植物性与动物性食品的合理搭配有利于机体酸碱平衡调节。

(2) 合理烹调，减少营养素损失：烹调时应减少水溶性无机盐和维生素的破坏和丢失。做米饭时，尽量减少淘洗水的次数，米汤不应弃去，煮稀饭不宜加碱。制作面食时，尽量减少油炸，以免维生素大量被破坏。尽量选用新鲜蔬菜，先洗后切，少挤菜汁，急火快炒，适当放些醋或勾芡，可使维生素的损失减少。

(3) 注意色、香、味：食物的感观性状对儿童甚为重要。膳食色、香、味俱佳可促进消化液分泌，增进食欲。

(4) 饮食卫生：应保证食物的无毒、无害、无污染和无腐败变质。加工食物应生熟分开，餐具经常消毒；食品中不应有添加剂。

(二) 合理膳食基本卫生要求

1. 良好的饮食习惯　儿童时期正是各种条件反射建立和巩固的阶段，因此培养卫生习惯既重要又有效。自幼养成良好饮食习惯有助于达到膳食平衡，才能充分满足生长发育需要，防止各种营养性疾病。

人对各种食物的喜恶，是后天获得的。所以，家长的引导和增减对孩子良好饮食习惯的养成非常重要。良好饮食习惯主要表现为：

(1) 进餐定时定量：这不仅可增加食物的消化吸收率，同时也有助于保持胃肠道的良好功能。吃零食应适度，不应影响进餐和平衡膳食。

(2) 不挑食、不偏食：这是实现平衡膳食、各种营养成分合理搭配的关键，也只有这样才能满足正在旺盛生长的机体的各种需要。

(3) 不要过多吃糖：糖果主要含碳水化合物，其他营养素很少，过多吃糖会妨碍正常进餐。尤其在吃饭前吃糖或甜食，血糖很快升高，会降低食欲。此外，过多吃糖也是引起龋齿的一种因素。

(4) 摄入盐量要适当：盐的主要成分氯化钠是人体必需的营养成分，钠的主要作用是维持细胞内外渗透压的平衡及酸碱平衡，人体如缺少盐，可造成恶心、无力、甚至休克。但盐量过多可致组织水肿，增加动脉血管张力，血压升高。大量调查证明，食盐摄入过多是高血压的危险因素。每日食盐控制在10g以下为宜。

(5) 吃饭要细嚼慢咽：咀嚼对食物的消化吸收有重要的作用。充分咀嚼还可品尝食物的滋味，满足食欲，增加饱腹感。有人报道，胖人往往吃饭过快，容易引起进食过量。因此，保证充分的进餐时间是有意义的。

2. 合理膳食制度　所谓膳食制度，就是规定进餐的次数和时间以及各餐的热量分配。在合理的膳食制度下，由于定时和定量进餐，胃肠负担均衡，并且进食时间成为条件刺激，使大脑皮层形成动力定型，每次进餐正当食物中枢的兴奋性提高，容易引起良好的食欲，保证食物正常的消化、吸收。

儿童少年每天胃可容纳食物量7～11岁为2100～2300g，11岁后为2400～2700g。食物从胃肠道排空时间随年龄而增长，如胃的排空时间，学前儿童为3～4小时，学龄儿童少年为4～5小时。食物从肠道排空时间差别更大（分别为22～32和48小时），因此，学前儿童应采用四餐制，各餐相隔3～4小时，学生可采用三餐制，各餐间隔4～6小时。餐间隔时间过长或过短，均可引起胃液分泌在质和量上发生改变，食欲减退，消化能力减弱。

各餐的热量分配主要由活动情况和食量决定，一般早餐热量占30%，午餐热量占40%，晚餐热量占30%。

每次进餐时间20～30分钟，餐后休息0.5～1小时后再开始学习和体力活动；体力活动后至少休息10～20分钟再进餐。晚餐离睡前至少1.5～2小时。

含蛋白质和脂肪丰富的食物（肉、鱼、蛋、豆类和豆制品等）应安排在早餐和午餐，晚餐则食用蔬菜和谷类食物。

二、体育锻炼

体育锻炼是青少年成长必不可少的一项运动，锻炼与否尤为重要，但必须掌握其基本原则和进行合理的组织。

（一）体育锻炼的基本原则

1．要经常锻炼　体育锻炼良好作用的产生，必须以坚持经常为先决条件。因为体育活动增强机体的防御功能，是通过不断形成暂时性的联系而逐渐适应经常变化着的外界环境来实现的。儿童青少年体育锻炼的积极性更需要在不断坚持运动过程中得以发挥和巩固。

2．要循序渐进、全面锻炼　儿童少年机体对各种锻炼项目都有一个逐步适应的过程。训练时要有计划、有步骤地增加运动量和动作的复杂程序。如突然承担很大体力负荷和从未熟悉的高、难动作，易致过度疲劳，或因神经系统、某些器官高度紧张而发生运动创伤。

同样，学龄儿童少年应注重全面锻炼，利用多种多样的运动项目促进身体在力量、速度、灵敏、耐力、柔韧、弹跳等方面都得到发展。不要片面追求运动成绩或过早侧重于单项训练。只有在全面锻炼的基础上，才能使专项运动成绩不断提高。

3．要有准备活动和整理活动　训练前作适当的准备活动，运动量逐渐增加，可使身体各部分，特别是心脏血管系统有足够时间逐渐提高其活动水平，以适应剧烈运动的需要。准备活动还可消除肌肉、关节的僵硬状态，减少外伤的发生。

人体剧烈活动后，自主神经系统由紧张状态恢复到安静时的水平需要一定的时间。如果赛跑后立即坐下或躺下，大量血液在下肢，而脑部及身体其他部分缺血，容易发生“重力性休克”。因此，为了使躯体和内脏比较一致地恢复至安静状态，必须逐渐减少运动量。一般用慢跑、行走、放松体操及呼吸运动来达到这一目的。

4．运动与休息适当交替　锻炼过程适当休息，可避免生理功能超限负荷，以防止运动创伤或过度训练。每次休息的时间要适宜，保证训练成绩稳步提高。在学校体育教学中，这条原则常常是安排计划、掌握授课进度的依据。

（二）体育活动的合理组织

1．体育课　体育课是对学生进行体育教学的基本组织形式。通过体育课以增强学生体质，掌握体育的知识和技能。学校体育课应符合下列卫生学要求：①课程的内容和负荷量要适合学生的年龄、性别、健康状况和体力的特点；②遵守体育锻炼的基本原则，结构合理，形成适宜的运动密度和生理负担；③教学内容的实施有助于健康、匀称发育和正确姿势的形成；④保持连续性，在每周课程表中应同其他课程有机地结合；⑤授课应有适宜的运动场和专用设备，学生应着运动服进行锻炼。

运动量取决于课程的强度、密度和时间三因素的综合情况。强度是指单位时间内所完成的功，密度是指一节课内学生本身练习时间占全课总时间的比例。体育课的密度应视强度大小及锻炼时间综合考虑，我国有人认为30%～40%为宜，原苏联主张该项指标在普通学校体育教学中应达60%以上。实际上针对不同授课内容、不同年龄段的学生，运动密度可有适当伸缩。

2. 课外体育活动

(1) 早操和课间操：在学生集中住宿的中等学校或大学，坚持做早操，对儿童、青少年增进健康、促进发育很有益处。因为早操除调动学生机体更好的迎接一天的功课，具有教育意义外，还有很大卫生学意义。在适宜的外界环境条件下正确进行早操，可使身体发生许多良好的变化，消除睡眠时大脑皮层的抑制状态，使神经兴奋与抑制过程维持在适当的水平，有利于提高学习效率；早操可改善伸肌与屈肌、物质代谢的协调关系，有助于培养良好的姿势，并提高儿童少年机体对感冒和各种传染病的抵抗力。在以走读生为主的中小学，组织课间操能起到和早操相同的促进作用，而且有助于消除课间疲劳。

(2) 锻炼小组：学校体育教学除必须进行的体育课外，每天应安排1小时左右的体育锻炼。在体育教师指导下，发挥学生体育骨干的作用，组成锻炼小组，利用课外活动时间，按“国家体育锻炼标准”要求的项目进行有计划的锻炼。在学习文化课之后组织体育活动有利于消除脑力疲劳，是脑力与体力之间功能轮换的有效方式。但运动中要特别注意安全保护，防止发生创伤及各种意外事故。

(3) 业余体育训练：参加少年业余体校和学校运动队的学生都必须在体育教师的指导下进行训练。参加训练前应进行认真体格检查，包括心脏功能试验，在各方面均属正常时方允许参加。

业余体育训练的运动量应从每周训练的次数、每次训练的时间两方面进行控制。推荐9～11岁每周训练1～2次，每次1小时；12～15岁每周2～3次，每次1～1.5小时；16～18岁每周3～4次，每次2小时。

第四节　青少年常见健康问题及护理

一、近　视　眼

近视眼与遗传有关，但从小不注意用眼卫生也可促使近视眼的发生。1996年，北京市东城区监测近视的患病率为：小学生为40.8%（其中包括部分假性近视），初中生为42.8%，而高中生则达68%。这说明，近视眼的发生是随着年级的升高而增长的，因此，近视眼是学生常见病的防治重点。

(一) 护理评估

1. 看书时有不良习惯及家族史。

2. 远视力减退，近视力一般正常。可呈外隐斜，少数病人显外斜视。高度近视眼（－6D以上）眼轴较正常人稍长，部分病人表现为眼球突出、玻璃体液化或混浊，病人常觉眼前有黑影飘动。

3. 眼底表现，近视性视乳头弧形斑，多出现在视乳头颞侧，出现在下方者，视力往往不易矫正。豹纹状眼底。视网膜色素分布不匀。黄斑部出现黑褐色 Fuchs 氏斑。近视性视网膜脉络膜萎缩，尤以后极部为著。

4. 社会环境因素　与学生学业负担过重、功课压力大、作业练习过多有关；教室及学习环境采光不符合要求。

（二）护理诊断

1. 感知改变（视觉）——远视力减弱，与用眼习惯不良及遗传有关。

2. 知识缺乏——与用眼卫生知识缺乏有关。

3. 执行治疗方案无效——个人。

（三）护理措施

1. 可行眼区按摩法（如眼保健操），2～3次/日。

2. 常望远，注意节约目力，避免视疲劳。

3. 纠正看书时的不良习惯，避免头部剧烈震动。

4. 给予高蛋白、富含维生素的饮食。

5. 对于看黑板字有困难及近视较深者，通过散瞳确诊为真性近视后，应佩戴合适的眼镜。戴眼镜矫治视力是广大近视者所接受的最有效的矫治方法。那些宣传用药物治疗近视等方法大多没有肯定效果。近年来进行的手术治疗及准分子激光照射治疗，皆因远期效果还不肯定，而且价格昂贵，尚不被广大患者和家长接受。

（四）健康教育

原则：抓小，抓早，采取综合措施。

1. 减轻学生课业负担，避免作业时间过长，减少视力疲劳。

2. 合理安排学生作息制度，劳逸结合，让学生坚持上体育课，参加户外活动，做好课间操、眼保健操。

3. 加强保护视力的宣传教育，使学生从小做到“二要”、“二不要”。

二要是：读书写字姿势要正确，眼与书本距离 30cm；连续看书写字 1 小时左右要休息片刻或望远片刻。

二不要是：不要在光线暗处及直射阳光下看书；不要躺在床上及走路或乘车时看书。

教育儿童看电视时，眼与电视屏幕的距离应为屏幕对角线的 5～7 倍。每看电视 30 分钟到 1 小时左右要休息片刻。

4. 改善学习环境的条件　教室采光不良应设法改善，如加大窗户或用人工照明。学生晚自习时桌面要有足够的亮度，每学期应按学生身高调整合适的桌椅。

5. 定期检查视力并分别实施管理　每学期应对学生进行视力检查。凡是视力为 5.0 者属边缘视力，应加强监测和落实保护措施，防止视力继续低下；对视力在

5.0以下者应进一步将假性近视筛查出来，并给以云雾法矫治，还要加强用眼卫生教育，进行行为指导，使视力恢复到正常。

6. 高度近视者不宜作剧烈运动，尤其应避免头部震动，以防视网膜脱离，眼底出血。

二、沙 眼

沙眼指由沙眼衣原体（chlamydia）引起的一种慢性传染性结膜角膜炎。

近年来由于生活条件的改善，沙眼发病率已在逐年下降。据报道城市学生的沙眼发病率为7%左右，是学生中常见病之一。

（一）护理评估

1. 轻者可无任何病史可询，仅在查体时发现。沙眼活动期，病人常有轻重不等的异物感、畏光、流泪、少量分泌物和视疲劳等。部分有并发症的病人，则有相应病史。

2. 检查上穹窿部和上睑板结膜血管模糊充血，乳头增生或滤泡形成或二者兼有。在该项的基础上，并有下列三项中之一者可诊断为沙眼。

(1) 用放大镜或裂隙灯显微镜检查，可见角膜血管翳侵入角膜上方1/2为P_2；血管翳侵入角膜上方1/2和下方1/4为P_3；多于P_3者为P_4。

(2) 上穹窿和/或上睑板结膜瘢痕。

(3) 结膜刮片检查发现沙眼包涵体。

3. 沙眼的临床分期见表7-3。

表7-3 沙眼的临床分期

分期	依 据	分 级	活动病变占上睑板结膜总面积
Ⅰ	上穹窿部和上睑结膜有活动性病变（血管模糊、乳头增生、滤泡形成）	轻（+） 中（++） 重（+++）	<1/3 1/3～2/3 >2/3
Ⅱ	有活动性病变，同时出现瘢痕（血管模糊、乳头增生、滤泡形成）	轻（+） 中（++） 重（+++）	<1/3 1/3～2/3 >2/3
Ⅲ	仅有瘢痕而无活动性病变		

（二）护理诊断

1. 眼结膜角膜感染：与不注意眼部卫生而感染沙眼衣原体有关。

2. 知识缺乏：缺乏防治沙眼知识。

（三）护理措施

1. 注意眼部卫生。

2. 严密消毒隔离，切忌包扎患眼。

3. 药物治疗抗菌药物类眼药是常用的有效药物。氯霉素眼药水等，每日点眼4次，连用2个月。或用0.1%利福平眼药水或膏，治疗效果更好，此药不宜在室温下长期保存。

（四）健康教育

1. 向学生讲解沙眼的危害，使学生建立良好的卫生行为习惯。提出一人一毛巾，用流动水洗脸，养成勤洗手、勤剪指甲以及不用手揉眼、不用脏手绢或衣袖擦眼的好习惯。

2. 保护视力　① 适当休息，保证足够的睡眠，不宜过多使用目力，病轻者阅读的时间不宜过长，病重者不宜阅读书报、看电视，使目力不致过度疲劳而加重眼病。② 保持眼睛清洁，洗面毛巾不与人共用，并应经常洗晒，养成不用手揉眼擦眼的习惯。

3. 饮食宜清淡，易于消化，忌食辛辣及虾等发物。

三、龋　　齿

儿童乳牙龋患发生率很高，到9岁可达87%，以后因乳牙脱落即无乳牙龋可言。恒牙龋在儿童6岁时患龋率已达22%，以后逐年上升，最高时在15～17岁，可达68%左右。因此，防龋工作是青少年保健中的一项繁重任务。

（一）护理评估

1. 龋齿多发生于6～9岁、12～20岁、中年以后，特别是饮用低氟水的地区，好发于睡前吃糖类食物或久病体弱的儿童。其进展快慢不一，多与牙患病与健康状况有关，有的在短期内全口牙齿迅速龋坏呈黑色，称猖獗龋。

2. 病变浅可无症状，病变深及牙本质或牙髓，可出现过敏和疼痛。随着病情发展，可有牙髓炎、根尖周炎、牙槽脓肿、急性蜂窝织炎或颌骨骨髓炎等反复发作。

3. 牙体不易自洁的滞留区，特别是磨牙咬合面的沟隙或牙列拥挤嵌塞食物处易发现龋病。其龋坏深度分三种。

（1）浅龋：病变仅局限于牙釉质或牙骨质，局部可见白色或灰黑色龋斑。

（2）中龋：病变较深，累及牙本质浅层，局部变黑，对冷、热、酸、甜等刺激敏感。

（3）深龋：病变深及牙本质深层而接近牙髓腔，遇食物嵌塞或冷、热、酸、甜等刺激均产生疼痛，局部多见黑洞。

若用口腔科探针由患牙光滑面向患处探移滑动，针尖落入洞内，可探其深浅和范围，浅龋探之无感觉，中龋敏感，深龋极敏感或疼痛。

4. 摄牙片见龋坏处呈黑色阴影。

（二）护理诊断

1. 疼痛　与龋齿损伤牙髓有关。

2. 有感染的危险　与龋齿导致牙髓炎、牙槽脓肿、急性蜂窝织炎等有关。

3. 知识缺乏　预防龋齿知识缺乏。

（三）护理措施

1. 合理营养　牙齿发育除需要足够的蛋白质外，最重要的营养素是维生素C、D和无机盐（如钙、磷等）。教育儿童不要偏食，食品要尽量多样化。

2. 药物防龋　氟化物防龋已被国内外所肯定。使用含氟牙膏简单易行，常年使用可减少龋齿15%～30%。国内外均有报道，用1%或2%含氟水溶液刷牙漱口者，可降低龋齿发病率40%左右。

3. 防龋新技术　恒磨牙的“窝沟封闭”。经调查90%的龋齿是发生在儿童的恒磨牙上。恒磨牙是从中间往后数第六、第七颗牙。第六颗牙就是所谓的“六龄牙”，是在6、7岁时萌出的。第七颗牙在12～13岁时萌出。上下左右共8颗恒磨牙。恒磨牙刚刚萌出时钙化不完全，在结构上一面有较深的沟隙，极易藏留细菌及食物残渣，所以是龋齿的好发部位。“窝沟封闭”就是用一种高分子的液态树脂涂在清洗干净的、萌出不久的恒磨牙咬合面上，使树脂渗入窝沟，然后用固化灯照射，固化成一层坚固的保护膜，阻止食物残渣及细菌的侵入，从而达到防龋的目的。这是一项价廉简便的防龋方法。应动员在儿童6～15岁时定期检查恒磨牙的萌出，及时进行“窝沟封闭”预防龋齿。

（四）健康教育

向学生宣传介绍预防及防止齿龋继续发展的方法。

1. 早晚刷牙，使用正确方法刷牙。

2. 注意营养，多进食富含钙质（如动物脆骨、排骨）、维生素D的食物。

3. 进食后及时漱口。

4. 叩齿　上下牙对击出声，300下/次，每日早晚各1次。早晨叩齿时，可以将温盐水含于口中，再行叩齿。

5. 限制糖食，忌食辛辣食物。

四、脊柱弯曲异常

脊柱弯曲异常（简称脊柱弯曲）是儿童少年常见的体征或疾病。患脊柱弯曲的儿童，其背腰部肌群经常处于紧张状态，久之这些肌肉会发生劳损而引起疼痛。严重的可致胸部畸形，影响心肺血液循环、呼吸和消化功能，使肺活量减少，工作、活动时容易疲劳，从而影响发育和运动能力。此外还影响体型美和心理状态。较重的脊柱弯曲是造成兵役体检不合格的原因之一，也可使从事某些专业（如高空、矿业、航船驾驶、文体等）受到限制。儿童少年中的脊柱弯曲大多是姿势性的。姿势性脊柱弯曲分为脊柱侧弯、后凸（驼背）、前凸和平背（直背）。

（一）护理评估

1. 姿势性脊柱侧弯或后凸的特点是　①侧弯或后凸的程度轻，一般为Ⅰ度和

Ⅱ度；②查不到造成异常弯曲的病理原因，不恶化，预后良好；③检出率的高低，因学习生活条件改变而有变化；④体育运动和矫正体操有良好的防治效果。

2. 特发性脊柱侧弯症　此病在儿童时期即可发生，但主要发生在青春期。其特征是：①初期体征与固定性姿势性侧弯相同，但发展迅速，很快达到Ⅲ度（Ⅲ期）；②伴有严重脊柱畸形；③多发生在青春期，生长停止后不再进展；④矫正体操不但无效，反而加重。这类病理性侧弯的原因尚不甚明了。有人认为可能与遗传有关（有较高的家族聚集性），也可能有神经-内分泌因素。多发生在女性（男女之比约为1∶4至1∶7），主凸部多在第8、9、10胸椎，多数为右凸。在患有固定性侧弯的中小学生中，这种特发性侧弯约占3%～5%。

3. 脊柱发育不良和病理性的脊柱侧弯或后凸（如脊椎结核、外伤、脊髓空洞症等），大多表现为Ⅲ度，同特发性脊柱侧弯一样需要做脊柱矫形或手术。

4. 脊柱弯曲异常按成因和性质可分类如下：

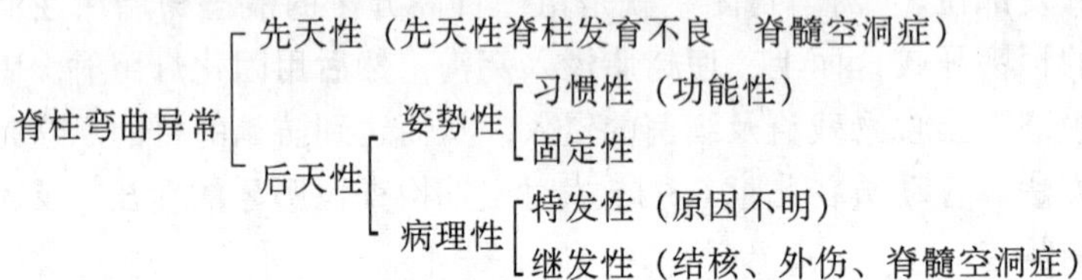

（二）护理诊断

1. 生长发育改变与脊柱侧弯有关。

2. 自尊紊乱与体形畸形有关。

3. 功能障碍性悲哀：与身体畸形影响功能有关。

（三）护理措施

可将已患有姿势性脊柱弯曲异常的儿童们组织起来，每天做1～2次脊柱弯曲矫正操。做矫正操的目的是消除一部分肌肉的挛缩或扭转，增强另一部分肌肉的紧张力，改变不正确的姿势。在组织儿童做矫正操时应注意：①合理分组。在全面进行锻炼的同时要有针对性地做矫正运动。可分为脊柱右凸、左凸和驼背三组。右凸组多做向右弯运动，左凸组多做向左弯运动，驼背组多做伸直脊柱的运动，但注意不要使腰部前凸。②有足够的运动量。可用体育课的形式每天做一节课。同时配合肋木、单杠、体操棍及垫上运动等。③坚持经常。习惯性脊柱弯曲经2～3个月矫正可恢复正常，固定性的需要较长时间。④矫正期间尤应做到姿势端正，还要注意睡眠时的体态。

脊柱矫正操可用现成的套式，或由体育教师自编。

（四）健康教育

在预防方面应做到：①注意学生的姿势教育，培养良好的读写习惯和正确的坐、立、行姿势，同时应使课桌椅符合学生身高。②读写时光线要有良好的光照条件，应进行左侧采光。③劳动时要注意左右肢体都得到锻炼，避免长时间的屈曲体位。④儿童携带的书包不宜过重（书包重量不宜超过儿童自身体重的1/10～1/8），提倡双肩背书包，不要睡软床。⑤坚持全面的体育锻炼，上好体育课、课间操，开展课外体育活动，同时要注意合理营养，增强体质。⑥定期进行检查，并提醒家长经常注意对儿童的胸脊柱的外貌进行观察，做到早期发现，早期矫治。

五、心理卫生问题

儿童青少年的心理卫生问题（有人称问题行为）常以各种行为方式表现出来，其分类方法，文献记载不一。正常与异常行为很难截然分开，往往是一个量变的过程。由于儿童青少年心理卫生问题在检查方法与诊断标准方面的不一致，给较准确地估计其发生率也带来一定困难。据世界卫生组织1977年报道，在发达国家，3～15岁儿童少年中发生持久、且影响社会适应的心理卫生问题大约是5%～15%。在发展中国家，粗略估计也差不多。一般说来，有心理卫生问题的男孩多于女孩，青春期多于童年期，大城市多于小城镇，小城镇多于农村。

（一）护理评估

对于心理卫生问题的发生率虽然不能精确的估计，但学者们一致公认儿童青少年的心理卫生问题，在当今社会、经济变革的时代，已足以成为卫生保健的一项常见的大问题。儿童青少年心理卫生问题的分类，虽然目前尚未统一，但其行为表现有共同性。儿童青少年心理卫生问题，常以各种行为方式表现出来，根据多数学者的调查研究经验，儿童青少年各年龄阶段的常见心理卫生问题，按主要行为表现大致可归纳为以下五个方面：

1. 学业问题上的表现　这方面表现的行为与学习有关，如学习困难、注意力异乎寻常的不集中、过度活动（尤其在上课时更容易表现出来），自己控制自己的能力特别差（往往影响课堂秩序，影响集体）等等。一般说来，这些问题多发生于小学阶段，尤其是初入学儿童中，大多属于从学龄前期向学龄期过度中的暂时性适应不良。

2. 情绪问题上的表现　表现为情绪不稳、焦虑、孤僻、抑郁、强迫观念、疑病、过分任性、过分冲动等等。遇到这些行为表现时，必须请精神科医生加以鉴别诊断。

3. 品德行为问题上的表现　如偷窃、经常打架、骂人、经常说谎、逃学、攻击行为、破坏行为等，这方面问题往往是男孩多于女孩。

4. 顽固性不良习惯　这些习惯不是在短时间内容易改正过来的。如吸吮手指、咬指甲、遗尿和口吃及其他一些不良习惯。

5. 青春期问题　这些问题常发生在处于青春发育期的青少年。如吸烟、吸毒、酗酒、少女怀孕、家庭暴力、出走、自杀、犯罪等。

（二）护理诊断

1. 个人应对无效　与个人经验及家庭教育有关。如独生子女娇生惯养。

2. 无能为力。

3. 家庭应对无效——潜在性的。

4. 家庭作用改变。

5. 父母不称职。

6. 社交活动障碍。

7. 有孤独的危险　独生子女。

（三）护理措施

1. 应对儿童、教师和家长同时进行指导。这种指导的目的首先在于查明儿童发生心理卫生问题的各种可能原因。为此，一方面要充分尊重儿童的人格，注意倾听他们的诉说。另一方面是满腔热诚地向家长和教师提供咨询和建议，而不是去追究他们的责任。

2. 这种指导应有明确的目标、计划、策略和具体措施。所有这些都应帮助教师和家长朝以下三个方面去努力，即：①为儿童创造一个安定而愉快的家庭和学校环境；②改善对儿童的养育和教育方式；③根据儿童的生理、心理特点，努力培养他们富有弹性的性格和具有适应不断变化的环境和改善环境的能力。

3. 儿童行为指导技能

（1）尽快与儿童建立友好的人际关系，求得良好的感情协调。应允许儿童保持现时的自然状态，使儿童有完全表明自己的情感也不碍事的感觉。指导应对儿童所表露的情感敏锐地加以掌握。

（2）应该充分尊重儿童自己解决问题的能力，让儿童自己负责作出选择和改变行为。

（3）不要急于对儿童的行为、言语加以指导，对他们应先全面了解，然后再进行指导。指导者应使儿童自觉地感到他自己在改变行为过程中也有责任。指导者要循循善诱，不要急于求成，否则事倍功半。

（4）要多次指导。

（四）健康教育

1. 青春期是童年期到成人期的过渡时期。在青春发育期，青少年相对地从外在心理控制转变为内在心理控制，逐渐发育成熟。而咨询者的任务是促进求咨者这种发育成熟的过程，促进他们身心健康发育，提高他们的心理承受力。

2. 在咨询过程中，最重要的方面是咨询者和求咨者之间的关系。建立关系的基础是将求咨者作为一个个体给予尊重。并且，相信求咨者能在指导下最终帮助自己。咨询者必须把这一信念在行动中表现出来，必须帮助求咨者认识到他们能对自己的命运进行一定程度上的控制。为此，他们必须作出决定，还要按这些决定去行动，并能够评价其结果。

3. 咨询者通过让求咨者讲述他们的情况，帮助求咨者更好地了解他们自己。咨询者能帮助求咨者探究他们自己的情感，而不仅局限于事实。咨询者可以告诉他们，情感是不自觉的，一个人往往不能选择情感，不要因为某些情感问题而觉得有负罪感。但是，行为是自觉的，是可以控制的，一个人通常能选择行为，一个人应当对自己的行为负责，一个人可以判断自己的行为，并可由他人判断。

4．即使求咨者的行为“不好”，这并不意味他一定是坏人，咨询者应该接受求咨者。求咨者自动改变不良行为应当得到鼓励。行为的变化能导致情感的改善。咨询者能帮助求咨者选择，而在行为上做出一些变化。首先让求咨者明白，自觉的行为是在自我控制之下，让求咨者体验成功，体验良好的情感。

5．奖励比惩罚对行为变化更为有效。内在的奖赏（自我奖赏）比外在奖赏更为长久。咨询者必须帮助求咨者体验内在的奖赏达到自我激发。对微小变化的自我奖赏的体会，将鼓励求咨者尝试较大的变化。

6．咨询者帮助求咨者了解自身，正视自己，对自我行为的内在控制以及具备较长时间计划的能力是成熟的标志，而这一点是青春期咨询的主要目的。

六、意外伤害

意外伤害对青少年健康的影响近年越来越受到人们重视。由于青少年活泼好动，好奇心强，防范意识和自我保护能力均较差，因此发生意外伤害的可能性也较大。据统计，意外伤害已经成为我国1～14岁人群的第一位死亡原因。青少年发生意外伤害与成年人有所不同，有研究表明，在7～18岁的中小学生中，伤害发生率近半数，且随年龄升高而上升，13～15岁为高发年龄段。发生最多的是跌伤，其次是锐器伤、碰撞伤、交通伤和烫伤，常见的还有动物咬伤、骨卡喉、触电、意外中毒、溺水和爆炸伤等。

学校卫生对青少年意外伤害应重在防范，搞好安全教育，消除可能发生伤害的隐患，使青少年免遭伤害。学校在急性意外伤病处理中承担的任务，是对一些有把握的、较简单轻微的急性伤病能独立处理；而对某些严重复杂的伤病能做及时正确的初步处理，尽可能地保证病情稳定，迅速联系急救中心或医院，尽早地治疗和处理，以保伤者平安（详见第三章有关内容）。

（湖南医科大学　何国平）

第八章　食物卫生与健康

第一节　食物与营养

一、营养的概念

食物是维持机体正常生理、生化、免疫功能，及生长、发育、繁衍等一系列生命活动的重要因素。人类摄取的食物在体内经过消化、吸收、生物转化、排泄等过程，获得自身生命活动所必需的能量以促进机体生长发育、益智健体、抗衰防病、延年益寿的生物学过程称为营养。食物中的有效成分称为营养素。人体所需营养素的种类很多，可概括为七大类：蛋白质、脂类、碳水化合物、无机盐、维生素、水和食物纤维。它们之间既有独特的营养功能，在代谢过程中又相互联系，共同参与和调节生命活动。营养素主要的功能是供给热能、维持体温；构成人体组成成分；调节代谢过程等。各种营养素能维持机体正常生理功能并达到相互间的平衡，称合理营养。满足合理营养的膳食称平衡膳食。

随着社会和经济的发展，人类更注意对生活质量的追求，营养科学得到了迅速发展并分化为多个学科如临床营养学、公共营养学、儿童营养学、营养流行病学等。人们也普遍认识到营养与健康、营养与疾病、营养与遗传、营养与民族素质的关系。

二、营养素的生理功能、来源、供给量

（一）蛋白质

蛋白质是组成人体的重要成分之一。是构成人体一切细胞和组织的主要组成成分。它是由 20 余种氨基酸组合构成，大多数氨基酸可在体内合成，但有 8 种氨基酸体内不能合成或合成数量不能满足机体需要，必需从膳食中补充，称必需氨基酸即：亮氨酸、异亮氨酸、赖氨酸、蛋氨酸、苯丙氨酸、苏氨酸、色氨酸、缬氨酸。婴儿的必需氨基酸为 9 种，即外加组氨酸。

蛋白质的主要生理功能：

1．供给人体蛋白质生物合成所需要的各种氨基酸，是酶、激素、血红蛋白的重要构成成分。

2．维持机体内酸碱平衡，调节水分在体内的分布。

3．传递遗传信息，参与机体免疫。

4. 供给热能。

机体缺乏蛋白质可出现婴幼儿和青少年生长发育迟缓、贫血、甚至智力发育障碍，成人则出现易疲劳、易感染、病后恢复慢、创口不易愈合等表现。

含蛋白质较多的食物为鱼、肉、奶、蛋、豆及豆制品等，谷类食物也含有一定量的蛋白质。我国膳食习惯以粮谷类为主，但粮谷中蛋白质的生物学价值相对较低，故在饮食中应多提供一些优质蛋白质。一般认为膳食中动物性蛋白质的含量如能达到总蛋白质含量的30%左右，蛋白质的营养价值将明显提高。蛋白质的供给量以蛋白质生热量占膳食总热量的10%～12%为宜，儿童、青少年以12%～14%为宜。

（二）脂类

包括脂肪和类脂质。脂肪即甘油三酯。类脂质包括磷脂、固醇、脂蛋白等。

脂类的主要生理功能：

1. 构成机体组织细胞膜的类脂层。
2. 合成固醇类激素的重要物质。
3. 中性脂肪构成机体的贮备脂肪，具有隔热、保温，支持和保护内脏的作用。
4. 促进脂溶性维生素的吸收。

脂类是富含热能的营养素，每克脂肪在体内氧化可产生38kJ（9kcal）的热量。膳食中有适量的脂肪，可改善食物的感官性状，促进食欲。

构成脂肪的脂肪酸分为饱和脂肪酸和不饱和脂肪酸两种。不饱和脂肪酸有单不饱和脂肪酸和多不饱和脂肪酸两种。在不饱和脂肪酸中，有几种多不饱和脂肪酸在人体内不能合成，必需由食物供给，称必需脂肪酸。目前比较肯定的必需脂肪酸是亚油酸。必需脂肪酸参与磷脂合成，是构成线粒体和生物膜的成分，又是合成前列腺素的原料。有防护 X 线对皮肤所致损伤的作用。

膳食脂类的来源包括烹调用油脂及食物本身含有的脂类。供给人体脂肪的动物性食品主要有猪油、牛脂、羊脂、肥肉、奶脂、蛋等。植物性食物有豆油、向日葵籽油、芝麻油、花生油。一般认为膳食中脂肪供热量占每日膳食总热量的20%～25%，必需脂肪酸的供给量达到总热量的1%～2%即可满足机体的需要。

（三）碳水化合物

又称糖类（单、双、多糖），是机体组织的重要成分。

碳水化合物的主要生理功能有：

1. 供给能量。
2. 构成机体组织细胞的重要成分并参与多种生理、生化活动。
3. 参与脂肪和蛋白质在体内的正常代谢过程。具有解毒和节约蛋白质的作用。

碳水化合物摄入量过多可致高甘油三酯血症和肥胖，摄入过少可致生长发育迟缓，体重减轻，热能不足，还可因过量脂肪分解因氧化不全产生酮体蓄积。

碳水化合物的主要食物来源有：粮谷类、薯类、根茎类蔬菜、豆类（大豆含量较低）、含淀粉多的坚果类以及食糖。水果，蔬菜除含少量单糖外，是膳食纤维的主要来源。碳水化合物在膳食供热比例中占总热能的60%～70%。

（四）热能

1. 膳食中热能来源和能量单位　食物就像燃料，用来维持生命中需要能量的过程。食物的营养素经过氧化后，可产生热能的有蛋白质、脂肪和碳水化合物。由于食物在消化过程中不能完全被吸收，这三种营养素在体内氧化实际产生的热能应为：蛋白质4千卡/克、脂肪9千卡/克、碳水化合物4千卡/克。国际上能量单位用焦耳或千焦耳表示，焦耳单位与卡单位的换算方法如下：

1千卡=4.184千焦耳　1千焦耳=0.239千卡

2. 人体的热能消耗　人体的热能消耗包括以下几个方面：

（1）静息代谢率（RMR）：占每日能量消耗的60%～75%，基础代谢率（BMR）可能稍低于RMR，但两者差别很小，目前普遍用RMR表示基础能量消耗。

（2）运动的生热效应（TEE）：它代表高于基础代谢水平的体力活动所产生的能量消耗。能量的消耗与体力活动的强度呈正相关。

（3）食物的生热效应（TEF）：是指进餐后数小时内发生的超过RMR的能量消耗。一般情况下约占每天总能量消耗的10%。

（4）兼性生热作用：是由环境温度、进餐、情绪应激和其他因素变化而引起的能量消耗变化。这种生热作用低于每天总能量消耗的10%～15%。

3. 膳食中热能供给量　热能供给量参阅中国营养学会1988年修订“每日膳食中营养素供给量”（表8-1）。

（五）维生素

维生素是一类化学结构与生理功能各不相同的物质。大多数维生素不能在人体内合成或合成量满足不了机体的需要，因而必须从食物中摄取。当膳食中某种维生素长期缺乏（如膳食中供给不足、人体吸收利用降低及特殊人群或特殊生活环境条件使需要量增加），即可造成机体代谢紊乱或出现病理状态，形成维生素缺乏症。维生素有20多种，可分为脂溶性和水溶性两大类。脂溶性维生素有A、D、E、K；水溶性维生素有B族，包括B_1、B_2、B_6、B_{12}、烟酸、叶酸、泛酸、胆碱，维生素C等。

1. 维生素A和胡萝卜素　维生素A有促进生长发育，维持上皮组织结构的完整及其正常功能，参与视网膜杆状细胞视紫红质的合成与再生而维持正常暗适应能力及提高机体抵抗力的作用。

维生素A缺乏最常见的临床表现是夜盲症、干眼病和角膜软化，其次是皮肤干燥、毛囊和皮脂腺角化，机体抵抗力下降，易感染传染病，儿童期可致生长发育不良。

但长期过量摄入，对人体健康也有一定危害，可导致蓄积中毒。

维生素A的膳食来源主要包括动物肝脏、各种奶制品（牛奶，干酪，黄油和冰淇淋）和鱼（如沙丁鱼，金枪鱼）。维生素A原类胡萝卜素的常见膳食来源包括

表 8-1 推荐的每日膳食中营养素供给量(中国营养学会 1988 年 10 月修订)

类别	体重(kg)		能量(kcal)		蛋白质(g)		脂肪(脂肪能量占总能量的百分比,%)	钙(mg)	铁(mg)		锌(mg)	硒(μg)	碘(μg)	视黄醇当量(μg)	维生素D(μg)	维生素E(mg)	硫胺素(mg)		核黄素(mg)		烟酸(mg)		抗坏血酸(mg)
婴儿	男	女	婴儿的营养素摄入都不分性别																				
初生～6个月	6.7	6.2	120/kg 体重				45	400	10		3	15	40	200	10	3	0.4		0.4		4		30
7～12个月	9.0	8.4	100/kg 体重		2～4/kg体重		30～40	600	10		5	15	50	200	10	4	0.4		0.4		4		30
儿童			男	女	男	女																	
1岁～	9.9	9.2	1100	1050	35	35		600	10		10	20	70	300	10	4	0.6		0.6		6		30
2岁～	12.2	11.7	1200	1150	40	40		600	10		10	20	70	400	10	4	0.7		0.7		7		35
3岁～	14.0	13.4	1350	1300	45	45		800	10		10	20	70	500	10	4	0.8		0.8		8		40
4岁～	15.6	15.2	1450	1400	50	45		800	10		10	40	70	500	10	6	0.8		0.8		8		40
5岁～	17.4	16.8	1600	1500	55	50		800	10		10	40	70	750	10	6	0.9		0.9		9		45
6岁～	19.8	19.1	1700	1600	55	55		800	10		10	40	70	750	10	6	1.0		1.0		10		45
7岁～	22.0	21.0	1800	1700	60	60		800	10		10	50	120	750	10	7	1.0		1.0		10		45
8岁～	23.8	23.2	1900	1800	65	60		800	10		10	50	120	750	10	7	1.1		1.1		11		45
9岁～	26.4	25.8	2000	1900	65	65		800	10		10	50	120	750	10	7	1.1		1.1		11		45
10岁～	28.8	28.8	2100	2000	70	65		1000	12		15	50	120	750	10	7	1.2		1.2		12		50
11岁～	32.1	32.7	2200	2100	70	70		1000	12		15	50	120	750	10	8	1.3		1.3		13		50
12岁～	35.5	37.2	2300	2200	75	75		1000	2		15	50	120	750	10	8	1.3		1.3		13		50
少年									男	女							男	女	男	女	男	女	
13岁～	42.0	42.0	2400	2300	80	80		1200	15	20	15	50	150	800	10	10	1.6	1.5	1.6	1.5	16	15	60
16岁～	54.2	48.3	2800	2400	90	80		1000	15	20	15	50	150	800	5	10	1.8	1.6	1.8	1.6	18	16	60
成年																							
18岁～	63*	53*																					
极轻劳动			2400	2100	70	65		800	12	18	15	50	150	800	5	10	1.2	1.2	1.2	1.1	12	11	60

续表

类别	体重(kg)	能量(kcal)	蛋白质(g)	脂肪(脂肪能量占总能量的百分比,%)	钙(mg)	铁(mg)	锌(mg)	硒(μg)	碘(μg)	视黄醇当量(μg)	维生素D(μg)	维生素E(mg)	硫胺素(mg)	核黄素(mg)	烟酸(mg)	抗坏血酸(mg)
轻		2600 2300	80 70		800	12 18	15	50	150	800	5	10	1.3 1.2	1.3 1.2	13 12	60
中		3000 2700	90 80		800	12 18	15	50	150	800	5	10	1.5 1.4	1.5 1.4	15 14	60
重		3400 3000	100 90		800	12 18	15	50	150	800	5	10	1.7 1.6	1.7 1.6	17 16	60
极重		4000	110		800	12 —	15	50	150	800	5	10	2.0 —	2.0 —	20 —	60
孕妇(4~6个月)		+200	+15		1000	28	20	50	175	1000	10	12	1.8	1.8	18	60
孕妇(7~9个月)		+200	+25		1500	28	20	50	175	1000	10	12	1.8	1.8	18	80
乳母		+800	+25		1500	28	20	50	200	1200	10	12	2.1	2.1	21	100
老年前期(45岁~)																
极轻劳动		2200 1900	70 65		800	12	15	50	150	800	5	12	1.2	1.2	12	60
轻		2400 2100	75 70		800	12	15	50	150	800	5	12	1.2	1.2	12	60
中		2700 2400	80 75		800	12	15	50	150	800	5	12	1.3	1.3	13	60
重		3000	90		800	12	15	50	150	800	5	12	1.5	1.5	15	60
老年(60岁~)																
极轻劳动		2000 1700	70 60		800	12	15	50	150	800	10	12	1.2	1.2	12	60
轻		2200 1900	75 65		800	12	15	50	150	800	10	12	1.2	1.2	12	60
中		2500 2100	80 75		800	12	15	50	150	800	10	12	1.3	1.3	13	60
70岁~																
极轻		1800 1600	65 55		800	12	15	50	150	800	10	12	1.0	1.0	10	60
轻		2000 1800	70 60		800	12	15	50	150	800	10	12	1.2	1.2	12	60
80岁以上~		1600 1400	60 55		800	12	15	50	150	800	10	12	1.0	1.0	10	60

* 参考值

注:1. 推荐的每日膳食营养供给量是依据我国目前的膳食模式拟定的,即膳食中动物供给的能量约为总摄入能量的10%左右,动物食物和大豆供给的蛋白质约为总摄入蛋白质的20%左右。

2. 1~18岁儿童青少年体征,引自《中国九市儿童青少年体格发育调查研究资料汇编》1985,九市儿童体格发育调查研究协作组,首都儿科研究胡萝卜、黄色南瓜、绿色蔬菜、辣椒、蕃茄、红心甜薯等。

维生素A的适宜供给量为：成年及青少年每天均为800微克，乳母每天1200微克。

维生素A的计量单位过去用国际单位（IU）来表示，现在用视黄醇当量计算，换算方法如下：

1微克视黄醇当量＝1微克视黄醇或6微克β-胡萝卜素

1微克β-胡萝卜素＝0.167微克视黄醇当量

1IU维生素A＝0.3微克视黄醇当量。

2．维生素D　包括维生素D_2和维生素D_3，它具有促进钙磷吸收、调节钙磷代谢，保证骨骼和牙齿的正常生长和钙化。维生素D缺乏可使钙、磷代谢紊乱，小儿牙齿萌出迟缓，骨骼钙化障碍，严重缺乏时可引起小儿佝偻病和成人骨质疏松症或骨质软化症。

摄入过量的维生素D，可出现消化系统症状，以及高血钙症、高尿酸症，严重者成人出现软组织多处钙化现象，小儿则出现智力发育不良及骨硬化。

维生素D的膳食来源为动物性食品。咸水鱼如鲱鱼、沙丁鱼及鱼肝油等是维生素D的良好来源。从鸡蛋、小牛肉、牛肉、黄油及植物油可获得少量维生素D_3，但植物食品含量极少。成人经日光照射即可满足维生素D的需要，但6岁以下儿童、孕妇和乳母的需要量增加，需由食物补充。供给量标准为每日成人5微克。

3．维生素E　维生素E也称生育酚，生理功能是作为对自由基的清除剂而防止自由基或氧化剂对细胞膜中多不饱和脂肪酸及细胞膜中含巯基蛋白质成分以及细胞骨架和核酸的损伤。保护神经系统、骨骼肌和眼视网膜免受氧化损伤。维生素E缺乏典型的体征包括深层腱反射丧失、震动和位感觉受损、平衡与协调改变、眼移动障碍（眼肌麻痹）肌肉软弱和视野障碍。另外，维生素E摄入量较少和血浆含量较低，患某些癌症和动脉粥样硬化的危险性增高。

维生素E常见的膳食来源为植物油（大豆，玉米，棉籽和红花油）、用这些油制成的产品（黄油、酥油和沙拉酱）、麦胚、硬果类以及其他谷类。维生素E不稳定，在贮存与烹调过程中都有损失，加热与氧接触损失更大。

我国规定青少年、成人维生素E的每日供给量为10mg，孕妇与老人为12mg。

4．维生素B_1　即硫胺素或抗神经炎素，为水溶性维生素，在干燥条件下和酸性溶液中较为稳定，但在碱性加热条件下迅速被破坏。亚硫酸盐可破坏硫胺素的活性。

维生素B_1在体内以硫胺素焦磷酸（TPP）形式参与体内糖代谢中二个主要反应。缺乏时，糖代谢发生障碍，丙酮酸不能被彻底氧化而聚集在神经组织中，使神经组织发生炎症。出现干湿性脚气病，还可抑制胆碱酯酶活性，导致消化液分泌减少，肠蠕动减弱。

谷类产品是人类硫胺素的最重要的膳食来源。由于维生素B_1多存在于米、麦外胚中，碾磨过细则损失较多。现在在一些发达国家对谷类产品用维生素进行强化。每日供给量标准为 0.5mg/1000kcal（4.184mJ）。孕妇、乳母、老人应适当增加。

5. 维生素 B_2　即核黄素，溶于水，但水溶性较差。对热、酸稳定，碱性条件下不稳定。是体内多种氧化酶系统不可缺少的辅基部分。催化很多氧化—还原反应。对维持机体健康和皮肤粘膜的正常状态有积极作用。缺乏时常出现眼、口腔、皮肤的炎症反应，较重者出现缺铁性贫血。

膳食中核黄素的主要来源为动物性食品特别是动物内脏、鱼、蛋和奶及其制品如干乳酪。植物性食品中以绿色蔬菜（如菠菜、芦笋）和豆类含量较丰富。每日供给量标准为 0.5mg/1000kcal（4.184mJ）。

6. 维生素 C　即抗坏血酸，易溶于水，水溶液遇空气、光、热、碱性物质特别是有氧化酶及痕量铜、铁等重金属离子存在，可促进氧化破坏进程。

维生素 C 是一种很强的还原性物质，参与体内多种氧化还原反应，如参与体内的羟化反应，促进细胞间质中胶原形成；参与肝中胆固醇的羟化作用，而降低血胆固醇含量；与各种金属离子络合，减少汞、铅、镉、砷等毒物的吸收。对贫血、恶性肿瘤的防治有一定的辅助作用。此外维生素 C 还有改善心肌，抗感染，抑制病毒繁殖及解毒功能。缺乏时胶原合成障碍，可引起毛细血管脆性增加，牙龈肿胀出血，牙齿松动脱落，骨钙化不正常，伤口愈合迟缓，严重者出现皮下、肌肉和关节出血和血肿，导致坏血病。大剂量服用，尿中草酸盐的排出增加，易导致尿路结石。维生素 C 主要存在于新鲜蔬菜及水果中。各种绿叶菜、新鲜瓜果特别是酸味水果含量丰富。每日供给量标准为成人 60mg；孕妇 80mg；乳母 100mg。

（六）无机盐

人体组织中的各种元素除碳、氮、氧、氢主要以有机化合物形式出现外，其余各种元素统称无机盐，体内含量大于 0.01％者为常量元素，如钙、磷、钠、钾、氯、镁、硫七种。常量元素约占体重的 99.95％。体内含量小于 0.01％（100mg/kg）者有 70 多种称微量元素，其中有些是维持机体正常生命活动所必需的，称必需微量元素，有 14 种，铜、铁、锌、锰、钴、碘、锡、硒、钼、氟、镍、钒、铬、硅。

无机盐在体内随着年龄的增长而增加，但元素之间的比例变化不大。无机盐在构成人体组织细胞和维持正常生理功能方面，有其各自的重要作用。无机盐与其他营养素不同的是不能在体内生成，也不能在体内代谢中消失，必须通过各种途径排出体外，必须由膳食不断的给予补充，无机盐在食物中分布很广，一般都能满足机体需要，但生活环境改变，膳食调配不当，机体需要量增加或消耗排出增多，可引起不足或缺乏，比较容易缺乏的无机盐是钙、铁、碘、锌、硒，特别是儿童，孕妇，乳母。

1. 钙　参与机体骨骼、牙齿和软组织的构成，促进体内某些酶的活化与血凝，维持体内酸碱平衡、毛细血管正常通透性及降低肌肉兴奋性。

膳食中钙的主要来源为乳及乳制品、小虾皮、海带、蛋黄、芝麻酱等。

2. 铁　是合成血红蛋白的重要原料，主要参与氧的转运、交换和组织呼吸过程。膳食中长期缺铁，可导致缺铁性贫血，尤其是婴幼儿、孕妇、乳母。

膳食中铁的主要来源为：动物肝脏、瘦肉、蛋黄、黑木耳、桂圆等。

3. 锌　促进生长发育与组织再生，是许多金属酶的组成成分或激活剂。促进维生素A的代谢，参与免疫功能，促进食欲。体内缺乏时可致生长发育迟缓，性成熟延迟，嗅觉、味觉迟钝甚至丧失，伤口愈合缓慢。含锌较多的食物为牡蛎、禽肉及肝脏、蛋、鱼、乳及乳制品。

4. 碘　在体内主要参与甲状腺素的合成。甲状腺素具有调节体内的能量代谢和幼体的生长发育作用，对三大营养素的合成与分解有重要影响。缺碘可致地方性甲状腺肿甚至出现克汀病。含碘较多的食物为海产品。

5. 硒　是谷胱甘肽过氧化酶的组成成分。具有保护细胞膜、解毒、抗癌、促进生长、防治心血管疾病等功能。含硒较多的食物为动物肝脏和肾脏、海产品、谷类。

（七）膳食纤维

膳食纤维的主要成分是非淀粉多糖类，它包括纤维素、半纤维素、混合键的β-葡聚糖、木质素、果胶及树胶。它们虽然不能被人体消化吸收，但能增加粪便体积，促进肠道蠕动，防止便秘及排出有害物质，减少结肠炎和结肠癌的发病率，降低血清胆固醇，有抗动脉粥样硬化的功能，可降低餐后血糖生成和血胰岛素升高的反应，故有人称之为第六类营养素。含膳食纤维较多的食物为水果、蔬菜、谷类和豆类。

（八）水

水是人体细胞与体液的重要组成成分，又是维持机体正常功能活动的必需物质。它具有促进物质代谢，调节体温及润滑作用。水是一种宏量营养素，在维持生命方面比食物更关键。人可以在有水没有食物的条件下生存数周，但在有食物没有水的条件下只能生存数日。

三、合理膳食

（一）合理膳食的概念

合理膳食又称平衡膳食。是指膳食中所含的营养素种类齐全、数量充足、比例适当、膳食中所供给的营养素与机体的需要量两者保持平衡。

（二）合理膳食的基本卫生要求

1. 要满足机体的热量和营养素的需求。

2. 食物符合食品卫生的要求　即食物本身应无毒无害、无致病微生物或有害物质。

3. 科学的加工烹调方法　科学合理的烹调加工方法可大大减少营养素的损失，同时要考虑食品的色、香、味、型及多样化以促进食欲，提高食物的消化吸收率。

如为减少维生素 C 和无机盐的损失，烹调时应先洗后切，急火快炒；大豆加工成豆腐或其他豆制品可提高大豆蛋白质的消化率。

4. 合理的膳食制度　膳食制度是保证合理营养的重要环节。一般每日三餐，两餐的间隔以 4～5 小时为宜，三餐的热能分配分别占全天热能的 30%、40%、30%。

5. 良好的进餐环境　进餐环境要舒适、优雅、安静和卫生，用餐时应心情愉快。

6. 食物要多样化　粗粮细粮搭配，多样食物混合食用。要充分发挥营养素的互补作用。

中国营养学会于 1989 年制订了我国第一个《膳食指南》，1997 年 4 月 25 日修订公布了《中国居民膳食指南》。这个指南对指导中国居民改善饮食结构和营养状况、建立合理膳食和健康生活方式意义重大。《中国居民膳食指南》共八条①食物多样，谷类为主；②多吃蔬菜、水果和薯类；③经常吃奶类、豆类或其制品；④经常吃适量鱼、禽、蛋、瘦肉；少吃肥肉和荤油；⑤食量与体力活动要平衡，保持适量体重；⑥吃清淡少盐的膳食；⑦如饮酒应限量；⑧吃清洁卫生、不变质的食物。该指南的核心是平衡膳食、合理营养、促进健康。

1997 年 12 月国务院办公厅下发了由 11 部委（办）联合制定的《中国营养改善行动计划》，其总目标是通过保障食物供给，落实适宜的干预措施，减少饥饿和食物不足，降低热能—蛋白质营养不良的发生率，预防、控制和消除微量营养素缺乏症，通过正确引导食物消费，优化膳食模式，促进健康的生活方式，全面改善居民的营养状况，预防与营养有关的慢性病。具体目标包括：

1. 全国人均每日热能供给量 2600 千卡（10.9MJ），蛋白质 72 克，脂肪 72 克，贫困地区人均每日热能供给量 2600 千卡（10.9MJ），蛋白质 67 克，脂肪 51 克。

2. 孕妇和儿童的缺铁性贫血患病率较 1990 年降低 1/3。

3. 提高 4～6 个月以内婴儿的纯母乳喂养率，到 2000 年，使母乳喂养率以省为单位达到 80%。

4. 5 岁以下儿童中度和重度营养不良患病率较 1990 年降低 50%。

5. 基本消除 5 岁以下儿童维生素 A 缺乏病。

6. 到 2000 年，全国消除碘缺乏病。

7. 减缓与膳食有关的慢性病发病率上升的趋势。

8. 2000 年全国主要农产品产量目标：

农产品名称	产量（百万吨）
粮食（含大豆）	490～500
大　豆	17.8
肉　类	68
禽蛋类	22

奶　类	8
水产品	40
油　料	25
糖　料	90～110
蔬　菜	260
水　果	62

9. 加工食品在食品中的比重由现在的30%提高到40%。

10. 增加生产符合国家标准的富含微量营养素的粮食加工品和营养强化食品。

11. 全民食盐加碘。

第二节　营养调查

一、概　　述

（一）概念

营养调查是全面了解人群或个体营养状况、建立合理营养的重要方法之一。一次全面的营养调查，其调查对象应该是调查范围内的全体居民。但由于受财力、物力、人力的限制，常采取抽样调查的方法。即按照居民的居住地区、民族、职业、年龄、性别及经济发展状况等按比例分别抽取有代表性的一部分调查人口做样本进行调查，用以推测全体居民营养状况。

（二）调查目的

1. 了解营养与健康的关系、营养与疾病的关系、营养素的需要量与供给量之间的平衡关系；

2. 为改善营养状况，科学调整膳食结构，保障和提高人群健康水平及人口素质提供科学依据。为医疗、预防及社区保健等机构提供营养不良的诊断防治依据。为食品的生产、加工和供应等部门提供参考依据。

（三）调查内容

全面的营养调查一般由三部分组成，即膳食调查、机体营养状况检查和实验室检查。这三部分工作相互联系，因为从摄取营养素的多少到吸收利用有无障碍是一连串的相互关联，互相验证，一般应同时进行。有时因当时当地的客观条件限制不能同时进行这三部分调查时，也可单独进行其中一部分调查，这对评价当地居民营养状况也有一定的参考价值。

二、膳食调查

膳食调查是营养调查的一部分，也是营养工作的基本手段。通过膳食调查，可以了解一定时期内，被调查对象膳食中所摄取的热能及各种营养素的数量及质量，计算出每人每日热能和各种营养素的摄入量，并与供给量比较，结合体检和实验室检查的结果，可以较全面的了解人群的营养状况。

（一）膳食调查一般要求

1. 调查对象要有足够的代表性。在考虑地区、民族、年龄、性别、生活水平和劳动强度时，要保证各类调查人群要占被调查人群的10%以上，根据调查的目的确定调查的人数，至少要多于15～25人。

2. 调查日期一年四季各一次为宜，至少应在冬春或夏秋各进行一次，每季度调查一周左右，最少不应低于3天。

3. 调查前要对执行调查任务的人员进行培训。做到调查、填表、统计、计算、结果评价方法一致。

（二）膳食调查的方法

调查有五种方法，即“询问法”、“计账法”、“称重法”、“食物平衡法”、“化学分析法”，每种方法各有其优缺点，可根据具体情况，选用其中一种方法。膳食调查一般常用前三种方法。

1. 询问法　了解被调查者在一段时间内各种食物的摄入情况，粗略估计营养素的摄入量。此种方法用起来方便，但结果较粗略。调查前应向被调查对象说明调查的目的、意义及方法，然后逐项填写膳食调查询问记录表（表8-2）。

表8-2　询问法膳食调查记录表

编号			单位	
姓名	性别	年龄	职业	其他
工种		劳动强度		
饮食习惯			食物摄取量	
食欲	好　　中	差		
经常吃	绿叶蔬菜、土豆类、鱼、肉、奶、蛋、豆制品、水果、糖、其他			
饮食时间	早　　中	晚	其他	
嗜好饮酒	（常饮、偶饮、不饮、每天约　　ml）饮茶、甜味饮料、点心、其他			
大便情况	大便每日　　次	腹泻（有、无）	便秘（有、无）	

调查者：＿＿＿＿

将调查期间所吃的同类食物相加再除以调查天数，得出每日各类食物平均量值，再按食物成分表中每百克食物所含各类营养素的含量，求出每人每日各类营养素的摄入量。

2. 记账法　通过查账或记录一段时期内各种食物消耗总量和用餐的人日数，计算出每人每日平均消耗某种食物的量，再按食物成分表中每百克食物所含各类营养素的含量，求出每种营养素的摄入量。此方法简便易行，适用于账目清楚的机关、企事业单位、部队、托儿所、学校等有详细账目的集体伙食单位的膳食调查。

记账法在账目清晰及用餐人数准确的情况下，能够达到相当准确的的程度。其优点是方法简便，易于操作，可作为被调查单位膳食的参考依据，但若同称重法相比还欠精确，在条件要求较高的科研中，一般不用记账法。

3．称重法　在调查期内统计每餐用餐人数，称重被调查单位每餐各种食物的烹调前生重，烹调后熟重以及剩余食物量，按下列计算公式求出生食物的消耗数量，再除以调查期内用餐人数，求出每人每日各种食物的消耗量（见表 8-3）。此法可用于团体、家庭以及个人的膳食调查。该方法结果精确，但工作量较大，不宜对较大人群进行调查。

生熟食物比值＝熟重/生净重

实吃熟量＝熟重－剩余熟重

实吃生重＝实吃熟重/生熟食物比值

表 8-3　称重法膳食调查记录表

<table>
<tr><td colspan="5">编号</td><td colspan="5">单位</td></tr>
<tr><td colspan="4">餐别</td><td colspan="3">就餐人数</td><td colspan="3">调查日期</td></tr>
<tr><td>饭菜名称</td><td>食物名称</td><td>生重（kg）</td><td>熟重（kg）</td><td>熟食剩余量（kg）</td><td>熟食净吃量（kg）</td><td>生重/熟重（系数）</td><td>总摄入量（kg）</td><td>平均每人净吃量（kg）</td><td>备注</td></tr>
<tr><td></td><td></td><td></td><td></td><td></td><td></td><td></td><td></td><td></td><td></td></tr>
<tr><td></td><td></td><td></td><td></td><td></td><td></td><td></td><td></td><td></td><td></td></tr>
<tr><td></td><td></td><td></td><td></td><td></td><td></td><td></td><td></td><td></td><td></td></tr>
<tr><td></td><td></td><td></td><td></td><td></td><td></td><td></td><td></td><td></td><td></td></tr>
</table>

调查者：＿＿＿＿＿

（三）膳食调查结果评定

将膳食调查所得各种食物的实际消耗量和每日每餐实际用餐人数进行整理计算，得出每人每日的热能和各种营养素的摄取量。

1．统计用餐总人日数　即每日吃饭的人数。一“人日”就是指一个人一天的意思。在具体调查时要准确记录每日每餐的就餐人数。如每餐人数相同则任何一餐的总人数即为该日的人日数；如每餐人数不同，则可将三餐就餐人数相加除以 3 即为该日的人日数；如每餐人数不同并且三餐食物消耗量也不同，这种情况一般可根据主食消耗量来估计人日数。例如某学校食堂某日早餐用粮 130kg，中餐用粮 100kg，晚餐用粮 145kg，全天用粮 375kg，该日三餐就餐人数早、中、晚各为 1200 人、980 人、1400 人，则该学校该日总人日数为：

$1200\times(130/375)+980\times(100/375)+1400\times(145/375)=1218.6$（约1219人）

2. 计算每人每日各种食物的消耗量（生重） 分类统计每天各种食物的总消耗量，得出每一人日各种食物的平均消耗量。

每一人日某食物的平均消耗量（克）＝某食物的总消耗量×500÷总人日数

3. 计算每人每日热能和营养素的摄取量（表8-4）

表8-4　每人每日营养素摄取量计算表

食品名称	平均每日食品重量	可食部重量（克）	蛋白质（克）	脂肪（克）	碳水化合物（克）	热能（焦耳）	钙（毫克）	磷（毫克）	铁（毫克）	胡萝卜素（毫克）	视黄醇当量（微克）	硫胺素（毫克）	核黄素（毫克）	尼克酸（毫克）	抗坏血酸（毫克）
合计															
与供给量比较%															

根据计算得出的各种食物的消耗量值，按食物成分表中每百克食物所含各类营养素的含量，求出每人每日各种营养素的摄取量和热能比例。

4. 热能和各种营养素摄入量与每日膳食中营养素的供给量的比较 由于调查对象中存在年龄、性别、劳动强度和生理健康状况的差异，为便于比较，首先计算被调查者平均每人每日各种营养素的供给量，再与平均摄入量作百分比比较，以了解热能和各种营养素摄入量达到平均供给量的程度，并可进行单位间相对的比较。其计算方法是从每日膳食中营养素供给量表中查出各组人群的营养素供给量，分别乘以各组的人日数得出各组营养素供给量总和，将各组的总和相加除以总人日数得出平均供给量。

5. 热能、蛋白质的来源和产热营养素分布（表8-5、表8-6）

由所获调查资料计算出膳食中总热能和蛋白质的食物来源的百分比以及热能的营养素分布，以反映膳食的构成。还可根据热能的三餐分配比来判断膳食制度的合理程度。

（四）膳食调查的注意事项

1. 调查前的准备 制定周密详细的调查计划，培训调查人员，向被调查单位有关人员说明调查的目的、方法、内容、意义和需要协作的工作，并准备好调查表和相关仪器。

表 8-5　每人每日所得三大营养素占热能百分比

类别摄取量（g）	所发热能（kJ）	热能（%）
蛋白质		
脂肪		
碳水化合物		
合计		

表 8-6　蛋白质来源百分比

类别重量（g）	来源%
粮谷类	
豆类	
动物类	
蔬菜	
根茎类	

2. 详细记录主副食品的名称　一定要每日分类记录，如肉类要记清猪肉、牛肉、羊肉及肥瘦等而不能统一计为肉类，蔬菜应记清白菜、土豆、菠菜等，不然就无法计算食物中的营养成分。

3. 营养素含量计算　计算营养素含量要查食物成分表，可根据调查情况按市品或食部计算，但必须加以注明。最好查所在地区或相邻地区的食物成分。

4. 小数点后位数保留要求　食物克重是整数，食物斤重小数点后一位，百分数要整数，蛋白质、脂肪、糖类、热能、钙、磷、维生素 C、视黄醇当量要整数，铁、尼克酸要小数点后一位，核黄素、硫胺素要小数点后二位。

三、机体营养状况检查

机体营养状况检查主要是观察受检者营养状况是否正常，是否有营养缺乏病的症状和体征。以了解受检者的营养和发育状况。营养缺乏病症状的轻重与所缺营养素的种类、数量、及持续时间有关。有些非特异性症状要根据膳食调查、体格检查、生化检验结果来全面衡量，这样才能较全面了解被调查者的营养状况。

（一）体检内容

1. 一般生理发育检查　如身高，体重，肺活量，血压，皮脂厚度等，以了解身体发育情况。

2. 体格营养状况检查（表 8-7）。

3. 营养缺乏病的检查　检查时应对表中各项逐一检查并详细记录（表 8-8），还应注意有无其他疾病或因素影响身体营养状况。查毕，检查者应对受检者的营养状况作出明确的判断或提出进一步的检查意见。

表 8-7　体格检查表

省　　市　　　区　　　　　　　　　年　　月　　日

编号　　分类　　　　姓名　　　性别　　　　出生　　年　　月　　日
工种　　　　　　　　劳动

一般情况	身高 坐高 体重 胸围 血压 脉搏 发育 面色苍白 食欲减退 睡眠不好 腹泻 便秘	口腔	口腔粘膜溃疡 唇红肿 唇裂 口角湿白 口角糜烂 口角裂 舌色异常 舌面溃疡 舌肿大 舌裂 地图舌 舌乳头肥大 舌乳头萎缩	皮肤	皮肤干燥 毛囊角化 鳞皮 阴囊皮炎 皮下出血 紫斑 色素沉着	骨骼	前囟未闭 颅骨软化 方头 鸡胸 肋骨串珠 赫氏沟 骨骺增大 膝内弯 膝外弯 脊柱弯曲
				皮下组织	水肿 皮下脂肪		
				指甲	舟状甲		
				肌肉	肌肉松弛 腓肠肌压痛	心	心动过速 心脏扩大
眼	结膜色素沉着 结膜干燥 结膜皱褶 比多氏斑 角膜周围充血 角膜软化 夜盲 睑缘炎 结膜炎 沙眼	牙	乳齿釉 龋齿 斑釉	神经精神症状	上肢麻木感 下肢麻木感 膝反射亢进 膝反射减弱 精神淡漠 精神紊乱	肝	肝肿大
						甲状腺	甲状腺肿大
		牙龈	牙龈肿胀 牙龈流血 牙龈萎缩			其他	怀孕 授乳
				暗适应时间： 生化检查： 临床诊断：			
		头发	头发干枯无光 脂溢性皮炎 头发直而竖				

检查者：__________

（二）体格营养状况的评价

根据营养状况的检查数据，依据公式计算出有关营养状况，评价指标常用的有：

表 8-8　营养缺乏症临床所见

部位	症状体征	缺乏营养素	部位	症状体征	缺乏营养素
全身	消瘦、发育不良 贫血	热能、蛋白质、维生素、锌 蛋白质、铁、叶酸、B_{12}、B_6、C	口腔	舌炎、舌猩红、舌肉红、地图舌 舌水肿（压痕可见）	PP、B_2、B_{12} B_2、PP
				口内炎 牙龈炎、出血	PP、B_2、B_{12} C
皮肤	毛囊角化症 皮炎 脂溢性皮炎 出血	A PP、其他 B_2 C、K	骨	鸡胸、串珠胸、O 型腿、X 型腿、骨软化症	D、Ca
眼	角膜干燥、夜盲 角膜边缘充血 睑缘炎 羞明 结膜苍白	VA B_2 B_2、A B_2、A Fe	神经	多发性神经炎、球后神经炎	B_1
				精神病 中枢神经系统失调	B_1、PP B_{12}、B_6
			循环	水肿 右心肥大舒张压下降	B_1、蛋白质 B_1
唇	口唇炎 口角炎 口角裂	B_2、PP	其他	甲状腺肿	碘

表 8-9　出生～3 岁小儿营养不良分度

分度	体重比正常体重平均数低于（%）	腹部皮下脂肪（cm）	臀部及面部皮下脂肪
一度	10～	0.8～0.4	稍减少
二度	25～	<0.4	减少
三度	>40	消失	明显减少或消失

1. 营养状况的判定指标

(1) 标准体重（kg） = 身高（cm） －100（男性身高 165cm 以下者减 105）

评定：①正常：标准体重±10%以内；②瘦弱或过重：标准体重±10～20%；③极瘦弱或肥胖：>标准体重±20%。

(2) Kaup 指数＝体重（kg）/身高 $(cm)^2 \times 10^4$

评定：①<10：消耗症；②10～13：营养失调；③～15：瘦弱；④～19：正常；⑤～22：良好；⑥>22：过胖

(3) Rohrer 指数＝体重（kg）/身高 $(cm)^3 \times 10^7$

评定：<92、92～、109～、140～、156～分别代表甚瘦，瘦，中等，较肥，很肥。

(4) 皮褶厚：根据 FAO/WHO 推荐可测脐旁、肩胛下和三头肌等三处。日本采用前二者之和，其判定标准各年龄组不同，即：

男＜10mm 为瘦　10～40mm 为中等　＞40mm 为肥胖

女＜20mm 为瘦　20～50mm 为中等　＞50mm 为肥胖

2. 营养缺乏病症状的评定

(1) 维生素 A 缺乏：出现角膜软化、比多氏斑两者之一者即可诊断或有两种以上有关症状者。

(2) 核黄素缺乏：出现明显舌炎、阴囊皮炎两者之一者即可诊断或有两种以上有关症状者。

(3) 维生素 C 缺乏：齿龈流血（口腔卫生好，无脓性齿龈炎）、骨膜下出血(婴儿)。

(4) 佝偻病：肋骨串珠、颅骨软化、骨骺增大、方颅、膝内翻或膝外翻。但方颅及膝内、外翻在四岁以上者属后遗症，应排除在外。

(5) 贫血：面色、结膜、指甲、口唇等苍白，血色素成人低于 100g/L，儿童低于 80g/L。

(6) 营养不良：出生～3 岁小儿营养不良分度（表 8-9）及 3 岁以上小儿营养不良分度（表 8-10）。成人主要表现为精神萎靡、面色苍白及明显消瘦，血清蛋白低于 6%。

表 8-10　三岁以上小儿营养不良分度

分　度	体重比正常体重平均数低于（%）	皮下脂肪
轻　度	15～30	减少
重　度	＞30	明显减少或消失

四、实验室检查

实验室检查包括生理功能检查和生化检验两个方面。前者如暗适应检查和毛细血管脆性试验。后者常用的生物材料为血、尿、头发等。 由于营养缺乏病的发生常有一个过程，而由营养缺乏所引起的生理、生化变化常发生在出现临床症状之前，故在营养调查时能够正确选择实验室检查的各项指标和方法，有助于早期发现营养不足或缺乏。实验室检查结果评价需要与健康人群的正常值进行比较。

（一）蛋白质

检测机体蛋白质营养状况最常用的指标是血浆蛋白质的含量，当机体蛋白质营养缺乏时，血浆总蛋白含量下降，尤其是白蛋白含量下降较为明显。当白蛋白含量低于 35g/L 时，表示蛋白质缺乏。当白蛋白含量低于 1.5 克%时，表示严重缺乏。另外还有采用血中非必需氨基酸与必需氨基酸的比值来评定蛋白质的营养状况，正常为 2:1，蛋白质营养不良时为 5:1～10:1。

（二）维生素 A

一般认为成人血清中维生素A的含量应达到12μg视黄醇当量/100毫升，在现场调查时可采用视觉暗适应功能的测定来判定机体维生素A的营养状况。

（三）维生素B_1

尿中维生素B_1的含量测定是常用的判定营养状况的一种方法。其评价指标（表8-11）。

表8-11　维生素B_1尿负荷试验评价标准

评价标准	负荷试验4小时尿排出量（μg）	评价标准	空腹尿中每克肌酐的维生素B_1的排出量（μg/g肌酐）
营养缺乏	＜100（相当摄入量的2%）	不足	＜27
不足	100～（相当摄入量的2%～4%）	低	27～65
正常	200～（相当摄入量的4%）	适中	66～129
充裕	≥400	高	≥130

（四）维生素B_2

评价核黄素的营养状况通常选用核黄素负荷试验（相当于每克肌酐尿量中核黄素含量）。口服核黄素5毫克4小时后，空腹尿中核黄素在350微克以下为核黄素不足的指征。每克肌酐尿量中核黄素的含量（μg/g肌酐）＜27为不足；27～79为低；80～269为适宜；≥270为高。

（五）维生素C

评价维生素C的营养状况通常测定血清和尿中维生素C的含量。血清维生素C含量可用2，6-二氯酚靛酚微量滴定法。其评定标准为：低于0.2mg%为缺乏，0.2～0.29mg%为低，大于0.30mg%为正常。尿负荷试验，口服维生素C500mg后4小时尿中排出3mg以上为正常。

（六）维生素D

评价维生素D的营养状况通常测定血清碱性磷酸酶活力和血浆中1，25-二羟维生素D_3浓度。前者为非特异性指标，正常婴儿为5～15卜氏单位/100毫升，佝偻病儿童超过20卜氏单位/100毫升。正常血浆中1，25-二羟维生素D_3的浓度为3～6毫微克/100毫升。佝偻病患者浓度明显降低。

第三节　食 物 中 毒

1997年WHO指出全世界每年大约有数亿人因食物污染而染病。我国1987～1997年共报告食物中毒人数为46.7万人，死亡3570人。每年的11月1～7日是我国的“食品卫生法”宣传周。根据食品卫生法的要求，每个人都要做好食物中毒的预防宣传工作。

一、食物中毒的概念与分类

（一）食物中毒的概念及临床特点

食物中毒是指健康的人经口摄入了正常数量可食状态的含有生物性、化学性有毒有害物质的食品或将有毒有害物质当作食品摄入后出现的非传染性的急性、亚急性疾病。因暴饮暴食而引起的急性胃肠炎、个别人吃了某种食品而发生的变态反应性疾病、经食品而感染的肠道传染病和寄生虫病，这些都不属于食物中毒的范围。

食物中毒的发生原因各异，但临床发病有以下特点：

1．潜伏期短、发病急、短时间内有多数人同时发病。

2．所有中毒病人具有相似的临床表现，常出现消化道症状。

3．发病与食物有关，其范围局限在食用同一种中毒食品的人群发病曲线呈突然上升又迅速下降的尖峰型一般没有传染病流行时的尾峰。

4．中毒病人对健康人不具传染性。

（二）食物中毒的分类

食物中毒一般分为细菌性食物中毒和非细菌性食物中毒两大类。也可根据中毒食品，将食物中毒分成五类：

1．细菌性食物中毒　是指摄入含有细菌或细菌毒素的食品而引起的中毒，它分为感染型和毒素型。如沙门氏菌属、葡萄球菌、肉毒梭菌等。

2．真菌性食物中毒　是指摄入了被真菌或真菌毒素污染的食品而引起的中毒。如黄曲霉毒素、禾谷镰刀菌等。

3．动物性食物中毒　食入有毒动物性食品引起的中毒。如猪甲状腺、青鱼胆、河豚鱼等。

4．植物性食物中毒　一般因误食有毒植物或有毒的植物种子，或烹调加工方法不当，没有把植物中的有毒物质去掉而引起的中毒。如毒蕈、四季豆、黄花菜、发芽土豆、未煮熟的豆浆等。

5．化学性食物中毒　指误食有毒化学物质或食入被有毒化学物质污染的食品引起的中毒。如金属砷、亚硝酸盐、农药、甲醛等。

二、细菌性食物中毒

细菌性食物中毒是食物中毒中最为常见的一种。以胃肠道症状为主，常伴有发热。有明显的季节性，好发于夏秋季，发病率高，病死率低，一般病程短，预后良好。发生细菌性食物中毒的主要食品为动物性食品，以肉类及制品居首位。鱼、奶、蛋及其制品次之。植物性食品如剩饭、米粉、糯米凉糕等曾引起葡萄球菌、腊样芽胞杆菌等食物中毒，家庭自制豆类及面类等发酵食品可引起肉毒梭菌毒素食物中毒。

（一）沙门菌属食物中毒

1. 病原　沙门菌属肠杆菌科，为具有鞭毛能运动的 G^- 杆菌，导致人类沙门菌属食物中毒的最常见致病菌有鼠伤寒沙门菌、猪霍乱沙门菌和肠炎沙门菌。沙门菌属不耐热，煮沸可杀灭。在水中可存活 2～3 周，粪便中可存活 1～2 月。肉及乳类食品能生存数周至数月。在含食盐 12%～19% 的咸肉中生存 75 天以上。20～37℃条件下迅速繁殖。可被氯、碳酸、升汞杀灭。由于沙门菌属不分解蛋白质，不产生靛基质，食物被污染后无感官性状的变化而易被忽视。

2. 引起中毒的食物　多由畜肉类及制品引起。其次为禽类、奶、蛋、水产类及其制品。畜禽肉类食品中沙门菌的来源包括生前感染和宰后污染两方面。生前感染指家畜家禽在宰杀前已感染沙门菌。生前感染家畜家禽的肉和内脏处理及烹调不当，可引起食物中毒。宰后污染指家畜家禽从宰杀到烹调加工各个环节中被带有沙门菌的粪便、污水、容器和工具所污染。

患沙门菌病奶牛的奶可导致奶中带菌。健康奶牛的奶在挤出过程中也可被牛粪中的沙门菌污染。故鲜奶及其制品，未经彻底的消毒，也可引起沙门菌属食物中毒。

3. 发病机制　随食物进入肠道的沙门菌可侵入肠粘膜上皮细胞并通过肠粘膜上皮细胞间隙，侵入粘膜下固有层引起肠粘膜充血、水肿、渗出等炎性病理变化。侵入粘膜固有层下的沙门菌，通过吞噬细胞携带，进入小肠下部的集合淋巴结和孤立的淋巴滤泡以后经淋巴系流入血液引起暂时性菌血症和全身性感染。当沙门菌被网状内皮系统破坏后，释放出内毒素。内毒素和活菌共同侵害肠粘膜，引起粘膜炎症，而使病人出现发热和急性胃肠炎症状。

4. 临床表现　潜伏期数小时～3 天，一般为 12～24 小时，前驱症状有寒战、头晕、头痛、恶心及痉挛性腹痛。继而出现发热、恶心、呕吐、腹泻，腹泻一般为水样，日达 10 余次，内有未消化的食物残渣并含有少量粘液或脓血，体温高达 39～40℃，严重者出现惊厥、谵妄、抽搐和昏迷。病程 3～4 天，一般预后良好。沙门菌属食物中毒按其临床特点分为 5 种类型，胃肠炎型最常见，此外为类霍乱型、类伤寒型、类感冒型、败血症型。

5. 诊断　有进食被污染的食物史；有发热、头痛、呕吐、腹痛、腹泻等临床主症；夏秋季发病。

6. 护理诊断

（1）舒适的改变：疼痛。

（2）营养失调：低于机体需要量，呕吐、腹泻。

（3）排便异常：腹泻。

（4）体温过高：细菌及毒素引起。

7. 护理措施

（1）卧床休息保证睡眠。

（2）饮食护理：禁食。

（3）维持水、电解质平衡。

(4) 清除未被吸收的污染食物：催吐、洗胃，吐泻严重者可不用。

(二) 葡萄球菌肠毒素食物中毒

1. 病原　葡萄球菌肠毒素食物中毒是因进食了被葡萄球菌肠毒素污染的食物所引起。能产生肠毒素的葡萄球菌主要是金黄色葡萄球菌和表皮葡萄球菌。均为革兰氏阳性兼性厌氧菌。适合在12～45℃条件下生长，31～37℃繁殖最快。特别是在pH6～7、水分较多、含蛋白质及淀粉较丰富的环境中，最易繁殖并大量产生肠毒素。肠毒素有8个血清型，以B型耐热性最强，A型毒力最强。各型毒素引起的中毒症状基本相似。

2. 引起中毒的食品　主要为肉、蛋及其制品。其次为剩饭、熏鱼、凉粉、糯米凉糕、米酒、奶及其制品和含奶冷饮制品等。

3. 发病机制　少量葡萄球菌肠毒素进入机体后，作用于双侧迷走神经内脏分支和脊髓，使肠粘膜分泌较多水分并使水分重吸收量减少，引起水和电解质在肠道内潴留因而发生呕吐、腹泻等一系列急性中毒性胃肠炎症状。

4. 临床表现　呕吐、上腹部痉挛性疼痛及腹泻，以呕吐为主要特征。潜伏期1～6小时（平均3小时)。中毒患者突然恶心、剧烈呕吐，日达10余次，同时伴有上腹部剧痛、泻水样便，腹泻严重者有脱水表现。体温正常或稍高，不超过38℃。病程1～2天。一般愈后良好。但儿童对肠毒素较成人敏感，发病率高，病情较重。

5. 诊断

(1) 有食变质食物史；

(2) 夏秋季发生；

(3) 潜伏期短，以呕吐为主要临床表现，伴胃脘部疼痛。

6. 护理诊断

(1) 舒适的改变：痉挛性腹痛、呕吐引起。

(2) 液体量不足：剧烈呕吐、脱水。

(3) 排便异常：腹泻。

7. 护理措施

(1) 卧床休息保证睡眠。

(2) 饮食护理：禁食。

(3) 维持水、电解质平衡。

(4) 对症处理。

(三) 副溶血性弧菌食物中毒

1. 病原　副溶血性弧菌是一种嗜盐性弧菌，革兰氏染色阴性，在温度30～37℃，pH7.4～8.2，含盐3%～4%培养基中生长最佳。在含盐10%以下的咸菜中可存活30天，海水中可存活47天以上，在抹布和砧板上能存活一个月以上，在冰箱中能存活75天以上。该菌抵抗力较弱，56℃加热5分钟或90℃加热1分钟可被杀灭。对酸敏感，2%的醋酸或稀释一倍的食醋处理1分钟即可灭活。对常用的消毒剂抵抗力很弱。

2. 引起中毒的食品　主要是海产品和腌菜如海鱼、海蜇、虾、蟹，贝、咸肉、咸蛋、咸菜和凉拌菜等。

3. 中毒机制　副溶血性弧菌进入人体肠道并大量繁殖，引起肠粘膜细胞及粘膜下组织病变，并可产生肠毒素及耐热性溶血毒素。大量的活菌及耐热性溶血毒素共同作用于肠道，引起急性胃肠炎。溶血毒素除有溶血作用外还具有细胞毒、心脏毒、肝脏毒和致腹泻作用。

4. 临床表现　潜伏期 6～10 小时，最短 1 小时，长者可达 24～48 小时。主要临床症状为上腹部阵发性绞痛，继而腹泻，每日 5～6 次，多者可达 20 次以上。水样或糊状便，约 15%患者呈血水便，少数患者出现粘液便及脓血样便。无明显里急后重症状。多数病人在腹泻后出现呕吐。体温 37.5～39.5℃。回盲部有明显压痛。严重患者有脱水，休克，血压下降等。病程 3～4 天，一般预后良好。

5. 诊断

(1) 有进食水产品、生拌菜或被水产品污染的熟食品史。

(2) 夏秋季发生，潜伏期短，有以腹泻为主的临床表现。

(3) WBC＞10×10^9/L，中性粒细胞偏高。血清凝集试验在病人发病 2～3 天后，其血清对副溶血性弧菌的抗原抗体凝集效价高达 1∶40～320。

6. 护理诊断

(1) 舒适的改变：疼痛、腹泻。

(2) 液体量不足：频繁腹泻、呕吐。

(3) 排便异常：腹泻。

(4) 有体液不足的危险：脱水、休克。

7. 护理措施

(1) 休息；

(2) 维持水和电解质平衡；

(3) 心理护理：解除紧张恐惧心理；

(4) 重症用抗生素治疗。

(四) 肉毒梭菌毒素食物中毒

1. 病原　肉毒梭状芽胞杆菌（简称肉毒梭菌）为革兰氏阳性厌氧粗大杆菌，有芽胞，该菌在中性或弱碱性基质中能生长繁殖。当温度为 20～35℃，pH6～8.2 时且缺氧的情况下，于适合的基质上（罐头、腊肠）可产生外毒素即肉毒毒素。肉毒毒素是一种强烈的神经毒素，其毒性是氰化钾的一万倍。注入体内 35 微克即可致死。肉毒毒素不耐热，各型毒素在 75～85℃ 加热 5～15 分钟或 100℃ 加热 1 分钟可完全破坏。pH＞7 时可迅速分解，该菌主要存在于土壤、江河湖海淤泥沉积物、尘土及动物粪便中。

2. 引起中毒的食品　我国肉毒毒素中毒 91.48%由植物性食物引起，8.5%由动物性食品引起。引起肉毒梭菌中毒的食品多为家庭自制含盐浓度低且厌氧条件下的加工食品或发酵食品如豆酱、豆豉、臭豆腐。我国新疆80%的肉毒中毒是由豆制发酵食品引起，日本90%以上的肉毒中毒是家庭自制鱼罐头或其他制品引起。美国约72%的肉毒中毒为蔬菜、水果罐头及肉奶制品，欧洲各国引起肉毒中毒的食品多为火腿、腊肠及肉类制品。

3. 发病机制　随食物进入体内的肉毒毒素在小肠内被胰蛋白酶活化并释放出神经毒素，神经毒素进入血液循环后选择性作用于神经肌肉接头处、自主神经末梢及颅脑神经核，阻止胆碱能神经末梢释放乙酰胆碱（Ach），导致肌肉麻痹和瘫痪。重症病例可出现颅脑神经核及脊髓前角的退行性变。

4. 临床表现　主要表现为运动神经麻痹的一系列症状。潜伏期1～4天。最短6小时，最长可达半月。潜伏期越短，病情越重，病死率越高。前驱症状类似感冒，随即出现眼肌麻痹症状如眼睑下垂、视力模糊、复视、继之张口、伸舌困难，头下垂，进一步发展为吞咽困难，最后出现呼吸肌麻痹。临床病死率较高，多因呼吸衰竭而死亡。多数病人经4～10天治疗后，逐渐康复，一般无后遗症。

5. 诊断

(1) 有进食家庭自制豆、谷类发酵食品或其他食品史。

(2) 对称性颅脑神经受损的症状如眼症状、延髓麻痹、分泌障碍。

(3) 发病季节大部分为3～5月，其次1～2月。

6. 护理诊断

(1) 恐惧：病情危重，害怕预后不良和死亡；

(2) 气体交换受损：呼吸肌麻痹；

(3) 躯体移动障碍：骨骼肌麻痹所致。

7. 护理措施

(1) 休息；

(2) 病情观察以便及时发现呼吸衰竭；

(3) 必要时吸痰和气管切开；

(4) 尽早使用多价抗毒素血清。

（五）其他细菌性食物中毒附（见表8-12）

（六）细菌性食物中毒的预防措施

细菌性食物中毒发生有三个主要条件：食品被致病性微生物污染、有使细菌大量繁殖及产生毒素的条件、食用前未加热或加热不彻底。所以积极采取有力措施，切断发病环节，是控制细菌性食物中毒的关键。

1. 防止食品的细菌污染，按《食品卫生法》规定，加强食品卫生监督，对餐饮服务行业人员实行定期健康体检，及时调离有就业禁忌证人员，防止带菌者污染食品。牲畜在宰杀前后要做好卫生检疫。生熟食品要分别存放，防止交叉感染。

2. 控制细菌繁殖和细菌毒素的产生。致病菌繁殖的最适温度为20～40℃，食品应低温通风保藏。控制细菌繁殖还有脱水、盐渍等方法。一般情况下，在10℃以下或加盐8%～10%可以控制细菌繁殖及产生毒素。

表 8-12　其他细菌性食物中毒

中毒名称	有毒成分	潜伏期(小时)	临床特点	护理诊断与措施	预防要点
变形杆菌属食物中毒	普通，奇异，摩根变形杆菌及其毒素	2～30	恶心，呕吐，阵发性腹痛，水样粉液便，过敏型似组胺中毒。	诊断：舒适的改变，体液不足。 措施：维持水电解质平衡，休息，对症。	防止食品污染，控制细菌繁殖，食前彻底加热。
致病性大肠杆菌食物中毒	致病性大肠杆菌及其产生的耐热与不耐热性肠毒素	4～48	呈急性菌痢样症状和急性胃肠炎症状，伴有发热。	诊断：舒适的改变，体温升高，腹泻。 措施：维持水电解质平衡，降温，对症。	重点防止对熟肉制品的再污染，食前彻底加热。
腊样芽胞杆菌食物中毒	腊样芽胞杆菌及其产生的耐热与不耐热型肠毒素	呕吐型 1～5 腹泻型 8～16	恶心，呕吐，腹痛腹泻。	诊断：舒适的改变，体液不足。 措施：维持水电解质平衡，对症。	做好防蝇，防鼠，防尘等卫生工作剩饭及熟食食前应100℃加热20分钟。
链球菌食物中毒	D族链球菌中的粪便链球菌	2～24	恶心，呕吐，腹痛腹泻，少数患者微热，偶有头晕，头痛等。	诊断：舒适的改变，体液不足。 措施：休息，维持水电解质平衡，对症。	多由动物性食物引起，重点防止对熟肉制品的再污染。
志贺菌属食物中毒	宋内志贺菌及其肠毒素	6～24	剧烈腹痛，频繁腹泻，水样便，血样便，粉液便，里急后重，高热。	诊断：舒适的改变，体液不足，体温过高。 措施：降温，对症，维持水电解质平衡。	做好食品生产，销售人员的带菌检查及食品企业的管理。
韦氏梭菌食物中毒	韦氏梭菌及其A、C型外毒素	8～20	腹痛，水样腹泻，重症肠粘膜出血、坏死并发周围循环衰竭，肠梗阻，腹膜炎。	诊断：舒适的改变，体液不足，有感染的危险。 措施：防休克、肠梗阻、腹膜炎；维持水电解质平衡。	控制污染源动物性食品，食前充分加热，彻底灭菌。

3．加热杀灭病原体及破坏毒素，食物在进食前要彻底加热，加热的时间和加

热的方法要视食品被污染的性质程度和食品的体积大小而确定。如肉块深部温度达到80℃并持续12分钟，蛋类煮沸8～10分钟，可彻底杀灭可能存在的沙门菌。发酵食品100℃加热2小时，可杀灭葡萄球菌肠毒素，海产品100℃加热30分钟，可杀灭副溶血性弧菌。

三、非细菌性食物中毒

(一) 毒蕈中毒

蕈类俗称蘑菇，属真菌植物，在我国目前已鉴定的蕈类中，可食用蕈有近300种，有毒蕈80多种，其中含有剧毒对人致死的有近10种。由于生长条件不同，不同地区毒蕈种类也不同。但大多数毒蕈中毒多发生于湿热多雨、蕈类生长茂盛的夏秋季。

1. 引起中毒的毒素　毒蕈含有多种毒素，如：毒蕈碱—可引起胆碱能神经节和节后神经纤维异常兴奋；毒蝇碱、蟾蜍素—能引起幻觉及精神异常；毒肽、毒伞肽—可侵害肝、肾等实质脏器；毒蕈溶血素—可引起溶血。

2. 临床表现　误食毒蕈可引起急性中毒。由于毒蕈种类繁多，其毒素不同所出现的临床表现也不相同，故可根据所含毒素成分及临床表现，将毒蕈中毒分为以下四种类型；

(1) 胃肠炎型　潜伏期10分钟～6小时，主要症状为剧烈腹泻、水样便，阵发性的上腹和脐部疼痛，恶心、呕吐，无热、无里急后重。病程短，恢复快，预后较好。

(2) 神经精神型　潜伏期10分钟～4小时，除胃肠反应外，主要表现为副交感神经兴奋症状，如大汗淋漓、流涎、流泪、瞳孔缩小和呼吸困难等，重症出现幻觉、谵妄、昏迷和精神错乱。病程1～2天，死亡率低。严重中毒的病人由于循环衰竭和呼吸衰竭而死亡。

(3) 溶血型　潜伏期6～12小时，初期以胃肠道症状为主，发病3～4天出现黄疸、肝脾肿大、血尿，少数出现血红蛋白尿。重症出现贫血及肾功衰竭，甚至危及生命。病程2～6天，一般死亡率不高。

(4) 肝、肾毒型　潜伏期5～24小时，多为12小时，初期以胃肠炎症状为主，多在1～2天后缓解，以后进入假愈期，此时轻度中毒者可直接进入恢复期。严重中毒者可进入肝、肾损害期，该期病人肝肿大、肝功异常，严重者出现肝坏死，患者可死于肝昏迷。肾脏损害表现为少尿、蛋白尿、无尿或血尿、出现尿毒症，严重者出现肾功衰竭。肝、肾损害型病人经及时治疗，可在2～3周后进入恢复期，各项症状好转并痊愈。

3. 诊断

(1) 有吃毒蕈史；

(2) 有毒蕈中毒的临床表现；

(3) 夏秋季发病。

4. 护理诊断

(1) 舒适的改变：腹痛、恶心、呕吐

(2) 忧虑、恐惧：黄疸、神经系统功能异常引起

(3) 体液过多：由于少尿、水钠潴留所致

(4) 渐进性意识模糊。

5. 护理措施

(1) 排除进入机体的毒物：催吐、洗胃、导泻、灌肠；

(2) 防止毒物的吸收；

(3) 维持生命活动器官的功能；

(4) 应用解毒剂及采取对症治疗，如使用阿托品、巯基解毒剂、激素等。

6. 预防

(1) 加大宣传力度，不采摘、食用自己不认识的蘑菇，无识别毒蕈经验者，勿自采蘑菇。

(2) 掌握毒蕈的特点，防止误食中毒。以下特点可供参考：蕈盖颜色美丽，长有疣状物，表面粘脆；蕈柄上有蕈环、蕈托；多生于腐物或粪肥上，不生蛆，不生虫子；有腥、辣、苦、酸、臭味；碰坏后容易变色或流出乳状汁的均认为有毒，但这并不能用来作为鉴别所有毒蕈的通用标准。只有熟悉和掌握各种毒蕈的形态和内在结构，再参考当地群众的经验加以鉴别方为可靠。

(二) 河豚鱼中毒

河豚鱼是一种味道鲜美，但含有剧毒物质的鱼类。主产于我国的沿海及长江下游一带。在淡水或海水中均能生存。无鳞。其内脏、血液、皮肤以及眼含河豚毒素。以卵巢含量最高。大部分河豚鱼肉无毒，但如死亡时间过长，河豚毒素可渗入肌肉中。每年春季产卵时含毒素最高，故春季中毒多发。

1. 毒素及中毒机制　河豚鱼含有的有毒物质为河豚毒素，该毒素化学性质稳定，220℃以上方可分解，烹调、日晒、盐渍均不能被破坏。食河豚鱼后，河豚毒素主要作用于神经系统，阻断中枢及周围神经轴索去极化，产生感觉和运动神经麻痹，同时引起外周血管扩张，血压下降。最后出现呼吸中枢和血管运动中枢麻痹。

2. 临床表现　潜伏期0.5～3小时，进食不久即出现消化道刺激症状，进而出现手指末端、唇、舌刺痛发麻，先出现感觉消失，而后出现运动障碍。严重者四肢肌肉麻痹、共济失调和全身瘫软，心率由快到慢，体温、血压降低，瞳孔先收缩后放大。常因呼吸、循环衰竭而致死。快者在食后一个半小时后死亡。如8小时内不死亡，患者多能恢复。

3. 诊断

(1) 有吃毒鱼史；

(2) 有以神经系统障碍为主的临床表现。

(3) 春季（2～5月）多发。

4. 护理诊断

(1) 感知改变：感觉、运动障碍。

(2) 恐惧、焦虑：害怕死亡。

(3) 生命体征改变：河豚毒素引起。

5. 护理措施

(1) 及时采用催吐、洗胃、导泻等方法排出体内尚未吸收的毒素。

(2) 静脉补充高渗葡萄糖溶液以促进毒素的排泄。

(3) 对症治疗如肌肉麻痹可用番木鳖碱，每次2～3mg，肌内或皮下注射。

6. 预防

(1) 了解河豚鱼外形特征，身体浑圆，头胸大、腹尾小，眼睛内陷半露眼球，背上有鲜艳的斑纹或色彩，体表无鳞呈黑黄色，口腔内有明显的两对门牙。

(2) 生产、销售、加工部门要严格按操作规程执行。

(3) 加强宣传，防止误食。

（三）亚硝酸盐食物中毒

亚硝酸盐是一种工业原料，也用于食品加工。食用含亚硝酸盐或硝酸盐的食品过量，如用硝酸盐或亚硝酸盐加工的香肠、咸肉、午餐肉、没有腌透的咸菜酸菜、食用腐烂或不新鲜的蔬菜及放置过久的煮熟蔬菜、用苦井水煮饭及误将亚硝酸盐当做食用盐加入食品等均可引起亚硝酸盐中毒。

1. 中毒机制　亚硝酸盐能使红细胞中的低铁血红蛋白氧化成高铁血红蛋白，从而失去输送氧的功能，同时还能阻止正常血红蛋白释放氧，造成机体组织乏氧，出现青紫等一系列中毒症状。此外亚硝酸盐有松弛平滑肌的作用，可使血管扩张，血压下降。

2. 临床表现　潜伏期1～3小时，误食者仅十几分钟。主要症状为口唇、舌尖、指甲及全身皮肤出现紫绀，伴有头晕、头痛、心率加快、烦躁或嗜睡和急性胃肠炎症状。病情严重者可出现昏迷、抽搐、尿便失禁，常因呼吸循环衰竭而死亡。

3. 诊断

(1) 有进食大量叶菜类或腌制不久的蔬菜、存放过久的熟菜史。

(2) 有组织乏氧的临床表现。

(3) 血液中高铁血红蛋白含量显著超过正常值。

4. 护理诊断

(1) 活动无耐力：乏氧引起。

(2) 舒适的改变：头晕、头痛、胃肠炎。

(3) 有窒息的危险：乏氧昏迷引起。

5. 护理措施

(1) 排除毒物：催吐、洗胃、导泻等方法排出体内尚未吸收的毒素。

（2）吸氧。

（3）应用特效解毒药解毒。美蓝是一种氧化还原抗毒药，低剂量起还原作用，高剂量呈现氧化作用。在救治亚硝酸盐中毒时应用小剂量，一般用1%美蓝以25%～50%葡萄糖液稀释后，静脉缓慢注射，同时给予大剂量的维生素C。如注射1～2小时后症状不见缓解，可重复注射一次。

（4）对症：危重病人可输新鲜血液200～400ml或用换血疗法。

6.预防

（1）蔬菜妥善保管，保持新鲜，不吃腐烂变质的蔬菜，不在短时间内集中吃大量叶菜类蔬菜。

（2）肉制品中硝酸盐和亚硝酸盐用量严格执行国家卫生标准，腊肠、腊肉、火腿中的亚硝酸盐每kg不得超过20mg。

（3）腌菜时盐量应达到20%以上，超过20天后再食用。

（4）煮熟的剩菜不可在高温下存放时间过长。

（5）苦井水勿用来煮饭或做菜。

（6）加强硝酸盐和亚硝酸盐的管理，勿当食盐和面碱使用。

附：其他非细菌性食物中毒见表8-13。

表8-13　其他非细菌性食物中毒

中毒名称	有毒成分	潜伏期	临床特征	诊　断	护理诊断	护理措施	预防要点
发芽马铃薯中毒	龙葵碱	1～12小时	咽喉抓痒，剧烈吐泻，血压下降。	有进食发芽马铃薯史，有吐泻为主的临床表现。	舒适的改变，排便异常，液体量不足。	维持水电解质平衡，对症处理。	低温储藏，防止发芽，不吃发芽和变绿马铃薯
苦杏仁中毒	苦杏仁甙	1～2小时	口中苦涩恶心呕吐，心悸，呼吸困难，四肢软弱无力	有进食苦杏仁史，呼气中有苦杏仁味，有神经精神症状。	恐惧，舒适的改变，活动无耐力。	排除毒物，吸氧，解毒剂应用，对症治疗。	不吃苦杏仁，李子仁，桃仁
菜豆中毒	红细胞凝集素	2～4小时	胃肠炎症状，少数有胸闷气短、手脚发凉、出冷汗等。	有进食未熟透豆角史，有胃肠炎症状。	排便异常，舒适的改变。	维持水电解质平衡，抗凝血。	豆角应充分熟透，以便破坏其中的毒素，不宜水焯后作凉菜或面卤。

续表

中毒名称	有毒成分	潜伏期	临床特征	诊　断	护理诊断	护理措施	预防要点
蓖麻中毒（大麻子）	蓖麻毒素	1～3天	喉头刺激灼热感，胃肠道刺激症状，肝肾损害。	有进食大麻史，潜伏期长，除胃肠炎症状外有肝肾损害。	舒适的改变，焦虑。	排除毒物，维持水电解质平衡，保护肝肾功能，对症。	了解蓖麻子的毒性，不食之，妥善保管好蓖麻子及工业用蓖麻油。

四、食物中毒急救与调查处理

（一）食物中毒的急救

食物中毒急救必须分秒必争。在毒物性质尚未明确前，不一定等待确诊，只要符合食物中毒特点，就应进行一般急救处理。急救治疗的原则是尽快排除胃肠道内尚未被吸收的毒物，促进已被吸收的毒物排出体外，准确及时的给予特效解毒药物，并配合对症治疗，保护病人重要脏器，防止感染。

1．排除未被吸收的毒物　催吐、洗胃、灌肠或导泻在抢救中极为重要，应及早进行，但对腐蚀性毒物中毒和肝硬化、心脏病、胃溃疡病患者禁忌催吐和洗胃。

（1）催吐　昏迷者不宜采用。可刺激咽部或给催吐剂。常用的催吐剂有2%～4%温盐水、0.5%硫酸铜或1%硫酸锌溶液。每次100～200毫升。或用吐根糖浆15～20毫升或碘酒0.5毫升，加水一杯口服，至胃内容物全部吐出为止。不能口服催吐剂者，成人可皮下注射盐酸阿朴吗啡5毫克。但五岁以下小儿、昏迷病人、含吗啡类植物中毒病人禁用。

（2）洗胃　愈早愈彻底，效果愈好。某些食物中毒（如砷中毒、毒蕈中毒、臭米面中毒等），摄入食物后虽达4小时以上，胃内仍可能有残留毒物，故仍应彻底清洗。可选用温开水、1%～2%盐水、0.5%～4%鞣酸溶液、0.02%～0.05%高锰酸钾溶液、0.2%～0.3%活性炭混悬液洗胃。腐蚀性毒物中毒者禁忌洗胃。

（3）导泻与灌肠　中毒时间较长，估计毒物已进入肠内时，洗胃后可服泻剂，常用泻剂为硫酸镁、硫酸钠、大黄粉等。忌用油类泻剂。如中毒已久，可用1%盐水、肥皂水或清水，加温至40℃左右，进行高位连续清洁灌肠。

2．防止毒物吸收保护胃粘膜

（1）通用解毒剂（主要成分为活性炭4份、氧化镁2份和鞣酸2份，混合后加水100份），可用于吸附、沉淀或中和生物碱、甙类、酸类和重金属盐。

（2）中和剂：可内服弱碱性制剂，氧化镁0.2～1g。禁用碳酸氢钠。

（3）氧化剂：0.02%～0.05%高锰酸钾或1%过氧化氢溶液对许多毒物和生物

碱有一定的氧化和解毒作用。

(4) 粘膜保护剂：如牛奶、生蛋清、淀粉、米汤等。

(5) 沉淀剂：牛奶、生蛋清等能结合和沉淀多种毒物如砷和汞等，保护粘膜、粘附毒素和阻滞吸收，1%～4%鞣酸溶液或活性炭混悬液可沉淀或吸附生物碱和重金属类。

3. 促进毒物排泄　大量饮水或静脉输液以促进毒物排泄。由肾脏排出的毒物可用对肾脏无害的利尿药（如双氢克尿塞）或脱水剂（如甘露醇、高渗葡萄糖等)。

4. 对症处理　对于中毒期间出现的脱水、酸中毒，休克、循环衰竭以及呼吸衰竭等病情应及时进行对症治疗。

(二) 食物中毒调查

流行病学调查是食物中毒发生后的主要防治措施之一。调查的目的一是确定中毒病人，二是确定中毒食品，三是查明该中毒食品与中毒病人发病的因果关系，四是查明中毒原因，为救治和控制病情提供根据，并总结经验教训防止中毒事件的再次发生。

调查方法包括：现场调查；样品的采集与检验；调查资料的收集与整理分析；中毒现场处理。

1. 现场调查

(1) 首先了解发生食物中毒的简单经过、时间、地点、分布，病人的临床表现、症状特点及处理措施。可疑中毒餐次及其前后各一餐的进食情况等。调查时应注意首例患者，其发病时间是推测致病餐次的重要线索。

(2) 了解病人发病前24～48小时内进食的各餐食谱，调查同一食堂未发病的人员，对比患者与健康者的进餐情况，对判断致病餐次有重要意义。如就餐人员不多，可进行全面调查，否则可作抽样调查，还要调查临时不在食堂用餐及有特殊饮食习惯的人员（如不吃某些食物）的进餐与发病情况，对分析推断致病餐次、致病食物和潜伏期等有重要意义。

(3) 了解可疑食物的采购来源、新鲜程度、运输、贮藏情况，烹调加工过程及销售中有无污染。

(4) 了解餐具、炊具设备是否符合卫生要求，熟食保存情况，厨房与食堂卫生状况，炊事人员的个人卫生习惯和健康状况。

2. 样品的采集与检验　基层卫生人员在上级卫生防疫人员到达前，可收集有关标本，对呕吐物更要及时采集。如怀疑为细菌性食物中毒，则应无菌操作。根据已得到的线索确定检验项目。采集的标本应及时送检，并贴上标签，附有检验单，剩余标本放在冰箱中备查。

(1) 采集的标本包括：①患者的标本：呕吐物、洗胃水及排泄物，每份约5～10ml。如怀疑为细菌性食物中毒，有时应采静脉血；化学性食物中毒应做尿检查。②剩余食物：最好采取餐桌的剩余食物，每份约50～100g。如已无剩余，可以取洗涤有关炊具或容器的生理盐水做标本。已开启的罐头盒连同内容物一并送检。如无剩余，可取空盒或取同种类、同批号的未开罐头送检。③炊事人员的标本：包括大便、咽拭子及皮肤化脓病灶拭子标本等，直接接触食品的临时人员也应检查。④厨具、炊具的表面擦拭标本、水源水等。

（2）样品的检验：对上述采集的标本根据需要分别进行理化检验和微生物检验。

3．调查资料的收集与整理分析

（1）调查资料的收集：调查者应收集下列资料：①首例中毒患者发病前72小时内各餐食谱；②膳食供应范围和用膳人员名单，包括临时来用膳者及临时未用膳者名单；③患者名单；④炊事人员健康情况。

（2）调查资料的整理分析：将调查资料进行整理，绘制有关图表，计算发病率、潜伏期，分析发病原因。综合临床和流行病学资料，并结合检验结果，阐明下列问题：①是否为食物中毒？根据发病的临床和流行病学特点以及化验结果，一般不难诊断。但有的须与流行性腹泻、食物型伤寒、副伤寒爆发等相鉴别。②食物中毒的性质。为细菌性还是非细菌性的（见表8-14）。③判断致病餐次。从首例患者

表8-14　细菌性与非细菌性食物中毒鉴别要点

	细　菌　性	非细菌性
中毒食物	以病死性畜肉，变质。被污染的肉、蛋、内脏、剩饭菜、凉拌菜和水产品为主。	有毒动、植物和化学毒物、农药、杀虫药、杀鼠药等。
潜伏期	一般为6～24小时，毒素性中毒可在1～3小时。	几分钟到几小时。
体　温	一般都有发热37.5～39℃（毒素性中毒可不发热）。	一般不发热。
胃肠症状	一般以腹痛腹泻为主，伴有恶心、呕吐。	一般先有多次呕吐，少见腹泻，腹痛。
神经系统症状	除肉毒中毒外，一般仅有轻度头晕、头痛。	神经症状较明显。
季节性	夏秋季节日会餐较多。	与有毒食物上市供应季节有关。
化验结果	病原菌或细菌毒素。	化学毒物等。
病死率	抢救及时几无死亡。	病死率较高。

发病以前的几个餐次去找，也可向前推算一个潜伏期以判断致病餐次。分析发病与进餐的关系，即吃某餐者发病，不吃者不发病。④判断致病食物。分析某些食物与发病的关系。根据调查分析，找出吃哪些食物发病，而不吃者不发病的事例。根据现场调查发现的在采购、运输、贮藏、烹调等过程的薄弱环节，分析哪些食物引起中毒的可能性最大。可疑食物的检验结果。⑤鉴别引起中毒的有毒物质。根据临床表现，致病食物特性，潜伏期的长短，现场调查资料和可疑标本的检验结果等资料进行综合分析，得出正确结论。⑥确定薄弱环节，吸取教训，根据调查结果，进一步分析食物被污染的有关环节，以便吸取教训，改进工作，杜绝中毒的再次发生。

4. 中毒现场的处理　对于剩余的致病食物、被污染的炊事用具、餐具和现场要进行消毒、无害化处理或销毁。最后，应写成书面总结材料，说明事件发生经过、原因、已采取的措施和今后的预防措施意见等。

第四节　食品污染及其预防

一、概念与分类

（一）概念

食品是人类赖以生存的物质基础。食品在生产、加工、运输、储存、销售等各环节会受到有害物质的污染，降低了食品卫生质量或对人体造成程度不同的损害。

食品污染是指食品被外界一些有毒有害物质污染，造成食品安全性、营养性、感官性状发生变化，从而改变或降低食品原有的营养价值和卫生质量并对机体产生危害的过程。

（二）食品污染的种类

根据污染物的性质，食品污染可分为三类，即生物性污染、化学性污染和放射性污染。

1. 生物性污染

（1）微生物污染：主要是细菌及细菌毒素、霉菌及霉菌毒素和病毒。

（2）寄生虫及寄生虫卵污染：主要传播肠道寄生虫病。

（3）昆虫污染：主要为甲虫、螨类、蛾类及蝇蛆等。

2. 化学性污染

（1）工业生产中的“三废”污染，农业生产中使用的化肥和农药及生活环境中的污染物污染。如：有害的金属或非金属、多环芳烃和N-亚硝基化合物等。

（2）使用不符合卫生要求的食品容器、包装材料及运输工具对食品产生的污染。

（3）食品添加剂污染：如使用不符合卫生要求或含有有毒有害物质的添加剂。

3. 放射性污染

主要来自放射性物质的开采、冶炼、国防、生产和生活中的应用与排放。食品可以吸附或吸收外来的放射性核素，主要以半衰期较长的^{137}铯（Cs）和^{90}锶（Sr）最具卫生学意义。

二、食品污染的危害

食品污染对人体健康造成的危害，可归结为影响食品的感官性状、引起急性食物中毒、机体的慢性危害以及对人类的致畸、致突变和致癌作用。

（一）急性中毒

食品被细菌及毒素、霉菌及毒素或有毒化学物质污染，短时间内大量进入机体可引起食物中毒。如沙门菌污染肉制品可引起表现以急性胃肠炎为主的食物中毒。

（二）慢性中毒

长期摄入含少量污染物的食品而引起的中毒。如长期摄入被黄曲霉毒素污染的玉米、花生等引起的肝脏损害。

（三）远期损害

某些污染物进入机体后，可出现肿瘤和致后代畸形。如黄曲霉毒素、苯并芘和亚硝胺等为致癌物，2，4-滴（苯氧羧酸类）、氯乙烯和金属铅等为致畸物。

三、常见食品的污染与控制

（一）黄曲霉毒素对食品的污染与预防

黄曲霉毒素是黄曲霉和寄生曲霉产生的一组代谢产物，产生毒素的最适温度是28～32℃，相对湿度在85％以上。

1．理化特征　黄曲霉毒素的基本结构由一个二呋喃环和一个香豆素（氧杂萘邻酮）构成，在紫外光下能发生荧光，目前结构明确的有十二种以上，其中以黄曲霉毒素B_1的毒性和致癌性最强。难溶于水，耐热。易溶于油和一些有机溶剂中，碱性溶液中能分解破坏。

2．主要污染的食品　粮油及制品，如花生和花生油、大米、玉米、棉籽、黄豆等。气候温暖潮湿的南方污染重于北方。

3．主要危害　急性中毒主要危害肝脏，初期表现为发热、恶心、呕吐、厌食，继而出现黄疸，肝肿大及压痛，重者出现腹水，甚至死亡。慢性中毒主要表现为黄疸，肝脏纤维组织增生，肝硬化。

黄曲霉毒素的致癌力很强。可诱发实验动物肝癌以及胃、肾、结肠、乳腺、卵巢等处肿瘤。

我国及世界上其他国家所进行的黄曲霉毒素与人类肝癌的流行病学调查表明，黄曲霉毒素摄入量与肝癌发病呈平行关系。

4．预防措施　预防黄曲霉毒素危害人类健康的主要措施是防止食品被黄曲霉菌及毒素的污染，减少食品中黄曲霉毒素的含量。我国规定食品黄曲霉毒素B_1允许量的标准。（表8-15）。

（1）防霉措施　这是预防食品被黄曲霉毒素及其他霉菌毒素污染的最根本措施。因为霉菌的生长繁殖需要一定的温度、湿度、食品的含水量及氧气。如果控制住上述条件，就可控制霉菌的繁殖。但实际意义最大的是将收获后的粮食含水量降至安全水分以下。此外，粮食低温低湿保存，密封除氧充氮，化学药物熏蒸，γ射线照射等方式均有一定的防毒作用，但需注意γ射线照射和化学除霉的粮食残留问题。

(2) 去毒措施　即用物理、化学、生物学方法将黄曲霉毒素去除或破坏。

常用的方法有拣除霉粒粮食，霉变壳粮精碾加工，食前反复搓洗，加碱高压煮饭，紫外线照射，植物油加碱去毒，活性炭或白陶土吸附。此外还可利用自然界存在的某些微生物来使黄曲霉毒素破坏或转变为毒性低的物质。如橙黄色杆菌可使花生油、酱、玉米、牛奶等食品中的黄曲霉菌全部迅速破坏。灰蓝毛霉，米根霉以及黑曲霉可将黄曲霉毒素转化成毒性低的物质。

表 8-15　我国食品中黄曲霉毒素 B_1允许量标准（GB2761-81）

食　品　名　称	允许量标准（μg/kg）
玉米、花生仁、花生油	不得超过 20
玉米及花生仁制品（按原料折算）	不得超过 20
大米、其他食用油	不得超过 10
其他粮、豆类、发酵食品	不得超过 5
婴儿代乳食品	不得检出

（二）N-亚硝基化合物对食品的污染及预防

1. 理化特性　N-亚硝基化合物是一类致癌性很强的化合物。化学结构可分为两大类即亚硝胺和亚硝酰胺。亚硝胺不易水解，在中性和碱性环境中较稳定，在酸性溶液中或经紫外线照射可缓慢分解。亚硝酰胺在酸、碱溶液中均不稳定。两者都是强致癌物并有致畸作用和胚胎毒性。

2. 主要污染的食品　食品中天然存在的 N-亚硝基化合物含量极微，但它的前身化合物亚硝酸盐和胺类却广泛存在于食品和环境中。在酸性条件下，可形成亚硝胺或亚硝酰胺。

胺类是蛋白质分解的产物，海鱼及鱼卵中含量最高，其他动物性食品以及粮食、果汁、茶叶、烟叶中也含有一定量的胺类。另外，食物的各种加工方法也可促使蛋白质分解产生大量胺类，食物霉变和腐败发酵均可使胺类含量增高。

硝酸盐在自然界广泛存在。在具有还原性微生物或酶的作用下可还原为亚硝酸盐。许多蔬菜如白菜、芹菜、萝卜、菠菜等含有大量的硝酸盐，肉类制品如火腿和香肠等用硝酸盐或亚硝酸盐做发色剂，食物霉变可产生大量的亚硝酸盐，发酵食品中酱油、醋、啤酒、酸菜等在厌氧发酵中硝酸盐可被某些微生物还原为亚硝酸盐。

如果食品中同时存在胺类和亚硝酸盐，它们在酸性条件下就可合成亚硝胺。人体合成亚硝基化合物的主要部位是胃。胃酸缺乏或有胃炎的病人，当胃液 pH＞5 时含硝酸盐还原酶的细菌具有高度的活性，使硝酸盐还原为亚硝酸盐，与胃内的胺类合成亚硝胺。此外受污染的肠道、膀胱也可合成亚硝胺，口腔不洁时，口腔也可合成亚硝胺。目前认为内源性合成亚硝胺是体内亚硝基化合物重要的来源。

3. 主要危害　亚硝基化合物为强致癌物，可诱发不同动物，不同组织器官的肿瘤。一次足够的冲击量和多次长期的慢性作用均可产生肿瘤。流行病学调查显示人类的某些癌症具有明显的地区性分布，且与饮食习惯及食物中亚硝基化合物含量有关。目前认为亚硝基化合物很可能是导致人类某些肿瘤的重要病因。另外亚硝胺与亚硝酰胺在致癌机制上不同。前者需在体内经激活后在组织内代谢产生重氮烷，致使细胞和蛋白质甲基化而引起遗传因子突变而致癌。后者不需代谢活化，可直接诱发接触部位肿瘤。

4. 预防措施

(1) 改进食品的烹调加工方法，搞好食品卫生。食品的选择应以新鲜为原则。腌制品和不新鲜的食品应少吃。食品加工时，要防止微生物污染。改革熏烤食品及发酵食品的工艺。要控制好熏烤时间与温度。肉类食品使用发色剂必须符合国家卫生标准，亚硝酸盐的残留量，肉类罐头不得超过 0.05g/kg，肉制品不得超过 0.03g/kg。在加工工艺可行的情况下，寻找无害的代用品。

(2) 阻断亚硝胺在体内的合成。维生素 C 通过还原亚硝酸盐来阻断亚硝胺在体内的合成。这一点在人群流行病学调查和动物实验中已得到了验证。这也是目前抑制和减少亚硝胺的最佳办法。因此提高饮食中维生素 C 的含量如多吃新鲜蔬菜、水果，加工食品中强化维生素 C 意义重大。有人报道维生素 A、维生素 E 及谷胱甘肽、大蒜、茶叶、猕猴桃、沙棘果汁对亚硝胺的合成也有一定的阻断作用。

(3) 提倡农业使用钼肥。由于钼在植物体内的作用是固氮和还原硝酸盐，所以，施用钼肥后，不仅粮食增产，而且粮食、蔬菜中亚硝酸盐含量下降，蔬菜中维生素 C 含量增加。

（三）苯并芘

1. 理化特性　苯并芘又称 3，4 苯并芘，它是由五个苯环构成的多环芳烃类污染物。主要由各种有机物如煤、香烟、油类等燃烧不完全而产生。目前已知的有 200 多种。其中很多有致癌性。不溶于水，易溶于苯、甲苯、二甲苯及环已烷中。能被活性炭、木炭或氢氧化铁等带正电荷的吸附剂吸附。

2. 对食品的污染

(1) 烘烤或熏制食品造成的直接污染。苯并芘的形成与烘烤或熏制食品的温度及熏制时间呈正比，而且食物外表部分高于其内部含量。

(2) 环境中苯并芘直接污染食品。含碳物质燃烧不完全，产生的苯并芘附在烟的尘粒中，被排入空气中，农作物通过叶面或根部吸收。生产炭黑、炼油、炼焦、沥青等行业的工业三废中含有大量的苯并芘，这些行业的废水排入江、河、湖、海，通过食物链将苯并芘浓缩于水产品中。在柏油路面上晾晒粮食和油料种子，柏油溶化粘污在粮粒上，致使苯并芘含量显著增高。

(3) 食品加工环节的污染。食品加工时的接触环节很多，如设备管道或包装材料中含苯并芘。食品加工机械用的润滑油滴于食品中，可使食品中的苯并芘含量增加。

3. 主要危害　苯并芘对人体的主要危害是可能引起各种癌症。对动物的致癌性是肯定的。同时它还是一种间接致癌物。通过食物及水进入机体的苯并芘经胃肠吸收，入血后分布于全身，在体内通过混合功能氧化酶系中的芳烃羟化酶作用，代谢转化为多环芳烃环氧化物，与 DNA、RNA 和蛋白质大分子结合而呈现致癌作用，为终致癌物。

4. 预防措施

（1）防止污染　改进食品加工烹调方法，特别是熏烤食品或粮食烘干时，应改进燃烧过程，尽量减少炭火与食品直接接触，控制好温度与时间，减轻食品的焦化与热解程度。

（2）加强环境污染的管理与监测，减少环境对食品污染。不在柏油路面上晾晒粮食、油料种子等。

（3）去毒措施　食品一旦被苯并芘污染，可用吸附方法除去，如活性炭可吸附除掉油脂中的苯并芘。被污染的粮食在碾磨加工去除麸皮的同时，可使苯并芘含量降低 40%～60%。此外，日光或紫外线照射也有一定效果。

（4）粮食中的苯并芘含量较高时，可根据含量情况经过稀释使其含量降低到允许范围之内，供作食用。

（四）农药残留对食品的污染及预防

农药是指用于消灭、控制危害农作物的害虫、病菌、鼠类、杂草及其他（有毒）有害动植物和调节植物生长的各种药物。包括提高这些药效的辅助剂和增效剂。目前世界各国的化学农药品种达 1400 多个，作基本品种使用的有 40 种左右。但由于使用量和使用品种的不断增加，使用方法不当，致使环境和食品受到残留农药的污染，残留农药可长期通过食物进入人体，对人体造成慢性损害和致癌、致畸等危害。

1. 农药残留污染食品的途径

（1）农药直接污染在可食作物上。农田施用农药后，一部分农药可直接粘附在食用作物上，如菜叶、种子、果实。另一部分被作物吸收，达到食用部位，构成污染。

（2）通过污染环境间接污染食物。农田喷洒的农药约 40%～60% 降落到地面污染土壤且集中在耕作层，农作物通过根茎吸收而将农药运转到食用部分。如根茎类、薯类吸收土壤中残留农药的能力较强，而叶菜类、果菜类较弱，但黄瓜除外。

被农药污染的水体，一方面通过农田灌溉污染农作物，另一方面污染水体，使水生生物长期生活在低浓度的农药中，水生生物通过多种途径吸收农药，通过食物链的生物富集对人类造成更严重的危害。进入空气中的农药，通过飘尘和降雨、降雪再次进入土壤与水域，污染农作物与水产品，造成食品的污染。

（3）其他途径。农药厂的工业“三废”未经处理直接排放进入环境，粮库防虫熏蒸的残留，用被农药污染的容器、用具装运粮食或食品，事故性污染等。

农药的大量应用，造成了严重的环境污染，环境中的农药又通过不同的途径进入动植物体内，造成农药在食物中残留。人体内的农药大约 90% 以上来自食品。由于农药的性质，使用方法及使用时间不同，农药在食品中的残留情况及对人类的危害也有差别。

2. 主要危害 主要引起慢性损害，如肝、肾损害和神经精神症状。另外还可诱发突变、致畸和致癌。

3. 控制农药污染的措施

(1) 科学合理使用农药，严格遵守农药安全使用规定。

(2) 以无毒、无残留或低毒、低残留农药代替毒性大、残留量高的农药。

(3) 贯彻食品卫生法，加强食品中农药残留量监测保证食品中的农药残留量不超过最大允许残留量。

(4) 开发生物性农药及植物性无污染农药彻底杜绝农药残留问题。

(5) 加强农药的生产、运输、储存、销售、使用等各环节的管理，防止事故性污染。

(五) 食品添加剂对食品的污染

食品添加剂是指"为了改善食品品质和色、香、味，以及为防腐和加工工艺的需要而加入食品中的化学合成或者天然物质"。它不是天然食品中的正常成分，也不具有营养价值，但具有改变食品的感觉性状，延长食品的贮藏期和提高食品品质的作用。

1. 食品添加剂的种类 食品添加剂的种类繁多，按照其来源可分为天然与人工合成两大类。天然食品添加剂是利用动、植物或微生物的代谢产物等作为原料，经过提取所得的物质。其毒性小，但品种少、价格高、产量低。人工合成食品添加剂是通过化学手段使元素和化合物产生一系列化学反应制成的。其品种全、价格低、用量少。但毒性较天然食品添加剂大。食品添加剂的使用有利于开发食品资源，有利于食品加工，增强食品营养成分和对消费者的吸引力，食品添加剂在食品加工保存过程中已成为必不可少的物质。目前，我国列入 GB2760-1996《食品添加剂使用卫生标准》的品种已达 1150 多种，并还将逐年增加。我国将食品添加剂分为 21 类，按其英文字母顺序依此为：酸度调节剂，抗结剂，消泡剂，抗氧化剂，漂白剂、膨松剂、胶姆糖基础剂、着色剂、护色剂、乳化剂、酶制剂、增味剂、面粉处理剂、被膜剂、水分保持剂、营养强化剂、防腐稳定和凝固剂、甜味剂、增稠剂及其他类。

由于食品添加剂不是食品的天然成分，如果食品添加剂滥用，就可引起食品的污染，长期低剂量摄入被食品添加剂污染的食品，就可对机体产生潜在的危害。随着食品毒理学方法的发展和食品安全性评价方法的改良，有些过去认为无害的食品添加剂近年来发现可能存在有慢性毒性和致突变、致畸、致癌的危害。

2. 食品添加剂污染食品的原因

(1) 食品添加剂本身具有一定的毒性。如硼酸、β-萘酚、甲醛、黄樟素等。

(2) 食品添加剂的原料中含有有毒杂质。如震惊世界的"奶粉中毒事件"就是由于使用了含砷的磷酸二氢钠作为品质改良剂而引起的。

(3) 食品添加剂中残留的中间产物或夹杂物有一定的毒性。由于生产工艺和生产过程不符合卫生要求，使添加剂中含有有毒有害的中间产物或夹杂物，这类添加剂的使用就可造成食品的污染。

（4）食品添加剂的滥用，不严格执行食品添加剂的使用范围与标准，是造成食品添加剂污染的重要原因。

（5）食物在贮存过程中，添加剂自身发生转化或与食品中的某些成分发生反应形成有毒有害物质，如偶氮染料可形成芳香胺，赤癣红色素可转化为荧光素等有害物质。

3. 添加剂污染食品的危害

（1）急、慢性中毒：如过量使用发色剂硝酸钠和亚硝酸钠，可引起急性肠源性青紫症；在一定条件下亚硝酸盐可与体内的仲胺结合形成亚硝胺，后者是强致癌物；使用甲醛、硼酸等工业用防腐剂可引起急性或慢性中毒；使用含砷盐酸、食碱可引起砷中毒；使用合成色素对人可引起一般毒性、致泄作用和致癌作用。

（2）变态反应：某些食品添加剂对人体可产生过敏，如香料中某些物质可引起喉头水肿，苯甲酸可引起哮喘。

（3）蓄积毒性：有些食品添加剂与体内脂类有较高的亲和力，长期随食品进入机体可导致在体内的慢性蓄积，最后产生毒性危害。

4. 食品添加剂的使用原则及使用的卫生要求

（1）使用原则

1）严格执行我国《食品添加剂使用卫生标准》，正确使用，严控使用的品种、范围及剂量，在使用限量内长期使用对人体应安全无害。

2）不可用食品添加剂掩盖食品的缺陷如（腐败、变质等）或作伪造的手段欺骗消费者。

3）婴幼儿食品不得使用糖精、色素、香精等添加剂。

4）食品添加剂应有严格的质量标准，其中有害杂质含量不得超过最高允许限量。

5）使用食品添加剂后不影响食品自身的感官性状，对食品中的营养素不应产生破坏作用。

（2）卫生要求

1）贯彻执行《食品卫生法》和《食品添加剂卫生管理办法》的要求。

2）未列入食品添加剂卫生标准的其他食品添加剂如需生产使用时，应严格按规定的审批程序经批准后方可生产使用。

3）生产食品添加剂的工厂，按上级规定必须办理“定点生产许可证”或“生产许可证”或“临时生产许可证”中的三证之一方可生产。在生产中严格遵守工艺操作规程，使用合格原料保证产品质量。

4）购销单位不得出售和购买污染和变质的添加剂，凡无厂名、厂址、批号、生产日期及使用说明的添加剂，不得销售和使用。

附：食物一般营养成分表

类别	食物项目	食部(%)	水分(克)	蛋白质(克)	脂肪(克)	碳水化合物(克)	热量(千卡)	粗纤维(克)	钙(毫克)	磷(毫克)	铁(毫克)	胡萝卜素(毫克)	硫胺素(毫克)	核黄素(毫克)	尼克酸(毫克)	抗坏血酸(毫克)
谷类	稻米(籼)(糙)	100	13.0	8.3	2.5	74.2	353	0.7	14	285	…	0	0.34	0.07	2.5	0
	稻米(籼)(标一)	100	13.0	7.8	1.3	76.6	349	0.4	9	203	2.4	0	0.19	0.06	1.6	0
	稻米(粳)(标二)	100	14.0	6.9	1.7	76.0	347	0.4	10	200	1.5	0	0.24	0.05	1.5	0
	糯米	100	14.6	6.7	1.4	76.3	345	0.2	19	155	6.7	0	0.19	0.03	2.0	0
	小麦粉(富强粉)	100	13.0	9.4	1.4	75.0	350	0.4	25	162	2.6	0	0.24	0.07	2.0	0
	小麦粉(标准粉)	100	12.0	9.9	1.8	74.6	354	0.6	38	268	4.2	0	0.46	0.06	2.5	0
	面条	100	33.0	7.4	1.4	56.4	268	0.4	60	203	4.0	0	0.35	0.04	1.9	0
	挂面	100	14.1	9.6	1.7	70.0	334	0.5	88	260	4.1	0	0.30	0.02	2.0	0
	馒头(富强粉)	100	44.0	6.1	0.2	48.8	221	0.2	19	88	1.5	0	0.10	0.04	1.0	0
	馒头(标准粉)	100	44.0	9.9	1.8	42.5	226	0.6	38	268	4.2	0	0.31	0.05	2.3	0
	烧饼	100	34.0	7.4	1.4	55.9	266	0.5	29	200	3.2	0	0.21	0.05	2.3	0
	火烧	100	34.0	7.2	2.6	54.5	270	0.4	43	171	…	0	0.22	0.03	1.4	0
	油饼、油条	100	31.2	7.8	10.4	47.7	316	0.7	25	153	…	0	0.14	…	2.2	0
	小米	100	11.1	9.7	3.5	72.8	362	1.6	29	240	4.7	0.19	0.57	0.12	1.6	0
	玉米面(黄)	100	13.4	8.4	4.3	70.2	353	1.5	34	…	…	0.13	0.13	0.10	2.0	0
	玉米面(细)(白)	100	14.1	7.7	5.4	69.2	356	1.8	38	…	…	…	0.37	0.08	2.5	0
	窝窝头	100	54.0	7.2	3.2	33.3	191	1.2	33	151	2.1	…	0.15	0.07	1.0	0
	芝麻	100	2.5	21.9	61.7	4.3	660	6.2	564	368	50.0	…	…	…	…	0
干豆类	黄豆	100	10.2	36.3	18.4	25.3	412	4.8	367	571	11.0	0.40	0.79	0.25	2.1	0
	黄豆粉	100	5.0	40.0	19.2	28.3	446	3.0	437	680	4.5	0.48	0.94	0.30	2.5	0
	小豆(赤)(崇明产)	100	9.0	21.7	0.8	60.7	337	4.6	76	386	13.0	…	0.43	0.16	2.1	0
	绿豆	100	9.5	23.8	0.5	58.8	335	4.2	80	360	6.8	0.22	0.53	0.12	1.8	0
	蚕豆(带豆)	100	13.0	28.2	0.5	48.6	314	6.7	71	340	7.0	0	0.39	0.27	2.6	0

续表

类别	食物项目	食部（%）	水分（克）	蛋白质（克）	脂肪（克）	碳水化合物（克）	热量（千卡）	粗纤维（克）	钙（毫克）	磷（毫克）	铁（毫克）	胡萝卜素（毫克）	硫胺素（毫克）	核黄素（毫克）	尼克酸（毫克）	抗坏血酸（毫克）
	豌豆	100	10.0	24.6	1.0	57.0	335	4.5	84	400	5.7	0.04	1.02	0.12	2.7	0
豆制品	豆浆*	100	91.8	4.4	1.8	1.5	40	0	25	45	2.5	…	0.03	0.01	0.1	0
	豆浆**	100		5.2	2.5	3.7	58	…	57	88	1.7	0.05	0.12	0.04	…	0
	豆腐脑(带卤)	100	91.3	5.3	1.9	0.5	40	0	20	56	0.6	…	0.04	0.03	0.2	0
	豆汁	100	96.0	1.9	0.4	0.8	14	0.6	3	25	0.8	…	0.04	0.01	0.2	0
	豆腐(南)	100	90.0	4.7	1.3	2.8	60	0.1	240	64	1.4	…	0.06	0.03	0.1	0
	豆腐(北)	100	85.0	7.4	3.5	2.7	72	0.1	277	57	2.1	…	0.03	0.03	0.2	0
	豆腐(北)(豆饼制)	100	87.7	6.8	0.8	3.4	48	0.1	180	84	3.0	…	0.03	0.04	0.2	0
	油豆腐	100	45.2	24.6	20.8	7.5	316	0.4	156	299	9.4	…	0.06	0.04	0.2	0
	豆腐干	100	64.9	19.2	6.7	6.7	164	0.2	117	204	4.6	…	0.05	0.05	0.1	0
	豆腐干(熏)	100	65.2	18.9	7.4	5.9	166	0.2	102	205	5.3	…	0.05	0.05	0.2	0
	豆腐丝	100	59.0	21.6	7.9	6.7	184	0.6	284	291	0.7	…	0.05	0.03	0.1	0
	腐竹	100	7.1	50.5	23.7	15.3	477	0.3	280	598	15.1	…	0.21	0.12	0.7	0
	红腐乳	100	55.5	14.6	5.7	5.8	133	0.6	167	200	12.0	…	0.04	0.16	0.5	0
	粉条	100	0.1	3.1	0.2	96.0	398	0.3	…	…	…	0	…	…	…	0
鲜豆类	黄豆芽	100	77.0	11.5	2.0	7.1	92	1.0	68	102	1.8	0.03	0.17	0.11	0.8	4
	绿豆芽	100	91.9	3.2	0.1	3.7	29	0.7	23	51	0.9	0.04	0.07	0.06	0.7	6
	毛豆	42	69.8	13.6	5.7	7.1	134	2.1	100	219	6.4	0.28	0.33	0.16	1.7	25
	菜豆	94	92.2	1.5	0.2	4.7	27	0.8	44	39	1.1	0.24	0.08	0.12	0.6	9
	豇豆	95	90.7	2.4	0.2	4.7	30	1.4	53	63	1.0	0.89	0.09	0.08	1.0	19
	豌豆	34	78.3	7.2	0.3	12.0	80	1.3	13	90	0.8	0.15	0.54	0.08	2.8	14
根茎类	甘薯	87	67.1	1.8	0.2	29.5	127	0.5	18	20	0.4	1.31	0.12	0.04	0.5	30
	马铃薯	88	79.9	2.3	0.1	16.6	77	0.3	11	64	1.2	0.01	0.10	0.03	0.4	16

续表

类别	食物项目	食部(%)	水分(克)	蛋白质(克)	脂肪(克)	碳水化合物(克)	热量(千卡)	粗纤维(克)	钙(毫克)	磷(毫克)	铁(毫克)	胡萝卜素(毫克)	硫胺素(毫克)	核黄素(毫克)	尼克酸(毫克)	抗坏血酸(毫克)
	山药	95	82.6	1.5	0	14.4	64	0.9	14	42	0.3	0.02	0.08	0.02	0.3	4
	胡萝卜(红)	79	89.3	0.6	0.3	8.3	38	0.8	19	29	0.7	1.35	0.04	0.04	0.4	12
	红萝卜(大)	83	91.1	0.8	0.1	6.6	30	0.8	61	28	0.7	0.01	0.02	0.03	0.8	19
叶菜类	大白菜	68	95.4	1.1	0.2	2.4	16	0.4	41	35	0.6	0.04	0.02	0.04	0.3	19
	油菜	96	93.5	2.6	0.74	2.0	22	0.5	140	30	1.4	3.15	0.08	0.11	0.9	51
	菠菜	91.8	91.8	2.4	0.5	3.1	27	0.7	72	53	1.8	3.87	0.04	0.13	0.6	39
	芹菜	74	94.0	2.2	0.3	0.9	19	0.6	160	61	8.5	0.11	0.03	0.04	0.3	6
	韭菜	93	92.0	2.1	0.8	3.2	27	1.1	48	46	1.7	8.21	0.03	0.02	0.9	30
	大葱	71	91.6	1.0	0.3	6.3	32	0.5	12	46	0.6	1.2	0.08	0.05	0.5	12
	菜花	53	92.6	2.4	0.4	3.0	25	0.8	18	53	0.7	0.08	0.06	0.08	0.8	33
瓜类	冬瓜	76	96.5	0.4	0	2.4	11	0.4	19	12	0.3	0.01	0.01	0.02	0.3	16
	黄瓜	86	96.9	0.6	0.2	1.6	11	0.3	19	29	0.3	0.13	0.04	0.04	0.3	5
茄果类	茄子	96	93.2	2.3	0.1	3.1	23	0.8	22	31	0.4	0.04	0.03	0.04	0.5	3
	番茄	97	95.9	0.8	0.3	2.2	15	0.4	8	24	0.8	0.37	0.03	0.02	0.6	8
菌藻类	蘑菇	97	93.3	2.9	0.2	2.4	23	0.6	8	66	1.3	……	0.11	0.16	9.3	4
	海带	100	12.8	8.2	0.1	56.2	258	9.8	1177	216	150	0.57	0.09	0.36	1.6	……
兽肉类	猪肉	100	29.3	9.5	59.8	0.9	580	0	6	101	1.4	……	0.53	0.12	4.2	……
	牛肉	100	68.6	20.1	10.2	0	172	0	7	170	0.9	0	0.07	0.15	6.0	0
	羊肉	100	58.7	11.1	28.8	0.8	307	0	……	……	……	0	0.07	0.13	4.9	0
乳制品	牛乳	100	87.0	3.3	4.0	5.0	69	0	120	93	0.2	140	0.04	0.13	0.2	1
	牛乳粉(全)	100	2.0	26.3	30.6	35.5	522	0	1030	883	0.8	1400	0.15	0.69	0.7	微量
蛋类	鸡蛋	83	71.0	14.7	11.8	1.6	170	0	55	210	2.7	1440	0.16	0.31	0.1	……
鱼类	带鱼	72	74.1	18.1	7.4	……	139	0	24	160	1.1	……	0.01	0.09	1.9	……

* 黄豆重量 1 克加水 8 份，浸泡、磨浆、过滤、煮沸。

* * 黄豆粉 10 斤，加水煮沸、出浆 400 碗，每碗约 250 毫升。

（长春医学高等专科学校　费日晨）

第九章 医学统计方法

医学统计方法是医学科学研究的重要工具。它是以医学理论为指导，运用数理统计学的原理和方法研究数据的搜集、整理、分析，从而掌握事物内在客观规律的一门学科。医学的研究对象主要是人，不同的个体之间存在变异。例如研究儿童的生长发育，儿童的身高随年龄的增加而增加，但不同性别的儿童增高的速度不等，即便是同性别、同年龄的儿童，其身高也有高有低，各不相同，这就需要用统计学方法揭示儿童的身高随年龄增加而增加的内在规律。又如用某药治疗高血压病，对不同的个体其治疗效果不尽相同，对一些病人有效，对另外一些病人无效甚至可能产生负作用，而用统计学的方法可以推断该药治疗高血压病的疗效。所以医学统计方法是广大医务工作者进行医学科学研究的重要工具。无论是基础医学、临床医学、预防医学的各个领域，还是医疗卫生工作的实践和居民健康状况的研究，医学统计方法都为资料的搜集、整理和分析提供了有效的工具，因此掌握医学统计方法的基本知识和基本技能对每个医学生来说是非常必要的。

电子计算机的普及与医学统计软件的开发，为医学科学研究中数据信息的贮存、整理、分析提供了十分便利的条件，同时也促进了医学统计方法的迅速发展和不断完善。

第一节 医学统计方法的基本步骤

一、统计中的几个基本概念

（一）同质（homogeneity）**与变异**（variation）

医学现象绝大多数是随机现象，其影响因素错综复杂，各不相同。其中有些因素是较易控制的，而另外一些因素是不易控制的甚至是未知的。例如，研究儿童的生长发育，其影响因素有年龄、性别、民族、地区、时间、营养与遗传等，前五个因素在研究中是较易控制的，而后两个因素是不能控制的。在实际研究中，同质是指对研究指标影响较大的，较易控制的因素尽可能相同。将这些因素相同的个体可以看成是同质的个体。但是，不能控制的因素也会对研究指标产生影响，所以，同质只是相对的。就某一研究指标来看，即使是同质的个体，各个体之间也存在差异，称为变异。如研究一组同性别、同年龄、同地区、同民族与同时间的儿童的身高，其中有高有低，各不相同，可看作身高的变异。生物之间的个体变异，受易控制因素与不能控制或未知因素的综合影响，是生物的重要特征。统计学的任务就是在同质的基础上，对个体变异进行分析研究，揭示同质事物内在的本质和规律。没有变异，就无需统计学。

（二）总体（population）**与样本**（sample）

总体是根据研究目的确定的同质研究对象中某种变量值的全体。如某地某年调查正常成年男子的红细胞数，同质的基础是同地区、同时间、同性别的正常人，观察单位是该地的每个正常成年男子，变量值是每一个人的红细胞数，该地所有正常成年男子的红细胞数就构成一个总体。这样的总体包括的观察单位是有限的，并有明确的时间和空间范围，这类总体称为有限总体。另外一类总体的观察单位是无限的，且没有明确的时间和空间范围。如用某药治疗高血压病人，同质的基础是高血压病人同用某药。高血压病人究竟有多少，显然没有确定的数值，不同的高血压病人，用药时间也不相同，这类总体是假想的，称为无限总体。

医学研究中，多数的总体是无限总体，即使是有限总体，要想研究总体的情况，如观察单位数太多，要耗费很大的人力、财力，有时也是不可能甚至是不必要的。实际研究中，常常是从总体中随机抽取一部分观察单位进行研究。所以，样本是从总体中随机抽取的部分观察单位变量值的集合。如研究某年某地正常成年女性的红细胞数，总体是有限的，但因观察单位数太多，可从总体中随机抽取一部分观察单位进行研究，这部分观察单位的红细胞数构成样本。抽样一定要遵循随机的原则，并要有足够的样本含量。

（三）抽样误差（sampling error）

由于总体中的各个体之间存在变异，在抽样研究中，样本又只是总体中随机抽取的一部分，样本指标与总体指标不可能完全相等。即使是从同一总体中随机抽取的若干个例数相同的样本，各样本指标间也不相同。这种由抽样所引起的样本指标与总体指标之间的差异以及样本指标相互之间的差异称抽样误差。如某年从某市 8 岁女童的总体中随机抽取 120 名儿童，计算得样本的身高均数为 118.13cm，这个数值不一定恰好等于该市 8 岁女童的总体均数。即使从总体中再随机抽取 120 名儿童，计算得样本身高均数也不一定正好等于 118.13cm。因为有个体变异的存在，抽样误差是不可避免的，但有一定的规律性。一般认为，样本例数越大、个体间变异程度越小，抽样误差越小。

（四）参数（parameter）**与统计量**（statistic）

根据总体中所有个体变量值计算出来的描述总体特征的指标称参数。如总体均数、总体标准差、总体率等。在实际工作中，经常进行的是抽样研究，所以，总体参数往往是未知的，只能计算样本指标，由样本变量值计算的指标称统计量。抽样研究的目的是用样本统计量来推断总体参数。对于一个总体来讲，总体参数是固定不变的，但是来自同一总体的不同样本的统计量是有差别的。

（五）概率（probability）

概率是描述随机事件发生的可能性大小的量，用符号 P 来表示，概率的取值范围是 0～1 之间。在一定条件下，肯定发生的事件称必然事件，概率 $P=1$；肯定不发生的事件称不可能事件，概率 $P=0$；可能发生也可能不发生的事件称随机事件。如用某药治疗某病的预后有生存与死亡两种结果，但对于每个病人治疗后发生哪种结果是不确定的，在相同的条件下，经过一定数量的观察，就可得到生存例数 f 占总病例数 n 的比值，即 f/n。当观察例数 n 较小时，可将这个比值看作频率，当 n 逐渐增大时，这个比值越来越接近一个稳定的数值，这时就以频率作为概率的估计值。若将某病的生存当作事件 A，于是某病的生存概率为 $P(A)=f/n$ 。

统计学常将 $P\leqslant0.05$ 或 $P\leqslant0.01$ 的事件称小概率事件，表示其发生的可能性很小。

二、统计资料的类型

医学统计资料按研究指标的性质分为计量资料、计数资料和等级资料三大类，不同类型的资料应采用不同的统计方法分析处理。

（一）计量资料（measurement data）

用定量的方法测定观察单位某项指标数值的大小，所得的资料称计量资料，一般有度量衡单位。如调查某地 10 岁男童的生长发育，每个人的身高（cm)、体重(kg)、脉搏（次/分）等为计量资料。又如测定空气中二氧化硫浓度（mg/L)，这类资料也是计量资料。

（二）计数资料（enumeration data）

将观察单位按某种属性或类别分组，清点各组的观察单位数，所得的资料称计数资料，如人的性别按男、女分组；调查某人群的血型，有 A、B、O、AB 四种结果，按四种结果将观察单位分成四组，清点每组的人数。这种资料称为计数资料。

（三）等级资料（ranked data）

将观察单位按属性的等级分组,清点各组的观察单位数,所得的资料为等级资料。如调查某人群尿糖的情况,其结果有－、±、＋、＋＋、＋＋＋五个等级,将观察单位按五种结果分组,清点每组的人数,所得的资料即为等级资料。这类资料与计数资料不同的是:观察结果的分组有程度上的差别,各组按程度的大小顺序排列;与计量资料不同的是:每个观察单位没有确切的定量,只有“半定量”的概念。

三、统计工作的步骤

医学统计工作可分为四个步骤，统计工作设计、搜集资料、整理资料和分析资料，这四个步骤紧密联系，缺一不可。任何一个步骤的缺少和失误，都会使统计分析的结果不可靠。

（一）统计设计（design）

设计是统计工作的第一步，也是关键性的一步，是对统计工作全过程的设想和安排。任何一项医学科学研究，首先需要明确研究目的。统计设计就是根据研究目的确定试验因素、受试对象和观察指标，并在现有的客观条件下决定用什么方式和方法来获取原始资料，并对原始资料如何进行整理，以及整理后的资料应该计算什么指标和统计分析的预期结果如何等。以上问题都要认真考虑，科学安排，力争以较少的人力、物力和时间取得较好的效果。

（二）搜集资料（collection of data）

根据设计的要求，获取准确可靠的原始资料，是统计分析结果可靠的重要保证。没有完整、准确的原始数据，即使有先进的整理和分析方法，也不会产生可靠的分析结果。医学统计资料的来源主要有三个方面：

1. 统计报表　是医疗卫生机构根据国家规定的报告制度，定期逐级上报的有关报表。如疫情报表，医院工作报表等。报表要完整、准确、及时。通过报表可以全面、及时地掌握居民健康状况和医疗卫生机构工作的重要信息，而且为医疗卫生工作计划的制定和预测提供了客观依据，同时也为医学教育和科研提供了大量的原始资料。

2. 医疗卫生工作记录　如护理病历、医学检查记录、卫生监测记录等。这些资料都是医学科研宝贵的原始资料，医疗卫生部门要加强这些资料的管理，使医疗卫生人员充分认识到原始记录正确完整的重要性，严格要求，认真填写，防止漏填、误填、重复现象的出现，使这些资料充分发挥其科研价值。

3. 专题调查或实验研究　是根据研究目的选定的专题调查或实验研究，收集资料有明确的目的与针对性。它是医学科研资料的主要来源。

（三）整理资料（sorting data）

原始的统计资料往往是复杂的、分散的，整理资料的目的就是将搜集到的原始资料进行反复核对和认真检查，纠正错误，分类汇总，使其系统化、条理化，便于进一步的计算和分析。整理资料的过程如下：

1. 审核：首先将搜集到的原始资料进行认真的检查核对，保证资料的准确性和完整性。

2. 分组：将完整准确的原始资料归纳分组，分组方法有两种：

（1）质量分组：将观察单位按其类别或属性分组，如按性别、职业等归纳分组。

（2）数量分组：将观察单位按数值的大小分组，如按年龄的大小、药物剂量的多少分组。

分组后的资料要按照设计要求进行汇总，整理成统计表。原始资料较少时用手工汇总，当原始资料较多时，可使用计算机汇总。

（四）分析资料（analysis of data）

根据设计的要求，对整理后的数据进行统计学分析，结合专业知识，作出科学合理的解释。统计分析包括以下两大内容：

1. 统计描述（descriptive statistics）　将计算得到的统计指标与统计表、统计图相结合，全面描述资料的数量特征及分布规律。若是总体资料，使用总体参数描述其数量特征及分布；若是样本资料，则用样本统计量描述其数量特征及分布。

2. 统计推断（inferential statistics） 是用样本信息推断总体特征。医学科研一般是抽样研究，得到的是样本统计量，所以对样本的统计分析并不是真正的科研目的。通过样本统计量进行总体参数的估计和假设检验，以达到了解总体的数量特征及其分布规律，才是最终的研究目的。

第二节 统计表与统计图

统计表（statistical table）与统计图（statistical graph）是统计描述的重要工具。医学科研资料经过加工整理和计算分析后，所得结果除了用适当的文字说明外，还可应用统计表和统计图，来表达分析结果，便于阅读和分析比较。正确的统计表与统计图给人更直观形象的感觉，使人一目了然。

一、统 计 表

将统计分析的事物及其指标以表格的形式列出称统计表。

（一）制表的原则和基本要求

制表的原则是重点突出，结构简单，主谓分明，层次清楚。一般是一事一表，避免包罗万象。基本要求如下：

1. 标题 标题应简明扼要地说明表的中心内容，位于表的上端中央，必要时注明资料的时间和地点。表的左上侧应有序号，文中只有一张表时可写成“附表”。如表 9-1，表的中心内容反映的是不同性别儿童蛔虫感染情况。

2. 标目 分横标目与纵标目，是表内的项目，用来说明表内数字的意义。标目的文字要简明确切，有单位的要注明单位。横标目一般指被研究的事物，位于表的左侧，说明每一横行数字的意义，通常称主语。如表 9-1 的“性别”。纵标目一般指横标目的各项指标，位于表的上端，说明每一纵列数字的意义，通常称谓语。如表 9-1 的“受检人数”、“阳性数”、“阳性率”。

横标目与纵标目有主语和谓语的关系，连起来是一句完整通顺的句子。如表9-1 能读成“某市 1996 年检查男性儿童 3982 人，蛔虫感染阳性人数 385 人，阳性率为 9.67%。”

标目内容或指标的排列应按照时间的先后或者由小到大的顺序排列，以更好地说明事物的规律性。

3. 线条 尽量少用，力求简洁。线条包括：表上面的顶线、下面的底线、表内的纵标目下面的标目线与合计上面的横线，上下共四条横线。除此之外，表左上角的斜线与左右两侧的边线应一律省去。

4. 数字 表内数字统一用阿拉伯数字表示，同一指标的小数位数要一致，位次要对齐，小数点前后超过三位数时，每三位数字一组，组间空1/4的汉字空。表内不应有空格，无数字用“—”表示，数字是0，则要填写“0”，暂缺或无记录用“…”表示。表内不出现文字说明，如需要特殊说明时，可用“*”号标记，写于表底线下面，作为备注。

（二）统计表的种类

按照被研究事物的特征或标志，统计表可分为两种，即简单表和组合表。

1．简单表（sample table）只按单一特征或标志分组的统计表称为简单表。如表9-1，是按性别一个标志分组，说明不同性别儿童蛔虫的感染情况。

表9-1　某市1996年不同性别儿童蛔虫感染率

性　别	受检人数	阳性数	阳性率（%）
男	3 982	385	9.67
女	4 011	276	6.88
合计	7 993	661	8.27

2．组合表（combinative table）按两个或两个以上特征或标志结合分组的表称组合表。如表9-2，将调查对象的年龄和性别结合起来分组，分析不同年龄、不同性别的人群急性传染病的发病率。

表9-2　某地某年男女各年龄组急性传染病发生率

年龄组	男			女		
（岁）	调查人数	发生人数	发生率（%）	调查人数	发生人数	发生率（%）
0～	835	34	4.07	985	28	2.84
10～	1289	108	8.38	1316	99	7.52
20～	812	60	7.39	634	38	5.99
30～	589	56	9.51	582	47	8.08
40～	475	25	5.26	398	20	5.03
50～	248	12	4.84	192	5	2.60
60～	121	5	4.13	101	3	2.97
70～	118	4	3.39	124	6	4.84
合　计	4 487	304	6.78	4 332	246	5.68

二、统　计　图

统计图是用点的位置、线段的升降、直条的长短或图形面积的大小来表达统计资料的一种形式。它把资料反映的趋势、多少、相互关系等直观形象地表达出来，便于资料间的相互比较。与统计表相比，统计图的缺点是不能精确地表达数据，故必要时可结合统计表用文字加以说明。

常用的统计图有条图、百分条图、圆形图、线图、直方图、散点图等。

（一）制图的基本要求

1. 根据资料的性质和分析的目的选择相应的图形。

2. 要有简明扼要的标题。标题说明资料表达的内容，必要时注明时间、地点。标题写在图的下方正中位置。当文中只有一张图时可写成“附图”。如果有两张以上图时，应在图标题前写出序号。

3. 有的图须有横轴与纵轴。横轴尺度自左向右，纵轴尺度自下而上，数值由小到大，有单位的要注明单位。纵坐标长度与横坐标长度之比一般以 5:7 较为美观。

4. 几种不同的事物绘制在同一图形内比较时，应使用不同的线条或颜色表示，并附图例加以说明。

（二）常用统计图的绘制

不同的统计图适用于不同的资料，其绘制要点各不相同，使用时要认真加以选择。

1. 条图（bar chart）　用等宽直条的长短来表示相互独立的各指标的数值的大小。常用的有单式条图和复式条图两种。

单式条图以横轴为基线，纵轴表示各指标数值的大小，必须从 0 开始。各直条间应有相等的距离，其宽度与直条宽度相等或为其一半。被比较的指标按大小顺序排列，以便于比较和分析。如图 9-1 是将表 9-3 的资料绘成单式条图。若纵轴尺度不从 0 开始，各指标比较时会给人造成错觉，如图 9-2。

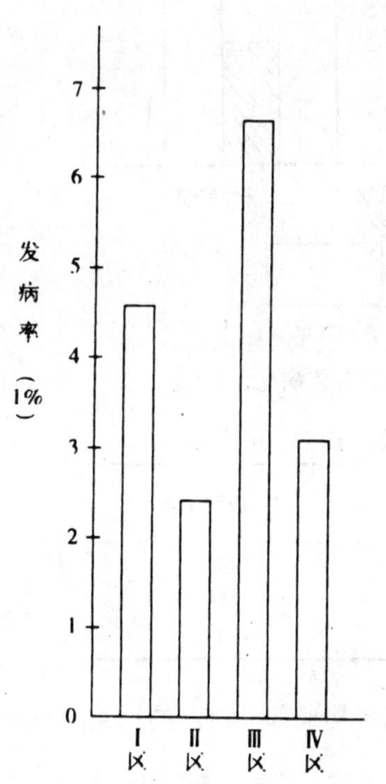

图 9-1　某市某年各区肠道传染病发病率

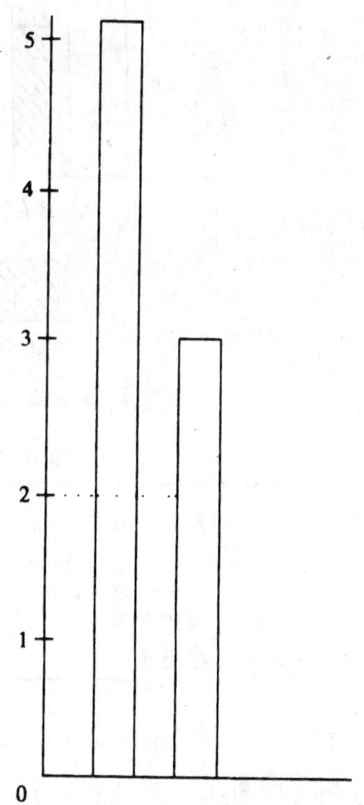

图 9-2　各图的纵轴尺度起点必须为零示意

表 9-3　某市某年各区肠道传染病发病率

市　　区	调查人数	发病例数	发病率（%）
Ⅰ	5 863	263	4.5
Ⅱ	7 934	184	2.3
Ⅲ	6 487	421	6.5
Ⅳ	8 916	273	3.1

复式条图的绘制与单式条图相同，每组直条不要过多，同组直条间不留空隙，各组直条的排列顺序要一致。如图 9-3 是将表 9-4 的资料绘制成复式条图。

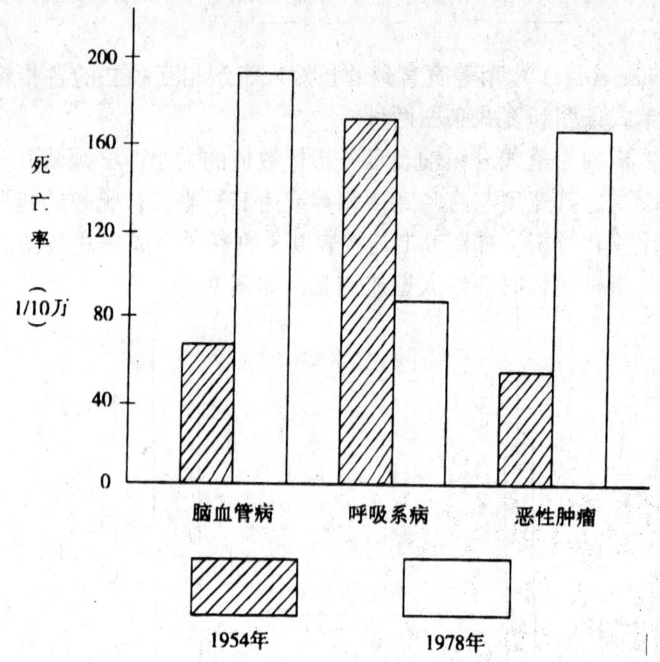

图 9-3　某地 1954 年与 1978 年三种疾病死亡率

表 9-4　某地两年三种疾病的死亡率（1/10 万）

死　　因	1954 年	1978 年
恶性肿瘤	56.8	165.0
脑血管病	65.2	189.5
呼吸系病	178.4	87.3

2. 构成比图（constituent ratio chart）　表示各构成部分所占的比重，可分为百分条图和圆形图。

(1) 百分条图（percentage bar chart）：一直条面积为 100%，直条内各段面积表示各构成部分的比重。如将表 9-5 资料绘成图 9-4，直条全长为 100%，分成五段，各段代表不同疾病的死因构成比。各段用不同的颜色或图案表示，并附图例说明。在直条旁画一长度与直条相等并平行的标尺，尺度为0～100%，以助说明。

表 9-5　某地某年五种主要死因构成

死　因	例　数	构成比（%）
心血管病	1 324	36.64
呼吸系病	1 082	29.94
恶性肿瘤	681	18.84
消化系病	340	9.41
泌尿系病	187	5.17
合　计	3 614	100.00

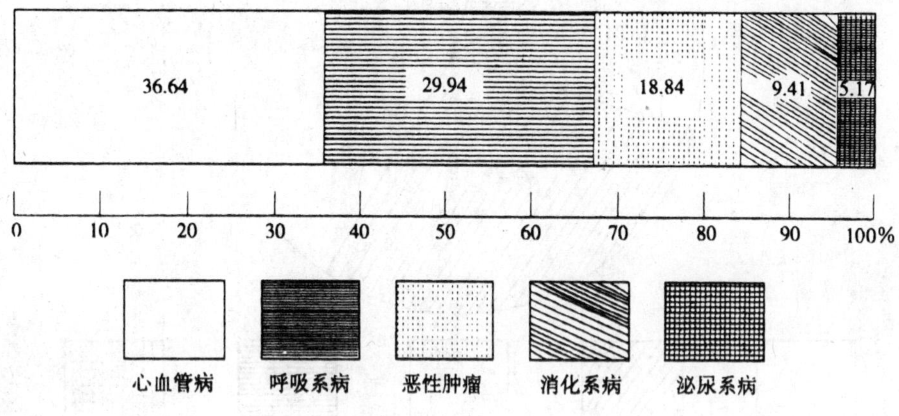

图 9-4　某地某年五种主要死因构成

（2）圆形图（pie chart）　以圆的总面积为100%，圆心角3.6°的扇形面积为1%，各部分构成百分比分别乘以3.6°，得圆心角度数，以此圆心角度数所对应的扇形面积就表示各部分的构成比。将表9-5的资料绘成圆形图，各扇形面积就表示不同疾病的死因构成，意义与百分条图相同，如图9-5。圆形图一般按顺时针方向，从12点开始，顺序由大到小。不同的构成部分用不同的颜色或图案予以区别。

3. 线图（line graph）　用线段的升降来表示某事物随时间而变化的趋势，或某现象随另一现象而变迁的情况，适用于连续性资料。横轴表示被观察现象的连续变量，可以不从0开始，如果以组段为单位，绘制的坐标点应以组段的中点为宜。纵轴从0开始，如果图形的最低点与0点

表 9-6　某市 1978～1984 年某病病死率

年　份	病死率（%）
1978	50.1
1979	45.2
1980	36.8
1981	24.9
1982	20.7
1983	15.6
1984	10.3

相差较大时，则可在纵轴基底部作折断口，使线段降低，以求美观。线图纵、横坐标均为算术尺度，长度之比以 5∶7 为宜。不同的纵、横坐标长度比例绘出的图形，给人的印象不同。如将表 9-6 的资料以不同的坐标长度绘出图形，图 9-6 给人的感觉是随年份的增加，某病的病死率下降速度太慢，而图 9-7 的感觉是下降速度太快，图 9-8 的比例为 5∶7，所以，给人的感觉较真实。同一图内一般不要绘制太多的曲线，不同曲线代表的事物要附图例予以说明。

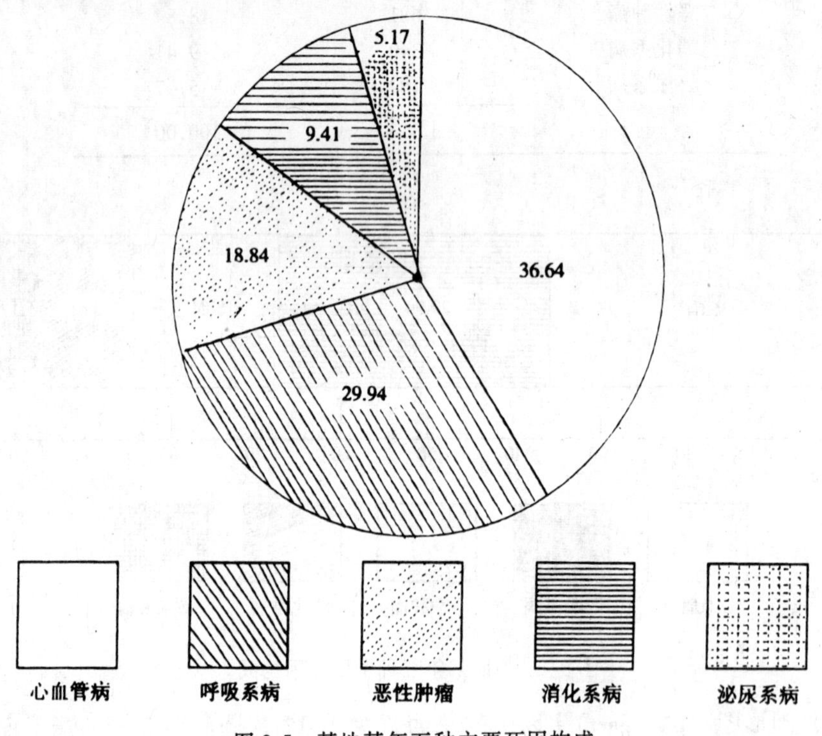

图 9-5　某地某年五种主要死因构成

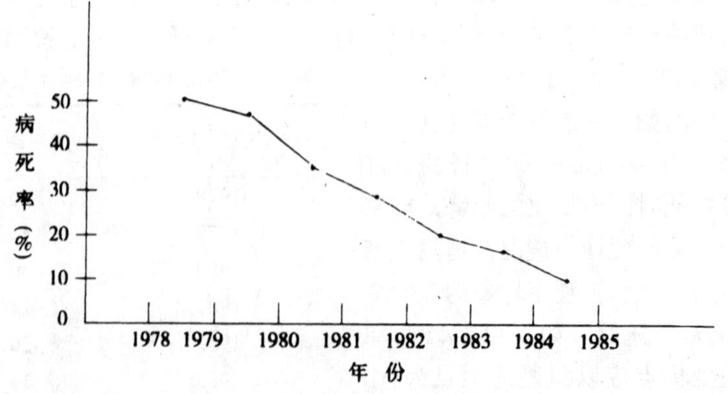

图 9-6　某市 1978～1984 年某病病死率（纵∶横＝5∶16）

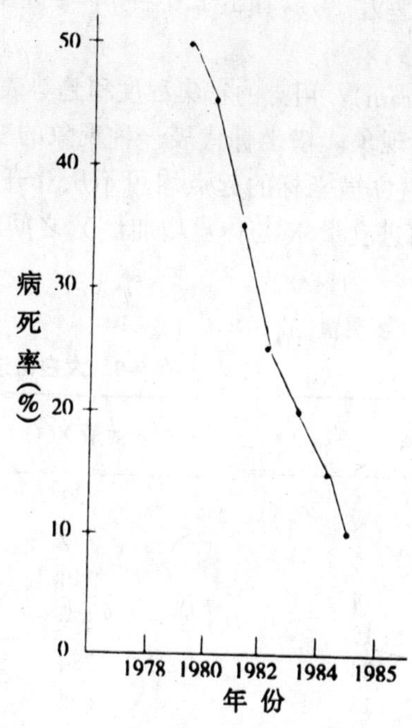

图 9-7 某市 1978～1984 年某病病死率

（纵：横＝10：4）

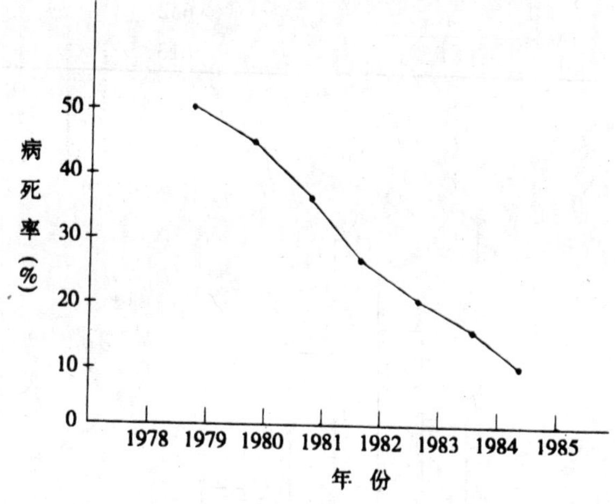

图 9-8 某市 1978～1984 年某病病死率

（纵：横＝5：7）

4．直方图（histogram） 用各矩形的面积表示各组段频数或频率分布。横轴表示被观察现象，即频数表的组段，尺度可以不从 0 开始，但要求各组段组距相等。当组距不等时，应将各组段的频数换算成组距相等时的频数。纵轴的高度表示频数或频率，尺度必须从 0 开始。各直条间不留空隙，可用直线分隔，也可不用直线分隔。将表 9-7 的资料绘成图 9-9，可以看出 120 名 7 岁男童的身高频数分布基本接近对称分布。

5. 散点图（scatter diagram） 用点的密集程度和趋势表示两种现象间的相互关系，横轴和纵轴各代表一种现象。横坐标代表一种现象的变量（X），纵坐标代表另一种现象的变量（Y），纵、横坐标的起点均可不从 0 开始。如将表 9-8 的资料绘成图 9-10，表示大白鼠的进食量 X 与体重增加量 Y 之间的相互关系是随 X 的增加，Y 有增加的趋势。

表 9-7 某年某地 120 名 7 岁男童身高频数分布

身高组段（cm）	频 数
108～	2
110～	3
112～	7
114～	14
116～	19
118～	24
120～	18
122～	15
124～	9
126～	5
128～	3
130～132	1
合计	120

表 9-8 大白鼠进食量与体重增加的关系

进食量 X（g）	体重增加量 Y（g）
830	152
765	130
740	141
879	149
784	145
688	114
854	163
950	166
921	162
652	118
613	105

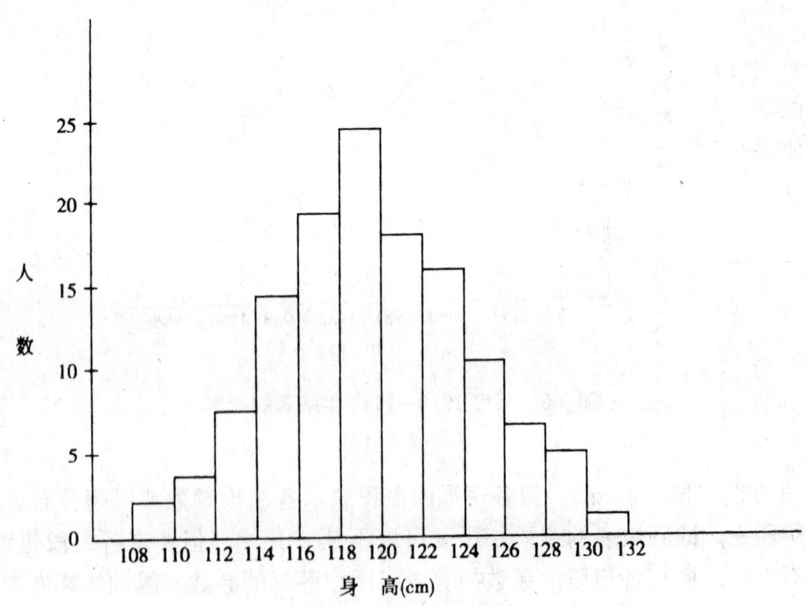

图 9-9 某年某地 120 名 7 岁男童身高的频数分布

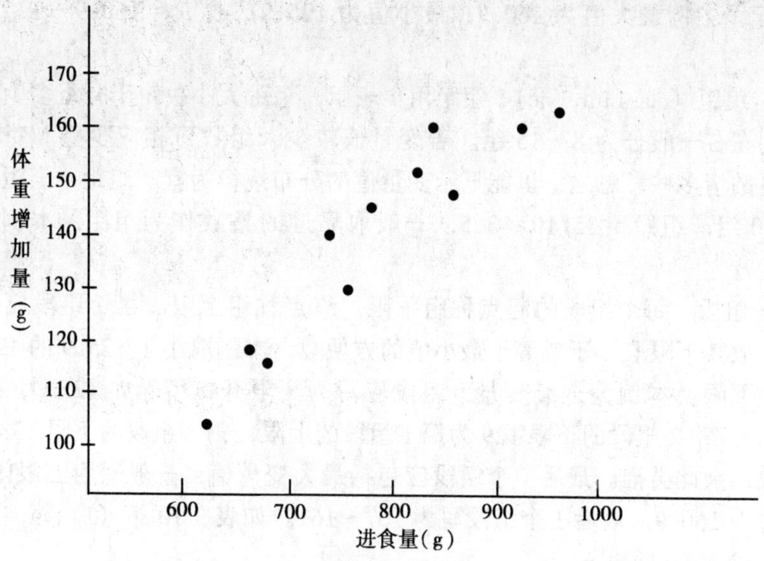

图 9-10 大白鼠进食量与体重增加的关系

（山西医科大学汾阳学院 张 兴）

第三节 计量资料的分析

一、平均数与变异指标

（一）频数表（frequency table）**及其编制**

在医学实验和调查中，对所得的计量资料整理时，为了描述变量值的分布情况，常使用一种表格，这种表格由组段和频数两部分组成，简称频数表。

例 9.1 某市某年 120 名 12 岁健康男孩身高资料如表 9-9，编制频数表。

表 9-9 某市某年 120 名 12 岁健康男孩身高（cm）测量资料

142.3	156.6	142.7	145.7	138.2	141.6	142.5	130.5	132.1	135.5
134.5	148.8	134.4	148.8	137.9	151.3	140.8	149.8	143.6	149.0
145.2	141.8	146.8	135.1	150.3	133.1	142.7	143.9	142.4	139.6
151.1	144.0	145.4	146.2	143.3	156.3	141.9	140.7	145.9	144.4
141.2	141.5	148.8	140.1	150.6	139.5	146.4	143.8	150.0	142.1
143.5	139.2	144.7	139.3	141.9	147.8	140.5	138.9	148.9	142.4
134.7	147.3	138.1	140.2	137.4	145.1	145.8	147.9	146.7	143.4
150.8	144.5	137.1	147.1	142.9	134.9	143.6	142.3	143.3	140.2
125.9	132.7	152.9	147.9	141.8	141.4	140.9	141.4	146.7	138.7
160.9	154.2	137.9	139.9	149.7	147.5	136.9	148.1	144.0	134.4
134.7	138.5	138.9	137.7	138.5	139.6	143.5	142.9	146.5	145.4
129.4	142.5	141.2	148.9	154.0	147.7	152.3	146.6	139.2	139.9

1. 计算全距　一组变量值最大值和最小值之差称为全距（range），亦称极差，常用 R 表示。本例最大值为 160.9，最小值为 125.9，故 $R = 160.9 - 125.9 = 35$（cm）。

2. 确定组距（class interval）　组距用 i 表示，组距大小决定于分组多少。变量值在 100 例左右一般分为 8～15 组。若变量值较少，组数可相应少些，变量值很多，组数可酌情多些，总之，以能显示变量值的分布规律为宜。组距 = 全距/组数，本例拟分 10 组，组距 = 35/10 = 3.5，一般取靠近的整数作为组距，本例取 i = 4cm。

3. 划分组段　每个组段的起点称组下限，终点称组上限。第 1 组段应包括最小变量值，故其下限取小于或等于最小值的方便数，本例取小于 125.9 的 125 作为第 1 组段的下限。本例为连续变量，组段应写为上限开口型，如 125～，129～，133～，……。第 2 组段的下限 129 为第 1 组段的上限，第 3 组段的下限 133 为第 2 组段的上限，余此类推。最后 1 个组段应包括最大变量值，一般写为上限闭口型，本例最大值为 160.9，最后 1 个组段写为 157～161。如表 9-10 第（1）栏，本例共分 9 组，写成 9 个组段。

4. 列表划记　将所有变量值逐个归入相应组段，如表 9-10 第（1）栏 125～，表示所有身高值等于或大于 125（cm），但小于 129（cm），都应归入此组，余仿此。每归入一个变量值在相应组段划一记线，每五记线为一个“正”字，将每个组段划记线写出并合计，表 9-10 第（1）、（3）栏即为所需的频数表。

表 9-10　某年某市 120 名 12 岁健康男孩身高（cm）的频数分布

身高组段 （1）	划　记 （2）	频　数 （3）
125～	一	1
129～	正	4
133～	正正	10
137～	正正正正正丅	27
141～	正正正正正正正	35
145～	正正正正正丅	27
149～	正正一	11
153～	正	4
157～161	一	1
合　计	——	120

（二）平均数

平均数（average）是分析计量资料的基本指标，它表示一组同质变量值的集中趋势或平均水平。平均数常作为一组资料的代表值，可用于组间的分析比较。常用的平均数有算术均数、几何均数和中位数。

1. 算术均数　算术均数（arithmetic mean）简称均数。均数适用于对称分布或近似对称分布的资料。习惯上以 μ 表示总体均数，以 $\bar{X}$ 表示样本均数。

（1）直接法：当观察值的个数不多时，可直接计算。公式为：

$$\bar{X}=\frac{\Sigma X}{n} \tag{9.1}$$

式中 X 为变量值，n 为变量值的个数，Σ 为希腊字母，读作 *sigma*，为求和的符号。

例9.2　某护士测得 7 名正常男子红细胞数（10^{12}/L）如下：4.67，4.74，4.77，4.88，4.76，4.72，4.92，求其均数。

$$\bar{X}=\frac{4.67+4.74+4.77+4.88+4.76+4.72+4.92}{7}=\frac{33.46}{7}=4.78\ (10^{12}/\mathrm{L})$$

（2）加权法（weighting method）：当变量值的个数较多时，用直接法计算均数较繁琐，可先将变量值分组，列出频数表，再用加权法计算。

例 9.3　对表 9-10 资料用加权法计算平均身高值。

因为同一组内的各个变量值是不相同的，因此以组中值 $X=$（本组段下限＋下组段下限）/2 作为该组的代表值。将组中值（X）分别与该组频数（f）相乘，近似地等于该组变量值之和（fX），而各组组中值与频数乘积之和（ΣfX）当做全部变量值的总和。计算公式为：

$$\bar{X}=\frac{f_1X_1+f_2X_2+\cdots+f_kX_k}{f_1+f_2+\cdots+f_k}=\frac{\Sigma fX}{\Sigma f} \tag{9.2}$$

因为各组段频数起到了“权数”的作用，它“权衡”了各组中值由于频数不同对均数的影响，所以这种计算均数的方法称为加权法。

表 9-11　120 名 12 岁健康男孩身高（cm）均数和标准差加权法计算表

身高 (1)	组中值 X (2)	频数 f (3)	fX (4)=(2)(3)	fX^2 (5)=(2)(4)
125～	127	1	127	16129
129～	131	4	524	68644
133～	135	10	1350	182250
137～	139	27	3753	521667
141～	143	35	5005	715715
145～	147	27	3969	583443
149～	151	11	1661	250811
153～	155	4	620	96100
157～161	159	1	159	25281
合　计	—	120	17168	2460040

本例 $\Sigma f=120$，$\Sigma fX=17168$，代入公式（9.2）得：

$$\bar{X}=\frac{17168}{120}=143.07(\mathrm{cm})$$

120 名 12 岁健康男孩身高均数为 143.07cm。

2. 几何均数（geometric mean，简记为 G） 对于变量值呈倍数关系或呈对数正态分布（正偏态分布），如抗体效价及抗体滴度，某些传染病的潜伏期，细菌计数等，宜用几何均数表示其平均水平。计算公式亦可用直接法和加权法。

（1）直接法：当变量值的个数 n 较少时，可直接将 n 个变量值（X_1，X_2，X_3，……，X_n）的乘积开 n 次方，写成公式为：

$$G = \sqrt[n]{X_1 \cdot X_2 \cdot X_3 \cdots X_n} \tag{9.3}$$

写成对数的形式为：

$$G = \lg^{-1}\left(\frac{\lg X_1 + \lg X_2 + \cdots + \lg X_n}{n}\right) = \lg^{-1}\left(\frac{\Sigma \lg X}{n}\right) \tag{9.4}$$

例 9.4 6 人的血清滴度为 1:2，1:4，1:8，1:16，1:32，1:64。求平均滴度。本例先求平均滴度的倒数，以用几何均数为宜。

$$G = \sqrt[6]{2 \times 4 \times 8 \times 16 \times 32 \times 64} = 11.31$$

或 $$G = \lg^{-1}\left(\frac{\lg 2 + \lg 4 + \lg 8 + \lg 16 + \lg 32 + \lg 64}{6}\right) = \lg^{-1} 1.0536 = 11.31$$

故 6 人血清平均滴度为 1:11.31。

（2）加权法：当资料中相同变量值的个数 f（即频数）较多时，比如频数表资料，则用加权法计算几何均数，公式为：

$$G = \lg^{-1}\left(\frac{\Sigma f \lg X}{\Sigma f}\right) \tag{9.5}$$

例 9.5 某地 50 名儿童接种了麻疹疫苗，测定其血凝抑制抗体滴度（见表 9-12），求其平均抗体滴度。

表 9-12 50 名儿童麻疹疫苗接种后血凝抑制抗体滴度几何均数计算表

抗体滴度 (1)	频数 f (2)	滴度倒数 X (3)	$\lg X$ (4)	$f \lg X$ (5)=(2)(4)
1:4	2	4	0.6021	1.2042
1:8	6	8	0.9031	5.4186
1:16	7	16	1.2041	8.4287
1:32	3	32	1.5051	4.5153
1:64	9	64	1.8062	16.2558
1:128	12	128	2.1072	25.2864
1:256	6	256	2.4082	14.4492
1:512	5	512	2.7093	13.5465
合 计	50	——	——	89.1047

本例 $\Sigma f\lg X=89.1047$，$\Sigma f=50$，代入公式（9.5）得：

$$G=\lg^{-1}\left(\frac{89.1047}{50}\right)=\lg^{-1}1.7821=60.55$$

50名儿童麻疹疫苗接种后平均血凝抑制抗体滴度为1∶60.55。

计算几何均数应注意：①变量值中不能有0；②不能同时有正值和负值；③若全是负值，计算时可先把负号去掉，得出结果后再加上负号。

3. 中位数（median，简记为 M） 将一组变量值从小到大按顺序排列，位次居中的变量值就是中位数。在全部变量值中，大于和小于中位数的变量值的个数相等。

用中位数表示平均水平主要适用于：①变量值中出现个别特小或特大的数值；②资料的分布呈明显偏态，即大部分的变量值偏向一侧；③变量值分布一端或两端无确定数值，只有小于或大于某个数值；④资料的分布不清。

（1）直接法：当例数较少时，先将变量值按大小顺序排列，再按公式（9.6）或公式（9.7）计算。

$$n\text{ 为奇数时}\quad M=X_{\left(\frac{n+1}{2}\right)} \tag{9.6}$$

$$n\text{ 为偶数时}\quad M=\left[X_{\left(\frac{n}{2}\right)}+X_{\left(\frac{n}{2}+1\right)}\right]/2 \tag{9.7}$$

例9.6　某病患者7人的潜伏期（天）分别为5，6，6，7，9，10，20，求中位数。

本例 $n=7$，为奇数，按公式（9.6），

$$M=X_{\left(\frac{7+1}{2}\right)}=X_4=7(\text{天})$$

例9.7　设例9.6增1例，其潜伏期为21天，求中位数。

本例 $n=8$，为偶数，按公式（9.7），

$$M=\left[X_{\left(\frac{8}{2}\right)}+X_{\left(\frac{8}{2}+1\right)}\right]/2=(X_4+X_5)/2=(7+9)/2=8(\text{天})$$

（2）频数表法：当例数较多时，先将变量值从小到大编制频数表，并分别计算累计频数和累计频率（见表9-13）。先从累计频率找出 M 所在的组段，然后按公式（9.8）计算。

$$M=L+\frac{i}{f_m}\left(\frac{n}{2}-\Sigma f_L\right) \tag{9.8}$$

式中 L 为中位数所在组段的下限，i 为该组段的组距，f_m 为该组段的频数，Σf_L 为小于 L 的各组段累计频数。

例9.8　现有145例食物中毒病人，其潜伏期分布如表9-13的第（1）、（2）栏，求中位数。

由表9-13第（4）、（1）栏可见，M 在“12～”组段。现 $L=12$，$i=6$，$f_m=38$，$\Sigma f_L=63$，代入公式（9.8）得

表 9-13　145 例食物中毒病人潜伏期分布表

潜伏期（小时） (1)	频数，f (2)	累计频数 (3)	累计频率（%） (4)
0～	17	17	11.7
6～	46	63	43.4
12～	38	101	69.7
18～	32	133	91.7
24～	6	139	95.9
30～	0	139	95.9
36～	4	143	98.6
42～	2	145	100.0
合　计	145	—	—

$$M = 12 + \frac{6}{38}（145 \times 50\% - 63）= 13.5（小时）$$

145 例食物中毒病人平均潜伏期为 13.5 小时。

附：百分位数

百分位数是一种位置指标，以 p_x表示。百分位数是将频数等分为一百的分位数。一组观察值从小到大按顺序排列，理论上有 x%的变量值比 p_x小，有（100－x)%的变量值比 p_x大。故 P_{50}分位数也就是中位数，即 $P_{50} = M$ 。百分位数的计算公式为：

$$P_x = L + \frac{i}{f_x}（n \cdot x\% - \Sigma f_L） \tag{9.9}$$

式中 f_x为 p_x所在组段的频数，i 为该组段的组距，L 为其下限，Σf_L为小于 L 的各组段累计频数。

如求例 9.8 资料中百分位数 P_{25}、P_{75}。

由表 9-13 第（4）、（1）栏可见，P_{25}在“6～”组段，$L = 6$，$i = 6$，$f_x = 46$，$\Sigma f_L = 17$，代入公式（9.9）得：

$$P_{25} = 6 + \frac{6}{46}（145 \times 25\% - 17）= 8.51（小时）$$

同理可知　P_{75}在“18～”组段，$L = 18$，$i = 6$，$f_x = 32$，$\Sigma f_L = 101$，代入公式（9.9）得：

$$P_{75} = 18 + \frac{6}{32}（145 \times 75\% - 101）= 19.45（小时）$$

百分位数的使用条件同中位数一样。主要用途为：①描述一组资料在某百分位置上的水平；②用于确定正常值范围；③计算四分位数间距。

（三）变异指标

在描述一组变量值时，仅用平均数来说明变量值的集中趋势是不够的，还要用一些指标来说明变量值的离散趋势或变异程度。这些说明变异程度的指标称变异指标或离散指标。

例9.9　现有甲乙两组球员身高（cm）资料如下，试分析其集中趋势及离散趋势。

甲组：184　186　188　190　192，$\bar{X}_{甲}=188\text{cm}$

乙组：180　184　188　192　196，$\bar{X}_{乙}=188\text{cm}$

两组球员的平均身高都是188cm，但甲组球员身高比较集中，乙组球员身高比较分散。为了说明离散程度，就要用变异指标。常用的变异指标有：极差、四分位数间距、方差、标准差和变异系数，最常用的指标为标准差。

1.极差（range，简记为 R）　极差亦称全距。即一组变量值中最大值与最小值之差，反映变量值的变异范围。R 值大，变异度就大；R 值小，变异度就小。如例9.9中，甲组 R 值为 $192-184=8$（cm），乙组 R 值为 $196-180=16$（cm）。甲组极差小，变异度也小，甲组球员身高比较集中；乙组极差大，变异度也大，乙组球员身高比较分散。极差的计算简单，但只考虑最大值和最小值，容易受个别极端值的影响，且不能反映组内其他变量值的变异情况。另外，当调查例数增多时，遇到较大或较小变量值的机会就大，极差就可能增大。这样，极差可以随样本含量的变化而变动，显得不够稳定，所以只能用来粗略地说明变量值的变动范围。

2.方差（variance）和标准差（standard deviation）　对于正态分布资料，为了能反映每个变量值的变异大小，以均数作为比较的标准。为反映总体变量值的变异度大小，可计算总体中每个变量值 X 与总体均数 μ 之差的和，即 $\Sigma(X-\mu)$，称离均差和。由于 $X-\mu$ 有正有负，即 $\Sigma(X-\mu)=0$，这样仍不能反映变异度大小，故计算 $\Sigma(X-\mu)^2$，称为离均差平方和。由于 $\Sigma(X-\mu)^2$ 的大小与总体中变量值的个数 N 的多少有关，为了消除 N 的影响，取其均数即为总体方差，用 σ^2 表示。即

$$\sigma^2=\frac{\Sigma(X-\mu)^2}{N} \tag{9.10}$$

实际工作中经常得到的是样本资料，μ 是未知数，只能用样本均数 $\bar{X}$ 来估计。按公式（9.10）计算得样本方差平均比 σ^2 偏小，所以统计学家建议用 $n-1$ 代替 n 来校正，于是计算样本方差 s^2 的公式为

$$s^2=\frac{\Sigma(X-\bar{X})^2}{n-1} \tag{9.11}$$

式中 n—1是自由度（degree of freedom），用 ν 表示。其意义是随机变量能自由取值的个数。

方差可以较全面地反映变量值的变异情况，但是方差的单位是原单位的平方，将方差开方即得标准差，它与变量值单位相同。

总体标准差计算公式为：

$$\sigma=\sqrt{\frac{\Sigma\ (X-\mu)^2}{N}} \tag{9.12}$$

样本标准差计算公式为：

$$s=\sqrt{\frac{\Sigma\ (X-\bar{X})^2}{n-1}} \tag{9.13}$$

从标准差计算公式可以看出，当各变量值越接近均数时，标准差就越小；当各变量值越远离均数时，标准差就越大，所以标准差可以更完善地说明一组变量值的离散程度。标准差的计算方法可分为直接法和加权法。

(1) 直接法：将公式（9.13）经过代数运算可变为下式：

$$s=\sqrt{\frac{\Sigma X^2-\ (\Sigma X)^2/n}{n-1}} \tag{9.14}$$

例 9.10　例 9.2 中 7 名正常男子红细胞数（10^{12}/L）如下：4.67，4.74，4.77，4.88，4.76，4.72，4.92，计算其标准差。

本例 $n=7$，$\Sigma X=4.67+4.74+4.77+4.88+4.76+4.72+4.92$

$=33.46$（10^{12}/L）

$\Sigma X^2=4.67^2+4.74^2+4.77^2+4.88^2+4.76^2+4.72^2+4.92^2$

$=159.99$（10^{12}/L）

代入公式（9.14）得：

$$s=\sqrt{\frac{159.99-33.46^2/7}{7-1}}=0.089\ (10^{12}/\text{L})$$

7 名正常成年男子红细胞数的标准差为 0.089（10^{12}/L）

(2) 加权法：当变量值较多时，和加权法计算均数一样，首先列出频数分布表，用下式计算标准差。

$$s=\sqrt{\frac{\Sigma fX^2-\ (\Sigma fX)^2/\Sigma f}{\Sigma f-1}} \tag{9.15}$$

例 9.11　对表 9-11 资料用加权法计算 120 名 12 岁健康男孩身高值的标准差。

在表 9-11 中已算得 $\Sigma fX=17168$，$\Sigma fX^2=2460040$，故：

$$s=\sqrt{\frac{2460040-17168^2/120}{120-1}}=5.70\ (\text{cm})$$

该市 120 名 12 岁健康男孩身高值的标准差为 5.70（cm）。

3. 变异系数（coefficient of variation，简记 CV）　对于对称分布资料，特别是正态分布资料，标准差反映变量值的绝对变异程度。当两组或多组变量值的单位不同或均数相差较大时，不能或不宜用两个或多个标准差的大小来比较其变异程度的大小，为此引入反映变量值的相对变异程度的指标，即变异系数，样本变异系数 CV 的计算公式为：

$$CV = \frac{s}{\bar{X}} \times 100\% \qquad (9.16)$$

例 9.12　某地 20 岁男子 160 人，身高均数为 166.06cm，标准差为 4.95cm；体重均数为 53.72kg，标准差为 4.96kg。比较身高与体重的变异程度。

$$\text{身高}\ CV = \frac{4.95}{166.06} \times 100\% = 2.98\%$$

$$\text{体重}\ CV = \frac{4.96}{53.72} \times 100\% = 9.23\%$$

20 岁男子体重的变异程度比身高的变异程度大。

例 9.13　某地不同年龄女童的身高资料如表 9-14 所示，试比较不同年龄身高的变异程度。

表 9-14　某地不同年龄女童身高（cm）的变异程度

年龄组 (1)	人数 (2)	均数 (3)	标准差 (4)	变异系数(%) (5)=(4)/(3)
1～2 月	100	56.3	2.1	3.7
5～6 月	120	66.5	2.2	3.3
3～3.5 岁	300	96.1	3.1	3.2
5～5.5 岁	400	107.8	3.3	3.1

由表 9-14 第（5）栏算得的变异系数可见，1 月至 5.5 岁女童随年龄增加身高的变异程度逐渐减小。

二、正态分布及其应用

（一）正态分布的概述

正态分布（normal distribution）是医学和生物学最常见的连续性分布。如身高、体重、红细胞数、血红蛋白等。其特征为：频数分布以均数为中心，左右基本对称，靠近均数两侧的频数较多，而两侧距均数较远时，频数逐渐减少。如将前述表 9-10 资料绘制成直方图 9-11，可见频数分布是以均数 143.07cm 为中心，左右两侧基本对称的分布。

如果将频数逐渐增多，组段不断分细，图中矩形逐渐变窄，其顶端连线将逐渐接近一条光滑的曲线（见图 9-12），这条曲线在统计学上称为正态曲线（normal curve）。

1. 正态分布的主要特征

（1）集中性：正态曲线的高峰位于正中央，即均数所在的位置。

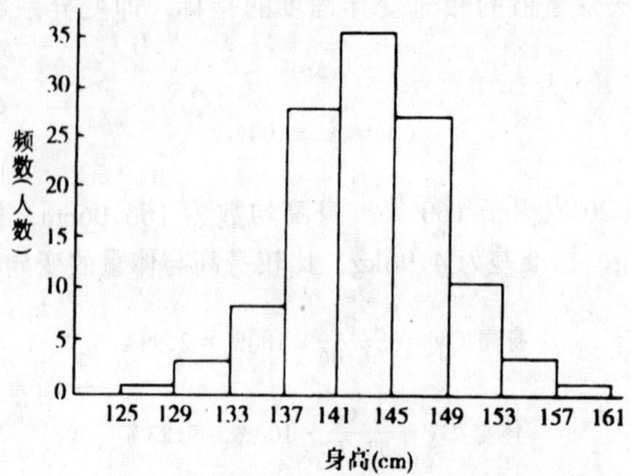

图 9-11　120 名 12 岁健康男孩身高的频数分布

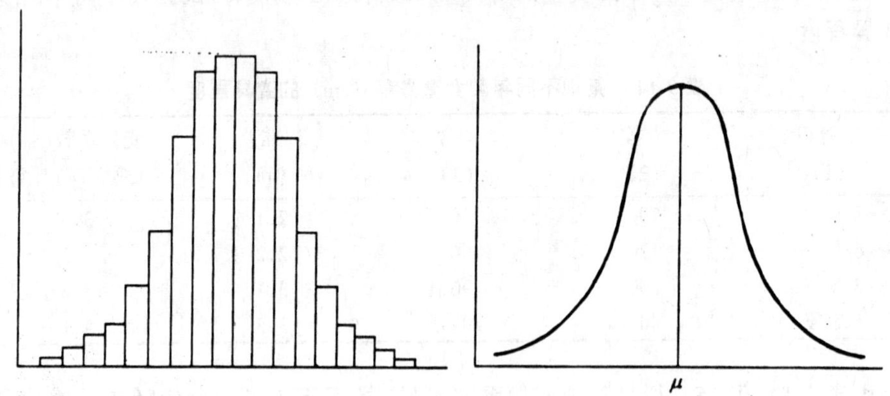

图 9-12　频数分布逐渐接近正态分布示意

（2）对称性：正态曲线以均数为中心，左右对称，曲线两端永远不与横轴相交。

（3）均匀变动性：正态曲线由均数所在处开始，分别向左右两侧逐渐均匀下降。

（4）正态分布有两个参数，即均数 μ 和标准差 σ，可记作 N（μ，σ）：均数 μ 决定正态曲线的中心位置；标准差 σ 决定正态曲线的陡峭或扁平程度。σ 越小，曲线越陡峭；σ 越大，曲线越扁平。

（5）u 变换：为了便于描述和应用，常将正态变量作数据转换。利用公式（9.17）使原始正态变量 X 转换成 u 值

$$u = \frac{X - \mu}{\sigma} \tag{9.17}$$

数理统计证明：u 值的均数等于 0，标准差等于 1，即将 μ 的位置移到零点，横轴尺度以 σ 为单位。这样将正态分布变换为标准正态分布（stantard normal distribution），记为 N（0，1），u 值称为标准正态变量。

2. 正态曲线下面积的分布规律　整个正态曲线下的面积就表示总频数，用1或100％表示。正态曲线下的面积分布规律如图9-13所示：

(1) $\mu \pm 1\sigma$ 范围内的面积占正态曲线下总面积的68.27％，即有68.27％的变量值分布在此范围内。

(2) $\mu \pm 1.96\sigma$ 范围内的面积占正态曲线下总面积的95.00％，即有95.00％的变量值分布在此范围内。

(3) $\mu \pm 2.58\sigma$ 范围内的面积占正态曲线下总面积的99.00％，即有99.00％的变量值分布在此范围内。

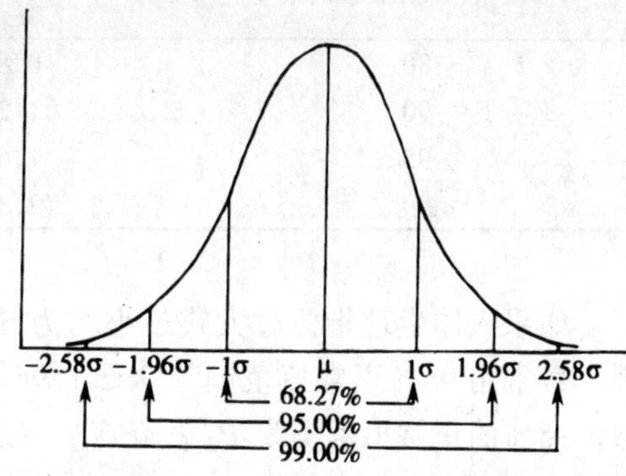

图9-13　正态曲线下面积的分布规律

在实际工作中，总体均数 μ 和总体标准差 σ 往往不易知道，只能由样本进行估计。如果资料呈正态分布或近似正态分布，并且样本例数在100例以上，则可以用样本均数 $\bar{X}$ 作为总体均数 μ 的估计值，用样本标准差 s 作为总体标准差 σ 的估计值，用正态曲线下面积的分布规律来估计其频数分布情况。例如由表9-10和图9-11可知：某市120名12岁健康男孩身高呈近似正态分布，并且算得样本均数 $\bar{X}=143.07$cm，样本标准差 $s=5.70$cm。根据正态曲线下面积的分布规律，可以估计其频数分布如表9-15。看出实际分布和理论分布非常接近，这是因为本例儿童身高资料接近正态分布的缘故。

表9-15　某市120名12岁健康男孩身高（cm）的实际分布与理论分布比较

$\bar{X} \pm s$		身高范围	实际分布		理论分布（％）
			人数	％	
$\bar{X} \pm 1s$	$143.07 \pm 1 \times 5.70$	137.37～148.77	84	70.00	68.27
$\bar{X} \pm 1.96s$	$143.07 \pm 1.96 \times 5.70$	131.90～154.24	114	95.00	95.00
$\bar{X} \pm 2.58s$	$143.07 \pm 2.58 \times 5.70$	128.36～157.78	118	98.33	99.00

（二）正态分布的应用

正态曲线下面积的分布规律在医学上主要用于：

1. 估计医学正常值范围　对符合正态分布或近似正态分布的某些人体的生理数据，常按下式估计正常值范围。

双侧　$\bar{X} \pm us$　(9.18)

单侧　$\bar{X} + us$　或　$\bar{X} - us$　(9.19)

式中 u 值可根据要求由表9-16查出。

表 9-16　常用 u 值表

正常值范围（%）	单　侧	双　侧
80	0.842	1.282
90	1.282	1.645
95	1.645	1.960
99	2.326	2.576

如果人体生理指标过大或过小均为异常，常用公式（9.18）来估计正常值范围，最常用95%正常值范围为 $\bar{X}\pm1.96s$；如变量值呈偏态分布，可计算百分位数，95%的正常值范围为 $P_{2.5}\sim P_{97.5}$。如果人体生理指标只有过大或过小为异常，常用公式（9.19）来估计，95%正常值范围为 $\bar{X}+1.645s$ 或 $\bar{X}-1.645s$，相应百分位数为 P_{95} 或 P_5。

例 9.14　某地调查正常成年男子 144 人的红细胞数，近似正态分布，得均数为 $\bar{X}=5.38$（10^{12}/L），标准差 $s=0.44$（10^{12}/L）。试估计该地正常成年男子红细胞数的 95%正常值范围。

因红细胞数过多或过少均为异常，故按双侧估计 95%正常值范围，按公式（9.18）为

下限为　　$\bar{X}-1.96s=5.38-1.96\times0.44=4.52$（$10^{12}$/L）

上限为　　$\bar{X}+1.96s=5.38+1.96\times0.44=6.24$（$10^{12}$/L）

2. 质量控制　如为了控制实验中的检测误差，常以 $\bar{X}\pm2s$ 作为上、下警戒值，以 $\bar{X}\pm3s$ 作为上、下控制值。这里的 $2s$ 和 $3s$ 可视为 $1.96s$ 和 $2.58s$ 的约数。

三、均数的标准误及其应用

（一）标准误的意义及其计算

在医学和护理医学研究中，往往采取抽样研究的方法，即从研究的总体中随机抽取部分作为样本，根据样本观察结果来推论总体情况。然而，由于总体的变量值存在变异，样本均数与总体均数之间或各样本均数之间存在差异，这种差异称为均数的抽样误差。均数的抽样误差大小通常用均数的标准误来表示。从同一正态总体中抽取样本含量相等的许多样本，由于抽样误差的存在，所得各样本均数有大有小，但这些样本均数的分布仍是以总体均数为中心呈正态分布；或者虽然总体呈偏态分布，但样本含量比较大时，样本均数的分布仍近似正态分布。如以样本均数作变量值，则可求得说明样本均数变异情况的标准差，样本均数的标准差称为均数的标准误，简称为标准误（standard error），用 $\sigma_{\bar{X}}$ 来表示。

根据标准差的计算公式可知，多个样本均数可计算出标准误，但实际工作中一般我们只能掌握一个样本均数，如何计算标准误呢？数理统计已经证明：标准误的

大小与总体标准差成正比，而与样本含量的平方根成反比，即：

$$\sigma_{\bar{X}} = \frac{\sigma}{\sqrt{n}} \tag{9.20}$$

上式不难理解，当总体中各变量都相等时，即 $\sigma = 0$，则抽取的各样本均数与总体均数必然相同；而当总体中各变量值变异很大时，则抽取的各样本均数大小亦相差很多，即抽样误差也越大。同时，当样本例数越多时，则样本均数与总体均数越接近，抽样误差越小；反之，抽样误差就越大。因此可以适当增加样本例数来缩小抽样误差。

实际工作中总体标准差 σ 往往是不知道的，而只知道样本标准差 s，所以只能用 s 代替 σ，求得标准误的估计值 $s_{\bar{X}}$，即：

$$s_{\bar{X}} = \frac{s}{\sqrt{n}} \tag{9.21}$$

如某市某年 120 名 12 岁健康男孩身高资料，已求得均数为 143.07cm，标准差为 5.70cm，则标准误为：$s_{\bar{X}} = \frac{5.70}{\sqrt{120}} = 0.52$（cm）。

（二）标准误的应用

1. 表示抽样误差的大小，从而说明样本均数的可靠性　同类性质的资料，标准误愈小，表示样本均数与总体均数愈接近，说明样本均数推论总体均数的可靠性愈大，也就是抽样误差愈小。反之，标准误愈大，说明抽样误差愈大，表示用样本均数推论总体均数的可靠性愈小。在医学文献上常用样本均数加减标准误的形式 ($\bar{X} \pm s_{\bar{X}}$ 表示资料的均数及其可靠程度。例如测得某市 120 名 12 岁男孩的身高资料，算得其均数和标准误分别是 143.07cm 和 0.52cm，此资料可写为：143.07 0.52cm。

2. 估计总体均数的可信区间　观察样本均数的目的，是为了推断总体均数。例如测得某市 120 名 12 岁健康男孩身高均数为 143.07cm，可用它来估计该市全部 12 岁健康男孩的平均身高（总体均数），这叫做“点值估计”。但由于存在抽样误差，通过样本均数不可能准确地估计出总体均数大小，因此常用“区间估计”，估计总体均数可能所在的范围，即计算总体均数的可信区间（confidence interval)。总体均数的可信区间常用 95% 可信区间与 99% 可信区间来表示，其计算公式为：

$$\mu \text{ 的 95\% 可信区间} \quad \bar{X} \pm t_{0.05,\nu} s_{\bar{X}} \tag{9.22}$$

$$\mu \text{ 的 99\% 可信区间} \quad \bar{X} \pm t_{0.01,\nu} s_{\bar{X}} \tag{9.23}$$

式中 $t_{0.05,\nu}$ 和 $t_{0.01,\nu}$ 分别为当自由度为 ν 时，概率为 0.05 和 0.01 时的 t 界值。其意义见下面 t 分布。

当样本含量较大时，如 n 大于 100 时，可用下式计算总体均数 95% 和 99% 的可信区间

$$\mu \text{ 的 95\% 可信区间} \quad \bar{X} \pm 1.96 s_{\bar{X}} \tag{9.24}$$

$$\mu \text{ 的 99\% 可信区间} \quad \bar{X} \pm 2.58 s_{\bar{X}} \tag{9.25}$$

总体均数的95%可信区间是指总体均数在该范围的可能性为95%，而不在该范围的可能性为5%，即平均数100次这样的估计中，总体均数在该范围内有95次，不在该范围内有5次。同理99%的可信区间是指总体均数在该范围的可能性为99%，而不在该范围的可能性为1%，即平均数100次这样的估计中，总体均数在该范围内有99次，不在该范围内有1次。

例9.15　上述某市120名12岁健康男孩身高均数为143.07cm，标准误为0.52cm，试估计该市12岁健康男孩身高均数95%和99%的可信区间。

本例 $n=120$，$\bar{X}=143.07$，$s_{\bar{X}}=0.52$，由于 n 较大，可按公式（9.24）和（9.25）计算。

95%的可信区间为　$143.07 \pm 1.96 \times 0.52$，即 142.05～144.09。

99%的可信区间为　$143.07 \pm 2.58 \times 0.52$，即 141.73～144.41。

即该市12岁健康男孩身高均数95%的可信区间为142.05～144.09cm，99%的可信区间为141.73～144.41cm。

从以上计算可信区间可以看出，标准误愈小，估计总体均数可信区间的范围也愈窄，说明样本均数与总体均数愈接近，对总体均数的估计也愈精确；反之，标准误愈大，估计总体均数可信区间的范围也愈宽，说明样本均数距总体均数愈远，对总体均数的估计也愈差。

95%与99%可信区间相比较，前者估计的范围要窄些，估计的精度要高些，但估计错误的可能性有5%；而后者的估计范围要宽些，估计的精度要差些，但估计错误的可能性只有1%。

3. 应用标准误进行均数的假设检验。

四、均数的假设检验

（一）假设检验的意义和一般步骤

假设检验（hypothesis testing）亦称显著性检验（significance test），其意义可用下例来说明。

例9.16　根据大量调查，已知健康成年男子脉搏的均数为72次/分钟，某护士在一山区随机测量了25名健康成年男子脉搏数，求得其均数为74.2次/分钟，标准差为6.5次/分钟，能否认为该山区成年男子的脉搏数与一般健康成年男子的脉搏数不同？

本例两个均数不等有两种可能性：①由于抽样误差所致；②受山区某些因素的影响。如何作出判断呢？按照逻辑推理，如果第一种可能性较大时，可以接受它，统计上称差异无统计意义（差异无显著性）；如果第一种可能性较小时，可以拒绝它而接受后者，统计上称差异有统计意义（差异有显著性）。假设检验就是根据这种思维方法建立起来的，其一般步骤如下：

1. 建立假设　一种是无效假设（null hypothesis），符号为 H_0；一种是备择假设（alternative hypothesis），符号为 H_1。两者都是根据统计推断目的而提出的对总体参数或分布特征的假设。H_0是从反证法的思想提出的，H_1是和 H_0相联系的对立的假设。在假设检验中，H_0是主要的，只有拒绝了 H_0，才能接受 H_1。上例的 H_0为该山区健康成年男子脉搏总体均数（μ）与一般健康成年男子的脉搏总体均数（μ_0）相同，简记为 H_0: $\mu=\mu_0$；H_1为该山区健康成年男子脉搏总体均数与一般不同，简记为 H_1: $\mu \neq \mu_0$。

假设检验一般分为双侧检验（two-sided test）和单侧检验（one-sided test）。如本例中，不管是山区高于一般，还是低于一般，两种可能性都存在，应该用双侧检验；如根据专业知识，已知山区不会低于一般，或是研究者只关心山区是否高于一般，应当用单侧检验。单侧检验的 H_1为 $\mu>\mu_0$ 或 $\mu<\mu_0$。一般认为双侧检验较为稳妥，故较常用。

2. 确定检验水准　检验水准亦称显著性水准，符号为 α。它是判别差异有无统计意义的概率水准，其大小应根据分析的要求确定。通常取 $\alpha=0.05$。

3. 选定检验方法和计算统计量　根据研究设计的类型和统计推断的目的要求选用不同的检验方法。如完全随机设计中，两样本均数的比较可用 t 检验，样本含量较大时（$n>100$），可用 u 检验。不同的统计检验方法，可得到不同的统计量，如 t 值和 u 值。

4. 确定概率 P 值　P 值是指在H_0所规定的总体中作随机抽样，获得等于及大于（或小于）现有统计量的概率。当求得统计量后，一般可根据有关统计用表查得 P 值。例如 t 检验中，$|t| \geqslant t_{\alpha,\nu}$，$P \leqslant \alpha$；$|t|<t_{\alpha,\nu}$，$P>\alpha$。

5. 作出推断结论　当 $P \leqslant \alpha$ 时，结论为按所取检验水准拒绝 H_0，接受 H_1，即差异有统计意义；当 $P>\alpha$ 时，结论为按所取检验水准不拒绝 H_0，即差异无统计意义，如例 9.16 尚不能认为两总体脉搏均数有差别。

（二）均数的 t 检验

1. t 分布的概念　前面曾说明，正态变量 X 采用 $u=(X-\mu)/\sigma$ 变换，则一般的正态分布 $N(\mu,\ \sigma)$ 即变换为标准正态分布 $N(0,\ 1)$。又因从正态总体抽取的样本均数 $\bar{X}$ 服从正态分布$N(\mu,\ \sigma_{\bar{X}})$，同样可作正态变量 $\bar{X}$ 的 u 变换，即

$$u=\frac{\bar{X}-\mu}{\sigma_{\bar{X}}}=\frac{\bar{X}-\mu}{\sigma/\sqrt{n}} \tag{9.26}$$

将 $N(\mu,\ \sigma_{\bar{x}})$ 变换为标准正态分布 $N(0,\ 1)$ 即 u 分布。而实际工作中 $\sigma_{\bar{X}}$往往是用$s_{\bar{X}}$来估计的，这时对 $\bar{X}$ 采用的不是u 变换而是t 变换了，即

$$t=\frac{\bar{X}-\mu}{s_{\bar{X}}}=\frac{\bar{X}-\mu}{s/\sqrt{n}} \tag{9.27}$$

如果从一个正态总体中，抽取样本含量为 n 的许多样本，分别计算其 $\bar{X}$ 和 $s_{\bar{X}}$，然后再求出每一个 t 值，这样可有许多 t 值。这些 t 值有大有小，有正有负，其频

数分布是一种连续性分布，这就是统计上的 t 分布。

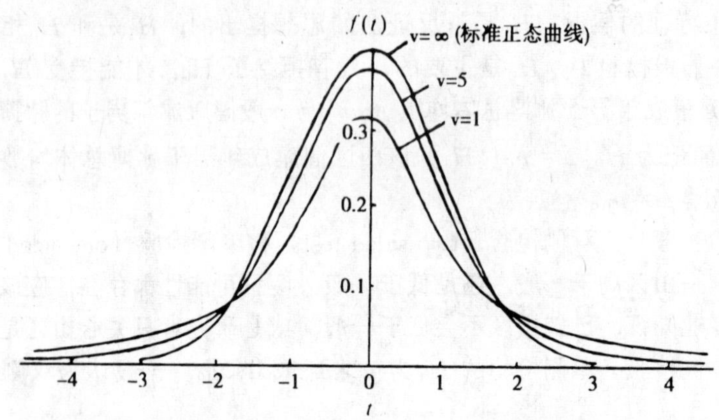

图 9-14 自由度分别为 1、5、∞的 t 分布

由图 9-14 可见，t 分布曲线是单峰分布，以 0 为中心，左右两侧对称，曲线的中间比标准正态曲线（u 分布曲线）低，两侧翘得比标准正态曲线略高。当样本含量越小（严格地说是自由度 $\nu=n-1$ 越小），t 分布与 u 分布出入越大；当 ν 逐渐增大时，t 分布逐渐逼近于 u 分布，当 $\nu=\infty$ 时，t 分布就完全与 u 分布重合了。所以 t 分布曲线的形状随 ν 的变动而变化。

我们常把自由度为 ν 的 t 分布曲线下两侧尾部总面积或单侧尾部面积为指定值 α 时，横轴上相应的界值 t 记为 $t_{\alpha,\nu}$。如当 $\nu=20$，$\alpha=0.05$ 时，记为 $t_{0.05,20}$。对 $t_{\alpha,\nu}$ 值，可根据 ν 和 α（P）值，查表 9-17t 界值表。

由于 t 分布是以 0 为中心的对称分布，表中只列出正值，故查表时，不管 t 值正负只用绝对值。由 t 界值表可知：①单侧 α 和双侧 2α 的 t 界值相同，即单侧 $t_{\alpha,\nu}=$ 双侧 $t_{2\alpha,\nu}$；②对于相同的自由度 ν，α 值越小，$t_{\alpha,\nu}$ 值越大，反之则越小；③对于相同的 α 值，自由度 ν 越大，$t_{\alpha,\nu}$ 值越小。当 $\nu=\infty$ 时，则 $t_{\alpha,\nu}=u_{\alpha}$，故查 u 界值即可查 $\nu=\infty$ 的 t 界值。

t 分布是 t 检验的理论基础。由公式 9.27 可知，$|t|$ 值与样本均数和总体均数之差成正比，与标准误成反比。在 t 分布中越大的 $|t|$ 值所占的比重就越小，说明在抽样中获得此 $|t|$ 值以及更大 $|t|$ 值的机会就越小，这种机会的大小是用概率 P 来表示的。$|t|$ 值越大，则 P 值越小；反之，$|t|$ 值越小，P 值越大。根据上述 $t_{\alpha,\nu}$ 的意义，在同一自由度下，$|t| \geqslant t_{\alpha\nu}$，则 $P \leqslant \alpha$；反之，$|t| < t_{\alpha}$，则 $P > \alpha$。

2. 样本均数与总体均数的比较　样本均数与总体均数的比较的目的，是推断样本均数所代表的未知总体均数 μ 与已知的总体均数 μ_0 是否相等。已知的总体均数 μ_0 一般为理论值、标准值或经大量观察所得的稳定值等。

例 9.17　对例 9.16 资料进行 t 检验。

表 9-17　*t* 界值表

自由度	概率（*P*）				自由度	概率（*P*）			
v	双侧：0.10	0.05	0.02	0.01	v	双侧：0.10	0.05	0.02	0.01
	单侧：0.05	0.025	0.01	0.005		单侧：0.05	0.025	0.01	0.005
1	6.314	12.706	31.821	63.657	18	1.734	2.101	2.552	2.878
2	2.920	4.303	6.965	9.925	19	1.729	2.093	2.539	2.861
3	2.353	3.182	4.541	5.841	20	1.725	2.086	2.528	2.845
4	2.132	2.776	3.747	4.604	21	1.721	2.080	2.518	2.831
5	2.015	2.571	3.365	4.032	22	1.717	2.074	2.508	2.819
6	1.943	2.447	3.143	3.707	23	1.714	2.069	2.500	2.807
7	1.895	2.365	2.998	3.499	24	1.711	2.064	2.492	2.797
8	1.860	2.306	2.896	3.355	25	1.708	2.060	2.485	2.787
9	1.833	2.262	2.821	3.250	26	1.706	2.056	2.479	2.779
10	1.812	2.228	2.764	3.169	27	1.703	2.052	2.473	2.771
11	1.796	2.201	2.718	3.106	28	1.701	2.048	2.467	2.763
12	1.782	2.179	2.681	3.055	29	1.699	2.045	2.462	2.756
13	1.771	2.160	2.650	3.012	30	1.697	2.042	2.457	2.750
14	1.761	2.145	2.624	2.977	31	1.696	2.040	2.453	2.744
15	1.753	2.131	2.602	2.947	32	1.694	2.037	2.449	2.738
16	1.746	2.120	2.583	2.921	33	1.692	2.035	2.445	2.733
17	1.740	2.110	2.567	2.898	34	1.691	2.032	2.441	2.728

续表

自由度	概率（P）				自由度	概率（P）			
v	双侧：0.10	0.05	0.02	0.01	v	双侧：0.10	0.05	0.02	0.01
	单侧：0.05	0.025	0.01	0.005		单侧：0.05	0.025	0.01	0.005
35	1.690	2.030	2.438	2.724	70	1.667	1.994	2.381	2.648
36	1.688	2.028	2.434	2.719	80	1.664	1.990	2.374	2.639
37	1.687	2.026	2.431	2.715	90	1.662	1.987	2.368	2.632
38	1.686	2.024	2.429	2.712	100	1.660	1.984	2.364	2.626
39	1.685	2.023	2.426	2.708	200	1.653	1.972	2.345	2.601
40	1.684	2.021	2.423	2.704	500	1.648	1.965	2.334	2.586
50	1.676	2.009	2.403	2.678	1000	1.646	1.962	2.330	2.581
60	1.671	2.000	2.390	2.660	∞	1.6449	1.9600	2.3263	2.5758

(1) 建立假设：H_0：该山区健康成年男子脉搏均数与一般健康成年男子脉搏均数相同，即 $\mu=\mu_0$

H_1：该山区健康成年男子脉搏均数与一般健康成年男子脉搏均数不同，即 $\mu\neq\mu_0$

$\alpha=0.05$

(2) 计算 t 值：本例 $n=25$，$s=6.5$，$\bar{X}=74.2$，$\mu=72$，代入公式（9.27）

$$t=\frac{|\bar{X}-\mu|}{s/\sqrt{n}}=\frac{|74.2-72|}{6.5/\sqrt{25}}=1.692$$

(3) 确定 P 值：t 值与 P 值以及统计结论的关系见表 9-18。

表 9-18　t 值，P 值与统计结论的关系

t 值	P 值	差别的统计意义	结　论
$t<t_{0.05,\nu}$	$P>0.05$	无统计意义	不拒绝 H_0
$t\geqslant t_{0.05,\nu}$	$P\leqslant0.05$	有统计意义	拒绝 H_0，接受 H_1
$t\geqslant t_{0.01,\nu}$	$P\leqslant0.01$	有高度统计意义	拒绝 H_0，接受 H_1

本例 $\nu=25-1=24$，查 t 界值表，$t_{0.1,24}=1.711$，现 $t<t_{0.1,24}$，故 $P>0.1$。

(4) 推断结论：在 $\alpha=0.05$ 的水准上，不拒绝 H_0，即根据本资料还不能认为此山区健康成年男子脉搏数与一般健康成年男子不同。

3. 配对计量资料的比较　在医学研究中，为了减少误差，提高统计检验效率，我们常常采用配对比较的方法。例如，同一批对象治疗前后某些生理、生化指标的比较；同一种样品，采用两种不同的方法进行测定，来比较两种方法有无不同；配对动物试验，各对动物试验结果的比较等。这类计量资料称为配对计量资料。

配对计量资料的 t 检验先求出各对子的差值 d 的均值 $\bar{d}$，若两种处理的效应无差别，理论上差值 d 的总体均数 μ_d 应为 0。所以这类资料的比较可看作是样本均数 $\bar{d}$ 与总体均数 0 的比较。

例 9.18　用克矽平治疗 10 名矽肺患者，治疗前后血红蛋白含量如表 9-19。问矽肺患者经克矽平治疗后血红蛋白含量是否有改变？

(1) 建立假设：H_0：该药不影响血红蛋白的变化，即 $\mu_d=0$

H_1：该药影响血红蛋白的变化，即 $\mu_d\neq0$

$\alpha=0.05$

(2) 计算 t 值

$$t=\frac{|\bar{d}-0|}{s_{\bar{d}}}=\frac{|\bar{d}|}{s_d/\sqrt{n}} \qquad (9.28)$$

公式（9.28）中，$\bar{d}$ 为差数的均数，s_d 为差数的标准差，$s_{\bar{d}}$ 为差数均数的标准误。

表 9-19　10 名矽肺患者克矽平治疗前后血红蛋白含量（g/L）

病人编号	治疗前	治疗后	差数，d	d^2
1	140	113	27	729
2	138	150	−12	144
3	140	150	−10	100
4	135	135	0	0
5	135	128	7	49
6	120	100	20	400
7	147	110	37	1369
8	114	120	−6	36
9	138	130	8	64
10	120	123	−3	9
合　计	—	—	68	2900

本例 $n=10$，$\Sigma d=68$，$\Sigma d^2=2900$，$\bar{d}=\Sigma d/n=68/10=6.8$

$$s_d=\sqrt{\frac{\Sigma d^2-(\Sigma d)^2/n}{n-1}}=\sqrt{\frac{2900-68^2/10}{10-1}}=16.5\ (\text{g/L})$$

代入公式（9.28）

$$t=\frac{6.8}{16.5/\sqrt{10}}=1.303$$

（3）确定 P 值：$\nu=n-1=10-1=9$，查 t 界值表，$t_{0.1,9}=1.833$，今 $t<t_{0.1,9}$，故 $P>0.1$。

（4）推断结论：在 $\alpha=0.05$ 水准上不拒绝 H_0，故不能认为克矽平治疗矽肺患者会引起血红蛋白的变化。

4. 两样本均数的比较　两样本均数的比较亦称成组比较。适用于比较按完全随机设计而得到的两组资料，比较的目的是推断它们各自所代表的总体均数是否相等。两样本含量可以相等也可以不相等，但在总例数不变的条件下，当两样本含量相等时，统计检验的效率最高。

t 检验的计算公式为：

$$t=\frac{|\bar{X}_1-\bar{X}_2|}{s_{\bar{X}_1-\bar{X}_2}},\qquad \nu=n_1+n_2-2 \tag{9.29}$$

式中 $\bar{X}_1$ 和 $\bar{X}_2$ 为两样本的均数，$s_{\bar{X}_1-\bar{X}_2}$ 为两样本均数差值的标准误，其计算公式为：

$$s_{\bar{X}_1-\bar{X}_2}=\sqrt{s_c^2\left(\frac{1}{n_1}+\frac{1}{n_2}\right)}=\sqrt{s_c^2\left(\frac{n_1+n_2}{n_1n_2}\right)} \tag{9.30}$$

式中 n_1和 n_2为两样本含量，s_c^2 为两样本合并的方差，其计算公式为：

$$s_c^2=\frac{\Sigma X_1^2-(\Sigma X_1)^2/n_1+\Sigma X_2^2-(\Sigma X_2)^2/n_2}{n_1+n_2-2} \tag{9.31}$$

如已计算出 s_1和 s_2，则可用公式（9.32）计算 s_c^2。

$$s_c^2=\frac{(n_1-1)s_1^2+(n_2-1)s_2^2}{n_1+n_2-2} \tag{9.32}$$

如 $n_1=n_2$，并已计算出 s_1和 s_2时，可用公式（9.33）直接求出 $s_{\bar{X}_1-\bar{X}_2}$。

$$s_{\bar{X}_1-\bar{X}_2}=\sqrt{s_1^2/n_1+s_2^2/n_2} \tag{9.33}$$

例 9.19　某克山病区抽样测得 11 例急性克山病患者和 13 名健康人的血磷值（mmol/L）如下，问该地急性克山病患者与健康人的血磷值是否不同？

患　者 X_1：0.84　1.05　1.20　1.20　1.39　1.53　1.67　1.80　1.87　2.07　2.11

健康人 X_2：0.54　0.64　0.64　0.75　0.76　0.81　1.16　1.20　1.34　1.35　1.48　1.56　1.87

（1）建立假设：H_0：该地急性克山病患者与健康人的血磷值相同，即 $\mu_1=\mu_2$

H_1：该地急性克山病患者与健康人的血磷值不同，即 $\mu_1\neq\mu_2$

$\alpha=0.05$

（2）计算 t 值

本例 $n_1=11$，$\Sigma X_1=16.73$，$\Sigma {X_1}^2=27.2239$

$n_2=13$，$\Sigma X_2=14.10$，$\Sigma {X_2}^2=17.4316$

$\bar{X}_1=\Sigma X_1/n_1=16.73/11=1.521$（mmol/L）

$\bar{X}_2=\Sigma X_2/n_2=14.10/13=1.085$（mmol/L）

按公式（9.31）

$$s_c^2=\frac{27.2239-16.73^2/11+17.4316-14.10^2/13}{11+13-2}=0.1781$$

按公式（9.30）

$$s_{\bar{X}_1-\bar{X}_2}=\sqrt{0.1781\left(\frac{11+13}{11\times 13}\right)}=0.1729$$

按公式（9.29）

$$t=\frac{|1.521-1.085|}{0.1729}=2.522$$

（3）确定 P 值：$\nu=11+13-2=22$，查 t 界值表，$t_{0.02,22}=2.508$，今 $t>t_{0.02,22}$，故 $P<0.02$。

（4）推断结论：按 $\alpha=0.05$ 水准，拒绝 H_0，接受 H_1，可认为急性克山病患者和健康人的血磷值不同，患者血磷值较高。

5. 两个大样本均数比较的 u 检验　当两个样本含量较大时，比如均大于 50，为计算方便，其均数的比较可用 u 检验，u 值的计算按公式（9.34）。

$$u=\frac{|\bar{X}_1-\bar{X}_2|}{\sqrt{s_1^2/n_1+s_2^2/n_2}} \tag{9.34}$$

例 9.20　某地抽查了 25～29 岁正常人群的红细胞数，其中男性 156 人，得均数 4.651（10^{12}/L），标准差为 0.548（10^{12}/L）；女性 74 人，得均数为 4.222（10^{12}/L），标准差为 0.442（10^{12}/L）。问该人群男、女的红细胞数有无差别？

（1）建立假设：H_0：该地 25～29 岁正常人群的红细胞数男、女之间无差别，即 $\mu_1=\mu_2$

H_1：该地 25～29 岁正常人群的红细胞数男、女之间有差别，即 $\mu_1\neq\mu_2$

$\alpha=0.05$

（2）计算 u 值

本例　$n_1=156$，$\bar{X}_1=4.651$，$s_1=0.548$，$n_2=74$，$\bar{X}_2=4.222$，$s_2=0.442$。

代入公式（9.34）

$$u=\frac{|4.651-4.222|}{\sqrt{0.548^2/156+0.442^2/74}}=6.35$$

（3）确定 P 值：查 t 界值表（$\nu=\infty$），$u_{0.01}=2.5758$，现 $u>u_{0.01}$，故 $P<0.01$。

（4）推断结论：按 $\alpha=0.05$ 水准，拒绝 H_0，接受 H_1，故可认为该地正常人群男、女红细胞数有差别，男性红细胞数高于女性。

（三）应用假设检验的注意问题

1. 资料要来自严密的抽样研究设计　这是假设检验的前提，应保证样本是从同质总体中随机抽取的。另外，组间的均衡性和可比性特别重要，即除了对比的主要因素外，其他影响结果的因素应尽可能相同或基本相同。

2. 选用假设检验的方法应符合其应用条件　资料性质不同，设计类型不同，样本大小不等，所用假设检验的方法也不同。如检验配对计量资料，若用成组比较的 t 检验，可使统计效率降低并可能得出错误的结论。两样本均数比较的 t 检验，要求两组资料均来自正态分布的总体，并且两总体方差相等（$\sigma_1^2=\sigma_2^2$）。当两样本方差（s_1^2 与 s_2^2）相差较大时，应进行方差齐性检验，若方差不齐时，可查阅有关统计书籍，改用校正 t 检验或其他方法。

3. 正确理解差别有无显著性的统计涵义　结论中拒绝 H_0，接受 H_1，习惯上也称为“差异有显著性”，但不应误解为所分析的指标间相差很大，或在医学上有显著的实用价值，只是说两指标的差异由于抽样误差引起的可能性较小，故推断两指标有本质差异，但不能直接对所研究内容作出专业方面的效果评价；反之，不拒绝 H_0，习惯上也称为“差异无显著性”，不应误解为相差不大或一定相等。

4. 结论不能绝对化　假设检验中 α 水准是人为规定的，当 $P \leqslant \alpha$ 时，拒绝 H_0，但同样可能犯 α 大小的Ⅰ型错误（假阳性错误）；当 $P > \alpha$ 时，不拒绝 H_0，同样可能犯Ⅱ型错误（假阴性错误）。

5. 要根据资料的性质事先确定采用双侧检验或单侧检验　由于在同一 α 水准上，单侧检验比双侧检验更易得出有统计意义的结论，所以不能因双侧检验无统计意义而改用单侧检验。

第四节　计数资料的分析

一、相对数及标准化法

（一）相对数的意义及常用指标

计数资料整理后，得到的数据都是绝对数。例如，甲、乙两地麻疹流行，甲地发病 300 人，乙地发病 250 人，甲地比乙地多发病 50 人，这些都是绝对数。绝对数可以说明该地该病的绝对水平，这在疾病防治工作中是不可缺少的。但如果比较两地发病情况何地严重，只用绝对数时，便受到一定的限制，因为甲、乙两地的易感人数可能不同，易感人数多，可能麻疹发病例数会多些，反之会少些。因此若要比较两地发病的严重程度，还应以甲、乙两地各自的发病例数除以各地的易感人数，计算出甲、乙两地麻疹发病率，再进行比较。如甲地易感人数为 3000 人，乙地为 1000 人，则

$$\text{甲地麻疹发病率} = \frac{300}{3000} \times 100\% = 10\%$$

$$\text{乙地麻疹发病率} = \frac{250}{1000} \times 100\% = 25\%$$

可见乙地麻疹发病情况比甲地严重。这个发病率就是相对数（relative number），相对数是两个有联系的指标之比。计算相对数的目的，是使作为比较的基数相同，以便于进一步地分析比较，对问题有更深入的了解。相对数是计数资料常用的统计描述指标，常用的相对数有：率、构成比和相对比。

1. 率（rate）　率又称频率指标，它说明某现象发生的频率或强度。常以百分率（%）、千分率（‰）、万分率（1/万）、十万分率（1/10 万）等比例基数表示。计算公式为：

$$\text{率} = \frac{\text{发生某现象的例数}}{\text{可能发生某现象的总例数}} \times \text{比例基数} \tag{9.35}$$

式中比例基数的选择，主要依据习惯，如治愈率、病死率，习惯上用百分率；出生率、死亡率，习惯上用千分率；肿瘤的患病率、死亡率，习惯上用十万分率。对于不常用的频率指标，选择比例基数时，应使算得的率一般能保留一、二位整数。

各组病死率的水平取决于本组的病例数和死亡数，它不受其他组病例数或死亡数的影响。合计病死率即平均病死率。要注意的是：不能直接将几个率相加求其合并率或平均率，而应以总死亡例数除以总病例数。

例如计算某院某年 135 例不同类型葡萄球菌性肺炎患者病死率，如表 9-20。

表 9-20 某院某年各型葡萄菌性肺炎病死率

类 型 (1)	病例数 (2)	死亡数 (3)	病死率(%) (4)=(3)/(2)
肺炎胸膜炎型	75	8	10.7
中毒败血型	36	7	19.4
休克中毒型	24	9	37.5
合 计	135	24	17.8

2. 构成比（constituent ratio） 又称构成指标，表示某一事物内部各组成部分所占的比重或分布，常以百分数表示。计算公式为：

$$\text{构成比} = \frac{\text{事物内部某一组成部分的个体数}}{\text{同一事物各组成部分个体数的总和}} \times 100\% \qquad (9.36)$$

例如计算某正常人的白细胞分类计数构成比，如表 9-21。

表 9-21 某正常人的白细胞分类计数构成比

白细胞分类	分类计数	构成比（%）
中性粒细胞	140	70.0
淋巴细胞	50	25.0
单核细胞	5	2.5
嗜酸粒细胞	4	2.0
嗜碱粒细胞	1	0.5
合 计	200	100.0

由于构成比之和为 100%，故各构成比之间是相互制约的，其比重的增减互有影响。

3. 相对比（relative ratio） 又称对比指标，表示两个有联系的同类指标之比，常以倍数或百分数表示。计算公式为：

$$\text{相对比} = \frac{\text{甲指标}}{\text{乙指标}}\ (\text{或} \times 100\%) \qquad (9.37)$$

甲、乙两指标可以是相对数、绝对数或平均数。习惯上在计算相对数时，若分子大于分母，计算结果用倍数表示；若分子小于分母，计算结果用百分数表示。

如某市某年肺癌死亡率城区为19.39/10万，郊区为9.99/10万，则两者相对比为

$$\frac{19.39}{9.99}=1.94，或\frac{9.99}{19.39}\times 100\%=51.52\%$$

城区肺癌死亡率为郊区的1.94倍，或郊区肺癌死亡率为城区的51.52%。

4. 动态数列（dynamic series） 动态数列是一系列按时间顺序排列起来的统计指标（包括绝对数、相对数或平均数），用于说明事物在时间上的变化和发展趋势。

（1）定基比 统一用某个时间的数据作基数，以各时间的数据与之相比，称为定基比。它反映动态数列相对于基数的变化趋势。

（2）环比 一律用前一个时间的数据作基数（非固定的），以相邻的后一个时间的数据与之相比，称为环比。它反映动态数列的逐期变化趋势。

（3）平均发展速度和平均增长速度 反映动态数列的平均变化趋势。其计算公式为：

$$平均发展速度=\sqrt[n]{a_n/a_0} \tag{9.38}$$

$$平均增长速度=平均发展速度-1（或100\%） \tag{9.39}$$

公式中，a_0为基期指标，a_n为第n年指标。

例9.21 某市1982～1990年人口死亡率资料如表9-22，试作动态分析。

表9-22 某市1982～1990年人口死亡率的变动趋势

年 份 (1)	死亡率（‰） (2)	定基比（%） (3)	环比（%） (4)
1982	9.01	100.0	—
1983	8.05	89.3	89.3
1984	8.67	96.2	107.7
1985	8.34	92.6	96.2
1986	7.70	85.5	92.3
1987	7.78	86.3	101.0
1988	7.01	77.8	90.1
1989	7.12	79.0	101.6
1990	6.88	76.4	96.6

定基比分析：以1982年死亡率9.01%为基数，则

$$1983年\quad \frac{8.05}{9.01}\times 100\%=89.3\%$$

$$1984年\quad \frac{8.67}{9.01}\times 100\%=96.2\%$$

余类推。结果见表9-22第（3）栏，可见该市人口死亡率呈下降趋势，1990年下

降到 1982 年的 76.4%。

环比分析：各以前一年的人口死亡率为基数，则

$$1983\text{年} \quad \frac{8.05}{9.01}\times 100\% = 89.3\%$$

$$1984\text{年} \quad \frac{8.67}{8.05}\times 100\% = 107.7\%$$

余类推。结果见表 9－22 第（4）栏，可见该市人口死亡率在总的下降过程中是有起伏的，1984 年人口死亡率回升较大，1987 年和 1989 年人口死亡率略有回升。

平均发展速度和平均增长速度：本例 $a_0 = 9.01$，$a_8 = 6.88$，代入公式（9.38）和（9.39）。

$$\text{平均发展速度} = \sqrt[8]{6.88/9.01}\times 100\% = 96.7\%$$

$$\text{平均增长速度} = 96.7\% - 100\% = -3.3\%$$

该市人口死亡率 8 年来平均每年下降 3.3%。

（二）应用相对数应注意的问题

1. 计算率和构成比的分母不宜过小　一般说来，观察单位数足够多时，计算的率或构成比才能比较稳定，能够正确反映实际情况。如某医师用某药治疗了两例某病患者，一例有效，即报道有效率为 50%，显然这个有效率是不可靠的，不但不能反映事物的真相，还会给人造成错觉。因此，在例数较少时，最好用绝对数表示。

2. 分析时不能以构成比代替率　构成比只能说明某事物各组成部分的比重或分布，不能说明某现象发生的频率或强度。如表 9-23 是某地肿瘤普查统计资料，从患病率来看，年龄越大，癌症发生频率越高；从构成比看，“60 岁～”组的百分比反而降低了，这不能说老年人癌症发病机会降低。因为该地 60 岁以上的老年人，尽管患病率很高，但是该年龄段的人口数比低年龄段的人口数少许多，致使该年龄段的患者人数少，故占总患者数的比重就小了。

表 9-23　某地居民年龄别癌肿患病情况统计

年龄组 (1)	人口数 (2)	癌肿病人数 (3)	构成比（%） (4)	患病率（1/10 万） (5)＝(3)/(2)
＜30	633000	19	1.3	3.0
30～	570000	171	11.4	30.0
40～	374000	486	32.6	129.9
50～	143000	574	38.5	401.4
60～	30250	242	16.2	800.0
合计	1750250	1492	100.0	85.2

3. 在进行率和构成比的对比时，应注意资料的可比性　两个或多个率（或构

成比）进行比较，要有可比性，即除了被研究因素外，其余的主要影响因素都应相同或相近。例如，观察某两种药物治疗伤寒慢性带菌者的效果，应注意观察疗效的时间相同，判断效果的方法亦应相同；又如不同级别医院的病死率也不能比较，因为不同级别医院病人病情轻重的构成比是不同的。

另外，当两组资料的年龄、性别、职业等内部构成不同，而其又影响两组总率大小时，只能比较分年龄、性别、职业的率或标准化的总率（见下述）。

4. 对样本率（或构成比）的比较要作假设检验　抽样研究中，因为率和构成比同样存在着抽样误差，所以比较两样本率或构成比时，不能仅凭表面数字大小下结论，而须进行假设检验。

（三）标准化法

1. 标准化法的意义　在比较两组或多组率的时候，如果两组或多组资料在年龄、性别以及其他有关指标的构成比有明显不同时，其总率不能直接进行比较，要应用率的标准化法（standardization）加以校正。例如，表 9-24 资料是甲乙两县居民的食管癌死亡率，从表中可以看出乙县各年龄组食管癌的死亡率均高于甲县，显然乙县食管癌死亡情况比甲县严重，但乙县食管癌总死亡率却低于甲县。这是由于两县人口的年龄构成比不同所致。在食管癌死亡率较高的 50 岁以上年龄组，人口所占比例甲县均高于乙县；而在死亡率较低的 50 岁以下年龄组，人口所占比例则是乙县高于甲县。这样就使得甲县食管癌死亡人数相对增多，因此造成了甲县食管癌总死亡率高于乙县。为了消除这种影响，对两个总率进行合理的比较，可用标准化法。

表 9-24　甲乙两县各年龄组人口数及食管癌死亡率（1/10 万）

年龄组	甲县				乙县			
（岁）	人口数	人口构成	食管癌死亡数	食管癌死亡率	人口数	人口构成	食管癌死亡数	食管癌死亡率
(1)	(2)	(3)	(4)	(5)	(6)	(7)	(8)	(9)
0～	1756897	0.6520	0	0.0	1725819	0.6580	0	0.0
30～	244942	0.0909	12	4.9	289298	0.1103	25	8.6
40～	251678	0.0934	91	36.2	250480	0.0955	125	49.9
50～	206947	0.0768	307	148.3	191204	0.0729	344	179.9
60～	143893	0.0534	460	319.7	114355	0.0436	371	324.4
70～	90270	0.0335	292	323.5	51670	0.0197	170	329.0
合计	2694627	1.0000	1162	43.12	2622826	1.0000	1035	39.46

本例标准化法的基本思想就是采用统一的标准人口年龄构成，以消除人口构成不同对各县食管癌总死亡率的影响，使算得的食管癌标准化死亡率具有可比性。

2. 标准化率的计算　标准化率（standardized rate）亦称调整率（adjusted

rate)。常用的计算方法有直接法和间接法，本书只介绍直接法。

例 9.22　对表 9-24 资料，求甲、乙两县食管癌的标化死亡率。

计算步骤如下：

(1) 选定标准：标准组的选择方法有三种：①选择有代表性的、较稳定的、数量较大的人群，例如世界的、全国的、全省的、本地区的人口构成为标准；②也可选择其中一组人口数或相应的构成为标准；③或选择两组各部分人口之和或相应的构成为标准。

(2) 计算方法：直接法计算标准化率可用标准人口数计算，亦可用标准人口构成比计算。

①按标准人口数计算：计算公式为 $p' = \frac{\Sigma N_i p_i}{N}$　(9.40)

式中 p' 为标准化率，N_i 为各年龄组标准人口数，p_i 为各年龄组食管癌死亡率，N 为标准人口数之和。现选定某地各年龄组人口数为标准，计算见表 9-25。

$$甲县食管癌标准化死亡率\ p' = \frac{2721}{6015469} \times 100000/10\ 万 = 45.23/10\ 万$$

$$乙县食管癌标准化死亡率\ p' = \frac{3000}{6015469} \times 100000/10\ 万 = 49.87/10\ 万$$

经标准化后，甲县食管癌死亡率低于乙县，与分年龄组比较食管癌死亡率结论一致。

②按标准人口构成比计算：计算公式为 $p' = \sum \left(\frac{N_i}{N}\right) p_i$　(9.41)

将表 9-25 第 (2) 栏标准人口数转换为构成比，计算见表 9-26。可见两种方法计算结果是一致的。

表 9-25　用标准人口数计算食管癌标准化死亡率 (1/10 万)

年龄组(岁)	标准人口数 N_i	甲县		乙县	
		原食管癌死亡率 p_i	预期食管癌死亡人数, $N_i p_i$	原食管癌死亡率 p_i	预期食管癌死亡人数, $N_i p_i$
(1)	(2)	(3)	(4)=(2)(3)	(5)	(6)=(2)(5)
0～	3860241	0	0	0	0
30～	553681	4.9	27	8.6	48
40～	566717	36.2	205	49.9	283
50～	482455	148.3	715	179.9	868
60～	344998	319.7	1103	324.4	1119
70～	207377	323.5	671	329.0	682
合　计	6015469 (N)	43.12	2721 ($\Sigma N_i p_i$)	39.46	3000 ($\Sigma N_i p_i$)

表 9-26　用标准人口构成比计算食管癌标准化死亡率(1/10 万)

年龄组(岁)	标准人口构成比 (N_i/N)	甲县		乙县	
		原食管癌死亡率, p_i	分配食管癌死亡率 $(N_i/N)p_i$	原食管癌死亡率, p_i	分配食管癌死亡率 $(N_i/N)p_i$
(1)	(2)	(3)	(4)=(2)(3)	(5)	(6)=(2)(5)
0～	0.6417	0	0	0	0
30～	0.0920	4.9	0.45	8.6	0.79
40～	0.0942	36.2	3.41	49.9	4.70
50～	0.0802	148.3	11.89	179.9	14.43
60～	0.0574	319.7	18.35	324.4	18.62
70～	0.0345	323.5	11.16	329.0	11.35
合计	1.0000	43.12	45.26(p')	39.46	49.89(P')

3. 标准化法的注意事项

(1) 选定的标准不同，算得的标准化率也不同。因此，当比较几个标准化率时，应采用统一标准。

(2) 标准化率已不能反映率的实际水平，它只表明相互比较资料间的相对水平。

(3) 两样本标化率的比较也应作假设检验。

(4) 如果不计算标准化率，而分别比较各分组的率时，也可得出正确结论，但不能直接比较总率的大小。

二、率的抽样误差与 u 检验

(一) 率的标准误

前已述及，计量资料的抽样研究中存在抽样误差。同样，计数资料的抽样研究中，在同一总体中按一定的样本含量 n 抽样，所得样本率和总体率或样本率之间也存在着差异，这种差异称为率的抽样误差。率的抽样误差的大小是用率的标准误来表示的。其计算公式为：

$$\sigma_p=\sqrt{\frac{\pi\ (1-\pi)}{n}} \tag{9.42}$$

式中 σ_p 为率的标准误，π 为总体率，n 为样本含量。

总体率 π 一般是未知的，若用样本率 p 估计，率的标准误的估计值为：

$$s_p=\sqrt{\frac{p\ (1-p)}{n}} \tag{9.43}$$

公式 (9.43) 在实际工作中最常用，亦称为率的标准误。

例 9.23　检查居民 800 人粪便中蛔虫阳性 200 人，阳性率为 25%，试求阳性率的标准误。

本例：$n=800$，$p=0.25$，$1-p=0.75$，按公式（9.43）

$$s_p=\sqrt{\frac{0.25\times0.75}{800}}=0.0153=1.53\%$$

率的标准误越小，表示率的抽样误差越小，用样本率估计总体率的可靠性就越大；反之，率的抽样误差越大，则用样本率估计总体率的可靠性就越小。

（二）总体率的区间估计

与总体均数的估计相同，总体率的估计有点值估计和区间估计，点值估计是用样本率作为总体率的估计值；区间估计是求出总体率的可信区间。当样本含量 n 足够大，且样本率 p 和（$1-p$）均不太小，如 np 与 n（$1-p$）均≥5时，p 的抽样分布逼近正态分布，可按公式（9.44）和公式（9.45）分别计算总体率的95%可信区间和99%可信区间。

总体率 π 的95%可信区间　$p\pm1.96s_p$　　（9.44）

总体率 π 的99%可信区间　$p\pm2.58s_p$　　（9.45）

例9.24　求例9.23当地居民粪便蛔虫阳性率的95%可信区间和99%的可信区间。

已知 $p=25\%$，$s_p=1.53\%$，代入公式（9.44）和（9.45）中

95%的可信区间为　$25\%\pm1.96\times1.53\%$　　即22.00%～28.00%

99%的可信区间为　$25\%\pm2.58\times1.53\%$　　即21.05%～28.95%

即该地居民粪便蛔虫阳性率的95%可信区间为22.00%～28.00%，99%的可信区间为21.05%～28.95%。

若样本 np 或 n（$1-p$）<5时，则不宜用正态分布近似法求总体率的可信区间，此时可根据样本含量 n 和阳性数 X，查有关医学统计书中据二项分布算得的总体率的可信区间表。

（三）率的 u 检验

当样本含量 n 足够大，且样本率 p 和（$1-p$）均不太小，如 np 与 n（$1-p$）均≥5时，样本率 p 也是以总体率 π 为中心呈正态分布或近似正态分布的。这时，两率差别的假设检验可用 u 检验。

1. 样本率与总体率比较的 u 检验　样本率与总体率（一般为理论值、标准值或经大量观察所得的稳定值）比较的目的，是推断该样本率所代表的未知总体率 π 与已知的总体率 π_0 是否相等。u 值的计算公式为：

$$u=\frac{|p-\pi_0|}{\sigma_p}=\frac{|p-\pi_0|}{\sqrt{\pi_0(1-\pi_0)/n}} \qquad (9.46)$$

式中 p 为样本率，π_0 为已知的总体率，n 为样本含量。

例9.25　根据以往经验，一般胃溃疡病患者有20%发生胃出血症状。现某医生观察65岁以上胃溃疡病人152例，其中48例发生胃出血，占31.6%。问老年

胃溃疡病患者是否较一般胃溃疡病患者易发生胃出血。

（1）建立假设：H_0：老年胃溃疡出血率与一般胃溃疡出血率相同，即 $\pi=\pi_0=0.2$

H_1：老年胃溃疡出血率高于一般胃溃疡出血率，即 $\pi>\pi_0$

单侧 $\alpha=0.05$

（2）计算 u 值：本例 $p=0.316$，$\pi_0=0.2$，$n=152$，代入公式（9.46）得：

$$u=\frac{|0.316-0.20|}{\sqrt{0.20\ (1-0.20)\ /152}}=3.58$$

（3）确定 P 值：查 u 界值表（t 界值表，$\nu=\infty$时），单侧 $u_{0.005}=2.58$，现 $u>u_{0.005}$，得 $p<0.005$。

（4）推断结论：在 $\alpha=0.05$ 水准上，拒绝 H_0，接受 H_1，认为老年胃溃疡病患者较一般胃溃疡病患者较容易发生胃出血。

2. 两样本率比较的 u 检验　两样本率比较的目的，是推断两样本率分别代表的未知总体率 π_1 和 π_2 是否相同。适用条件为两样本的 np 和 $n\ (1-p)$ 均大于5。计算公式为：

$$u=\frac{|p_1-p_2|}{s_{p_1-p_2}}=\frac{|p_1-p_2|}{\sqrt{p_c\ (1-p_c)\ (1/n_1+1/n_2)}} \tag{9.47}$$

式中 p_1和 p_2为两样本率，$s_{p_1-p_2}$为两样本率之差的标准误，p_c为两组合并率，n_1和 n_2分别为两样本含量。

例 9.26　某中药研究所试用某种草药预防流感，观察用药组和对照组（未用药组）的流感发病率，其结果见表 9-27。问两组流感发病率有无差别？

表 9-27　用药组和对照组流感发病率比较

组　别	观察人数	发病人数	发病率（%）
用药组	100	14	14
对照组	120	30	25
合　计	220	44	20

（1）建立建设：H_0：用药组和对照组流感发病率相同，即 $\pi_1=\pi_2$

H_1：用药组和对照组流感发病率不同，即 $\pi_1\neq\pi_2$

$\alpha=0.05$

（2）计算 u 值：本例 $n_1=100$，$p_1=14\%$，$n_2=120$，$p_2=25\%$，$p_c=20\%$，$1-p_c=80\%$，代入公式（9.48）得：

$$u=\frac{|0.14-0.25|}{\sqrt{0.20\times0.80\ (1/100+1/120)}}=2.031$$

（3）确定 P 值：查 u 界值表，$u_{0.05}=1.96$，现 $u>1.96$，得 $p<0.05$。

(4) 推断结论：在 $\alpha=0.05$ 水准上，拒绝 H_0，接受 H_1，可认为用药组流感发病率较对照组低。

三、χ^2 检验

χ^2 检验（*Chi square test*）或称卡方检验，是一种用途较广的假设检验方法，常用于检验两个或多个样本率及构成比之间差别的显著性，还用来检验配对计数资料及两种属性或特征之间是否有关系等。

（一）四格表资料的 χ^2 检验

四格表资料的 χ^2 检验主要用于两个样本率（或构成比）的假设检验。

例 9.27　以例 9.26 资料为例，列成表 9-28 形式的 χ^2 计算表，用 χ^2 检验法比较用药组和对照组流感发病率有无差别。

表 9-28　用药组和对照组流感发病率比较

组　别	发病人数	未发病人数	合　计
用药组	14（20）	86（80）	100
对照组	30（24）	90（96）	120
合　计	44	176	220

表 9-28 内，

14	86
30	90

这四个格子的数字是整个表的基本数字，其余数字都是从这四个数字中推算出来的，故这种资料称为四格表（fourfold table）资料。

1. 四格表的基本公式法　χ^2 检验的基本公式为：

$$\chi^2=\sum\frac{(A-T)^2}{T} \tag{9.48}$$

公式（9.48）中，A 为实际频数，T 为理论频数。表 9-27 中未加括号的四个基本数据就是实际频数，括号内的数值就是根据检验假设计算出的理论频数。从公式（9.48）可以看出 χ^2 值反映了实际频数和理论频数的吻合程度。如果检验假设成立，则实际频数与理论频数之差一般不会很大，χ^2 值也不会很大；反之，实际频数与理论频数之差相差很大，则 χ^2 值也会很大，检验假设成立的可能性就很小了。

本例 χ^2 检验步骤如下：

(1) 建立假设：H_0：用药组和对照组的流感发病率相同，即 $\pi_1=\pi_2$

H_1：用药组和对照组的流感发病率不相同，即 $\pi_1\neq\pi_2$

$\alpha=0.05$

(2) 计算理论频数 T：所谓理论频数就是按照检验假设的发病率 20% 推算的两组理论上应该发病人数和未发病人数。如用药组发病的理论频数 $T=100\times20\%=$

20 人（理论频数也可以有小数），意即按发病率 20％计算，用药组 100 人中应该有 20 人发病，而实际发病人数为 14 人，余类推。理论频数 T 也可按下式求得

$$T_{RC}=\frac{n_R n_C}{n} \tag{9.49}$$

式中：T_{RC}为 R 行 C 列的格子内理论频数，n_R 为与理论频数同行的合计数，n_C为与理论频数同列的合计数，n 为总例数。例如表 9-27 第一行第一列格子的理论频数为：

$$T_{11}=\frac{100\times 44}{220}=20$$

又因为四格表的每行和每列都只有两个格子，而每行和每列的合计数都是固定的，所以求出其中任意一格子的理论频数后，其余格子的理论频数可以用减法求出，如：

$$T_{12}=100-20=80$$
$$T_{21}=44-20=24$$
$$T_{22}=120-24=96$$

（3）计算 χ^2 值：将表 9-28 各相应的实际频数与理论频数代入公式（9.48）即得 χ^2 值。

$$\chi^2=\frac{(14-20)^2}{20}+\frac{(86-80)^2}{80}+\frac{(30-24)^2}{24}+\frac{(90-96)^2}{96}=4.125$$

（4）确定 P 值：χ^2 值与 P 值的关系也是 χ^2 值越大，P 值越小。χ^2 值与 P 值的对应关系可查表 9-29，χ^2 界值表。由公式（9.48）可知，χ^2 值的大小，除决定于 $A-T$ 的差值外，还取决于格子数（严格地说是自由度）的多少，格子数越多，χ^2 值也会越大。只有排除了这种影响，χ^2 值才能正确地反映 A 和 T 的吻合程度，因此查 χ^2 界值表时要考虑自由度的大小。χ^2 检验的自由度可由下式求得

表 9-29　χ^2 界值表

自由度	概率（P）		自由度	概率（P）	
ν	0.05	0.01	ν	0.05	0.01
1	3.84	6.63	11	19.68	24.72
2	5.99	9.21	12	21.03	26.22
3	7.81	11.34	13	22.36	27.69
4	9.49	13.28	14	23.68	29.14
5	11.07	15.09	15	25.00	30.58
6	12.59	16.81	16	26.30	32.00
7	14.07	18.48	17	27.59	33.41
8	15.51	20.09	18	28.87	34.81
9	16.92	21.67	19	30.14	36.19
10	18.31	23.21	20	31.41	37.57

$$\nu = (行数-1)(列数-1) \tag{9.50}$$

如四格表是由 2 行 2 列组成，故自由度为：$\nu = (2-1)(2-1) = 1$。

本例 $\nu=1$，查 χ^2 界值表，$\chi^2_{0.05,1}=3.84$，现 $\chi^2 > \chi^2_{0.05,1}$，得 $P<0.05$。

(5) 推断结论：在 $\alpha=0.05$ 水准上，拒绝 H_0，接受 H_1，可认为用药组流感发病率较对照组低. 结论与 u 检验相同。

2. 四格表专用公式　对于四格表资料，还可直接用专用公式（9.51）计算 χ^2 值，省去求理论数的过程，以简化运算。

$$\chi^2 = \frac{(ad-bc)^2 n}{(a+b)(c+d)(a+c)(b+d)} \tag{9.51}$$

式中 a、b、c、d 分别为四格表的四个实际频数，总例数 $n=a+b+c+d$。仍以表 9-28 为例，标记符号如表 9-30。

表 9-30　两组流感发病率比较表

组　别	发病人数	未发病人数	合　计
用药组	14 (a)	86 (b)	100 ($a+b$)
对照组	30 (c)	90 (d)	120 ($b+d$)
合　计	44 ($a+c$)	176 ($b+d$)	220 (n)

$$\chi^2 = \frac{(14\times 90 - 86\times 30)^2 220}{(14+86)(30+90)(14+30)(86+90)} = 4.125$$

结果与前相同。

3. 四格表 χ^2 值的校正　χ^2 界值表是根据连续性分布的理论计算出来的，χ^2 的基本公式只是一种近似。在 n 较大（$n>40$），各个格子的理论数均大于 5 时，这种近似较好。如果自由度为 1 的四格表资料理论频数 T 较小，或总例数 n 较小时，计算的 χ^2 值偏离 χ^2 界值表较远，所得概率偏低，易出现假阳性错误，需要根据以下情况作不同的处理。

(1) 任一格的 $1<T<5$，且 $n>40$ 时，需计算校正 χ^2 值。

(2) 任一格的 $T\leqslant 1$ 或 $n\leqslant 40$ 时，用确切概率计算法（见有关统计书籍）。校正 χ^2 值的计算公式为

$$\chi^2 = \sum \frac{(|A-T|-0.5)^2}{T} \tag{9.52}$$

$$\chi^2 = \frac{(|ad-bc|-n/2)^2 n}{(a+b)(c+d)(a+c)(b+d)} \tag{9.53}$$

式（9.52）为式（9.48）的校正，式（9.53）为式（9.51）的校正。这种校正称为连续性校正。

例 9.28　某医师用甲、乙两疗法治疗小儿单纯性消化不良，治疗结果如表 9-31，问两疗法的治愈率是否相等?

表 9-31　甲、乙两疗法治疗小儿单纯性消化不良的治愈率比较

疗　法	痊愈数	未痊愈数	合　计	治愈率（%）
甲	26（28.8）	7（4.2）	33	78.79
乙	36（33.2）	2（4.8）	38	94.74
合计	62	9	71	87.32

（1）建立假设：H_0：甲、乙两疗法的治愈率相等，即 $\pi_1=\pi_2$

H_1：甲、乙两疗法的治愈率不相等，即 $\pi_1\neq\pi_2$

$\alpha=0.05$

（2）计算 χ^2 值：本例有两个格子的 $1<T<5$，且 $n>40$，故对 χ^2 值作校正，按式（9.53）计算得：

$$\chi^2=\frac{(|26\times2-7\times36|-71/2)^2 71}{33\times38\times62\times9}=2.74$$

（3）确定 P 值：本例 $\nu=(2-1)(2-1)=1$，查 χ^2 界值表，$\chi^2_{0.05,1}=3.84$，现 $\chi^2<\chi^2_{0.05,1}$，$P>0.05$。

（4）推断结论：在 $\alpha=0.05$ 水准上，不拒绝 H_0，尚不能认为甲、乙两疗法对小儿单纯性消化不良的治愈率不同。

本例若对 χ^2 值不校正，$\chi^2=4.06$，得 $P<0.05$，结论正好相反。

（二）行×列表资料的 χ^2 检验

当行或列分组超过两组时，统称为行×列表，简记为 $R\times C$ 表。行×列表 χ^2 检验主要用于解决多个样本率或多个样本构成比的比较，其 χ^2 检验除可用基本公式（9.48）外，还可用下面简捷公式，它省去计算理论数的麻烦，简化运算。

$$\chi^2=n\left(\sum\frac{A^2}{n_R n_C}-1\right)\qquad(9.54)$$

式中 n 为总例数，A 为每格子的实际频数，n_R、n_C分别为与某格子实际频数（A）同行、同列的合计数。

例 9.29　某市重污染区、一般市区和农村的出生婴儿的致畸情况如表 9-32，问三个地区的出生婴儿的致畸率有无差别？

表 9-32　某市三个地区出生婴儿的致畸率比较

地　区	畸形数	无畸形数	合　计	致畸率（‰）
重污染区	114	3278	3392	33.61
一般市区	444	40103	40547	10.95
农村	67	8275	8342	8.03
合计	625	51656	52281	11.95

（1）建立假设：H_0：三个地区的出生婴儿的致畸率相等，即 $\pi_1=\pi_2=\pi_3$

H_1：π_1、π_2和 π_3不等或不全相等

$\alpha=0.05$

(2) 计算 χ^2 值：根据公式（9.54）计算为：

$$\chi^2=52281\left(\frac{114^2}{3392\times625}+\frac{3278^2}{3392\times51656}+\frac{444^2}{40547\times625}+\frac{40103^2}{40547\times51656}+\frac{67^2}{8342\times625}+\frac{8275^2}{8342\times51656}-1\right)=148.98$$

(3) 确定 P 值：$\nu=(3-1)(2-1)=2$，查 χ^2 界值表，$\chi^2_{0.01,2}=9.21$，现 $\chi^2>\chi^2_{0.01,2}$，得 $P<0.01$。

(4) 推断结论：在 $\alpha=0.05$ 水准上，拒绝 H_0，接受 H_1，认为三个地区出生婴儿的致畸率有差别。

例 9.30　某工厂在冠心病调查中研究冠心病与眼底动脉硬化的关系，共调查 588 人，资料如表 9-33，问冠心病与眼底动脉硬化有无关系？

(1) 建立假设：H_0：总体冠心病与眼底动脉硬化无关

H_1：总体冠心病与眼底动脉硬化有关

$\alpha=0.05$

(2) 计算 χ^2 值：根据公式（9.54）得：

$$\chi^2=588\left(\frac{340^2}{357\times513}+\frac{11^2}{357\times44}+\cdots+\frac{19^2}{139\times31}-1\right)=58.13$$

表 9-33　某厂职工冠心病与眼底动脉硬化调查结果

眼底动脉硬化分级	冠心病诊断结果			合　计
	正常	可疑	冠心病	
0	340	11	6	357
Ⅰ	73	13	6	92
Ⅱ	100	20	19	139
合计	513	44	31	588

(3) 确定 P 值：$\nu=(3-1)(3-1)=4$，查 χ^2 界值表，$\chi^2_{0.01,4}=13.28$，现 $\chi^2>\chi^2_{0.01,4}$，得 $P<0.01$。

(4) 推断结论：在 $\alpha=0.05$ 水准上，拒绝 H_0，接受 H_1，认为冠心病与眼底动脉硬化有关系。

行×列表资料的 χ^2 检验的注意事项：

(1) χ^2 检验要求理论频数不宜太小，否则将导致分析的偏性。一般认为行×列表中不宜有 1/5 以上格子的理论频数小于 5，或有一个理论频数小于 1。一般认为，对理论频数太小有三种处理方法：①最好增加样本含量以增大理论频数；②删去理论频数太小的行和列；③将理论频数较小的行或列与邻行或邻列合并以增大理论频数。但后两法可能会损失信息，合并组时，应注意合并的合理性，如在研究血

型与疾病关系时，就不能将不同血型组数据合并。

(2) 当多个样本率（或构成比）比较的 χ^2 检验，结论为拒绝检验假设，只能认为各总体率（或总体构成比）之间总的说来有差别，但不能认为彼此间都有差别。若要比较彼此间的差别，可进行行×列表的 χ^2 分割，见有关统计书籍。

(三) 配对计数资料的 χ^2 检验

计数资料和计量资料一样，有时也通过配对的方法进行试验，如每一对试验对象分别给予不同的处理，或同一试验对象，先后给予不同的处理。只是计量资料的配对试验结果是数值变量，而计数资料的配对试验结果是分类变量。配对计数资料差异性的假设检验，采用配对的 χ^2 检验。

例 9.31　有 28 份白喉病人的咽喉涂抹标本，把每份标本分别接种在甲、乙两种白喉杆菌培养基上，观察两种白喉杆菌生长情况，结果如表 9-34。问两种白喉杆菌培养基的效果有无差别？

表 9-34　甲、乙两种白喉杆菌培养基的培养结果

甲　种	乙　种		合　计
	+	−	
+	11 (a)	9 (b)	20
−	1 (c)	7 (d)	8
合　计	12	16	28

表 9-34 中结果有四种情况：两种培养基均生长的对子数为（a），两种培养基均不生长的对子数为（d），这是结果的相同部分；甲培养基生长而乙培养基不生长的对子数为（b），乙培养基生长而甲培养基不生长的对子数为（c），这是结果不同的部分。显然，分析两种培养基培养效果有无差别，只考虑结果不同部分的差异。若两种培养基培养效果无差别，则总体的 $b=c$，但是由于抽样误差的影响，可能样本的 $b \neq c$，为此须进行假设检验。可按公式（9.55）或公式（9.56）计算统计量 χ^2 值。

$$\chi^2=\frac{(b-c)^2}{b+c}, \qquad \nu=1 \tag{9.55}$$

若 $b+c \leqslant 40$，需按公式（9.56）计算校正 χ^2 值。

$$\chi^2=\frac{(|b-c|-1)^2}{b+c}, \qquad \nu=1 \tag{9.56}$$

例 9.31　检验步骤如下：

(1) 建立假设：H_0：两种白喉杆菌培养基的效果相同，即总体 $b=c$

H_1：两种白喉杆菌培养基的效果不同，即总体 $b \neq c$

$\alpha=0.05$

(2) 计算 χ^2 值：本例 $b=9$，$c=1$，$b+c<40$，故按公式（9.56）计算为

$$\chi^2=\frac{(|9-1|-1)^2}{9+1}=4.90$$

(3) 确定 P 值：查 χ^2 界值表，$\chi^2_{0.05,1}=3.84$，现 $\chi^2>\chi^2_{0.05,1}$，得 $P<0.05$。

(4) 推断结论：在 $\alpha=0.05$ 水准上，拒绝 H_0，接收 H_1，可认为甲、乙两种白喉杆菌培养基的效果有差别，甲培养基培养效果优于乙培养基。

（泰山医学院　景学安）

第五节　秩和检验

一、概　　述

前面介绍的 t 检验、u 检验，要求样本来自正态分布的总体，在这一条件下，对总体均数进行假设检验。这一方法是在总体分布型已知的基础上对总体参数进行检验，称为参数统计（parametric statistics）。在实际工作中，如果样本来自的总体分布类型是未知的，是不能或未加精确测量的资料，如等级资料或某些计数资料，可采用非参数统计（nonparametric statistics），秩和检验就是一种非参数统计。

秩和检验（rank sum test）的优点是适用范围广，对数据的分布要求不严格，计算也较简单。其缺点是未充分利用资料提供的原始数据信息，当资料适用于参数统计而用非参数统计处理时，常损失部分信息降低效率。

二、配对比较的符号秩和检验

表 9-35　宇航员航行前后的心率比较

宇航员号 (1)	航前 (2)	航后 (3)	差值 (4) ＝ (2) － (3)	秩次 (5)
1	76	93	−17	−9
2	71	68	3	1
3	70	65	5	4
4	61	65	−4	−3
5	80	93	−13	−8
6	59	78	−19	−11
7	74	83	−9	−7
8	62	79	−17	−10
9	79	98	−19	−12
10	72	78	−6	−5
11	84	90	−6	−6
12	63	60	3	2
				71

例 9.32　12 名宇航员航行前及返航后 24 小时的心率（次/分）变化见表 9-35，问航行对心率有无影响？

1. 建立假设

H_0：宇航对心率无影响，即差值的总体中位数 $M_d=0$

H_1：宇航对心率有影响，即 $M_d \neq 0$

$\alpha=0.05$

2. 求差值　算出每对观察值的差数，见表 9-35 第（4）栏

3. 编秩　按差数的绝对值由小到大编秩次，1，2，3，……，并标上原数的正负号，再按差值的正负号给秩次冠以相应的正负号，如表 9-35 的第（5）栏。编秩时应注意：遇差值为 0 时，弃去不计，对子数 n 也随之减少；遇有差值相等，符号相同时，按顺序编秩或取平均秩次均可；遇有差值相等，但符号不同时，一定要取平均秩次。

4. 求秩和确定 T 值　分别求正负秩次之和，以绝对值较小者为 T，本例 $T=7$。

5. 确定 P 值和作出推断结论

（1）查表法：当对子数 $n \leqslant 25$ 时，查表 9-40 T 界值表。先在左侧找到对子数 n，将所计算的 T 值与右侧一栏的界值作比较，若 T 值在上、下界值范围内，则 P 值大于表上方相应的概率；若 T 值在上、下界值范围外，则 P 值小于相应的概率；若 T 值等于上、下界值，则 P 值等于相应的概率。本例 $n=12$，$T=7$，查表 9-40，得双侧概率 $P=0.01$，按双侧 $\alpha=0.05$ 水准，拒绝 H_0，接受 H_1，可认为宇航对心率有影响，使心率增快。

（2）正态近似法：当 $n>25$，超出表 9-40 的范围，可按公式（9.57）计算 u 值

$$u=\frac{|T-n(n+1)/4|-0.5}{\sqrt{n(n+1)(2n+1)/24}} \tag{9.57}$$

u 值得出后，按 u 检验做出结论。

基本思想

若检验假设 H_0 成立，则差值的总体中位数 $M_d=0$，由样本计算的正负秩和相差不应很大。当正负秩和相差悬殊时，即 T 特别大或特别小时，超过了表 9-40 中按 α 水准所列的界值范围，说明抽得现有样本统计量 T 值的概率很小，此时就拒绝 H_0，接受 H_1。

三、两组资料比较的秩和检验

（一）两组资料比较的秩和检验

两样本比较的秩和检验又称成组比较的秩和检验。

例 9.33　某实验室观察局部温热治疗小鼠移植性肿瘤的疗效，以生存日数作为观察指标，观察结果见表 9-36，试检验两组小鼠生存日数有无差别?

1. 建立假设

H_0：两组小鼠生存日数总体分布相同

H_1：两组小鼠生存日数总体分布不同

$\alpha = 0.05$

表 9-36　两组小鼠发癌后生存日数

实验组		对照组	
生存日数 (1)	秩次 (2)	生存日数 (3)	秩次 (4)
10	9.5	2	1
12	12.5	3	2
15	15	4	3
15	16	5	4
16	17	6	5
17	18	7	6
18	19	8	7
20	20	9	8
23	21	10	9.5
90 以上	22	11	11
		12	12.5
		13	14
$n_1 = 10$	$T_1 = 170$	$n_2 = 12$	$T_2 = 83$

2. 编秩　将两组数据分别由小到大排列，然后将两组数据由小到大统一编秩。如遇到相同数据在同一组内时，可按顺序编秩，如实验组第 3、4 个数据按顺序编 15、16。如相同数据分别在两组时，要编平均秩次，如实验组第 1 个数据与对照组第 9 个数据均为 10，应编平均秩次（9 + 10）/2 = 9.5

3. 求秩和确定 T 值　当两组样本例数相等，$n_1 = n_2$时，以秩和较小者为 T。当两组样本例数不等时，以例数较少者秩和为 T 值。本例 $n_1 = 10$，$n_2 = 12$，故 $T_1 = 170$。

4. 确定 P 值和作出推断结论

(1) 查表法：根据 n_1与 $n_2 - n_1$，查表 9-41 T 界值表。若 T 值在界值范围内，则 P 值大于相应的概率；若 T 值等于界值，则 P 值等于相应的概率；若 T 值在界值范围外，则 P 值小于相应的概率。

今 $n_1 = 10$，$n_2 - n_1 = 2$，$T = 170$，查得双侧 $P < 0.01$，按双侧 $\alpha = 0.05$ 水准拒绝 H_0，接受 H_1，可认为两组生存日数总体分布不同，实验组生存日数较对照组长。

(2) 正态近似法：当 n_1或 $n_2- n_1$超过表 9-41 的范围时，可用正态近似法，按公式（9.59）计算 u 值

$$u=\frac{|T-n_1\ (N+1)\ /2|-0.5}{\sqrt{n_1n_2\ (N+1)\ /12}} \tag{9.58}$$

公式中 $N = n_1+ n_2$，求得 u 值后，按 u 检验确定 p 值，得出推断结论。

（二）两组等级资料比较的秩和检验

例 9.33 是原始数据两样本比较的秩和检验，以例 9.34 说明等级资料（或频数表资料）两样本比较的秩和检验。

例 9.34　某医生用某药治疗不同病情的老年慢性支气管炎病人，其疗效见表 9-37，问该药对两种病情的老年慢性支气管炎病人的疗效是否相同？

表 9-37　某药对两种病情的老年慢性支气管炎病人的疗效比较

疗效	单纯性 (1)	合并肺气肿 (2)	合计 (3)=(1)+(2)	秩次范围 (4)	平均秩次 (5)	秩和	
						单纯性 (6)=(1)(5)	合并肺气肿 (7)=(2)(5)
控制	65	42	107	1～107	54	3 510	2 268
显效	18	6	24	108～131	119.5	2 151	717
有效	30	23	53	132～184	158	4 740	3 634
无效	13	11	24	185～208	196.5	2 554.5	2 161.5
合计	126	82	208	—	—	12955.5	8780.5

1. 建立假设

H_0：两种病情病人的疗效分布相同

H_1：两种病情病人的疗效分布不同

$\alpha = 0.05$

2. 编秩　本例为等级资料，编秩时两组数据统一编秩。先将同一等级的两组人数进行合计，如疗效为“控制”者共 107 人。处于同一疗效的人属同一等级，故一律编平均秩次（1+107）/2=54，其他各疗效组照此计算其平均秩次。

3. 求秩和　分别以第（1）、（2）栏人数乘以第（5）栏平均秩次，得第（6）、（7）栏，各组相加得两组各自的秩和。本例 $T_1 = 8\ 780.5$，$T_2 = 12\ 955.5$

4. 求 u 值　本例 n_1与 $n_2- n_1$超出了表 9-41 的 T 界值表的范围，且相同秩次较多，须按公式（9.60）计算 u 值。

$$u=\frac{|T-n_1\ (N+1)\ /2|-0.5}{\sqrt{\frac{n_1n_2}{12N\ (N-1)}\ [N^3-N-\sum\ (t_j^3-t_j)]}} \tag{9.59}$$

公式中 t_j为第 j 个相同秩次的个数。

今 $n_1 = 82$，$T_1 = 8780.5$，$n_2 = 126$，$N = 82 + 126 = 208$

$\sum(t_j^3 - t_j) = (107^3 - 107) + (24^3 - 24) + (53^3 - 53) + (24^3 - 24) = 1\,401\,360$

按公式（9.60）得

$$u = \frac{|8\,780.5 - 82 \times (208+1)/2| - 0.5}{\sqrt{\frac{82 \times 126}{12 \times 208 \times (208-1)} \times (208^3 - 208 - 1\,401\,360)}} = 0.541$$

5. 确定 P 值和作出推断结论　$u < 1.96$，$P > 0.05$，按 $\alpha = 0.05$ 水准不拒绝 H_0，故认为某药对两种病情的老年慢性支气管炎病人疗效相同。

基本思想

两组资料比较的秩和检验，如果检验假设 H_0 成立，则两组秩和都与平均秩和 $n_1(N+1)/2$ 不会相差很大。如相差很大，超出检验水准规定的界值范围，说明抽得现有样本统计量 T 值的概率很小，此时就拒绝 H_0，而接受 H_1。

四、多个样本比较的秩和检验

（一）多个样本比较的秩和检验

多个样本比较的秩和检验又称成组设计多个样本比较的秩和检验，因计算的统计量是 H 值，所以又称 H 检验。

例 9.35　某医院测定了正常人、单纯性肥胖与皮质醇增多症三组人的血浆总皮质醇含量，结果见表 9-38，问各组间的总皮质醇含量有无差别？

表 9-38　三组人的血浆总皮质醇测定值（$\mu g/L$）

正常人		单纯性肥胖		皮质醇增多症	
测定值	秩次	测定值	秩次	测定值	秩次
0.11	1	0.17	2	2.70	20
0.52	4	0.33	3	2.81	21
0.61	6	0.55	5	2.92	22
0.69	8	0.66	7	3.59	23
0.77	9	0.86	10.5	3.86	25
0.86	10.5	1.13	14	4.08	26
1.02	12	1.38	16	4.30	27
1.08	13	1.63	17	4.30	28
1.27	15	2.04	19	5.96	29
1.92	18	3.75	24	6.62	30
R_i	96.5		117.5		251
n_i	10		10		10

1．建立假设

H_0：三组人的血浆总皮质醇含量总体分布相同

H_1：三组人的血浆总皮质醇含量总体分布不同或不完全相同

$\alpha = 0.05$

2．编秩　①将各组数据在本组内由小到大依次排列，②将三组数据统一编秩。若相同数据在不同组内时，一定要编平均秩次，如正常人组的第6个数据与单纯性肥胖组的第5个数据均为0.86，所以编平均秩次（10+11）/2=10.5，相同数据在同一组内时，按原顺序编秩次，不必平均，如皮质醇增多症组第7与第8个数据均为4.3，按顺序编为27与28。

3．求各组秩和 R_i（i 为组次）

4．求 H 值　按公式（9.61）

$$H=\frac{12}{N\ (N+1)}\sum\frac{R_i^2}{n_i}-3\ (N+1) \tag{9.61}$$

式中 N 为各组样本例数之和。当组数 $k = 3$，每组例数 $n_i \leqslant 5$ 时，求得的 H 值可查表9-42 H 界值表得出 P 值。若组数 $k > 3$，或最大样本的例数 $n > 5$ 时，超出了表9-42的范围，此时的 H 分布近似于 χ^2 分布，可按自由度 $r=$ 组数-1 查 χ^2 界值表，得出 P 值，按所取的检验水准 α 作出推断结论。

$$H=\frac{12}{30\ (30+1)}\left(\frac{96.5^2+117.5^2+251^2}{10}\right)-3\ (30+1)=18.12$$

5．确定 P 值和作出推断结论　本例 $k=3$，但每组样本例数 n_i 均为10，超出表9-42的范围，按 $r=k\text{-}1=3\text{-}1=2$，查 χ^2 界值表，求得 $P<0.005$。按 $\alpha=0.05$ 水准拒绝 H_0，接受 H_1，故可认为三组人血浆总皮质醇含量有差别。

（二）按等级分组资料比较的秩和检验

例9.35是原始数据多样本比较的秩和检验，现以例9.36说明等级资料（或频数表资料）多样本比较的秩和检验。

例9.36　某医生调查了分娩时孕周与乳量的关系，结果见表9-39，试比较分娩时不同孕周的乳量分级有无程度上的差别。

表9-39　分娩时孕周与乳量的关系

乳量	早产 (1)	足月产 (2)	过期产 (3)	合计 (4)	秩次范围 (5)	平均秩次 (6)	秩和 早　产 (7)=(1)(6)	 足月产 (8)=(2)(6)	 过　期 (9)=(3)(6)
无	30	132	10	172	1～172	86.5	2 595	11 418	865
少	36	292	14	342	173～514	343.5	12 366	100 302	4 809
多	31	414	34	479	515～993	754.0	23 374	312 156	25 636
合计	97	838	58	993	—	—	38 335	423 876	31 310

表 9-40　T 界值表（配对比较的符号秩和检验用）

n	单侧：0.05 双侧：0.10	单侧：0.025 双侧：0.05	单侧：0.01 双侧：0.02	单侧：0.005 双侧：0.010
5	0—15(0.0312)			
6	2—19(0.0469)	0—21(0.0156)		
7	3—25(0.0391)	2—26(0.0234)	0—28(0.0078)	
8	5—31(0.0391)	3—33(0.0195)	1—35(0.0078)	0—36(0.0039)
9	8—37(0.0488)	5—40(0.0195)	3—42(0.0098)	1—44(0.0039)
10	10—45(0.0420)	8—47(0.0244)	5—50(0.0098)	3—52(0.0049)
11	13—53(0.0415)	10—56(0.0210)	7—59(0.0093)	5—61(0.0049)
12	17—61(0.0461)	13—65(0.0212)	9—69(0.0081)	7—71(0.0046)
13	21—70(0.0471)	17—74(0.0239)	12—79(0.0085)	9—82(0.0040)
14	25—80(0.0453)	21—84(0.0247)	15—90(0.0083)	12—93(0.0043)
15	30—90(0.0473)	25—95(0.0240)	19—101(0.0090)	15—105(0.0042)
16	35—101(0.0467)	29—107(0.0222)	23—113(0.0091)	19—117(0.0046)
17	41—112(0.0492)	34—119(0.0224)	27—126(0.0087)	23—130(0.0047)
18	47—124(0.0494)	40—131(0.0241)	32—139(0.0091)	27—144(0.0045)
19	53—137(0.0478)	46—144(0.0247)	37—153(0.0090)	32—158(0.0047)
20	60—150(0.0487)	52—158(0.0242)	43—167(0.0096)	37—173(0.0047)
21	67—164(0.0479)	58—173(0.0230)	49—182(0.0097)	42—189(0.0045)
22	75—178(0.0492)	65—188(0.0231)	55—198(0.0095)	48—205(0.0046)
23	83—193(0.0490)	73—203(0.0242)	62—214(0.0098)	54—222(0.0046)
24	91—209(0.0475)	81—219(0.0245)	69—231(0.0097)	61—239(0.0048)
25	100—225(0.0479)	89—236(0.0241)	76—249(0.0094)	68—257(0.0048)

注：（ ）内为单侧确切概率

1. 建立假设

H_0：三个孕周乳量的总体分布相同

H_1：三个孕周乳量的总体分布不同或不完全相同

$\alpha = 0.05$

2. 编秩　将同一乳量等级的三组例数合计。如乳量“无”这一等级，合计例数为 172。同一乳量不同孕周的人属同一等级，所以要编平均秩次。如乳量“无”这一等级共有 172 例，其秩次范围为 1～172，故平均秩次（1 + 172）/2 = 86.5，见表 9-39 第（6）栏，其余类推。

3. 求秩和　分别以第(1)、(2)、(3)栏乘以第(6)栏得第(7)、(8)、(9)栏，将各组相加得三组各自的秩和。本例 $R_1 = 38\ 335$, $R_2 = 423\ 876$, $R_3 = 31\ 310$。

表 9-41　T 界值表（两样本比较的秩和检验用）

	单侧	双侧
1 行	$P=0.05$	$P=0.10$
2 行	$P=0.025$	$P=0.05$
3 行	$P=0.01$	$P=0.02$
4 行	$P=0.005$	$P=0.01$

n_1（较小 n）	0	n_2-n_1 1	2	3	4	5	6	7	8	9	10
2				3—13	3—15	3—17	4—18	4—20	4—22	4—24	5—25
							3—19	3—21	3—23	3—25	4—26
3	6—15	6—18	7—20	8—22	8—25	9—27	10—29	10—32	11—34	11—37	12—39
			6—21	7—23	7—26	8—28	8—31	9—33	9—36	10—38	10—41
					6—27	6—30	7—32	7—35	7—38	8—40	8—43
							6—33	6—36	6—39	7—41	7—44
4	11—25	12—28	13—31	14—34	15—37	16—40	17—43	18—46	19—49	20—52	21—55
	10—26	11—29	12—32	13—35	14—38	14—42	15—45	16—48	17—51	18—54	19—57
		10—30	11—33	11—37	12—40	13—43	13—47	14—50	15—53	15—57	16—60
			10—34	10—38	11—41	11—45	12—48	12—52	13—55	13—59	14—62
5	19—36	20—40	21—44	23—47	24—51	26—54	27—58	28—62	30—65	31—69	33—72
	17—38	18—42	20—45	21—49	22—53	23—57	24—61	26—64	27—68	28—72	29—76
	16—39	17—43	18—47	19—51	20—55	21—59	22—63	23—67	24—71	25—75	26—79
	15—40	16—44	16—49	17—53	18—57	19—61	20—65	21—69	22—73	22—78	23—82
6	28—50	29—55	31—59	33—63	35—67	37—71	38—76	40—80	42—84	44—88	46—92
	26—52	27—57	29—61	31—65	32—70	34—74	35—79	37—83	38—88	40—92	42—96
	24—54	25—59	27—63	28—68	29—73	30—78	32—82	33—87	34—92	36—96	37—101
	23—55	24—60	25—65	26—70	27—75	28—80	30—84	31—89	32—94	33—99	34—104

续表

n_1（较小 n）	n_2-n_1 0	1	2	3	4	5	6	7	8	9	10
7	39—66	41—71	43—76	45—81	47—86	49—91	52—95	54—100	56—105	58—110	61—114
	36—69	38—74	40—79	42—84	44—89	46—94	48—99	50—104	52—109	54—114	56—119
	34—71	35—77	37—82	39—87	40—93	42—98	44—103	45—109	47—114	49—119	51—124
	32—73	34—78	35—84	37—89	38—95	40—100	41—106	43—111	44—117	45—122	47—128
8	51—85	54—90	56—96	59—101	62—106	64—112	67—117	69—123	72—128	75—133	77—139
	49—87	51—93	53—99	55—105	58—110	60—116	62—122	65—127	67—133	70—138	72—144
	45—91	47—97	49—103	51—109	53—115	56—120	58—126	60—132	62—138	64—144	66—150
	43—93	45—99	47—105	49—111	51—117	53—123	54—130	56—136	58—142	60—148	62—154
9	66—105	69—111	72—117	75—123	78—129	81—135	84—141	84—147	90—153	93—159	96—165
	62—109	65—115	68—121	71—127	73—134	76—140	79—146	82—152	84—159	87—165	90—171
	59—112	61—119	63—126	66—132	68—139	71—145	73—152	76—158	78—165	81—171	83—178
	56—115	58—122	61—128	63—135	65—142	67—149	69—156	72—162	74—169	76—176	78—183
10	82—128	86—134	89—141	92—148	96—154	99—161	103—167	106—174	110—180	113—187	117—193
	78—132	81—139	84—146	88—152	91—159	94—166	97—173	100—180	103—187	107—193	110—200
	74—136	77—143	79—151	82—158	85—165	88—172	91—179	93—187	96—194	99—201	102—208
	71—139	73—147	76—154	79—161	81—169	84—176	86—184	89—191	92—198	94—206	97—213

表 9-42　H 界值表（三样本比较的秩和检验用）

n	n_1	n_2	n_3	P	
				0.05	0.01
7	3	2	2	4.71	
	3	3	1	5.14	
8	3	3	2	5.36	
	4	2	2	5.33	
	4	3	1	5.21	
	5	2	1	5.00	
9	3	3	3	5.60	7.20
	4	3	2	5.44	6.44
	4	4	1	4.97	6.67
	5	2	2	5.16	6.53
	5	3	1	4.96	
10	4	3	3	5.73	6.75
	4	4	2	5.45	7.04
	5	3	2	5.25	6.82
	5	4	1	4.99	6.95
11	4	4	3	5.60	7.14
	5	3	3	5.65	7.08
	5	4	2	5.27	7.12
	5	5	1	5.13	7.31
12	4	4	4	5.69	7.65
	5	4	3	5.63	7.44
	5	5	2	5.34	7.27
13	5	4	4	5.62	7.76
	5	5	3	5.71	7.54
14	5	5	4	5.64	7.79
15	5	5	5	5.78	7.98

4．求 H 值　因相同秩次较多，应按公式（9.62）计算 H 值。

$$H=\left[\frac{12}{N\ (N+1)}\Sigma\frac{R_i^2}{n_i}-3\ (N+1)\right]\bigg/\left[1-\frac{\Sigma\ (t_j^3-t_j)}{N^3-N}\right] \qquad (9.62)$$

公式中 t_j 为相同秩次的个数。

本例 $n_1=97$, $n_2=838$, $n_3=58$, $R_1=38\ 335$，$R_2=423\ 876$，$R_3=31\ 310$

$\Sigma\ (t_j^3-t_j)=(172^3-172)+(342^3-342)+(479^3-479)=154\ 991\ 382$

按公式（9.62）

$$H=\left[\frac{12}{993\ (993+1)}\times\left(\frac{38335^2}{97}+\frac{423876^2}{838}+\frac{31310^2}{58}\right)-3\ (993+1)\right]\bigg/\left(1-\frac{154991382}{993^3-993}\right)=17.0$$

5．确定 P 值和作出推断结论　本例组数 $k=3$，各组例数均超过表 9-42 H 界值表的范围，故按 $\nu=k-1=3-1=2$，查 χ^2 界值表，得 $P<0.005$。按 $\alpha=0.05$

水准拒绝 H_0，接受 H_1，故认为分娩时孕周对乳量有影响。

（山西医科大学汾阳学院　张　兴）

第六节　直线相关与回归

医学现象中，一个变量的变化往往要受另一个变量的影响，即两变量的变化存在一定的关系。如儿童的年龄与身高的关系、药物的剂量与疗效的关系、大白鼠的进食量与体重增加的关系等，两变量之间的变化都有一定的关系与规律。直线相关与回归就是研究两变量相互关系的统计学方法。

一、直线相关

（一）直线相关的概念

当一个变量 X 从小到大，另一个变量 Y 也从小到大或从大到小变化，且两变量的散点图呈直线趋势，如图 9-16，当男大学生的身高 X 增加时，前臂长 Y 也随 X 的增加而增加，X 与 Y 组成的散点图，所有的点虽然不在一条直线上，但呈直线趋势。若分析两变量间直线关系的密切程度和变化方向，可用直线相关分析。直线相关（linear correlation）是相关分析中最简单的一种，故又称简单相关（simple correlation）。

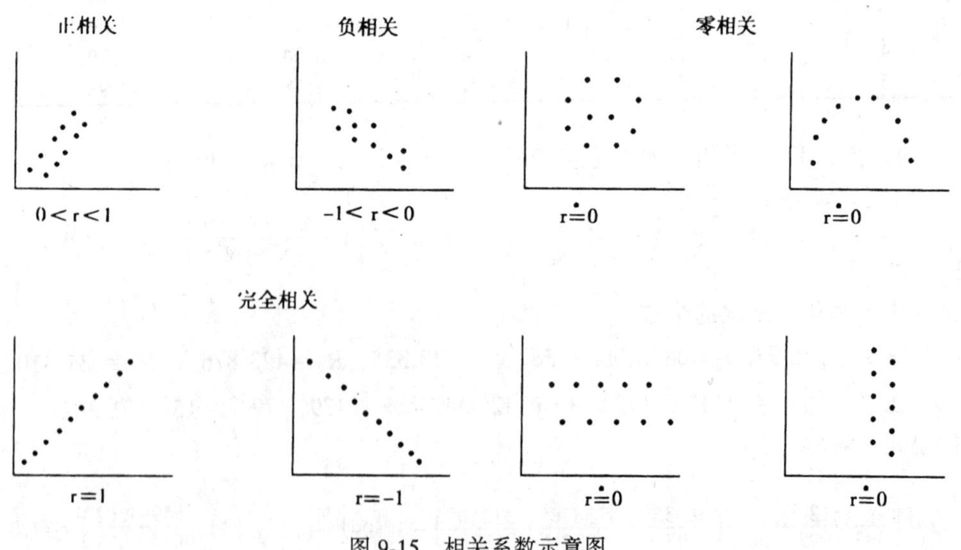

图 9-15　相关系数示意图

（二）相关系数的意义

相关系数（correlation coefficient）是说明两变量间直线关系的密切程度和相关

方向的指标。总体相关系数用 ρ 表示，样本相关系数用 r 表示，相关系数没有单位，取值范围是 $-1 \leqslant r \leqslant 1$ 。

如图 9-15 中，当 X 增大或减小，Y 也同时增大或减小，X 与 Y 的变化方向是一致的，称为正相关。若 X 与 Y 的变化方向相反，称为负相关。X 与 Y 的散点在一条直线上，称完全相关。X 与 Y 的变化方向一致时称完全正相关，变化方向不一致时称完全负相关。散点的分布为圆形、曲线或平行于 Y 轴与平行于 X 轴的直线时，认为 X 与 Y 两变量间无相关关系，称零相关。

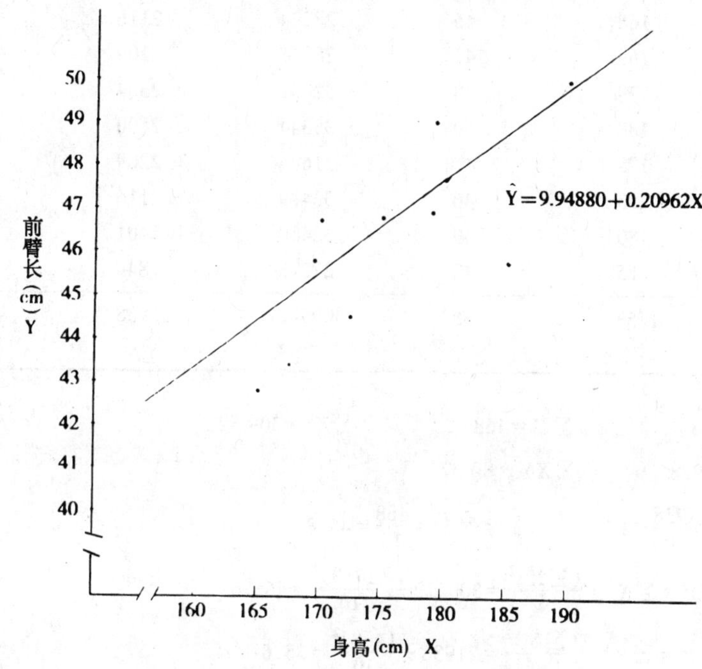

图 9-16　二年级男大学生身高与前臂长散点图

（三）相关系数的计算

当样本含量为 n 时，相关系数 r 的计算公式为：

$$r=\frac{\sum(X-\bar{X})(Y-\bar{Y})}{\sqrt{\sum(X-\bar{X})^2\sum(Y-\bar{Y})^2}}=\frac{\sum XY-\frac{(\sum X)(\sum Y)}{n}}{\sqrt{\left[\sum X^2-\frac{(\sum X)^2}{n}\right]\left[\sum Y^2-\frac{(\sum Y)^2}{n}\right]}} \qquad (9.63)$$

用例 9.37 可说明相关系数的计算及意义。

例 9.37　某地大学二年级 10 名 20 岁男大学生身高（cm）与前臂长（cm）的资料如下，绘制散点图，并计算相关系数。

身　高(cm) X	175	173	168	169	179	188	178	183	180	165
前臂长(cm) Y	47	45	46	47	48	50	47	46	49	43

1．据原始数据作散点图　如图 9-16，可以看出身高 X 与前臂长 Y 的散点图呈直线趋势。

2．计算相关系数　见表 9-43。

表 9-43　相关系数计算

序号	X (1)	Y (2)	X^2 (3)	Y^2 (4)	XY (5)
1	175	47	30625	2209	8225
2	173	45	29929	2025	7785
3	168	46	28224	2116	7728
4	169	47	28561	2209	7943
5	179	48	32041	2304	8592
6	188	50	35344	2500	9400
7	178	47	31684	2209	8366
8	183	46	33489	2116	8418
9	180	49	32400	2401	8820
10	165	43	27225	1849	7095
合计	1758 $\sum X$	468 $\sum Y$	309522 $\sum X^2$	21938 $\sum Y^2$	82372 $\sum XY$

$\sum X = 1\ 758$　　$\sum Y = 468$　　$\sum X^2 = 309\ 522$

$\sum Y^2 = 21\ 938$　　$\sum XY = 82\ 372$

$$\bar{X} = \frac{\sum X}{n} = \frac{1758}{10} = 175.8 \qquad \bar{Y} = \frac{\sum Y}{n} = \frac{468}{10} = 46.8$$

$$\sum (X-\bar{X})^2 = \sum X^2 - \frac{(\sum X)^2}{n} = 309522 - \frac{(1758)^2}{10} = 465.6$$

$$\sum (Y-\bar{Y})^2 = \sum Y^2 - \frac{(\sum Y)^2}{n} = 21938 - \frac{(468)^2}{10} = 35.6$$

$$\sum (X-\bar{X})(Y-\bar{Y}) = \sum XY - \frac{(\sum X)(\sum Y)}{n} = 82372 - \frac{1758 \times 468}{10} = 97.6$$

按公式（9.63）　$r = \dfrac{97.6}{\sqrt{465.6 \times 35.6}} = 0.7581$

（四）相关系数的假设检验

由样本所计算的相关系数 r 是总体相关系数 ρ 的估计值。若从总体相关系数 $\rho = 0$ 的总体中随机抽样，由于抽样误差的存在，样本相关系数 r 不一定等于 0，也不可能正好等于总体相关系数。要推断总体的 X 与 Y 间是否有相关关系，就需检验样本相关系数 r 是否来自总体相关系数 $\rho = 0$ 的总体。所以当计算出 r 后，要对 r 作假设检验，方法可用 t 检验或查 r 界值表。t_r 值的计算可用公式（9.64）

$$t = \frac{|r-0|}{Sr} = \frac{|r|}{\sqrt{(1-r^2)\ /\ (n-2)}}, \quad r = n-2 \tag{9.64}$$

公式中的分母 S_r 为相关系数 r 的标准误。计算得 t 值后，按 $\nu = n-2$ 查 t 界值表得出P值，按所取的检验水准作出推断结论。

例 9.38　就例 9.37 计算的 r 值作 t 检验，判断男大学生的身高与前臂长之间是否存在直线相关关系。

1. 建立假设

H_0：$\rho=0$ 即两变量 X 与 Y 之间无直线相关关系

H_1：$\rho\neq0$ 即两变量 X 与 Y 之间有直线相关关系

$\alpha=0.05$

2. 计算统计量 t_r

今 $n=10$，$r=0.758\,1$，按公式（9.64）

$$t=\frac{0.7581}{\sqrt{(1-0.7581^2)\ /\ (10-2)}}=3.288,\quad r=10-2$$

3. 确定 p 值作出统计结论，$r=10-2=8$

查 t 界值表，得 $0.02>P>0.01$，按 $\alpha=0.05$ 水准拒绝 H_0，接受 H_1。可认为二年级男大学生身高与前臂长之间呈正相关关系。

本例若查表 9-44 r 界值表，按 $\nu=n$-2，所得 $0.02>P>0.01$，结论与 t 检验相同。

表 9-44　r 界值表

自由度		概率，P								
	单侧：	0.25	0.10	0.05	0.025	0.01	0.005	0.0025	0.001	0.000
r	双侧：	0.50	0.20	0.10	0.05	0.02	0.01	0.005	0.002	0.001
1		0.707	0.951	0.988	0.997	1.000	1.000	1.000	1.000	1.000
2		0.500	0.800	0.900	0.950	0.980	0.990	0.995	0.998	0.999
3		0.404	0.687	0.805	0.878	0.934	0.959	0.974	0.986	0.991
4		0.347	0.608	0.729	0.811	0.882	0.917	0.942	0.963	0.974
5		0.309	0.551	0.669	0.755	0.833	0.875	0.906	0.935	0.951
6		0.281	0.507	0.621	0.707	0.789	0.834	0.870	0.905	0.925
7		0.260	0.472	0.582	0.666	0.750	0.798	0.836	0.875	0.898
8		0.242	0.443	0.549	0.632	0.715	0.765	0.805	0.847	0.872
9		0.228	0.419	0.521	0.602	0.685	0.735	0.776	0.820	0.847
10		0.216	0.398	0.497	0.576	0.658	0.708	0.750	0.795	0.823
11		0.206	0.380	0.476	0.553	0.634	0.684	0.726	0.772	0.801
12		0.197	0.365	0.457	0.532	0.612	0.661	0.703	0.750	0.780
13		0.189	0.351	0.441	0.514	0.592	0.641	0.683	0.730	0.760
14		0.182	0.338	0.426	0.497	0.574	0.623	0.664	0.711	0.742
15		0.176	0.327	0.412	0.482	0.558	0.606	0.647	0.694	0.725

续表

自由度		概率，P								
	单侧：	0.25	0.10	0.05	0.025	0.01	0.005	0.0025	0.001	0.000
r	双侧：	0.50	0.20	0.10	0.05	0.02	0.01	0.005	0.002	0.001
16		0.170	0.317	0.400	0.468	0.542	0.590	0.631	0.678	0.708
17		0.165	0.308	0.389	0.456	0.529	0.575	0.616	0.662	0.693
18		0.160	0.299	0.378	0.444	0.515	0.561	0.602	0.648	0.679
19		0.156	0.291	0.369	0.433	0.503	0.549	0.589	0.635	0.665
20		0.152	0.284	0.360	0.423	0.492	0.537	0.576	0.622	0.652
21		0.148	0.277	0.352	0.413	0.482	0.526	0.565	0.610	0.640
22		0.145	0.271	0.344	0.404	0.472	0.515	0.554	0.599	0.629
23		0.141	0.265	0.337	0.396	0.462	0.505	0.543	0.588	0.618
24		0.138	0.260	0.330	0.388	0.453	0.496	0.534	0.578	0.607
25		0.136	0.255	0.323	0.381	0.445	0.487	0.524	0.568	0.597
26		0.133	0.250	0.317	0.374	0.437	0.479	0.515	0.559	0.588
27		0.131	0.245	0.311	0.367	0.430	0.471	0.507	0.550	0.579
28		0.128	0.241	0.306	0.361	0.423	0.463	0.499	0.541	0.570
29		0.126	0.237	0.301	0.355	0.416	0.456	0.491	0.533	0.562
30		0.124	0.233	0.296	0.349	0.409	0.449	0.484	0.526	0.554
31		0.122	0.229	0.291	0.344	0.403	0.442	0.477	0.518	0.546
32		0.120	0.225	0.287	0.339	0.397	0.436	0.470	0.511	0.539
33		0.118	0.222	0.283	0.334	0.392	0.430	0.464	0.504	0.532
34		0.116	0.219	0.279	0.329	0.386	0.424	0.458	0.498	0.525
35		0.115	0.216	0.275	0.325	0.381	0.418	0.452	0.492	0.519
36		0.113	0.213	0.271	0.320	0.376	0.413	0.446	0.486	0.513
37		0.111	0.210	0.267	0.316	0.371	0.408	0.441	0.480	0.507
38		0.110	0.207	0.264	0.312	0.367	0.403	0.435	0.474	0.501
39		0.108	0.204	0.261	0.308	0.362	0.398	0.430	0.469	0.495
40		0.107	0.202	0.257	0.304	0.358	0.393	0.425	0.463	0.490
41		0.106	0.199	0.254	0.301	0.354	0.389	0.420	0.458	0.484
42		0.104	0.197	0.251	0.297	0.350	0.384	0.416	0.453	0.479
43		0.103	0.195	0.248	0.294	0.346	0.380	0.411	0.449	0.474
44		0.102	0.192	0.246	0.291	0.342	0.376	0.407	0.444	0.469
45		0.101	0.190	0.243	0.288	0.338	0.372	0.403	0.439	0.465
46		0.100	0.188	0.240	0.285	0.335	0.368	0.399	0.435	0.460
47		0.099	0.186	0.238	0.282	0.331	0.365	0.395	0.431	0.456
48		0.098	0.184	0.235	0.279	0.328	0.361	0.391	0.427	0.451
49		0.097	0.182	0.233	0.276	0.325	0.358	0.387	0.423	0.447
50		0.096	0.181	0.231	0.273	0.322	0.354	0.384	0.419	0.443

二、直线回归

（一）直线回归的概念

上述介绍的直线相关是分析两变量 X 与 Y 之间相关关系的密切程度与相关方向的统计学方法。若要研究两变量之间的数量依存关系，可用直线回归分析。

直线方程 $y=kx+b$，可描述两变量间的直线关系。当给自变量 x 一定值时，由直线方程可求得与之相对应的唯一的应变量 y 值，两变量之间的这种关系为一一对应的函数关系。但医学现象中，两变量之间的关系受多种因素的影响，如同性别儿童年龄与体重的关系，虽然有随年龄的增加，体重也增加的趋势，但同性别、同年龄的一组儿童，体重受个体差异的影响，其数值有大有小。所以当给年龄 X 一个定值时，有大小不等的一组体重 Y 值与之相对应。又如上面分析的男大学生身高与前臂长的关系，当给定一个身高 X 值时，可有一组前臂长的 Y 值与之相对应，这种变量间的关系不是一一对应的函数关系。若要分析两变量之间的数量依存关系，可用直线回归（linear regression）。直线回归是回归分析中最简单的一种，故称简单回归。

（二）直线回归方程的建立

直线回归方程（linear regression equation）的建立可通过例 9.39 予以直观说明。由图 9-16 可见男大学生的身高与前臂长之间存在一定的关系，即随身高的增加，前臂长也增加，散点图呈线性趋势，但所有的点并不在一条直线上。如以身高作自变量 X，前臂长作应变量 Y，求得描述两变量间数量关系的直线方程称直线回归方程。其表达式为：

$$\hat{Y}=a+bX \tag{9.65}$$

公式中的 a 为直线回归方程在 Y 轴上的截距，即当 $X=0$ 时，方程 $\hat{Y}=a+bX$ 与 Y 轴的交点到原点的距离。$a>0$ 时，回归直线与 Y 轴的交点在 X 轴的上方；$a<0$ 时，交点在 X 轴的下方；$a=0$ 时，回归直线通过原点。b 为回归系数，即直线回归方程的斜率。$b>0$ 时，表示随 X 的增加 Y 也增加；$b<0$ 时，表示随 X 的增加 Y 减小；$b=0$ 时，表示直线回归方程平行于 X 轴，无论 X 如何变动，Y 值不变，X 与 Y 之间无直线关系。

由公式 $\hat{Y}=a+bX$ 还可看出，b 的统计学意义是 X 每增加或减少一个单位时，Y 平均变动 b 个单位。

根据数学最小二乘法原理，a 和 b 的计算公式如下

$$b=\frac{\sum(X-\bar{X})(Y-\bar{Y})}{\sum(X-\bar{X})^2}=\frac{\sum XY-\frac{(\sum X)(\sum Y)}{n}}{\sum X^2-\frac{(\sum X)^2}{n}} \tag{9.66}$$

$$a=\bar{Y}-b\bar{X} \tag{9.67}$$

最小二乘法原理，就是各个实测点到直线回归方程的纵向距离平方和为最小。

例 9.39　就例 9.37 的资料，建立男大学生身高与前臂长的直线回归方程。按公式（9.66）与（9.67）

$$b=\frac{97.6}{465.6}=0.209\ 62$$

$$a=46.8-0.209\ 62\times175.8=9.948\ 80$$

由上可知，男大学生身高 X（cm）与前臂长 Y（cm）的直线回归方程为：

$$\hat{Y}=9.948\ 80+0.209\ 62X$$

（三）绘制回归直线

将所求得的直线回归方程绘在直角坐标上。在自变量 X 的实测范围内取相距较远且易读的两个 X 值代入方程求出相应的 $\hat{Y}$ 值。如取 $X_1=165$，得 $\hat{Y}_1=44.536\ 1$，$X_2=185$，得 $\hat{Y}_2=48.728\ 5$，以直线连接点（165，44.536 1）与点（185，48.728 5），就可得到直线回归方程 $\hat{Y}=9.948\ 80+0.209\ 62X$ 的图形，如图 9-16 所示。根据最小二乘法原理，这条直线一定通过点（$\bar{X}$，$\bar{Y}$），即通过（175.8，46.8）这一点。

（四）直线回归系数的假设检验

直线回归方程 $\hat{Y}=a+bX$ 是通过样本变量值 X 与 Y 求得。当总体的 X 与 Y 之间无直线回归关系，即总体的回归系数 $\beta=0$ 时，由于抽样误差的存在，样本回归系数 b 并不一定正好等于 0。所以当求得直线回归方程后，需要对样本回归系数 b 作假设检验，推断总体回归系数 β 是否等于 0。回归系数 b 的假设检验可用 t 检验。t_b 值的计算公式如下：

$$t_b=\frac{|b-0|}{Sb}=\frac{|b|}{S_{Y\cdot X}/\sqrt{\sum(X-\bar{X})^2}},\quad \nu=n-2 \tag{9.68}$$

$$S_{Y\cdot X}=\sqrt{\frac{\sum(Y-\hat{Y})^2}{n-2}} \tag{9.69}$$

$$\sum(Y-\hat{Y})^2=\sum(Y-\bar{Y})^2-\frac{[\sum(X-\bar{X})(Y-\bar{Y})]^2}{\sum(X-\bar{X})^2} \tag{9.70}$$

公式中 Sb 为样本回归系数 b 的标准误，$S_{Y\cdot X}$ 为剩余标准差，$\sum(Y-\hat{Y})^2$ 为估计误差平方和，即实测点到直线回归方程的纵向距离平方和。

例 9.40　对例 9.39 求得的直线回归系数作假设检验。

1. 建立假设

H_0：$\beta=0$，即男大学生的身高与前臂长无直线关系

H_1：$\beta\neq0$，即男大学生的身高与前臂长有直线关系

$\alpha=0.05$

2. 计算统计量

今 $n=10$，$b=0.20962$，

$\sum(Y-\bar{Y})^2=35.6$　　　$\sum(X-\bar{X})^2=465.6$

$\sum(X-\bar{X})(Y-\bar{Y})=97.6$

按公式（9.70）及公式（9.69）求$\sum(Y-\hat{Y})^2$及$S_{y\cdot x}$

$$\Sigma(Y-\hat{Y})^2 = 35.6 - 97.6^2/465.6 = 15.140\ 89$$

$$S_{Y\cdot X} = \sqrt{15.140\ 89/(10-2)} = 1.375\ 72$$

按公式（9.68）

$$t_b = \frac{0.209\ 62}{1.375\ 72/\sqrt{465.6}} = 3.288$$

3．确定 p 值，作出推断结论

查 t 界值表，$\nu = 10-2$，得 $0.02 > P > 0.01$，按 $\alpha = 0.05$ 水准，拒绝 H_0，接受 H_1，可认为男大学生的身高与前臂长有直线关系。

由上可知，回归系数 b 的假设检验所计算的 t_b 值，与相关系数 r 的假设检验所计算的 t_b 值是相同的。

三、直线相关与回归的注意事项

1．直线相关与回归分析要有实际意义，毫无联系的两个事物或两种现象作相关与回归分析是没有必要的。

2．在进行直线相关与回归分析之前，应将原始数据绘制散点图。当散点图呈直线趋势时，才宜作直线相关与回归分析，若散点图无明显直线趋势，则不宜作相关与回归分析。

3．两事物或两现象之间有相关关系，但不一定就是因果关系，也可能是伴随关系。因相关分析只是用相关系数来描述两变量之间直线关系的密切程度和相关方向，并不能证明两变量间有因果关系。若两变量间存在因果关系，则必定有相关关系。

4．相关与回归说明的问题是不同的，但是又有联系。相关表示相互关系，回归表示依从关系。同一资料相关系数 r 的 t 检验所计算的统计量 t 值，与回归系数 b 的 t 检验计算的统计量 t 值是相等的。因相关系数 r 的显著性检验还可查 r 界值表，故可用相关系数的假设检验来代替回归系数的假设检验。另外，同一资料的 r 与 b 的正负号是相同的。

5．相关与回归分析的应用仅限于 X 值的实测范围，而不能任意外延。因为当超出此实测范围时，两变量之间是否存在同样的相关与回归关系，还是一个未知的问题。

6．当 X 与 Y 均呈正态分布时，以 X 作自变量推算 Y，与以 Y 作自变量推算 X 的方程是不同的，所计算的回归系数 b 与截距 a 也是不相等的。

（山西医科大学汾阳学院　张　兴）

第七节　护理论文的撰写

护理论文是护理工作者通过对护理领域中的某些护理学基础理论和临床护理问题的深入研究，以原始的实验、调查数据及临床资料为依据，经过科学的整理、归纳及分析等一系列思维活动后撰写出的论述性文章。其内容是反映护理领域的科技成果及经验，突出实用性、科学性，注重伦理道德。要求通俗易懂、论点明确、论据充分、逻辑性强，写作要具有鲜明的目的性。撰写护理论文是为了进行学术交流，传播和积累护理专业知识，丰富护理学知识宝库，促进护理学发展，更好地为人类健康服务。本节简要介绍护理论文的写作规则。

一、文　题

文题即文章的题名，又称篇名、标题，是文章的总纲，是对论文主要内容与中心思想的高度概括，应言简意赅、确切具体、引人注目且具有信息性。具体要求为：

1. 醒目　文题应反映论文中最有本质、最有价值、最新颖、最有特点的内容，要体现新观点、新认识、新方法。

2. 简练　用最简短明了的文字概括全文内容，体现全文精髓。文题以不超过20字为宜，一般不设副文题。如作者认为用副文题对于反映文稿的性质、内容、研究对象和观察项目更加确切时，可把副文题括在圆括号内或在其前用一破折号与主文题分开。

3. 确切　要用具体、准确、规范的词语表达论文的特定内容。文题中尽量不用化学式、公式及商标名称；尽量避免使用非公认的缩略词、字符、代号等，必要用时，以得到公认并普遍使用者为限，如冠心病、肺心病等；尽量不用标点符号和非特定词。

二、署　名

署名是一件非常严肃的事情，其意义在于：①体现作者对整个护理研究过程和文章全部内容承担责任，一是要承担法律责任，二是要承担学术责任。②体现作者专业水平和业务能力的标志。③便于检索及编辑、读者与作者联系。署名的要求为：

1. 署名原则　必须遵守科学道德，实事求是。文章作者署名，可以是个人或集体，但应是参加有效工作，且对文章内容负责者。

2. 署名范围　以参加主要工作为限，一般不超过6人。包括参与课题的设计或对资料的分析和解释者，文稿的执笔者或是参与文稿的讨论或定稿者。

3. 署名顺序 按贡献大小而不是按职位高低排序。起主要作用的人（如进行科研设计、承担主要工作及对关键性学术问题的解决起决定性作用的）应列在前面，指导者一般列于文末致谢，但需征得本人同意。

三、摘　要

摘要是论著类文稿的重要组成部分，目的是以最少的文字向读者介绍文稿的主要观点及精华所在。

（一）摘要的结构

摘要结构主要包括 4 个方面：目的、方法、结果、结论，称为“4 项式”结构式摘要。其包含内容及撰写规则如下。

1. 目的 ①准确描述研究的目的和要解决的问题；②若有多个研究目的，应择其主要者加以说明；③该研究是在何种条件和基础上进行研究的。

2. 方法 ①说明该项研究受试者的数量及其病例选择标准（即诊断分析标准）；②说明确切的治疗或处理方法以及测定项目；③随机分组情况；④治疗中包括用药的剂型和剂量、给药方法和疗程，护理方式和护理过程。⑤疗效观察项目和疗效标准。

3. 结果 ①该项研究的主要结果，如护理观察结果、治疗结果、调查结果、临床检测结果以及分析、论证结果；②一定是通过统计学处理后的结果（如 $P<0.05$）。

4. 结论 ①基础与临床实验研究和护理观察的理论结果；②有无应用价值、经济效益和社会效益等；③本结论与国内外先进水平比较，居于何种地位。

（二）摘要的要求

1. 摘要一般不超过 250 字，不分段，写在标题和作者姓名之后，正文之前。

2. 摘要中尽量避免使用缩略词语，但可使用公认的缩略词。

3. 摘要中不用图表、公式、化学结构式和公用的符号或术语。

4. 摘要中不得引用参考文献。

5. 文章有摘要者，正文文末不写小结。

6. 英文摘要应与中文摘要相对应。

7. 中文摘要前加“摘要”或“【摘要】”作为标识，英文摘要前加“Abstract”作为标识。

四、关　键　词

关键词是表达文稿核心内容的名词或短语，是从文稿内容（主要是从文题和摘要）中抽出来的。设置关键词的主要目的是为编制索引和检索系统使用，为文稿进入国际电脑检索提供方便。

（一）关键词的选定

1. 尽可能从最近一年的《Medical Subject Headings. MeSH 词表》（载 Index Medicus《医学主题词表》）第一期里选用。因为主题词是经过规范化处理的关键词。

中文译名参照《汉语主题词表》（中国科技情报研究所和北京图书馆主编）、《医学主题词注释字顺表》（中国医学科学院医学情报研究所编译）。应尽量将论文中的关键词达到与查到的《医学主题词注释字顺表》即 MeSH 词表中的词一致。

2. 如在上述最新版本的词表中没有相应的词，可以使用护理学科当前常用的词语，但选用常用的词语，应和科学出版社出版的《医学名词》一致。药物名词应以新版的《中华人民共和国药典》为准。中医中药关键词可参照中医药研究院编辑出版的《中医药主题词表》。

（二）应注意的问题

1. 关键词要写原形词而不用缩略词。

2. 关键词的数量每篇论文 3～8 个，一般在 5 个左右。

3. 关键词列于摘要之下，中英文位置相对应。

4. 多个各关键词之间应用分号“;”分隔，最末一词后不加标点符号。

5. 英文关键词的首字母要大写，其余均小写。专用名词可全部用大写字母。

6. 中文关键词前应冠以“关键词”或“【关键词】”，英文关键词前冠以“Key words”作为标识。例：

关键词　应激；生活事件；应对方式；量表

Key words Stress psychosocial; Life events; Reply manner; Scale

五、导　　言

导言也称前言、序言或引言，是写在文稿正文最前面的一段短文，起提纲挈领作用。导言应简明交代所述问题的目的和意义、适用范围，包括问题的提出依据、性质、范围及见解等。导言必须精炼，一般为 200～300 字左右。

（一）导言的内容

1. 开展此项护理研究的必要性、目的及意义，要解决的问题和价值。

2. 国内外该项研究简况及最新进展。

3. 提出目前尚未解决的问题。

（二）应注意的问题

1. 避免冗长地综述国内外文献。

2. 对该项研究的历史，应有系统的掌握，只能简略提几句，不可太多太长。

3. 对“首次报道”、“国内首创”、“国内外尚未见报道”、“达到国内、外水平”等提法，必须要有确切的文献和根据。

4. 导言二字可在标题中省略。

5. 导言文字约占全文的1/10。

六、材料和方法

材料和方法是论文的重要组成部分，是阐述论点、论据、进行论证并得出结论的重要步骤，并且便于他人可以重复实验、加以验证和引用。

（一）基础研究的基本内容

1. 仪器设备　重要仪器的名称、牌号、型号、产地和制造厂家，精度和操作方法等。

2. 药品与试剂　药品名称、成分、规格、纯度、来源、生产单位、出厂时间、批号、型号、浓度和剂量、配制方法和过程。

3. 实验动物　实验动物名称、种系、性别、体重、健康状况，分组方法、饲养条件和标本制备过程等。

4. 实验过程　包括实验方案，实验方法，实验组和对照组的选择和分组方法，实验步骤，操作要点，记录方式，资料的收集、整理和统计学分析方法等。

（二）临床护理研究的基本内容

临床护理研究的材料与方法除与基础研究的内容类同外，还应包括以下内容：

1. 病例的一般资料　包括病例的数量、性别、年龄、职业、病程、症状、体征、辅助诊断及实验室检验结果。

2. 病例资料的来源　清楚地说明资料来源于何时、何地，以保证资料的真实性。

3. 病例选择标准　说明医疗诊断标准和护理诊断标准。

4. 对照组的选择和分组方法　说明对照的选择标准和随机分组的方法。

5. 护理研究过程　具体说明新的护理方法或护理措施，判断护理效果的观察指标及标准等。

七、结　　果

结果是护理研究论文的核心部分，它反映了研究课题的水平高低和应用价值。要以严谨的科学态度和实事求是的精神客观地反映事实。其基本要求为：

1. 客观报道　通过实验、观察、调查研究等方式收集而来的资料多是以数据的方式提供的，要认真核对数据，去粗取精，但不能凭主观意愿随意取舍。决不能根据个人的想象任意编造，更不能伪造或抄袭他人的结果。对实验所得结果，不能夸大或缩小，要以严肃的态度、严谨的学风撰写结果的内容。

2. 层次清楚　叙述结果时，应详细、确切、合乎逻辑顺序，避免简单罗列原始材料与数据。将研究的结果系统化，使之具有条理性、层次性和逻辑性。

3. 要有科学性　结果的数据一般要经过统计学处理，因为未经统计的数据是不准确和不可靠的。要说明统计学的方法、统计量和 P 值的大小，并经得起别人的验证。切忌用不确切的措词代替具体科学的数据，如“病人经治疗护理后多数几天后就好转”等模糊的描述。

4. 要处理好文、表、图三者的关系　凡用简要的文字能够讲清楚的内容，尽量用文字叙述，而用文字不易说清的或说起来比较繁琐的，应结合表或图来陈述。表和图的应用要符合本章所述统计表和统计图制作的要求，表和图要有自明性，即本身就能够说明问题。避免用表格和图形重复反映一组数据，也不必用文字重复表中的数据。

5. 要正确使用法定计量单位　各种计量数据必须采用 1984 年国务院发布的《中华人民共和国法定计量单位》，并遵照《中华人民共和国法定计量单位使用方法》执行。

八、讨　　论

讨论是论文的重要组成部分，是结果的逻辑延伸，是把实验结果提高到理论认识的重要部分，并通过对研究结果的归纳、分析、推理、阐述、论证，阐明事物的内在联系，评价其意义，引出恰当的结论。

（一）讨论的内容

1. 研究结果的理论阐述　作者可用已有的理论解释，也可用国内外新学说、新见解对本实验进行学术讨论。

2. 结果及其结论的理论意义　即在理论上有什么价值，其价值的大小，有什么指导意义。

3. 结果及其结论的实践意义　即有无应用价值、经济效益及社会效益等。

4. 国内外对于类似问题的研究进展　本研究的结论和结果与国内外先进水平的比较，居于何种地位。

5. 问题　还存在哪些尚未解决的问题，误差和教训，同预想不一致的原因，并提出今后的研究方向、改进方法和建议。

（二）应注意的问题

1. 应交待本实验的不足之处，尤其是某些实验条件未能控制之处，缺点更应说明。

2. 不能把未经实践证明的假说当做已经证明的科学理论。

3. 讨论不要写成文献小综述，避免以假设证明假设，以未知证明未知。

4. 避免工作尚未完成就提出暗示，要求首创权以及未经充分检索就提出“首例”或“首次发现”。

5. 讨论篇幅较长时，应分层次撰写。每一层次应集中围绕一个论点，提出论据加以论证。

九、参考文献

参考文献在医学文稿中起着导向原文的作用。它既描述文献的外表特征，又为读者提供书目数据。

医学论文参考文献不能省略，因为它是研究人类健康同疾病作斗争所积累的一切文字记录的总称，是医学情报的基本来源之一。引用他人资料，既是为了反映学科和论文的科学依据，表明尊重他人的研究成果，同时也表明原文出处，利于检索。

（一）基本要求

1. 参考文献必须是作者亲自阅读过的近年主要文献，尤其注意引用原著及最新文献。

2. 论文可引用10篇左右参考文献，综述20篇左右。

3. 文中引用参考文献处，按照其中首次出现的次序以数字标注，序号均置于方括号中，引文如写出原著者，序号应放在作者姓名的右上角；如未写著者姓名，序号应放在引文的右上角。文末参考文献的序号应按文献在文中出现的先后次序排列，且序号与文中角标的标注序号应一致。

4. 内部刊物、未发表的资料以及译文一般不得作为参考文献。

5. 著录格式应以《文后参考文献著录规则》（GB7714-93）和《中国学术期刊（光盘版）检索与评价数据规范》（CAJ—CD B/T 1—1998）为准。

（二）著录格式

1. 参考文献类型及其标识

参考文献类型	专著	论文集	报纸文章	期刊文章	学位论文	报告	标准	专利
文献类型标识	M	C	N	J	D	R	S	P

对于专著、论文集中的析出文献，其文献类型标识采用单字母“A”；对于其他未说明的文献类型，其文献类型标识采用单字母“Z”。

2. 参考文献著录项目

（1）期刊格式：［序号］主要责任者（三位以内的著者全部列出，中间以“,”分隔，超过者只列前三位，后加“等”）．文题［文献类型标识］．刊名，年，卷（期）：起止页码．

［1］王旭明，严进，刘坚，等．血浆糖皮质激素升高条件下海马神经元的形态变化［J］．解剖学杂志，1991，114（2）：246～249

［2］Stein-Behrens BA，Sapolsky RM. Stress exacebates neuron loss and cytoskeletal pathology in the hippocampus［J］. J Neuroscience，1994，14（9）：5373～5380

（2）专著、论文集、学位论文、报告格式：［序号］主要责任者（多个责任者之间以“,”分隔，主要责任者只列姓名，其后不加“著”、“编”、“主编”、“合编”等责任说明。）. 文献题名［文献类型标识］. 版次（第1版可省略）. 出版地：出版者，出版年 . 起止页码（任选）

[3] 金丕焕 . 医用统计方法［M］. 上海：上海科技大学出版社，1993 . 215～238

[4] 辛希孟 . 信息技术与信息服务国际研讨会论文集：A集［C］. 北京：中国社会科学出版社，1994.

(3) 论文集中的析出文献格式：［序号］析出文献主要责任者 . 析出文献题名［A］. 原文献主要责任者（任选）. 原文献题名［C］. 出版地：出版者，出版年 . 起止页码

[5] 胡慈姚 . 宁波市21世纪护理人才需求调查与展望［A］. 王镭，陈化 . 中国医学教育研究进展（第四卷）［C］. 北京：中国人口出版社，1997.110～111

（泰山医学院　景学安）

第十章　流行病学方法

第一节　流行病学概述

一、流行病学定义

流行病学（epidemiology）是在人类与疾病斗争的漫长历史中逐渐形成和发展起来的一门独立的学科。流行病学是一门方法学，是预防医学的一个重要组成部分，也是预防医学的基础。现代流行病学可定义为：流行病学是研究疾病及健康有关状态，在人群中发生、发展的原因和分布规律，以及制定预防、控制和消灭这些疾病及促进健康的对策与措施和评价其效果的科学。

由于科学技术的进步，流行病学在过去50年里的发展最为迅速，依研究目的和研究内容可将流行病学的发展大体分为三个阶段。

（一）以研究和控制传染性疾病为主要目的阶段

20世纪初传染性疾病严重威胁着人类的生命和健康，其传播速度随着社会发展速度的加快而加快，一些原本仅在局部地区流行的传染病，却随着工业、贸易、交通的发展，人与人之间接触机会增多，国际间的交往日益频繁，而超越了原地域，甚至超越了国界，造成人类生命和财产不可估量的损失，特别是一些烈性传染病的流行甚至可以毁灭一座城市。这个阶段的流行病学是以研究传染病的分布，传播蔓延的途径，病因及防制措施为主要目的。

（二）研究的重点从传染性疾病转向非传染性疾病阶段

随着微生物学和免疫学的发展，大量防治传染病的生物制品广泛应用，大多数传染病得到了有效控制，甚至有的已经被消灭，例如，世界卫生组织于1979年10月26日在肯尼亚的内罗毕宣布人类在全球已经消灭了天花。传染病已经不再是威胁人类生命和健康的最主要疾病。另外，随着经济的发展，人们生活水平的提高，人均寿命的延长，我国和许多国家一样，非传染性疾病的危害也日渐突出，特别是某些慢性病，如心、脑血管疾病，恶性肿瘤，糖尿病等，已经成为威胁人类健康的最主要疾病。为此，流行病学研究的重点也开始向非传染病转移。

这一阶段流行病学研究的原理、方法、对象、范围和研究目标都有了改变，特别是在方法学上有了迅速的发展。

（三）从研究疾病扩展到研究健康阶段

近年来，随着医学模式由生物医学模式向生物—心理—社会医学模式转变，以及世界卫生组织对健康的定义得到广泛认同，人们对健康有了更深刻的认识，对健康的要求也在不断增长，流行病学在研究传染病、非传染病的同时，也开始研究健康问题。例如，研究人群的健康状态，研究心理因素、社会因素对健康的影响，研究保护健康的卫生标准等等。

由于各地区，各个国家的经济状况不同，卫生保健事业发展也不均衡，上述三个阶段并不是截然分开的，特别是近年来有些传染病的发病率呈上升趋势，所以还不能忽视对传染病的防制工作。

半个世纪以来，流行病学研究范围不断扩大，研究方法也在不断发展，使流行病学逐渐分化出许多独立的分支学科，如临床流行病学、传染病流行病学、健康流行病学等等。

二、流行病学研究对象和任务

流行病学是以人群为研究对象的。这个人群是来自社会的人群，包括各种病人和健康人。流行病学就是研究这些人群中的疾病流行情况和健康状况，其任务是阐明健康和疾病的分布规律，探索病因并制定防制对策及应采取的措施，同时还要考核防制对策和措施的效果，以达到预防、控制和消灭疾病，促进健康的最终目的。

三、流行病学研究范围及应用

流行病学研究范围包括：疾病在人群中的流行规律；人群健康状况的评价及其影响因素的分析；疾病防制及健康促进的卫生策略、措施的制定和效果评价等。其应用范围大体分为如下 5 个方面：

（一）描述疾病或健康状态的分布特点

所谓疾病或健康状态的分布，是指它在不同时间、不同地区、不同人群中的发生率、现患率或死亡率等。用这些指标的数量大小反映出疾病或健康状态在不同时间、不同地区、不同人群中的分布状况。这些指标数量的差异，提示发病因素的不同，可进一步寻找影响分布的原因，详见本章第二节。

（二）探讨病因与影响流行的因素

许多疾病的病因到目前尚不完全明了，如恶性肿瘤、原发性高血压、大骨节病、克山病等等。为有效地预防和控制疾病，首先应了解和掌握病因及引起流行的因素。对病因和流行因素的研究是流行病学的重要内容之一。大量的研究发现，许多种疾病的病因不是单一的，如高血压病、恶性肿瘤等都是由多种因素共同作用的结果。一种因素可以引起多种疾病，如吸烟可以引起肺癌、冠心病、慢性支气管炎等多种疾病；一种疾病也可以由多种病因引起，如痢疾可由志贺氏痢疾杆菌、福氏痢疾杆菌、宋内氏痢疾杆菌和溶组织阿米巴引起。只有了解和掌握了致病因素和流行因素，才可制定出具有针对性的预防措施。

（三）应用于医疗、护理研究与评价

临床诊断方法的筛选、合理的治疗护理措施的选择、疗效的评价、预后的预测等都涉及流行病学方法的应用，也可以说上述内容是流行病学在临床研究中的应用，可归纳如下4方面：

1. 认识疾病自然史，提高诊断、鉴别诊断水平　许多疾病的临床症状变化较大，由于轻型病人很少到医院就医，使得临床工作者见到的多为重症患者，以至于误认为这些症状是该病的“典型”症状，由于缺乏对个体和群体疾病全过程和结局(该病的自然史）的了解，容易造成对轻型患者漏诊。流行病学可以帮助临床工作者在全面了解疾病自然史的前提下，对疾病做出正确诊断。例如，由于广泛应用疫苗和球蛋白，现在麻疹病人的症状多比较轻，缺少典型皮疹和麻疹粘膜斑，如能了解到患者的麻疹接触史，即使是在早期缺少典型的临床症状时，也可做出正确诊断，就不会误诊或漏诊。

2. 用于疾病的诊断试验与疾病的筛检　疾病的诊断是用一定的检测方法，确定患者患的是什么病以及病情的轻重程度。疾病的筛检是在人群中发现临床前期由于无症状而未被识别的所谓的“健康”患者，用以早期发现疾病或识别危险因素。疾病诊断和筛检是临床工作的重要内容。它是进行病因研究、疗效研究、预后研究的前题和基础。一个好的诊断试验和筛检方法应用到临床实践中，将会提高临床工作质量。

3. 用于临床疗效研究与评价　对疾病作出正确诊断后，医生和护士面临的问题就是如何对病人进行合理地治疗和护理。从病人的利益出发，应该给予病人经过验证确实有效的治疗、护理措施。但有时会也出现一些原本无效甚至有害的疗法却延用了多年的现象，如国内曾盛行的鸡血疗法，卤碱疗法等，以后证明都是无效的，其原因是缺乏严格的临床疗效评价。临床疗效研究与评价是属于流行病学实验性研究的具体应用，是对新的治疗方案（新药物、新手术、新仪器等）和新的护理措施（系统化整体护理、心理护理、健康指导等）的临床效果进行的研究与评价。

4. 用于预后研究　预后（prognosis）是对疾病结局的预先估计。预后研究是临床流行病学的重要内容之一。疾病的结局表现为：痊愈、缓解、复发、恶化、伤残、并发症和死亡等，通常以发生概率表示。如治愈率、复发率、五年生存率等。预后研究就是对疾病的各种结局发生概率及其影响因素的探索。预后研究的方法是病因探索和疗效估计方法的综合，以队列研究（详见本章第四节）为基本方法。

（四）制定疾病预防和控制的对策和措施　通过对人群健康状况的评价，了解和掌握疾病的病因、流行因素和分布状况。在此基础上，制定针对具体地区、具体人群、具体疾病的卫生策略和防制措施，这是流行病学研究的另一个重要内容。对于那些对人群危害较大的常见病、多发病以及病死率高的疾病，要尽早提出防制对策和预防措施，以保护人群健康。

（五）应用于医疗、卫生、保健服务的决策和评价　通过流行病学对人群的疾病和健康状况的描述，使卫生行政主管部门知道疾病及疾病流行因素所引起的危害及其后果，可以优先确定对它们的预防及保健项目的规划，使得有限的卫生资源发挥出最高的效益。流行病学方法还可以用于疾病的治疗、护理、预防、控制措施的效果及成本效益的评价，为选择有效的、经济的最佳方案提供流行病学依据。

四、流行病学研究方法

流行病学研究方法有：描述性研究（descriptive study）、分析性研究（analytical study）、实验性研究（experimental study）、和理论性研究（theoretical study）。

（一）描述性研究

描述性研究是流行病学研究方法中最基本、最常用的方法，此方法是利用已有的资料或专项调查的资料按不同地区、不同时间及不同人群特征分组，以发病率、死亡率、构成比等指标把疾病和健康状况展示出来，为病因研究提供线索，为分析性研究或实验性研究提出假设，为制定治疗、护理、预防措施及对这些措施的效果进行评价提供科学依据。

（二）分析性研究

分析性研究是对描述性研究所提出的病因和流行因素的假设进行选择和检验的具体过程。主要有两种方法。

1. 病例对照研究（case-control study） 病例对照研究属回顾性研究（retrospective study），即选择一定数量的患有所研究疾病（或已发生所研究事件）的病人作为病例组，再选择未患所研究疾病（或未发生所研究事件）的人作为对照组，调查他们对某个（或某些）因素的暴露情况，以研究该疾病（或该事件）与这个（或这些）因素的关系。如果病例组某因素的暴露率明显高于或低于对照组，则认为该因素与所研究的疾病（或事件）有联系。这种研究方法可对病因假设做初步检验，但不能判定某因素与疾病的因果关系。

2. 队列研究（cohort study） 队列研究属前瞻性研究（prospective study），又称群组研究或定群研究。即选择一个尚未发生所研究疾病（或事件）的人群，根据有无暴露于研究因素的情况，将其分为暴露组和非暴露组，随访观察一定时间后，比较两组的发病率或死亡率（或事件发生率），并进一步计算有关分析指标，用以判断研究因素与疾病（事件）的关系，用以验证病因假说。

（三）实验性研究

实验性研究又称流行病学实验或干预性研究（intervention study），是在人为控制的条件下进行的研究，研究的对象可以是医院内的病人，也可以是社区的人群。以临床个体病人为研究对象的实验性研究称为临床试验，以社区人群为研究对象的实验性研究称为社区试验或干预试验。实验性研究是将研究对象按照随机化原则分配到试验组或对照组，依试验设计的要求各组施加不同的处理因素，并将各组间的非处理因素控制在齐同条件下，观察各组的实验结果，判断研究因素的效应。

（四）理论性研究

除上述各种研究方法外，还有理论流行病学研究，又称为数理流行病学研究。

是将流行病学调查所得到的数据，以不同的符号代表影响疾病分布的各种因素，建立有关数学模型，来反映病因、宿主、环境之间的关系，用以阐明流行规律，并对疾病进行预测，为制定防制对策和措施提供依据。

流行病学作为一门方法学，它的原理和方法也应用到护理学领域，特别是护理科研。运用流行病学的群体观念，从宏观的角度进行护理评估、护理诊断、护理计划、护理措施的评价，以及对护理管理措施的评价和护理教育效果的评价等研究。

未来的护理学更适宜采用现代流行病学方法进行研究。近年来，护理学的发展突破了传统的护理概念和护理模式，从单纯的护理病人发展到面对家庭、社区、全社会的人群，既包括病人也包括健康人，护理学从个体医学转向群体医学。人人享有卫生保健的战略目标，使医院的职能由单纯的医疗逐渐向医疗、预防、保健、康复的整体观和综合性服务发展。随着社会的发展，卫生资源的增加，护理工作的范围也将逐渐扩大，今后社区、家庭的卫生保健服务主要由护士承担，首先走出医院大门的将是护士。因此，护理学的研究对象将从患病个体向患病人群向全人群逐渐扩大，研究方向也将由临床个体医学向群体医学过渡。

综上所述，作为一名护理工作者，无论是在医院，还是在社区工作，都需要流行病学知识。故此，护理专业的学员必须认真学习流行病学的知识和方法。本章介绍流行病学的主要原理和方法。

（承德医学院　桑瑞兰）

第二节　疾病的分布

疾病的分布（distribution of disease）指疾病在不同地区、不同时间、不同人群的发生频率，通常用发病率、患病率、死亡率等指标进行描述，再通过比较、归纳并分析其分布规律，因此正确描述疾病的分布，可使人们了解流行的基本特征，指导卫生部门做好防治工作，以及为进一步探讨病因和影响因素提供重要线索，这是描述流行病学的基本任务。

另外，在研究疾病分布的时候，常常要提到流行强度。疾病的流行强度就是疾病在某地区一定时期内存在的数量多少，以及各病例之间的联系程度，也称为疾病的社会效应，即疾病在人群中的数量变化。表示疾病流行强度的术语有散发、流行和大流行。散发（sporadic）指某病在一定地区的发病率呈历年来一般水平，一般多用于区、县以上范围，不适于小范围的人群。流行（epidemic）指一个地区某病发病率明显超过历年的散发发病率水平，是与散发相对而言的。大流行（pandemic）指疾病迅速蔓延，往往在较短的期间内越过省界、国界、洲界形成大流行。

疾病的分布形式包括地区分布、时间分布和人群分布。

一、疾病的地区分布

疾病的发生常常受地区的自然环境和社会条件的影响，因此研究疾病的地区分布可提供疾病的病因及流行因素的线索，以便进一步研究和制订防制对策。

疾病地区分布的划分可根据研究目的和病种的不同确定。可以按行政区域单位划分，这样容易获得完整的人口数字和发病、死亡资料，但疾病的发生更易受到自然环境和社会环境的影响，因此也可按自然环境或人群聚集状况划分。

研究疾病地区分布的方法有疾病标点地图、地区分布图、传播蔓延图，以及计算不同地区疾病的发病率、死亡率、患病率等。

（一）疾病在国家间及国家内的分布

有些疾病遍布全世界，但在不同的国家分布却不同。如乳腺癌在北美洲、北欧、西欧发病率最高，东欧次之，亚洲和非洲各国较低，其原因与膳食中脂肪摄入量有关。肝癌在亚洲、非洲常见。食管癌在亚洲高发，其中以里海沿岸和我国华北更为突出，发病的严重程度是由中心向外逐渐降低，变化很大。这种变化在我国山西、河南、河北三省交界处可以看到，以河南省林县为中心向外死亡率逐渐降低，如林县食管癌死亡率是边缘地区范县食管癌死亡率的6倍多。这种地区分布为探讨食管癌的病因提供了重要的线索。

在同一国家内，不同地区之间疾病发病率也有差别。如血吸虫病局限于我国长江以南地区。流行性出血热的发病在我国各省份有很大的差别。鼻咽癌多见于华南各省，以广东省发病率最高。克山病在我国从东北向西南呈一宽带状分布。

人们对疾病地区分布的原因进行了探讨，并取得了一定的结果，但有多种疾病的地区分布原因尚缺乏满意解释。

（二）疾病的城乡分布

城市人口多，密度大，交通方便，出生率常保持在一定水平，因此呼吸道传染病容易传播，如水痘、百日咳、流行性感冒等经常在城市中流行。在卫生设施健全的城市，肠道传染病得到一定程度的控制。另外，城市工业集中，汽车尾气等各种有害烟尘污染空气，使得空气污染比农村重，由此而导致的一系列呼吸系统疾病高发。农村人口较少，居住分散，尤其偏远山区交通不便，呼吸道传染病不易流行，有些地方多年无麻疹、腮腺炎等病。此外，农村卫生设施差，肠道传染病如伤寒、痢疾容易流行。

（三）疾病的局部地区分布

有些传染病在局部地区可呈集中或散在的分布，其原因是由于流行环节的特点及环境条件不同造成的，起主要作用的是传播途径。如1854年伦敦发生霍乱流行，John snow 通过调查发现，病例的分布与供水范围一致，又进一步调查证实水源被霍乱病人粪便污染，因此病例的分布局限于该水源的供水范围内。

二、疾病的时间分布

疾病的发生，往往在时间上变化很大，传染病尤为明显。研究疾病的时间分布和变化，有助于探索病因，判断流行因素，预测疾病的发展趋势和评价防制措施效果。疾病时间分布的形式有爆发、季节性、周期性、长期变异等。

（一）爆发（outbreak）

在一个集体或固定的人群中，短时间内某病的发病数突然增多，称为爆发。如某单位食物中毒的爆发，其潜伏期短，病例多集中于最短和最长潜伏期之间，发病高峰与该病的平均潜伏期一致，因此可以推算暴露日期，寻找引起爆发的原因。而传染病的爆发与食物中毒有所不同，如伤寒的水型爆发，其潜伏期比食物中毒长，因而病例数增多持续的时间也比食物中毒爆发时间要长，爆发后常可见到的“拖尾现象”，是因日常生活接触所致。

短期波动的含义与爆发相同，只是爆发常用于较小范围的人群，短期波动常用于较大范围的人群。如 1952 年 12 月上旬英国伦敦地区因大雾天气和烟尘、SO_2浓度过高，导致一周内因支气管炎而死亡的人数较前一周增加 9 倍多。

（二）季节性（seasonality，seasonal variation）

季节性是指疾病在每年的一定季节内呈现发病率升高现象。疾病在特定季节里发病率升高的原因很多，如气候变化、生物媒介、动物宿主的生长繁殖等。有些传染病有严格的季节性，如流行性乙型脑炎（图 10-1），在我国北方 8、9、10 三个月为发病高峰，其他月份很少发生，南方稍早。有些传染病全年均可发生，但有季节性升高，如细菌性痢疾在我国各地一般为 8、9 月份，南方稍早，北方略晚。还有些传染病发病无明显季节性，如病毒性肝炎、结核、性病等。

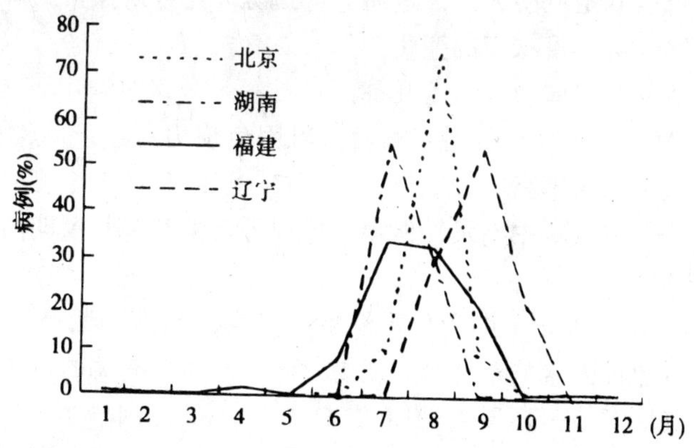

图 10-1 四省市流行性乙型脑炎季节分布（1955）

有些非传染病也有季节性，如在我国北方克山病急症病人多集中在冬季，花粉热发生在春夏交接之际，脑出血多发生在冬季，营养缺乏病中的糙皮病，常于春季高发。

（三）周期性（periodicity）

周期性指疾病经一定时间间隔发生流行。经过长期的观察，某些传染病有规律的每隔若干年出现一次发病率升高现象。具有周期性的主要为某些呼吸道传染病，其传染性强，病原体的抗原性易发生变异，无有效的自动免疫方法，在人口较多地区，当易感人口积累到一定程度就发生一次流行。如使用疫苗前麻疹每隔两年一次流行高峰，大规模接种后，这种周期性已不存在。

（四）长期变异（secular change）

疾病经过一段时间后，其临床表现，发病率或死亡率发生的变化，称为疾病的长期变异。无论传染病或非传染病都有这种现象。研究疾病长期变异将为人们探索疾病的特征提供有益的信息。某些传染病如伤寒、霍乱、炭疽、白喉、麻疹等经过人为防治后，这些疾病的发病率、死亡率已明显下降。目前，心、脑血管病、恶性肿瘤、糖尿病等慢性病的死亡率呈上升趋势。美国1930～1976年男性几种癌症的死亡率有很大变化，肺癌的死亡率有上升趋势，胃癌、肝癌有下降趋势，而大肠癌与结肠癌保持稳定水平。

三、疾病的人群分布

疾病发生的原因可能与人群的年龄、性别、职业、社会经济地位及人群的行为，特殊风俗习惯等有关。因此按上述特征进行疾病的人群分布描述，有助于探索病因及流行因素。

（一）年龄

疾病的发生与年龄关系密切，大多数疾病在不同年龄组的发病率不同，研究疾病的年龄分布可以确定危险人群，进而进行预防，还可以探索致病因素和评价防治措施，以及观察人群免疫状态的变化。

疾病的年龄分布大体上有以下几种：

1．儿童高发　一些容易传播，病后有巩固免疫力，或以隐性感染为主的传染病，大多在儿童中发病率高。如麻疹、百日咳、猩红热、水痘、流行性腮腺炎、流行性脑脊髓膜炎等在儿童中高发，但预防接种可以使某些儿童期高发的传染病出现年龄后移现象。

2．青壮年高发　青壮年期消化系统疾病多发，易患心肌炎。青年期的情绪易受外界影响，有遗传因素的精神分裂症易发病。与免疫有关的风湿性关节炎，系统性红斑狼疮及胶原病等多发于40岁前后。

3．老年高发　恶性肿瘤、缺血性心脏病、脑血管病、白内障等疾病危险性随年龄增长而增加，其原因为致病因素需长时间积累才能发病。

4．其他　某些疾病年龄发病率出现双峰现象。如支气管炎、肺炎既多发于儿童期又高发于老年期。结核病在儿童期和青壮年期各有一个发病高峰，前一个高峰为初感染，常因营养不良或其他疾病而使其恶化，后一个高峰常为劳累过度、精神不安等因素所致。

分析疾病年龄分布的方法有横断面分析法（cross-sectional analysis）和出生队列分析法（birth cohort analysis）。前者可以分析同一时间内各年龄组的疾病发生情况，常用于研究病程短的急性疾病的年龄分布，如传染病。后者可以分析同一时间出生者在不同年龄段时的疾病发生情况以及分析不同年代出生者不同年龄疾病发生率。

（二）性别

描述疾病在不同性别人群的分布，一般是比较男、女的发病率、患病率、死亡率，也可用性别比（sex ratio）来表示。研究男、女性别发病状况常有助于探索致病因素。

所有的癌症中除乳腺癌、宫颈癌外，其他癌症的死亡率一般是男高于女。我国云南个旧市锡矿的男女肺癌性别比为13.2∶1，而该省宣威市肺癌的性别比为0.99∶1，其原因是锡矿男工多，接触致癌物机会多，故男性发病率显著高于女性，而宣威肺癌主要是由于室内燃煤污染所致，男女接触致癌物机会均等，故肺癌发病率的比值在性别上没什么差别。

冠心病的临床症状，女性以心绞痛为主，男性以心肌梗死为主，猝死也以男性多见。

（三）职业

研究职业与疾病的关系，首先应考虑暴露机会的多少与劳动条件，其次应考虑职业劳动者所处的社会经济地位和卫生文化水平，此外不同职业的体力劳动强度和精神紧张程度等都可能在疾病的发生过程中有反映。很多疾病的发生与职业有关系，如煤矿工人易患尘肺，体力活动少的人易患冠心病，接触化学物质联苯胺的工人易患膀胱癌，皮毛加工业工人易感染炭疽，森林伐木工易患森林脑炎等。

（四）种族和民族

不同种族和民族之间疾病种类及发病率有一定差异，可能的影响因素有：遗传因素、地理环境、宗教信仰、风俗习惯、卫生文化水平、经济条件等。如Kuru病是由于新几内亚Fore族的食人葬俗所引起。马来西亚有三个民族，马来人患淋巴瘤较多，印度裔患口腔癌多，而华裔则以鼻咽癌和肝癌高发。美国黑人和白人的疾病发病率和死亡率有显著的差别，黑人多死于高血压性心脏病，脑血管意外、结核、梅毒、犯罪和意外事故，而白人死亡率比较高的是血管硬化性心脏病、自杀和白血病。

以上分别叙述了疾病的地区、时间、人群的分布，在实际的流行病学研究中，常常把地区、时间、人群的分布综合起来分析，从而探索疾病的影响因素，并提供病因线索。移民流行病学（migrant epidemiology）的研究就是把疾病的三间分布综合起来的实例。移民流行病学是通过比较某种疾病在移民人群，移居国当地人群及原居住国人群的疾病发病率或死亡率差别，以探索疾病与遗传和环境的关系。它是研究移民人群移居到生活环境和条件及疾病谱与原居住国不同的国家或地区后，经过若干年，分析这些人群的疾病分布情况，通过比较相同地区内不同种族的发病率或死亡率可以了解遗传因素的影响作用；比较相同种族在不同地区的发病率或死亡率可以探索环境因素对疾病的作用；比较不同出生世代者的发病率或死亡率可以了解时间或年龄对疾病的影响。可见移民流行病学是地区、人群和时间分布的综合研究，为探索疾病的病因提供了线索。

（承德医学院　张凤英　桑瑞兰）

第三节　描述性研究

描述性研究（descriptive study）是利用已有的资料或对特殊调查的资料包括实验室检查结果，按地区、时间及人群特征分组，把疾病或健康状态的分布情况真实地展现出来。描述性研究是流行病学研究的基础步骤。通过对疾病和健康状态的基本分布特征的描述，常可获得有关病因假设的启发，然后逐步建立病因假设，为开展分析性研究提供病因线索。进行描述性研究时，无须设立对照，所收集的资料较为粗糙和广泛。现况调查是最常用的描述性研究之一。

一、现况调查

现况调查（prevalence survey）又称横断面调查（cross-sectional survey），是在特定时间内，在特定的人群中对疾病或健康状态及有关因素进行的调查。特定时间应尽可能短，一般为1～2天或1～2周，有的大规模调查可达数周或数月。总的原则是在调查时间内，疾病或因素不应该有变化。特定人群可指某地区或具有某特征的人群。现况调查由于了解的是某一横断面上的情况，即是疾病和有关因素目前的信息，二者同时存在，利用这些信息进行病因学研究时，其意义往往受到限制。

（一）目的和用途

1. 描述疾病或健康状态的分布　如我国开展的糖尿病调查，以了解不同地区、不同年龄、性别、职业和民族的糖尿病患病率。

2. 研究某些与疾病或健康状态有关的因素，以提供某病的病因线索　如通过对冠心病及其危险因素的调查，探索高血压、高血脂、肥胖、吸烟及职业等危险因素与冠心病的联系。

3. 评价疾病防制措施的效果　在对某人群采取干预措施后，定期对其重复进行现况调查，通过对患病率差别的比较，可评价防制措施的效果。

4. 早期发现病人，以利于早期治疗　如高血压普查。

（二）研究类型

现况调查如果是在特定时间内对特定人群的所有个体进行调查，称为普查

(overall survey)。如果是从特定人群中抽取具有代表性的样本，对样本中的每个个体进行调查，以样本调查结果来估计总体情况，称为抽样调查（sampling survey)。抽样调查是以部分估计总体的调查研究方法。

1．普查

(1) 目的　普查的目的有的是为了早期发现和治疗病人，如高血压普查；有的是为了解疾病的分布，如冠心病患病率调查；有的是为了解健康水平，如儿童发育状况调查；还有的是为了建立生理、生化指标的标准值，如血红蛋白、血压值调查等等。

(2) 优缺点　普查能发现被调查人群的全部病例，使其能得到及时治疗，普查获得的资料能较全面地描述疾病的分布特征，有时还可揭示一定的规律，为病因分析提供线索。通过普查，能普及医学知识，使群众对某病及其防治知识有所了解。

普查不适用于患病率很低的疾病，也不适用于无简易而准确的诊断方法的疾病，对于诊断后无法治疗的疾病及在人力、物力不足的情况下，不宜开展普查。因普查是现况调查，故此也只能获得阳性率或现患率而得不到发病率资料。此外，由于普查涉及的研究对象数量大，分布范围广，难免漏查，诊断往往不够准确，有时很难进行深入细致的调查。

2．抽样调查　在现况调查中，如果不是为了早期发现和普治病人，大部分研究是采用抽样调查的方法进行的。抽样调查比普查涉及的调查对象数量小，调查工作易做得细致，只要设计严格，注意质量控制，其结果不亚于普查。抽样调查还具有费用低、速度快的优点。

抽样调查不适用于患病率低的疾病，不适用于变异过大的资料，且设计、实施及资料分析等方面比较复杂，重复和遗漏不易被发现。

要保证抽样调查的结果能真实地反映它所来自的总体的情况，关键在于：①样本要有代表性，即所抽到的样本应该能够代表总体。实现这一目标的途径是按随机化原则及选择合理的随机化抽样方法抽样；②样本含量，即样本中的个体的数量，必须足够大；③测量、调查方法要可靠，所获得的信息要真实。

(1) 抽样方法

1) 单纯随机抽样（simple random sampling)：是最简单与最基本的抽样方法。单纯随机抽样就是总体中的每个个体都有同等的被抽中作为研究对象的机会。单纯随机抽样首先应将总体内的每个个体按顺序编号，也可利用已有的不重复的号码，如身份证号、工作证号、学号等，再按随机的方法选取。利用随机数字表是比较简单、可靠的方法。如果数量不大，也可以用抽签方法。

单纯随机抽样的优点是简单易行。缺点是当总体数量很大时，编号及抽样相对比较麻烦。而随机抽出的个体可能会很分散，调查起来很困难。当抽样比例较小而样本含量较小时，所得样本代表性差。

2) 系统抽样（systematic sampling)：即按照一定的顺序，机械地每隔一定数量的个体抽取一个个体进入样本。例如从一所学校的 2000 名学生中，抽取 200 名进行调查，抽样间隔为：2000/200=10，以随机方法确定数字3，则每10人中抽取第3人，或按顺序抽取第3，13，23，.....人为样本。

系统抽样方法得到的样本在整个总体内的分布比较均匀，因而代表性较好。但每次抽样的起点必须是随机确定的。当总体中的个体在排列上有周期性趋势时，抽取的样本可能有偏倚，不宜采用系统抽样方法。

3）分层抽样（stratified sampling）：先按某种特征（如年龄、性别、职业、受教育程度、民族等）将调查对象分为若干类型、部分（统计上称为层），然后从各层中随机抽样。此法适用于从分布不大均匀的总体中抽取有代表性的样本。各层如果按同样比例抽样，则称按比例分层抽样。若各层抽样比例不同，内部变异小的层抽样比例小，内部变异大的层抽样比例大，则称最优分配分层抽样。

分层抽样要求层内变异越小越好，层间变异越大越好。这样可提高各层样本的代表性，进而提高整个样本的代表性。

4）整群抽样（cluster sampling）：这种抽样方法的抽样单位不是个体而是由个体组成的群体，如居民区、街道、班级、乡、村、县、工厂、学校等。从相同类型的群体中随机抽取若干个群体，被抽到的群体里的每个个体组成样本。群内个体数可以相等，也可以不等。

整群抽样要求各群内变异和总体的变异同样大，而各群间变异越小越好，以保证样本有很好的代表性。

此法在实际工作中易为群众所接受，抽样和调查都较方便，因而多用于大规模调查。但其抽样误差较大，分析工作量也较大。

5）多级抽样（multistage sampling）：这是大型调查时常用的一种抽样方法，是上述抽样方法的综合运用。如要调查某市糖尿病患病率，从全市10个区中随机抽取3个区，每个区再随机抽取几个街道，这就是二级抽样；若再从每个街道随机抽取几个居委会，这就是三级抽样。依此类推，即可进行多级抽样。

（2）样本含量：抽样调查时的样本含量太大或太小均不适宜。样本含量太大可造成浪费，且由于工作量加大而影响调查质量。样本含量太小时，所要调查的具有某种特征的个体可能未包括在样本之内，以致调查结果不能反映总体的全貌。所以，在抽样调查时，需要在保证研究的精确度的前提下确定所需要的最小样本量。具体方法请参阅有关流行病学书籍。

（三）研究设计要点

1．明确调查目的　即要明确此次调查要回答的问题是什么，如可以是全民食盐加碘后孕产妇碘营养水平的调查，可以是中老年人心血管病患病率的调查，可以是高血压病人的早期诊断及治疗等。在确定调查目的时，应对国内外关于该问题的研究状况有充分了解，进而对本次研究的科学性、创新性和可行性做出评价。

2．确定研究类型与研究人群　结合调查目的确定采用普查，还是抽样调查，若采用抽样调查，尚需确定抽样方法及样本大小。研究人群即所要研究的总体，如欲调查某地区40岁以上居民糖尿病患病情况，该地区40岁以上居民是该项调查的研究人群，不应掺杂其他地区40岁以上居民或该地区不满40岁的居民。

3. 明确测量的指标和方法　在人群中进行疾病的现况调查时，必须提前建立严格的诊断标准，标准要利于不同地区的比较，且应尽量采用简单、易行的技术和灵敏度高的诊断方法，以没有或几乎没有假阳性的方法为最好。在对疾病的有关因素进行调查时，应对各因素有明确的定义，并确定是通过询问、体检、实验室检查或仪器检查来对其进行测量。同时应尽量采用定量或半定量尺度和客观指标。

4. 拟定调查表　调查表没有固定的格式，其内容应服从于调查目的，并便于资料的整理和分析。

调查表一般由两部分组成，一是一般性项目，包括姓名、性别、年龄、出生年月、职业、文化程度、民族、工作单位、出生地、现住址等。另一部分是调查研究项目，这是调查研究的实质部分。编写这部分内容时应注意以下几项原则：

(1) 项目要完全，避免因遗漏而使资料不完善；但项目也不能过于繁琐，否则会增加调查员和调查对象的负担，影响调查质量。

(2)项目的措词要准确、简练、通俗易懂，避免调查对象误解或出现不同的理解。

(3) 项目的安排须有逻辑性并符合人的心理反应，先易后难，先一般后隐私。

(4) 尽量获取客观和定量指标

调查表中提问的方式有开放式、封闭式两种。开放式即由调查者提出问题，被调查者自由回答。封闭式即在问题后列出几个互斥的备选答案，由被调查者选定其中之一。开放式问题的回答较自由，但不够规范化，不便于整理分析。封闭式问题大体上具有与开放式问题相反的优缺点。随着电子计算机在资料处理上的广泛应用，封闭式提问显示出良好的适用性。

一般说来，一个完善的调查表不是一次就可以拟就的。如有可能，最好做几次包括设计人员参加的预调查，对调查表进行试用和修改，使其更趋完善。

(四) 现况调查中常见的偏倚及其防止

偏倚 (bias) 是由于研究的设计、执行阶段发生的系统误差及解释结果的片面性而造成的研究结果与其真值出现的差别。

1. 选择性偏倚 (selection bias)　在调查过程中，不是按照抽样方案选择对象，而是随意选择。如此造成的偏倚称为选择性偏倚，比如抽样中的调查对象没找到，而随意由其他人代替，从而破坏调查对象的同质性。

2. 无应答偏倚 (non response bias)　无应答者指在所抽样本中，由于拒绝合作、外出等原因而漏查者。如果无应答者占的比例较大，如超过5%，由于无应答者的患病情况和某些因素的分布情况与调查成功者不同，因而产生偏倚。

3. 信息偏倚 (information bias)　指在获取信息过程中出现误差，结果产生偏倚。其来源有三个方面。

(1) 来自调查对象：即调查对象回答的不准确或不真实所引起。象既往病史、药物应用史、个人生活习惯等，由于顾虑或不愿意暴露隐私而故意不予回答，即报告偏倚 (reporting bias)，如有些人的冶游史，往往不能如实报告。另有一些则由于记不清楚或完全忘记而产生所谓回忆偏倚（recall bias）。

(2) 来自观察者：有两种情况，一种是观察者自身的，即同一观察者对同一对象的几次调查结果不同；一种是观察者之间的，即不同观察者对同一对象的调查结果不同。

(3) 来自仪器与调查手段：由于仪器不准确，操作程序有错误及调查手段不统一引起的偏倚。

为防止偏倚的产生，应做到①在抽取研究对象时遵循随机化原则，并尽量减少抽中对象的漏查；②做好调查的宣传与组织工作，打消调查对象的顾虑；③尽量选用封闭式提问；④选用不易产生偏差的仪器、设备，并进行严格标定；⑤统一结果的判断标准及疾病诊断标准；⑥对调查员统一培训、统一调查方法并要求严格执行操作程序。

二、常用疾病统计指标

流行病学研究中常用的疾病统计指标是各种“率”。

1．发病率（incidence rate） 表示某一时期（年度、季、月）内暴露人口中发生某病新病例的频率。

$$发病率=\frac{某地某时期人群中发生某病的新病例数}{同期内暴露人口数}\times K \qquad (10.1)$$

$K=1000‰$（10000/万，100000/10 万）

发病率是用来衡量某时期一个地区人群发生某种疾病危险性大小的指标。常用于描述疾病分布、探讨发病因素、提出病因假设和评价防制措施效果。发病率也是队列研究的常用指标，比较不同队列的发病率，可推断疾病与暴露间的联系。

计算发病率时应注意，分母中的暴露人口必须是观察时间内观察地区的人群，且必须有可能患所要观察的疾病，不应包括正在患该病、曾患该病或因免疫而不会患该病的人。此外，在确定是否新发病例时，对于恶性肿瘤、糖尿病之类发病时间很难确定的疾病，可以初次诊断时间作为发病时间。

发病率可按需要将人群分成亚群计算其专率，如年龄别专率、性别专率等。当不同人群中某影响发病率的因素（如年龄、性别）构成不同时，若对其发病率进行比较，应计算标准化率（具体方法请参阅统计学有关章节）。

2．患病率（prevalence rate） 指某特定时间内某病新旧病例数与同期平均人口数之比。

$$患病率=\frac{某地某特定时间内某病现患病例数}{该地同期平均人口数}\times K \qquad (10.2)$$

$K=100\%$（1000‰，10000/万，100000/10 万）

患病率是衡量某一时点（或短时期内）人群中某种疾病存在多少的指标。患病率对于病程短的疾病，如急性传染病，几乎无特殊意义。但对于病程长的慢性病如心血管病却能反映有价值的信息，为医疗设施规划、医疗质量评价和医疗经费的投入提供科学依据。患病率也常用来研究疾病的流行因素、防治效果及疾病分布等。

3. 某病死亡率（mortality rate，death rate） 某病死亡率指在某时期内暴露人口中因某病而死亡的频率。

$$某病死亡率=\frac{某地某时期人群因某病死亡总人数}{该地该人群同期平均人口数}\times K \qquad (10.3)$$

$K=100000/10$ 万

某病死亡率是用来衡量某时期内一个地区人群因该病而死亡的危险性大小的指标，反映一个人群该病的死亡水平。

某病死亡率也可按需要计算年龄别、性别死亡专率或计算标准化死亡率。

4. 病死率（fatality rate） 表示一定时期内患某种疾病的人中因该病而死亡的比值。

$$病死率=\frac{某时期某病死亡人数}{同期患该病人数}\times K \qquad (10.4)$$

$K=100\%$ （1000‰）

值得注意的是，计算某病病死率时，式中的分母因在不同场合而异。如某病住院病人病死率，分母为该病出院人数（包括死亡人数）；某地某病病死率，分母则包括该地所有患该病的病人。故医院病死率不能代表地区病死率。

5. 生存率（survival rate） 又称存活率，是指经过N年的观察，某病患者（或接受某种治疗措施者）中存活人数所占的比例。

$$N\,年存活率=\frac{随访\,N\,年存活的病例数}{随访满\,N\,年的病例数}\times K \qquad (10.5)$$

$K=100\%$

计算存活率必须有随访制度。可以确诊日期、手术日期或住院日期为起算时间，随访时间可为一年、三年、五年、十年等。对于生存时间较短的情况亦可以月或日为单位。

病死率、存活率是用来衡量疾病严重程度和考核治疗措施效果的指标。病死率多用于急性病，存活率主要用于慢性病，如恶性肿瘤及心血管疾病等。疾病的转归除与治疗措施有关外，与病情轻重、病程长短、病人的年龄、一般健康状况等因素有关，比较时应充分考虑可比性问题。

（承德医学院　毛淑芳　桑瑞兰）

第四节　分析性研究

分析性研究（analytical study）是对病因或危险因素的假设进行筛选或检验的过程。分析性研究与描述性研究同属于流行病学的观察性研究方法。对于病因研究来说，可以将这两种研究方法看成研究过程中的两个相互联系、相互补充的阶段。描述性研究的结果可为病因和危险因素的研究提供构成假设的线索，分析性研究则可以检验假设，研究结果有时又可产生新的假设。分析性研究方法一般都设有对照组。属于这类性质的研究主要有两种，即病例对照研究和队列研究。

一、病例对照研究

病例对照研究（case-control study）是选择一组某病的病例，另选一组没有该病者作为对照，分别调查其既往暴露于某个（某些）危险因子的情况和程度，以判断暴露于危险因子与某病有无关联及其关联程度大小的一种观察性研究方法。若病例组暴露于某可疑因素的比例高于对照组，且这一差别具有统计学显著性，则认为该因素可能是该病的病因；反之，则认为该因素可能是该病的保护因素。病例对照研究由于是从病例开始，可以同时检验多种因素，从而可以进一步提出假设。这种从结果（疾病）探找原因（病因或因素）的方法，从时间上看是回顾性的，故又称为回顾性研究（retrospective study）。

暴露是流行病学的特定用语，指研究对象受到某因素的作用和影响或具有某特征（如社会人口学特征、行为或其他特征）。

（一）研究设计要点

1．选定研究因素　可以根据临床观察、病例总结及阅读医学文献，提出可疑的病因因素。病例对照研究可同时研究多个与研究的疾病有关的可疑因素。可疑因素一定要选足，但也要适量，应结合资料获得的可能性及时间、经费等条件精心选择。每个因素要有明确的定义，尽可能地采取国际或国内统一标准，以便于比较。因素的测量尽量采用定量或半定量指标。

2．病例及对照的选择

（1）病例的选择：病例应符合统一的、明确的诊断标准。病例的来源主要有两种，即医院和人群。以医院为基础选择病例比较容易且省经费，是最常用的选择病例的方法。但如此获得的病例只反映其所来自的医院的病人的特点，而不是全人群该病的特点。以人群为基础选择病例就是以一定的人群在某时期内的全部病例或其中的一个随机样本作为调查对象。此法的优点是选择偏倚比医院的病例小，结论推及该人群的可信程度较高，缺点是较难进行。

无论何种来源的病例，最好取新发生的（新诊断的）病例，以免因遗忘、发病后改变了与暴露的关系等，而造成偏倚。

（2）对照的选择：对照的选择是否恰当是决定病例对照研究成败的关键环节。对照组原则上应与病例组有同一来源，即如果病例来自某医院，则对照应该是同医院同时就诊或住院的未患所研究疾病的其他患者或健康体检者；如果病例来自某特定人群则对照应是该人群非病例（即未患所研究疾病的人）的一个随机样本。其他来源的对照有病例的亲属、同事、邻居等。最常采用的方式是对照和病例都选自同一医院，为防止偏倚的产生，应选取多种疾病而不是一种疾病的病人作对照。

3. 病例与对照的配合　病例与对照具有可比性是病例对照研究的基本要求，只有病例与对照在除了研究因素以外的其他可能影响患病的因素均衡的情况下，当病例的暴露比值（率）与对照有显著性差别时，方可推断患病与否可能与暴露的差别有联系。为使两者具有可比性，一种方法是对选择病例和对照的范围均加以限制，即要求他们在某些特征上一致，如规定都是男性、年龄都在 50 岁以上、都是汉族等。另一种方法就是匹配（matching），即病例不受限制，而依病例的条件选择对照，使对照者受到一定限制。

匹配的方法有两种，一种是成组匹配又称频数匹配，指在选好一组病例之后，先弄清病例组匹配因素的频数分布，然后按此频数分布去选取对照组，使其与病例组一致。另一种匹配方法叫个别匹配，即以每一病例为单位，按匹配因素给其选择一个或多个对照者，其中匹配一个对照叫 1∶1 配对，匹配多个对照叫 1∶R 配比，最多不宜超过 1∶4。以 1∶1 配对最常用。

4. 样本含量的估计　可采用公式法或查表法，具体请参考有关流行病学书籍。

（二）资料分析

病例对照研究资料的分析，主要是比较病例组和对照组中暴露的比值，并由此估计暴露与疾病有无联系，联系的强度如何。首先将资料整理成四格表形式，运用 χ^2 检验比较暴露与疾病间有无联系；如果有，则进一步估计其联系的强度，计算比值比（odds ratio, OR）及其 95% 可信区间。比值比是指病例组的暴露比值与对照组的暴露比值之比，其含义是暴露组的疾病危险性为未暴露组的多少倍。

1. 成组病例对照资料分析

表 10-1　成组病例对照资料整理表

组别	既往有暴露	既往未暴露过	合计
病例	A	b	$a+b=n_1$
对照	C	d	$c+d=n_2$
合计	$a+c=m_1$	$b+d=m_2$	$a+b+c+d=N$

例 10.1：Doll 和 Hill 在 1950 年报告的吸烟与肺癌关系的病例对照研究结果如表 10-2。

表 10-2　吸烟与肺癌的关系

组别	有吸烟史	无吸烟史	合计
肺癌病人	688	650	1338
对照	21	59	80
合　计	709	709	1418

(1) χ^2检验

$$\chi^2=\frac{(ad-bc)^2\cdot N}{m_1m_2n_1n_2}$$

$$=\frac{(688\times59-650\times21)^2\times1418}{709\times709\times1338\times80}=19.13 \qquad (10.6)$$

查 χ^2值界值表，得 $P<0.001$

(2) 计算比值比 OR

$$OR=\frac{ad}{bc}$$

$$=\frac{688\times59}{650\times21}=2.97 \qquad (10.7)$$

(3) 计算 OR 的 95% 可信区间

$$OR_L \sim OR_U = OR^{(1\pm1.96/\sqrt{\chi^2})}$$

$$OR_L=2.97^{(1-1.96/\sqrt{19.13})}=1.83 \qquad (10.8)$$

$$OR_U=2.97^{(1+1.96/\sqrt{19.13})}=4.90$$

OR 的 95% 可信区间为 1.83～4.90。说明吸烟者发生肺癌的危险性是不吸烟者的 2.97 倍。

2. 1∶1 配对病例对照研究资料分析

表 10-3　1∶1 配对病例对照资料整理表

对照	病例	
	有暴露史	无暴露史
有暴露史	a	b
无暴露史	c	d

例 10.2：美国 Sartwell 为探讨口服避孕药与妇女患血栓栓塞的关系，调查了 175 对病例与对照，结果如表 10-4。

表 10-4　口服避孕药与血栓栓塞关系的配对研究

对照	病例	
	有用避孕药史	无用避孕药史
有用避孕药史	10	13
无用避孕药史	57	95

(1) χ^2检验

$$\chi^2=\frac{(b-c)^2}{b+c}$$

$$=\frac{(13-57)^2}{13+57}=27.66 \tag{10.9}$$

(2) 计算 OR

$$OR=\frac{c}{b}=\frac{57}{13}=4.4 \tag{10.10}$$

(3) 计算 OR 的 95%可信区间

$$OR_L \sim OR_U = OR^{(1\pm 1.96/\sqrt{\chi^2})}$$
$$OR_L = 2.97^{(1-1.96/\sqrt{27.66})}=2.53$$
$$OR_U = 2.97^{(1+1.96/\sqrt{27.66})}=7.61$$

故 OR 的 95%可信区间为 2.53～7.61。

(三) 病例对照研究中的偏倚及其控制

1. 选择偏倚　从医院选择病例和对照时，由于患某病的人、无该病的人及具有某特征的人的住院机会不同，可能使两种无关的某特征与疾病出现假关联或掩盖了一个在人群中确实存在的联系。为减少选择偏倚，应从多家医院选择研究对象，选择多种疾病、入院率不同的病人做对照或从一般人群中选择一个随机样本作对照。

2. 回忆偏倚与报告偏倚　被调查者在回答问题时可能记忆不准确或回答不准确而引起的偏倚。

3. 观察偏倚 (observation bias)　调查者对病例组及对照组询问的重点及方式方法有差别，或对调查项目理解及掌握标准不一致，认真程度不同等导致两组产生误差。控制的方法是设计好调查表，统一标准，做好调查员培训。

4. 错误分类偏倚 (miss-classification bias)　由于诊断标准不明确，划分正常与异常的界限有错误或缺陷，把一些非研究疾病的病人划入病例组，或把一些轻型、非典型病人误分入对照组，都会引起此种偏倚。采用精确可靠的诊断方法及严格规定的诊断标准并严格遵守，可抵消此类偏倚。

5. 混杂偏倚 (confounding bias)　一些既与疾病又与病因因素有联系的因素即混杂因素引起的偏倚。如年龄、性别、饮食习惯、吸烟、饮酒等均可作为混杂因素引起偏倚。控制的方法是设计时采取匹配，分析时采用分层、多元分析等。

二、队 列 研 究

队列研究 (cohort study) 是按有或无某可疑病因因素（暴露）将观察对象分为两组，观察一定时间，比较两组的发病率（或死亡率）有无差别，如果有差别且具有统计学意义，则认为该暴露是该病的病因（暴露组发病率高）或保护因素（暴露组发病率低）。这是从原因（病因）观察到结果（疾病）的研究方法。一般从时间上看是前瞻性的，称为前瞻性队列研究 (prospective cohort study)。但如果一个队列过去暴露于某因素与否的记录完整，也可以从过去时间观察起，称为回顾性队列研究（retrospective cohort study）。

（一）研究设计要点

1. 确定研究因素　队列研究中的研究因素同病例对照研究相比较为单一，其确定思路同病例对照研究基本一致。对研究因素的性质、暴露的时间、频率、强度等应有明确规定。定量的研究因素应明确其单位；不易准确定量的因素，可将其暴露水平粗略分级。

2. 确定结局变量　结局变量（outcome variable）指观察中出现了预期结果的事件。可以是发病、死亡或各种检测指标如某水平的血脂、血糖等。结局变量应有明确的标准及判断方法。

3. 研究队列的选择

（1）特殊暴露人群为暴露组：由于职业关系或其他原因，他们暴露于某危险因素特别严重，倘若暴露因素有致病作用，那么该人群中某病的发病率或死亡率要比一般人群高得多，这将有利于探索暴露因素与疾病间的关联。如研究放射线辐射与急性白血病的关系，以放射科医生及胎儿期受X线照射的婴儿为暴露组。另外设一个非暴露组（对照组），对照组除不暴露于特殊因素外，其他特征应与暴露组一致。有时可不设对照组，而是把暴露组的率与全人群的率作比较，因为对特殊暴露而言，暴露者在人群内总是少数或极少数，故可把全人群的率视作未暴露者的率。

（2）暴露分布不均匀的人群：如某地全体居民或其随机样本、某单位全体成员等。将这个人群按原来的情况分成暴露组和对照组，或按不同暴露水平分成若干个亚组并相互比较。

4. 估计样本含量　具体请参阅有关流行病学书籍。

（二）收集基线资料与随访

队列成员暴露于某研究因素的情况是最重要的基线资料。此外，还要获得与判断结局有关的资料。如观察的结局是糖尿病，则全部队列成员都要测尿糖和空腹血糖，以排除其中的糖尿病者。还要收集与患病危险有关的其他暴露的资料，如吸烟、饮食习惯、生活习惯等，以便在资料分析时调整它们在发病上的作用。

获取基线资料的方式有：①查阅现有的记录或档案，②访问队列成员或其他知情者，③对队列成员进行测定或检查，④有时需对环境作调查与监测。

随访的内容与方法与获取基线资料时一样。要求做到：①以相同的态度和方法随访各组成员；②调查其结局情况；③根据规定的标准判断结局。对失访者要加以补访，以便分析失访原因。

（三）资料分析

队列研究资料的分析主要是计算各组发病率、发病密度或死亡率，并对组间发病率的差别进行统计学检验，差异有显著意义者则进一步确定暴露因素与疾病联系的强度。

1. 率的计算

(1) 累积发病率 (cumulative incidence)：当队列成员的数量比较多且变动不大，资料比较整齐时，观察期间内某病发生例数与观察开始时总人数之比，即为累积发病率。也就是一般所说的发病率。

$$累积发病率 = \frac{观察期内发病人数}{观察开始时总人数} \times 10万/10万 \tag{10.11}$$

(2) 发病密度 (incidence density)：当队列成员变动较大（失访、迁移、死于他病、中途加入等）时，应将变动着的人数转变为人时数，计算发病密度。人时 (person-time, PT) 是观察人数乘以随访单位时间所得的积。常用的单位是人年。计算发病密度的分子仍是一个人群在观察期内新发生的病例数，分母则是该人群的每一成员所提供的人时的总和。人时的计算本书从略。

2. 率差异的显著性检验　暴露组与非暴露组率的比较，可因资料的不同选用U检验、χ^2检验或二项分布、泊松分布等检验方法。

3. 联系强度指标的计算

(1) 相对危险度 (relative risk, RR)：是指暴露组发病率 (Ie) 与非暴露组发病率 (Iu) 之比，称为率比 (rate ratio)。

$$RR = \frac{Ie}{Iu} \tag{10.12}$$

如以死亡率为结局变量，则（式10.12）中以死亡率代替发病率。如果按暴露水平分组，以其中某一组的发病率为基准，其他各组的发病率与它的比值也称为相对危险度。

RR的范围在0至∞之间。RR=1，表明暴露与疾病无联系，RR＜1表明其间存在负联系（提示暴露为保护因子）；RR＞1，表明两者存在正联系（提示暴露为危险因子）。比值越大，联系越强。RR与OR的数值所表示的联系强度的解释可参考表10-5。

表10-5　相对危险度与关联的强度

相对危险度		关联的强度
0.9～1.0	1.0～1.1	无
0.7～0.8	1.2～1.4	弱
0.4～0.6	1.5～2.9	中等
0.1～0.3	3.0～9.9	强
＜0.1	10～	很强

(2) 归因危险度 (attributable risk, AR)：暴露组的发病率或死亡率与未暴露组同种率之差。说明由于暴露而增加或降低的发病率或死亡率。

(3) 人群归因危险度 (population attributable risk, PAR)：说明某一人群（包括暴露者与非暴露者）的某病发病（或死亡）率中可归因于该暴露的部分。

$$PAR = \frac{\text{全人群的发病率} - \text{未暴露的组发病率}}{\text{全人群的发病率}} \tag{10.13}$$

PAR 又称病因分值（etiologic fraction，EF），也可用百分比表示，称为人群归因危险度百分比。它说明了暴露对一个人群的危害程度或消除这种因素后可能使发病率或死亡率降低的程度。

（四）队列研究中的偏倚及其控制

1. 选择偏倚　队列成员中任何一个非研究因素的分布与一般人群中该因素的分布不一致，均可引起选择偏倚。防止的办法是严格按规定的标准选择对象。

2. 失访偏倚　这在队列研究几乎是难以避免的偏倚。因为观察期较长，对象的迁移、外出或他病死亡都难以避免。失访率最好不超过 5% 或稍高，否则结果的解释及推论应慎重考虑。

3. 测量偏倚（measurement bias）　在测量以取得暴露或结局的信息时所出现的系统误差。如仪器不精确、技术不熟练、掌握标准不一致等均可致测量偏倚。可针对原因，加以改进。

4. 混杂偏倚　与结局和暴露因素均有关的因素，同时在暴露组和未暴露组中分布不一致时，即产生混杂偏倚。要控制混杂偏倚，研究者首先要有能力识别混杂作用的存在，然后在设计阶段利用限制和匹配，资料分析阶段利用分层、多元分析予以调整。

三、病例对照研究与队列研究优缺点比较

病例对照研究较队列研究需要的研究对象数量少，观察时间短，且不需随访，因此比队列研究经济、易于施行。特别对于少见病及慢性病，病例对照研究更为适用。

病例对照研究在一个研究中可同时调查多个暴露因素与一种疾病的关系，因而多用于原因不明疾病的可疑病因的筛选、检验，也可用于产生新的假设。队列研究则是调查一个暴露因素与多种疾病的关系。

病例对照研究及队列研究均有可能产生选择偏倚。病例对照研究因需要研究对象对过去的暴露史进行回忆，故可能出现回忆偏倚。队列研究因观察时间长，因而不易保持良好的依从性，易产生失访偏倚。

队列研究中由于研究对象暴露资料的收集在结局发生之前，且都是由研究者亲自直接观察得到的，资料可靠。队列研究可直接获得发病率或死亡率，计算出 RR 及 AR 等，且较易作出是否有因果联系的结论。病例对照研究则不能计算发病率、死亡率、RR，但可计算 OR，加之有时暴露与疾病的时间先后难以判断，故不易作出有因果联系的结论。

（承德医学院　毛淑芳　桑瑞兰）

第五节　实验性研究——临床试验

实验法是根据确定的科研目的，以一定的科学理论为指导、运用适当的物质手段，在人为控制的条件下获取科学事实的研究方法，其主要特点是：具有控制性，即整个实验过程都是在研究者严格驾驭和支配下进行的，控制是实验方法的灵魂，也是与观察方法的根本区别；具有可重复性，即实验结果能在相同的条件下重复出来。

应用实验法研究疾病的病因、影响流行因素、验证防治措施的效果称为实验性研究或叫实验流行病学。实验性研究一般分为：临床试验（clinical trial）、社区试验（community trial），这二种试验设计的组成、原理、原则是一致的，所以本节以临床试验为主做介绍。

一、临床试验的定义及其特点

（一）临床试验的定义

临床试验是以病人作为试验对象，运用随机的方法将受试对象分配到试验组和对照组，试验组给予某种治疗（护理）措施，对照组给予传统法或安慰剂，经过一段时间后，评价这两种措施产生的效应，目的是评价疗效、预防措施效果以及验证病因等。

（二）临床试验的特点

临床试验是以患者为研究对象，所以具有许多不同于基础医学和动物试验的特点。

1. 受试对象个体差别大　包括受试对象自然情况的差别，如年龄、性别、职业、文化程度、体质状况等差别，也有病情轻重，病程长短的差别。

2. 研究因素多　临床情况复杂，非研究因素与研究因素并存，且对研究结果产生影响。常见的非研究因素如疾病本身的特点（自限性和或季节性变化等），受试对象的内在因素（年龄、性别、生理状况、文化程度等）和外在因素（经济收入、他人关心的程度等）的差别都会影响到疗效。

3. 临床试验实施难度大　临床工作涉及的环节多（含各种临床检查、化验、诊断、治疗、护理等环节），参与的人员多（有医生、护士、医技人员等），各环节及参与人员的工作质量均会影响到研究结果；受试对象的依从性（患者执行医嘱的程度）及是否自行附加一些治疗、护理措施也会对研究结果产生影响。

二、临床试验设计的任务

临床实验研究要想达到预期目的，必须做好实验设计，一个良好的科研设计可以最大限度地减小实验误差；保证试验结果的精确性、可重复性、可靠性和可比性，实验中力争安排多因素多水平，以便获取更多的信息，尽可能地节约人力、物力和时间，达到高效、快速、经济的目的。

三、临床试验设计的组成

（一）处理因素（study factor，treatment）

在试验中人为地施加于受试对象身上，且能产生实验效应的因素或条件称为处理因素，简称为处理或因素。处理因素的性质、数量、强度对实验效应都会有不同的影响，实验设计时应全面考虑。

1. 处理因素的性质　处理因素依性质分为：化学性、物理性、生物性、社会性等因素。在临床上也可以诊断方法（化验、影像等诊断）、治疗措施（药物、手术、物理等疗法）和护理措施（专科护理、心理护理、健康指导等）进行分类。

2. 处理因素的数量　一次试验安排一种处理因素，称为单因素设计，也有安排两种或两种以上的处理因素，称为多因素设计。单因素设计易于执行，分析方法也比较简单，但研究效率低；多因素设计研究效率高，但设计和分析比较复杂。

3. 处理因素的强度　任何一种处理因素都具有量的多少或程度的高低，即处理因素的强度，也称为处理因素的水平。对于定量因素其强度（或水平）是用量的多少表示，如某种药物不同的给药剂量。定性因素其强度（或水平）是用程度的高低表示，如将营养状况分好、中、差三等。在结果分析时，如果某处理因素与其效应之间存在剂量反应关系，则有力地说明二者之间的因果关系。

4. 处理因素实施方法　一般来说，处理因素实施途径和实施强度是通过查阅文献或做小规模预试验确定的。查阅文献了解前人的做法，并以此为借鉴；预试验可以摸索处理因素的实施途径（如口服给药或肌注给药）和实施强度（剂量的大小，程度的高低）。严格控制处理因素在整个试验中强度始终一致，即处理因素的标准化，制定使用常规和制度是实现处理因素标准化的措施保障。

（二）受试对象（study subjects）

受试对象是指接受处理因素的各种人群，是产生效应的客体。受试对象自身的许多因素对实验效应有影响，因此选择受试对象应注意如下一些问题。

1. 服从研究目的　若研究对某病的医疗、护理措施的效果，应选择该病患者为受试对象；研究对某疾病预防措施的效果时，应选择未患（或未患过）这种病的“正常人”为受试对象。

2. 有明确而具体的诊断标准、纳入标准和排除标准　最好根据国际疾病分类或全国性学术会议规定的诊断标准来选择患者，因为这些标准具有权威性，其研究结果还可以与同类研究结果相比较。对于尚无公认诊断标准的疾病，研究者可以自行拟定。符合诊断标准的患者也未必都能入选，如年龄过大，身体过于虚弱者不宜入选，若同时患有另外能影响本试验结果的疾病，或同时患有其他病情险恶的疾病也不宜入选。因此，应在有诊断标准的基础上另制定纳入标准和排除标准。

3. 要具有一定的数量　为克服偶然因素影响，要选择一定数量的受试对象进行研究，使随机误差控制在较小的范围内。但数量多少要适宜，样本容量确定法详见重复原则。

(三) 效应 (effect)

临床试验是通过研究因素（即处理因素）在受试对象身上产生的效应来阐明研究结果的。其研究结果用一些指标表示。如：治愈率、缓解率、复发率、毒副作用、症状体征的改变、实验室检验结果、影像改变等等。选择效应指标应从如下三方面考虑：

1. 指标的特异性　选择的效应指标应易于揭示问题的本质，同时又不受其他因素所干扰。不同的研究目的选用不同的效应指标。如研究抗高血压药物时，其特异指标是动脉压，尤其是舒张压；研究治疗急性肾炎的药物时，动脉压升高虽然也属肾炎常见的症状，但只有70％～80％急性肾炎患者有血压升高，因此，动脉压的特异性就不及尿常规和肾功能指标。

2. 指标的灵敏性　灵敏的指标是能将受试对象体内微小变化如实地反映出来的观察指标。指标的灵敏性可受测试技术，测量方法、仪器的精密度的影响。测试方法不灵敏，有变化也测不出来，就会得到假阴性的结果；仪器不精密，所得的阴性结果也不真实。

3. 指标的客观性　观察指标常分为主观性指标和客观性指标。主观性指标是研究者对研究结果的目测判断（如病人的精神状态，体质状况等）和病人自述的自我感觉（如食欲、体力、睡眠等），这些指标易受研究者和被研究者的主观因素影响而影响研究结果的准确性。所以，效应指标应选择不受主观因素影响，并能客观记录的指标，像心电图，各种影像检查，各种临床检验项目都属于客观性指标。

四、临床试验设计的原则

临床试验的受试对象是病人，病情的变化不仅与患者所接受的治疗、护理方法有关，也与患者的机体状态、心理因素、社会因素有关。为使研究结果准确可靠，在研究过程中必须遵循一些基本的指导原则。这些原则有：对照、随机、重复、盲法原则。其中对照、随机、重复三原则是进行统计学推断的前提，有人称之为统计设计原则。

(一) 对照 (control)

1. 设置对照的意义　有比较才能有鉴别。要想说明某种疗法或某种护理措施的效果优劣，只有与其他方法的效果进行比较才能做出判断，这种比较就是对照。

(1) 科学地评价治疗效果：临床上一些急性自限性疾病（如上呼吸道感染、急性胃肠炎等）虽不经治疗，也可自愈；慢性非自限性疾病（如系统性红斑狼疮）在自然史中也会出现缓解、复发和活动期的交替过程；还有些疾病（如慢性支气管炎）具有季节性变化的特点，对于这些疾病的临床疗效评价只有设置对照、才不至于将自愈和缓解误认为是处理因素产生的疗效。

（2）排除非处理因素对疗效的影响：除了对实验组和对照组的处理因素做不同的安排以外，其他因素，特别是对试验结果有影响的因素（即非处理因素）都应控制在尽可能一致（齐同）的条件下进行比较，这样就可以排除非处理因素对疗效的影响。例如，患者的年龄、病型、病情、病程、体质状况、营养状态等非处理因素，都会对疗效产生影响。在试验设计分组时，将各组间的上述因素控制在齐同条件下，就可以排除非处理因素对疗效的影响。

2. 对照的类型　对照的类型有多种，研究者可以根据研究目的和内容选择适当的对照类型。

（1）无处理对照：不给予对照者或对照组任何处理。包括：以正常人的各种生理，生化值或组织形态、影像为对照——正常对照；对照组不施加任何处理——空白对照；同一个受试对象接受处理前、后的对照——自身前后对照；同一个受试对象的一侧肢体接受处理，另一侧不施加处理——自身同期对照；双胞胎中一个接受处理，另一个不接受处理——同胎机体对照。

（2）有处理对照：对照者或对照组接受与试验组不同的处理。包括：对照组接受临床已知疗效的药物，疗法或标准的诊断技术——标准对照；各处理组之间的对照——相互对照；第一阶段甲组为试验组，乙组为对照组，第二阶段甲组为对照组，乙组为试验组——交叉对照。

（3）不完善对照：是以研究者过去研究结果或他人研究结果作对照，属不完善对照形式，或叫历史对照。比较时应注意资料间的可比性。

（4）潜在对照：历史上从未有过成功的实例，一旦有一例成功，即有极大意义。

（二）随机化（random）

随机化是试验设计的又一个重要原则，是进行统计分析的前提和保证。“随机”不等于“随便”。正确的随机化概念是：总体中每一个观察单位都具有同等机会被抽取或被分配到各个组内。

1. 随机化的意义　随机化抽样，使抽取的样本对总体具有很好的代表性；随机化分组，使得各组间已知的或未知的非处理因素，特别是对试验结果有影响的非处理因素齐同一致（即达到组间均衡），以减少偏倚，使各组间具有可比性。

2. 随机化的应用　用随机化原则进行抽样、分组和决定试验顺序。

（1）随机抽样：以随机的原则从总体中抽取一定数量的观察单位组成样本，然后用样本来推断总体，随机化抽样方法详见本章描述性研究一节。

（2）随机化分组：以随机化的原则将受试对象分配到各个处理组，分组方法有：完全随机设计分组，配对设计分组，随机区组设计分组，拉丁方设计分组等。本节仅介绍前两种方法。

完全随机分组：利用随机数字将受试对象随机分配到各种处理组的方法。随机数字可以从随机数字表中查出，也可以由计算器或计算机上自动产生。

例 10.3：将 20 名确诊为风湿性关节炎患者分成新药组（A 组）和传统治疗药物组（B 组），分别给以两种药物治疗，以评价新药的疗效，试用完全随机设计分组法分组。

首先以患者血沉的快慢程度排队编序，为 1、2、3……20，在随机数字表（表 10-6）的第 15 行，第 11 列交叉点的数字起，从左到右共选 20 个随机数字，分别与序号 1、2、3……20 一一对应，令奇数进入 A 组，偶数进入 B 组，详见下表：

表 10-6　随机数字表

编　号	1～10	11～20	21～30	31～40	41～50
1	22 17 68 65 81	68 95 23 92 35	87 02 22 57 51	61 09 43 95 06	58 24 82 03 47
2	19 36 27 59 46	13 79 93 37 55	39 77 32 77 09	85 52 05 30 62	47 83 51 62 74
3	16 77 23 02 77	09 61 87 25 21	28 06 24 25 93	16 71 13 59 78	23 05 47 47 25
4	78 43 76 71 61	20 44 90 32 64	97 67 63 99 61	46 38 03 93 22	69 81 21 99 21
5	03 28 28 26 08	73 37 32 04 05	69 30 16 09 05	88 69 58 28 99	35 07 44 75 47
6	93 22 53 64 39	07 10 63 76 35	87 03 04 79 88	08 13 13 85 51	55 34 57 72 69
7	78 76 58 54 74	92 38 70 96 92	52 06 79 79 45	82 63 18 27 44	69 66 92 19 09
8	23 68 35 26 00	99 53 93 61 28	52 70 05 48 34	56 65 05 61 86	90 92 10 70 80
9	15 39 25 70 99	93 86 52 77 65	15 33 59 05 28	22 87 26 07 47	86 96 98 29 06
10	58 71 96 30 24	18 46 23 34 27	85 13 99 24 44	49 18 09 79 49	74 16 32 23 02
11	57 35 27 33 72	24 53 63 94 09	41 10 76 47 91	44 04 95 49 66	39 60 04 59 81
12	48 50 86 54 48	22 06 34 72 52	82 21 15 65 20	33 29 94 71 11	15 91 29 12 03
13	61 96 48 95 03	07 16 39 33 66	98 56 10 56 79	77 21 30 27 12	90 49 22 23 62
14	36 93 89 41 26	29 70 83 63 51	99 74 20 52 36	87 09 41 15 09	98 60 16 03 03
15	18 87 00 42 31	57 90 12 02 07	23 47 37 17 31	54 08 01 88 63	39 41 88 92 10
16	88 56 53 27 59	33 35 72 67 47	77 34 55 45 70	08 18 27 38 90	16 95 86 70 75
17	09 72 95 84 29	49 41 31 06 70	42 38 06 45 18	64 84 73 31 65	52 53 37 97 15
18	12 96 88 17 31	65 19 69 02 83	60 75 86 90 68	24 64 19 35 51	56 61 87 39 12
19	85 94 57 24 16	92 09 84 38 76	22 00 27 69 85	29 81 94 78 70	21 94 47 90 12
20	38 64 43 59 98	98 77 87 68 07	91 51 67 62 44	40 98 05 93 78	23 32 65 41 18
21	53 44 09 42 72	00 41 86 79 79	68 47 22 00 20	35 55 31 51 51	00 83 63 22 55
22	40 76 66 26 84	57 99 99 90 37	36 63 32 08 58	37 40 13 68 97	87 64 81 07 83
23	02 17 79 18 05	12 59 52 57 02	22 07 90 47 03	28 14 11 30 79	20 69 22 40 98
24	95 17 82 06 53	31 51 10 96 46	92 06 88 07 77	56 11 50 81 69	40 23 72 51 39
25	35 76 22 42 92	96 11 83 44 80	34 68 35 48 77	33 42 40 90 60	73 96 53 97 86
26	26 29 31 56 41	85 47 04 66 08	34 72 57 59 13	82 43 80 46 15	38 26 61 70 04
27	77 80 20 75 82	72 82 32 99 90	63 95 73 76 63	89 73 44 99 05	48 67 26 43 18
28	46 40 66 44 52	91 36 74 43 53	30 82 13 54 00	78 45 63 98 35	55 03 36 67 68
29	37 56 08 18 09	77 53 84 46 47	31 91 18 95 58	24 16 74 11 53	44 10 13 85 57
30	61 65 61 68 66	37 27 47 39 19	84 83 70 07 48	53 21 40 06 71	95 06 79 88 54

续表

编　号	1～10	11～20	21～30	31～40	41～50
31	93 43 69 64 07	34 18 04 52 35	56 27 09 24 86	61 85 53 83 45	19 90 70 99 00
32	21 96 60 12 99	11 20 99 45 18	48 13 93 55 34	18 37 79 49 90	65 97 38 20 46
33	95 20 47 97 97	27 37 83 28 71	00 06 41 41 74	45 89 09 39 84	51 67 11 52 49
34	97 86 21 78 73	10 65 81 92 59	58 76 17 14 97	04 76 62 16 17	17 95 70 45 80
35	69 92 06 34 13	59 71 74 17 32	27 55 10 24 19	23 71 82 13 74	63 52 52 01 41
36	04 31 17 21 56	33 73 99 19 87	26 72 39 27 67	53 77 57 68 93	60 61 97 22 61
37	61 06 98 03 91	87 14 77 43 96	43 00 65 98 50	45 60 33 01 07	98 99 46 50 47
38	85 93 85 86 88	72 87 08 62 40	16 06 10 89 20	23 21 34 74 97	76 38 03 29 63
39	21 74 32 47 45	73 96 07 94 52	09 65 90 77 47	25 76 16 19 33	53 05 70 53 30
40	15 69 53 82 80	79 96 23 53 10	65 39 07 16 29	45 33 02 43 70	02 87 40 41 45
41	02 89 08 04 49	20 21 14 68 86	87 63 93 95 17	11 29 01 95 80	35 14 97 35 33
42	87 18 15 89 79	85 43 01 72 73	08 61 74 51 69	89 74 39 82 15	94 51 33 41 67
43	98 83 71 94 22	59 97 50 99 52	08 52 85 08 40	87 80 61 65 31	91 51 80 32 44
44	10 08 58 21 66	72 68 49 29 31	89 85 84 46 06	59 73 19 85 23	65 09 29 75 63
45	47 90 56 10 08	88 02 84 27 83	42 29 72 23 19	66 56 45 65 79	20 71 53 20 25
46	22 85 61 68 90	49 64 92 85 44	16 40 12 89 88	50 14 49 81 06	01 82 77 45 12
47	67 80 43 79 33	12 83 11 41 16	25 58 19 68 70	77 02 54 00 52	53 43 37 15 26
48	27 62 50 96 72	79 44 61 40 15	14 53 40 65 39	27 31 58 50 28	11 39 03 34 25
49	33 78 80 87 15	38 30 06 38 21	14 47 47 07 26	54 96 87 53 32	40 36 40 96 76
50	13 13 92 66 99	47 24 49 57 74	32 25 43 62 17	10 97 11 69 84	99 63 22 32 98

表 10-7　完全随机设计分组表

序　号	1	2	3	4	5	6	7	8	9	10
随机数字	57	90	12	02	07	23	47	37	17	31
组　别	A	B	B	B	A	A	A	A	A	A
序　号	11	12	13	14	15	16	17	18	19	20
随机数字	54	08	01	88	63	39	41	88	92	10
组　别	B	B	A	B	A	A	A	B	B	B

当总例数固定时，两组的例数相等，统计分析的效率为最高。此时 A 组 11 人、B 组 9 人，应从 A 组调出 1 人到 B 组。调整也必须用随机方法进行。取随机数字表的第 20 行第一列交叉点的数字，是 38，这个数字除以 11（因为 A 组中的 11 人均有机会被调入 B 组）得余数为 5，这样 A 组的第 5 位（即序号 8 的患者）被调入 B 组。

配对设计分组：是将受试对象按某些共有的特征或条件配成对子，然后用随机方法将每对中的一个分到 A 组，另一个分到 B 组的分组方法。自身对照也属于配对设计（同源配对）。

例 10.4：将例 10.3 按配对设计分组

将这20个患者的年龄、性别、病情、病程等条件选相近者两两配成对子，共得到10对，以每对平均年龄大小排队编序，为1、2、3……10，每个对子患者分为①和②，从随机数字表第一行第一列起，共选10个随机数与序号一一对应，令随机数字奇数对子中的①进入A组，②进入乙组，偶数的对子中①进入B组，②进入A组，分组结果见下表

表10-8　配对设计分组表

配对序号	1	2	3	4	5	6	7	8	9	10
随机数字	22	17	68	65	81	68	95	23	92	35
①进入组别	B	A	B	A	A	B	A	A	B	A
②进入组别	A	B	A	B	B	A	B	B	A	B

3．试验顺序的随机化　有些试验过程较长，试验的先后顺序对研究结果可能会产生影响，如研究者的生理与心理状态，仪器的工作状态，试剂的浓度等均可能随时间的延长而产生变化，这必将影响试验结果。因此在决定每次试验顺序时也应遵循随机化原则，使各组中的每一个受试对象均具有同等机会在任何顺序上接受处理。

（三）重复（replication）

重复是消除临床试验研究中非处理因素影响的重要手段。从广义上说，重复的原则是指病因、诊断、疗效、预后的研究结果，他人在相同条件下能重复出来。良好的重复性说明研究结果的可靠性，试验设计中的重复是对重复原则的具体实施，是通过合理地确定样本容量的大小（即一次试验重复次数的多少）体现的。

样本容量大，重复的次数多，则能减少偶然因素的影响，反映客观真实情况。但样本过大，不仅会增加控制试验条件的困难，也会造成不必要的浪费。所以，必须在保证研究结果可靠的前提下确定最小的样本含量，以节约人力和物力。

样本容量的确定方法有查表法和计算法，请查阅统计学专著。

（四）盲法（blind method）

在临床试验中，为克服观察偏倚而运用盲法原则。盲法的原则是根据临床试验的需要，受试对象和对试验效果评价人员两者中，有一个或两个不知道受试对象接受的是什么处理，盲法可分为单盲和双盲。

1．单盲　受试对象不知道自己接受的是什么处理，但研究人员知道。单盲法的优点是避免了受试对象主观因素所造成的偏倚，实施起来也比较容易，在研究过程中出现变化时，研究人员容易判断其原因，并决定是否中止试验或改变试验。

2．双盲　受试对象和试验效果评价人员均不知道受试对象中谁被分到试验组，谁被分到对照组，这在很大程度上减少了上述二者的主观因素的影响。与单盲法比较，双盲法较复杂，实施起来难度大，还需一位第三者来监督试验的全过程。

（承德医学院　桑瑞兰）

第六节　疾病发生的条件及病因推断

流行病学从群体的水平和宏观的角度去探讨疾病发生的条件及病因，以达到预防、控制、消灭疾病和促进人类的健康的目的。因此探讨病因是流行病学研究的重点。

一、疾病发生的基本条件

任何疾病的发生必须具备病因、宿主和环境三个基本条件。当三个条件同时存在、相互作用处于动态平衡时，机体保持健康状态。当某一条件发生改变超出三者的调节能力时，动态平衡被破坏，就会发生疾病。为了深刻认识这些条件的作用，下面对它们分别进行研究。

（一）病因（agent）

1．病因的概念　人们对病因的认识是随科学的进步而不断发展的，而且不同学科（如基础医学、临床医学和流行病学）由于出发点及观察对象不同，对病因的理解也不完全一致。流行病学是从宏观、群体水平来研究疾病问题的，认为疾病的发生是诸多因素综合作用的结果，是多因论，这些因素可以通过单独作用、联合作用等方式而成为疾病发生的原因。美国著名的流行病学家 A.M.Lilienfeld 把病因定义为："那些能使人们发病概率增加的因子，就可以被认为有病因关系存在；当它们当中的一个或多个不存在时，疾病的频率就下降。"这些引起疾病发生的诸因素的综合就是病因。构成病因的这些因素中，有的是疾病发生所必须具备的，当缺乏这一因素时不能引起疾病的发生，这一因素称为必要病因。例如，没有结核杆菌的存在就不会引起结核病的发生，结核杆菌就是发生结核病的必要病因。有些因素综合作用后，才能引起疾病的发生，这些因素称为充分病因。如上例中除了必须有结核杆菌存在外，还要在营养不良、过度劳累、精神抑郁等因素存在的情况下，才能引起结核病，这些因素称为充分病因。到目前为止，有些疾病（特别是一些慢性非传染病），既未发现必要病因，又未发现充分病因。例如肺癌病人大多数有吸烟史，但也有既不主动吸烟又不被动吸烟的；吸烟（或被动吸烟）的人有些发生肺癌，但多数吸烟的人吸烟数十年并未发生肺癌。根据前述条件可知吸烟既不是肺癌的必要病因，也不是肺癌的充分病因，但从流行病学的角度看，随着吸烟量、吸烟率、吸烟年限的增、减，肺癌的发病率也随之增、减，从而可以认为吸烟是肺癌的病因。因此，病因这一概念可以通俗的理解为：流行病学从群体的角度、从预防和控制疾病的策略出发，当其他因素在人群中保持不变时，某因素在人群中增加或减少后，某疾病在该人群中的发生也增加或减少，则该因素被认为是该疾病的病因。

2．病因来源　病因来源于宿主和环境两个方面。来自宿主的有遗传、免疫、代谢、适应等，来自环境的主要包括下面几个方面：

(1) 生物因素：指各种病原体和一些有毒动植物。如真菌、细菌、立克次体、病毒、蠕虫和原虫等病原体，毒蛇、蝎子、狼毒、麦角等动植物。

(2) 化学因素：指人类生产和生活中接触的化学物质。一些重金属可使人发生中毒，如铅中毒可发生造血系统障碍，汞中毒引起神经系统障碍等。人体所必需的微量元素缺乏也可引起疾病，如缺铁可引起贫血。

(3) 物理因素：声、光、电、热、射线等物理因素超出正常范围均可引起疾病。如X线照射可引起白血病。

(4) 社会心理因素：社会动荡、失意、高度紧张等社会心理因素在一定条件下，可通过神经、内分泌系统而引起疾病。例如精神病、高血压、冠心病等。

(二) 宿主 (host)

宿主的多方面因素与疾病的发生有关。如遗传、免疫状况、年龄、性别、民族、种族、生理状态、心理特征等。

1. 遗传　遗传因素与疾病的发生有密切关系，有的疾病是由遗传决定的，例如先天愚型、色盲、血友病等；有的疾病与遗传有关，如冠状动脉病和肿瘤等。

2. 免疫　免疫状态对疾病的发生和发展有明显的影响。一般情况下，只要宿主对某种疾病有特异性免疫力，就不会发生该疾病，但是宿主有时也会出现免疫的病理反应，如免疫缺陷或减低、超敏反应及自身免疫反应等。

3. 机体　机体包括年龄、性别、民族、种族、营养状况、生理状态等因素。年龄与性别对疾病的影响，主要与暴露机会、免疫状态及解剖生理状态不同有关。如呼吸道传染病多见于幼年，肿瘤、心脑血管病多见于老年人，胆石症、地方性甲状腺肿以女性高发。不同民族和种族由于遗传、饮食、风俗习惯等不同，使疾病发生有所差异。

4. 心理　心理特征影响人的性格、行为和情绪，会导致某些疾病的发生。如A型性格易患心肌梗死、心绞痛、猝死等，而B型性格者的冠心病发病率则较低。

(三) 环境 (environment)

环境是指人类生活的自然环境和社会环境的总和。病因和宿主均处于环境中，三者相互作用从而决定疾病是否发生。

1. 自然环境

(1) 气象因素：气象因素主要指日照、气温、气湿、气压、气流等。阳光中的紫外线有助于维生素D的合成，阳光不足的环境中生长的小儿可因维生素D缺乏患佝偻病。日照过强则可引起皮肤损伤，甚至引起皮肤癌。气象因素中有的可以直接引起疾病，如中暑；有的可通过影响病原体及传播媒介的生长、发育和繁殖，使人类的某些疾病呈现一定的季节性，如流行性乙型脑炎的发病高峰，在我国北方主要集中于每年的8、9、10三个月份。

(2) 地理环境：地理环境主要包括海拔高度和地质结构等。高原地区海拔高、气温低、氧气稀薄，初到者易发生高原病。有些地区的水和土壤中某些微量因素过多或缺乏均可引起地方病。如缺碘导致地方性甲状腺肿；缺氟容易发生龋齿，高氟则易发生斑釉齿，重者发生氟骨症。

2. 社会环境　社会环境包括社会政治、经济、文化、制度、卫生水平、宗教信仰、生活习惯、职业、婚姻等复杂因素，这些因素从各方面影响人类的健康。其中主要的有：

(1) 社会卫生水平：一些发展中国家卫生水平落后，肠炎、细菌性痢疾、肺炎和支气管炎等疾病的死亡率较高。发达国家及部分发展中国家心脑血管疾病和恶性肿瘤的死亡率较高。

(2) 生活习惯：不同民族或宗教有不同的生活习惯，有的对健康有利，有的则引起疾病。如新几内亚东部山区中的 Fore 民族，由于具有“食人俗葬仪”的风俗习惯，而产生了以中枢神经系统损害为主要临床表现的 kuru 病。个人的生活习惯与健康的关系也很明显，如吸烟可引起肺癌、心脑血管病等。

(3) 职业：从事不同职业的人员接触有害物质的机会不同，患病情况也不一样。如石棉工人易患肺癌，扫烟囱工人易患阴囊癌。

(4) 婚姻：在一些不发达的地区，人际交往少，近亲婚配机会多，可把某些遗传病或染色体突变所形成的性状在群内遗传下去。如非洲的连趾村（大部分人脚趾不分），矮人村（平均身高约 1 米）等。不同的婚姻状态对健康的影响也是十分明显的，如婚姻幸福的人群较离婚、丧偶、独身的人群发病率和死亡率均低。

（四）病因、宿主和环境的相互关系

病因、宿主和环境存在密切的关系，可通过下面的两个模型来理解。

1. 流行病学三角（epidemiologic triangle）

此学说认为：病因、宿主、环境处在等边三角形的三个角上，并互相协调、互相制约，处于动态平衡（图 10-2）。当某一要素的作用发生改变超出了三者的协调能力时，平衡就被破坏，而引起疾病。这一模型适合解释寄生虫病和细菌、病毒、立克次体引起的急、慢性传染病流行过程中的各种表现。然而它把病因、宿主和环境三者等量齐观，忽视了各因素的内在变化，不适合解释原因未明和无特异病原体的疾病。因此发展了轮状模型。

2. 轮状模型（wheel model）轮状模型是从生态学的角度来研究疾病发生的，是由机体和环境两部分组成，其轮轴是人，人的核心是遗传，围绕其周围的轮子是环境，环境是多元的，包括社会的、理化的和生物环境（图 10-3）。人对环境有适应的一面，也有蒙受其影响的一面，如果环境的改变超出人的适应能力，引起内环境的紊乱就会发生疾病。此模型的各个组成部分是可以伸缩的，若环境的作用大（如职业中毒、传染病）则图中的外环可扩大些，若是遗传病则表示遗传作用的“核”要放大些，环境相应地缩小些，以表示其特征在两种情况之间还有程度不同的中间移行状态。轮状模型与三角模型相比，更确切地说明疾病的发生是多因素作用的结果。它强调病原微生物不是一个孤立的实体，而是外环境的一部分，不是在三角模型中独占一角。病因除了生物病原体外，还包括社会方面、理化方面因素

等；疾病是生物因子、理化因子、社会因子中的多种因素联合作用而引起的。

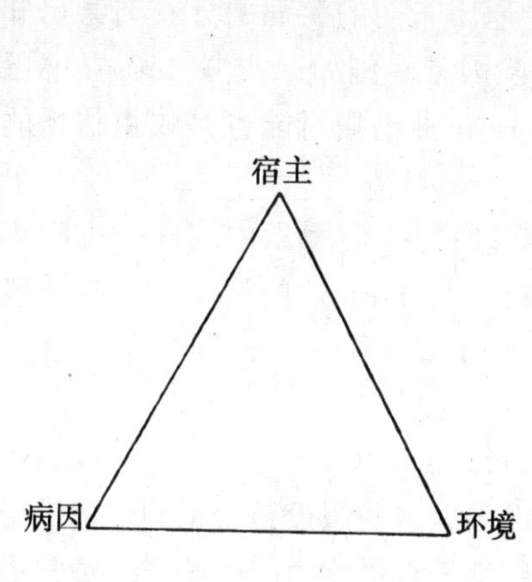

图 10-2　流行病学三角
（引自 L. H. Roht. 1982）

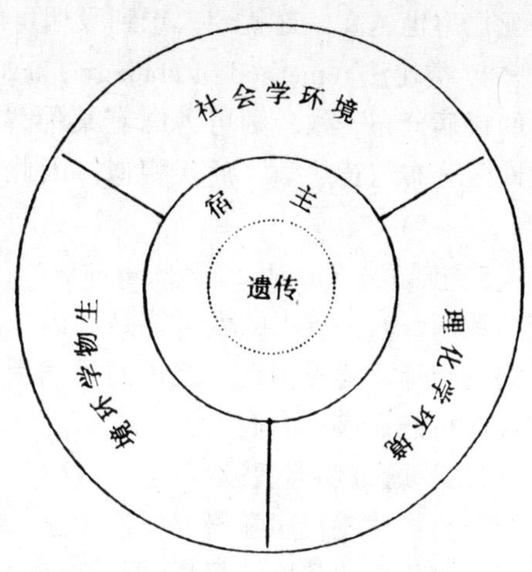

图 10-3　轮状模型
（引自 Mausner. J. S. 1974）

二、病因推断

流行病学病因研究的步骤，一般要对描述流行病学所提供的资料或信息进行科学的概括，找出病因线索，初步建立病因假设；并应用分析流行病学和实验流行病学的方法反复检验，以验证假设；然后进行病因推断（causal inference）即确定所观察的联系是否为因果联系。

（一）建立病因假设

流行病学病因研究时，首先依靠调查或收集常规资料等方法积累关于疾病分布的数据，逐步形成关于病因的初步假设，这种假设是一种探索性的预见。建立病因假设的方法如下：

1. 求异法（method of difference）　求异法即“同中求异法”，是指在相似的事件或事物中找不同点（重要的差异），这种差异可能是该病的病因。例如：新疆查布查尔病流行区，锡伯族人发病率比其他民族高，流行病学调查发现，锡伯族人吃一种特殊的食物“米送乎乎”（意为面酱之胚），而其他的民族不吃，由此怀疑“米送乎乎”是该病的病因。

2. 求同法（method of agreement）　求同法即“异中求同法”，是找发病人群的共同点或发病地区的共性。如某市春节期间发生百余名发热出疹的病人，分散于各区及不同职业、不同年龄的人群中，少数为同事或属同一家庭，调查发现这些人都是在一起涮羊肉聚餐者，因而怀疑羊肉是可疑病因，后来证实这些羊肉来源于自由市场，曾被旋毛虫所感染。

3. 共变法（method of concomitant variation）　如果某病的发病率随某因素的

变动而变动，则该因素就可能是该病的病因。例如美国烟草消耗量越高的州，冠心病死亡率也越高，这就令人想到吸烟可能对冠心病有一定作用。

4. 类比法（method of analogy） 如果某种原因未明的疾病的分布与某已知病因的疾病分布一致，则可考虑有某种共同的危险因素。例如，非洲 Burkitt 淋巴瘤的地区分布与黄热病、疟疾相似，因此设想 Burkitt 淋巴瘤可能也是蚊虫传播的疾病。

5. 排除法（method of exclusion） 在所有可疑的致病因素中，逐一排除不可能的致病因素，剩下的就可能是病因。如 Cajdusek 在 kuru 病的研究中排除一般传染病、中毒、营养不良、遗传四种病因假设后，第五种假设 Fore 民族的"食人俗葬仪"可能是该病的病因。

（二）验证病因假设

应用描述流行病学研究方法建立了病因假设，但这些假设是否正确，尚需用分析流行病研究和实验流行病学研究来验证，以确定是否可能为因果联系。最常用的方法是病例对照研究，该方法可同时调查多种因素，筛选出可疑的致病因素，然后根据致病因素的暴露与否进行队列研究，即从因到果验证病因假设。如果能够排除可能的混杂因素的影响，就可以初步确定致病因素与疾病有因果联系。此外，可开展实验流行病学研究，即施加干预性因素后再观察疾病的发病率或死亡率的变化，从而进一步验证病因假设。

（三）确定因果联系

通过分析流行病学研究可验证病因假设，但还不能直接提供因果联系的结论。确定因果联系必须进行病因推断。

在进行病因推断时病因与疾病首先要有联系，当病因与疾病存在密切的数量关系时，称为有统计学联系（或有联系）。有统计学联系不一定是因果联系，因为有统计学联系有三种可能，即虚假联系、间接联系和因果联系。在判断是否为因果联系前必须排除可能存在的虚假联系及间接联系。虚假联系是由于研究过程中的各种偏倚或应用了错误的方法、错误判断而形成的。例如，古书上讲"蛙鸣而燕至"，二者本无联系，只是季节到了二者都出现了。两者虽有统计学联系，但与真实的情况不符，是虚假的联系。当两种疾病（或事件）都与某因素有联系时，则这两种疾病（或事件）存在统计学联系，这种联系是间接联系。如白发与年龄有关，高血压的患病率也随年龄升高而增加，于是就出现有白发的人比无白发的人的高血压患病率高，并且有统计学上的显著意义，这种联系是由于年龄引起的间接联系。在排除虚假联系和间接联系之后，某因素与疾病的联系才有可能是因果联系，可应用判断因果联系的标准加以判断。判断某因素与疾病是否为因果联系，可使用下列几项已得到公认的标准。

1. 联系的强度 常用比值比（OR）或相对危险度（RR）表示，相对危险度越大表示因果联系的可能性越大。假如调查设计与分析都正确，且相对危险度（或比值比）高于 3 或 4，一般经验是很难用混杂或偏倚来解释，即两者存在因果联系。

如吸烟与肺癌的RR值可达4～20。

2. 联系的特异性　某种疾病仅与某种因素有联系，而与其他因素无关，其特异性就高。病原体与传染病联系有明显的特异性，如伤寒杆菌引起伤寒。而非传染病与其病原体联系的特异性通常较低。一般而言，当联系存在特异性时，可加强病因推断的说服力，但不存在特异性时，并不能排除因果联系。

3. 联系的重复性　同一种疾病与同一种因素的联系在不同的地区，由不同研究者应用不同的研究方法均能获得同样或类似的结果时，称重复性（或稳定性）。有重复性的证据更能支持因果联系。例如关于吸烟与肺癌的关系，世界上至少已有30次病例对照研究和7次以上的队列研究，结果表明吸烟与肺癌有很强的联系。

4. 联系的时间顺序　前有“因”，后有“果”，这是判断因果联系的必要条件，如某因素确实作用于某疾病的发生之后，则可否定其为该病的病因。在前瞻性队列研究中比较容易判定，而在病例对照研究或横断面研究中常难以判定。如发生在妇女身上的中毒性休克综合征，多发生在月经期，特别是一种阴道棉栓上市之后。德国发生的海豹肢畸形儿数量的增加，是在反应停上市约8～9个月之后出现的。

5. 剂量反应关系　随着暴露剂量的升高（或下降）、时间的延长（或缩短），联系强度（或发病率、患病率）也随之升高（或下降），称剂量反应关系。例如吸烟与肺癌的关系，随吸烟量的增加、吸烟时间的延长，OR值明显增加，有明显的剂量反应关系。有明显的剂量反应关系时，有助于因果联系的判断，但没有剂量反应关系并不能否定因果联系，因为，可能剂量还没有达到发生反应的“阈值”或者已达到饱和，一般只在一定的剂量范围内有剂量反应关系。

6. 分布相符　流行病学研究中病因的分布应与疾病的分布相符合。例如肺癌的死亡率与吸烟的时间、地区、人群分布相一致，有力地支持吸烟是肺癌的病因的观点。

7. 实验根据　实验根据包括检验技术、动物实验和实验流行病学的研究结果，如传染病爆发时，能从传染源、传播媒介和病例中检测出病原体，是说明因果关系的有力证据。在动物实验中，由于人和动物的种属差异，不能轻易将其结果推广到人。在现场进行的实验流行病学研究本身是判断因果联系的重要手段之一，如在反应停引起海豹肢畸形的事件中，进行实验流行病学的干预实验，即停止销售反应停，于8、9个月后病例消失。

8. 与现代知识协调　这可以从两个方面考虑：一方面所假设的病因得到现代科学知识（如生物学和医学）的支持，即有相关学科中的旁证，则这种因果联系有存在的可能性。另一方面努力寻找不支持该因果关系的根据，如果找不到有力的否定证据，则因果联系的可能性就大。

满足上述条件越多，判定因果联系的可能性越大，若能完全满足则判定因果关系的可能性更大。但如果不能完全满足也不能否定因果联系的存在，尚需进一步研究。

三、病因研究实例

——反应停（Thalidomide）与先天畸形

1959～1961年间，在西德及其他西欧国家发生数万例短肢畸形（又称海豹肢畸形）新生儿，其主要表现为四肢长骨多处缺损，如缺臂、缺腿、指（趾）畸形、无耳、无眼、缺肾、缺胆囊、肛门闭锁及心脏畸形等，在西欧国家引起极大的震惊。

于是众多学者纷纷应用不同的方法来探讨短肢畸形的病因。最早观察到这种畸形儿的是儿科大夫，但病因的证实及验证是应用流行病学研究实现的。首先通过描述流行病学研究发现短肢畸形的分布特点，时间主要在1959～1961年，地区分布集中在西欧国家；人群主要发生在新生儿，双卵双胞胎常同时受害。调查同时还发现孕妇妊娠期服用的一种镇吐药物（反应停）的分布与该病的分布相符合，如反应停销售量与病例数一致，西德和英国反应停销售量大，病例数亦较多（见表10-9）；反应停的销售情况与短肢畸形在时间上相符合，Davis和Dobbling研究发现，在西德反应停从1959到1961年在市场上销售，1960年达高峰；1960年至1961年初这种短肢畸形亦上升，两条曲线间隔三个季度，这一时间与病例的母亲妊娠期相符合（图10-4）。在排除放射线、坠胎药、避孕药、去污剂等因素后，建立了反应停可能是该病病因的假设。

表10-9　反应停销售量与短肢畸形数的关系

国　家	反应停销售量（kg）	短肢畸形数
奥地利	207	8
比利时	258	26
英　国	5769	349
荷　兰	140	25
挪　威	60	11
葡萄牙	37	2
瑞　士	113	6
西　德	30099	5000
美　国	25	10+7*

* 反应停从国外购来

后来一些学者又通过分析流行病学研究和实验流行病学研究验证了病因假设。如1961年12月反应停从市场上撤消并停止出售，1962年下半年以后出生的婴儿便很少发生这种畸形。在流行病学病因研究时，可以边调查边采取干预性因素（即进行实验流行病学研究），这样既可及早防治疾病又可验证病因假设。从1962年至1965年一些学者进行了多次病例对照研究，发现病例的母亲中服用反应停的人数明显高于健康婴儿的母亲；1963 年 Mcbridge W G 报告了一次前瞻性研究，他选择了服用反应停的孕妇为研究对象，当怀疑反应停有致畸作用后，立即进行观察，结果发现服用反应停者，其后代发生短肢畸形的相对危险度为 175，特意危险度为 41.76%，说明反应停与该病有明显的相关性。通过这些研究证明反应停与该病可能存在因果关系。

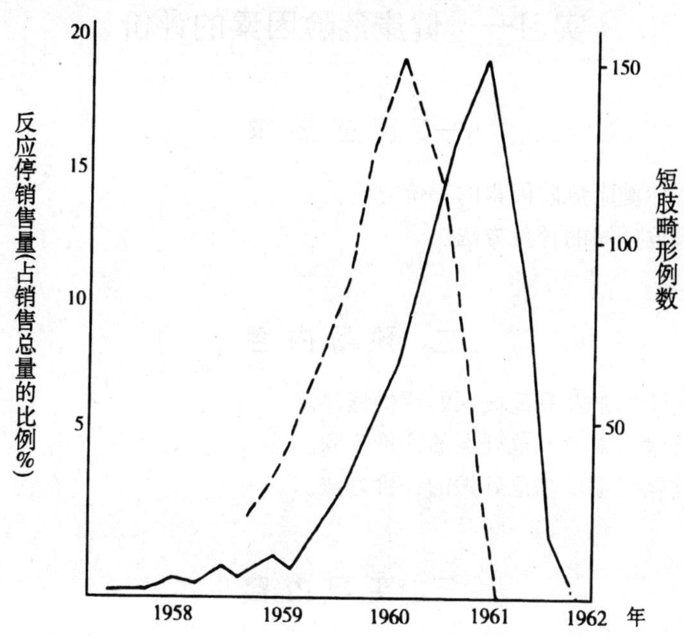

图 10-4　联邦德国反应停销售总量（虚线）与短肢畸形病例数（实线）的时间分布（Davis and Dobbling. 1974）

反应停事件发生后，一些学者进行了动物实验研究，在猴子身上诱发出与人类相似的畸形后代。结合前面的一些标准，最终证明了反应停是短肢畸形的病因。

（承德医学院　赵秀荣　桑瑞兰）

实 习 指 导

实习一　健康危险因素的评价

一、目 的 要 求

1. 掌握个体健康危险因素的评价方法。
2. 掌握高危妊娠的评价方法。

二、预 习 内 容

1. 健康危险因素及高危妊娠的评价程序。
2. 健康危险因素及高危妊娠的评价步骤。
3. 健康危险因素及高危妊娠的评价方法。

三、实 习 内 容

1. 已知某地男性40～44岁年龄组的死亡原因及死亡率（见下表）。现有某人，男，40岁，在某机关工作，常吸烟（20支/日）、饮酒（频繁社交，明显无节制），喜欢坐着工作和娱乐。查体：体重超出50%，血压24.0/12.5kPa，血胆固醇7.5mmol/L。既往史：曾有原因不明的肛门出血，但从未做过直肠镜检，无其他疾病史。家庭史：父亲58岁时死于冠心病，其母健在。试就该男性的危险因素进行评价。

某地40～44岁男性死亡原因及死亡率

死亡原因	死亡率（1/10万）	死亡原因	死亡率（1/10万）
1. 冠心病	1920	7. 肺炎	151
2. 脑血管疾病	1412	8. 肠癌	89
3. 肺癌	451	9. 肺气肿	75
4. 肝硬化	378	10. 糖尿病	67
5. 车祸	361	11. 他杀	50
6. 自杀	278	12. 其他死亡原因	2357

2. 某人，女，31岁，因怀孕待产入院。既往史：该女27岁结婚，曾流产2

次，本次为初产，无其他疾病史。家庭状况良好。查体：一般情况可，心率80次/分，血压110/70mmHg，Hb 120g/L。胎儿无异常。试对该孕妇的危险性进行评价。

实习二　食物中毒案例分析

一、目的要求

通过对资料的学习，熟悉食物中毒的调查、处理，并了解本次食物中毒的特点及预防措施。

二、案例简介

1992年8月2日上午，某区卫生防疫站接到该区区医院报告，某厂食堂发生了可疑食物中毒。卫生监督人员随即到达现场。

据查就诊病人达70余人，多数病人有发热、头晕、头痛和腹痛、腹泻、恶心、呕吐等胃肠道症状。有高热、严重脱水的28名重患已转该市中心医院抢救治疗。据该厂卫生所人员介绍，在70余名病人中，除2人外其余人员8月1日中午均曾在本厂食堂就餐。卫生防疫人员分别对8月1日在该食堂就午餐的158人进行了个案调查。截至8月4日中午，在厂食堂就餐者中，共发生99例病人。不在食堂就餐者，除上述2例病人外，再未发生新病例。

个案调查结果见表1-1、1-2、1-3。

表1-1　中毒病人潜伏期

潜伏期(h)	4～	8～	12～	16～	20～	24～	28～	32～	36～	40～	44～	48～72
病例数	2	4	27	32	12	10	4	3	2	1	1	1

表1-2　99例中毒病人主要临床表现

症状	头晕	头痛	发热	腹痛	腹泻	恶心	呕吐
例数	85	83	75	71	78	51	40

在进行个案调查的同时，采集了患者的吐泻物，静脉血及剩余食物等检验样品，立即送区卫生防疫站检验。

据食堂管理人员介绍，8月2日午餐所用牛肉及猪肉均系前一天由农贸市场购入。该食堂无冷藏设备，卫生条件较差，近两天气温偏高，最高气温达28℃左右。

表 1-3 就餐者食用食物品种与发病的关系

食物名称	吃某种食物		未吃某种食物	
	人数	发病人数	人数	发病人数
牛肉	133	97	25	2
调味品	121	88	37	11
猪肉	22	15	136	84
菠菜	105	77	53	22
芹菜	127	92	31	7
凉拌菜	4	1	154	98
大米饭	66	50	92	49
馒头	90	50	68	45
啤酒	108	75	50	24

实验室检验结果　共检查各种样品48份（其中包括发病后第10天的患者静脉血8份）。除静脉血外，其余样品均经沙门菌培养基及肠道菌选择培养基和肠道菌鉴别培养常规培养。有15份食物、粪便样品的培养基上见到中等大小、光滑扁平、边缘整齐的透明菌落，在S.S培养基上可见中心带黑色之菌落生长。取上述菌落涂片染色，镜检为革兰氏阴性短杆菌。取上述菌落接种于双糖铁斜面培养基上，经37℃24小时培养，均分解葡萄糖、产酸产气，不分解乳糖，产生硫化氢，有动力。挑取上述菌株与8名急性期及恢复期患者血清做凝集试验，结果是1∶160阳性2例，1∶640阳性2例，1∶1 280阳性4例。

三、中毒现场处理

将引起食物中毒的剩余食物全部无害化处理，食堂所用炊具、食物容器、食具均用热碱水洗刷后煮沸消毒。整顿食堂卫生，建议增设冷藏设备。患者的吐泻物用漂白粉混合（200克/升）消毒。对食堂炊管人员进行食品卫生常识教育，宣传预防食物中毒方法，积极救治中毒病人。

四、讨　　论

（一）本次中毒事件是否是食物中毒？根据是什么？

（二）引起中毒的食物是什么？根据是什么？

（三）食物中毒的性质是什么？为什么？

（四）对中毒现场调查处理应做那些组织、准备工作？

（五）现场调查处理是否得当？需补充什么？

实习三　膳食调查及营养素计算

一、目 的 要 求

学会膳食调查和计算的方法，并对调查结果作出初步评价，为进一步改进膳食营养提供资料。

二、膳食调查的方法和注意事项

要全面了解一个集体单位的营养状况，应同时进行膳食调查、体格营养状况检查及生化检验。

本次实习只进行膳食调查。

（一）膳食调查所需资料

1. 调查期间共消耗食品的种类和数量。

2. 调查期间用膳者人数、年龄、性别及劳动强度等。

（二）膳食调查的方法

共五种即食物平衡法、询问法、记账法、称重法、化学分析法。较常用的有询问法、记账法、称重法。

（三）膳食调查注意事项

1. 膳食调查至少连续 5～7 天，调查对象必须具有代表性。

2. 调查前要与被调查单位的领导、伙食管理部门取得联系；说明此次调查的目的，以取得领导层支持，同时亦须与炊事员及伙食管理员说明调查目的、方法、步骤，以取得他们的协助，使调查能够顺利进行并取得满意结果。

3. 准确记录每日每餐所食各种食品重量及用膳人数（包括性别、年龄）。

三、实 习 内 容

本次实习只用记账法进行。要求对自己学校食堂进行 5 天的记账法膳食调查，计算各种营养素的摄入量，并与每日膳食营养素的供给量进行比较，同时计算热能和蛋白质的来源分布，最后作出评价。

下述实例：

某校食堂有就餐学生 360 人，年龄 16 岁～18 岁，男性。用记账法查得 8 月 10 日～14 日 5 天内共消耗大米 1200 斤，标准粉 600 斤，青菜 600 斤，大豆 420 斤，猪肉 138 斤，鸡蛋 32 斤，土豆 600 斤，白菜 912 斤，茄子 600 斤，盐 60 斤，酱油 42 斤，豆油 25 斤。试计算每人每日各营养素摄取量，并给予评价。

四、计算步骤

将膳食调查计算出的每日营养素的摄取量与每日膳食中营养素供给量进行比较，并进一步计算热能和蛋白质的来源分布等来评定膳食的营养状况。

1. 热能和各种营养素摄入量与每日膳食中营养素的供给量的比较　由于调查对象中存在年龄、性别、劳动强度和生理健康状况的差异，为便于比较，首先计算被调查者平均每人每日各种营养素的供给量，再与平均摄入量进行比较，以了解热能和各种营养素摄入量达到平均供给量的程度，并可进行单位间的相对比较。

根据总共消耗各种生食品的重量，算出每人每日平均消耗的各项生食品的重量按可食部分计算出人均每日的各项食品量（净重克数）。

按照第八章附《食物一般成分表》求出各项食品所含的营养素含量。

由所获调查资料计算出膳食中总热能和蛋白质的食物来源的百分比以及热能的营养素分布，以反映膳食的构成。还可根据热能的三餐分配比来判断膳食制度的合理程度。

例如：求500g标准粉含多少蛋白质？多少脂肪？

〔解〕标准粉的可食部分是100%，故仍是500g，由食物成分表查得100克标准粉含蛋白质9.9克，故500g标准粉含蛋白质如下：

$100:9.9=500:X$

$X=(9.9\times500)\div100=49.5(g)$

500g标准粉含脂肪如下：

$100:1.8=500:X$

$X=(1.8\times500)\div100$

$X=9.0(g)$

用同样方法可以计算出500g标准粉中含多少碳水化物、维生素、无机盐等各种营养素。

五、结果计算

计算每人每日摄入各类营养素，每人每日所得三大营养素热量百分比，蛋白质来源百分比，并对该膳食的结构作出评价。

实习四　统计表与统计图制备

1. 某县防疫站1972年开始在某乡镇建立“预防接种卡”，使计划免疫得到加强。为说明效果，1975年5月观察了482人的锡克氏试验反应，其中幼儿园儿童

101 人，阳性 21 人；小学生 145 人，阳性 22 人；中学生 236 人，阳性 15 人。相比起来，1974 年为：幼儿园儿童 144 人，阳性 37 人；小学生 1417 人，阳性 323 人；中学生 359 人，阳性 41 人。试用适当的统计表和统计图描述上述结果。

2. 某医院用某药治疗高血压病 183 例，结果如下表，试作改进。

效果 总例数	有效						无效	
	小计		近期痊愈		好转			
	例	%	例	%	例	%	例	%
183	119	65.0	80	43.7	39	21.3	64	35.0

3. 某地 1988 年各种传染病的病例数和构成百分比为：痢疾 5083（45.11%），肝炎 2861（25.39%），流脑 920（8.16 %），麻疹 1085（9.63 %），其他 1320（11.71%），将上述资料用统计表表示。

4. 某医院用复方猪胆胶囊对 403 例不同类型老年型慢性支气管炎作近期疗效观察，结果如下表，请改进。

		单纯型慢性气管炎				喘息型慢性气管炎			
分度	度别	重	中	轻		重	中		轻
	例数	136	54	31		93	56		33
疗效	指标	临床治愈	显效	好转	无效	临床治愈	显效	好转	无效
	例数	60	98	51	12	23	83	65	11
	小计(%)	94.6%			5.4%	94.0%			6.0%
	合计(%)	94.3%							

5. 用下表资料绘图。

某年某地六种传染病病死率（%）

传染病	病死率（%）
白　　喉	10.9
流行性乙型脑炎	18.0
流行性脑脊髓膜炎	11.0
伤寒及副伤寒	2.7
痢　　疾	1.2
急性脊髓灰质炎	3.4

6. 某地1952年和1972年三种死因别死亡率如下表，试将该资料绘制成统计图。

某地1952年和1972年三种死因别死亡率（1/10万）

死因	1952年	1972年
肺结核	165.2	27.4
心脏病	72.5	83.6
恶性肿瘤	57.2	178.2

7. 用适当的图形表达下表资料。

某省1990～1992年菌痢发病的职业构成

职业	例数			构成（%）		
	1990	1991	1992	1990	1991	1992
农民	19 662	21 347	15 436	40.89	41.22	38.52
商人	13 945	17 057	12 939	29.00	32.94	32.29
学生	3 876	3 849	3 088	8.06	7.43	7.71
工人	6 568	5 838	5 519	13.66	11.27	13.77
其他	4 035	3 697	3 088	8.39	7.14	7.71
合计	48 086	51 788	40 070	100.00	100.00	100.00

8. 将下表资料绘制成适当的统计图。

某市1949～1957年15岁以下儿童结核病和白喉死亡率（1/10万）

年份	结核病死亡率	白喉死亡率
1949	150.2	20.1
1950	148.0	16.6
1951	141.0	14.0
1952	130.0	11.8
1953	110.4	10.7
1954	98.2	6.5
1955	72.6	3.9
1956	68.0	2.4
1957	54.8	1.3

9. 下面是某地区130名正常成年男子红细胞数（10^{12}/L）的频数分布资料，请绘制统计图。

某地区 130 名正常成年男子红细胞数（10^{12}/L）的频数分布

红细胞数	频 数
3.70～	2
3.90～	4
4.10～	9
4.30～	16
4.50～	22
4.70～	25
4.90～	21
5.10～	17
5.30～	9
5.50～	4
5.70～5.90	1
合计	130

10. 某克山病区 10 名健康儿童发硒与血硒含量的测定结果如下，请绘制散点图。

某克山病区 10 名健康儿童发硒与血硒含量的测定值（1000ppm）

发硒，X	血硒，Y
74	13
66	10
88	13
69	11
91	16
73	9
66	7
96	14
58	5
73	10

实习五　计量资料的分析

1. 某地 101 例 30～49 岁健康男子血清总胆固醇值（mmol/L）测定结果如下：

4.77　3.37　6.14　3.95　3.56　4.23　4.31　4.71　5.69　4.12
4.56　4.37　5.39　6.30　5.21　7.22　5.54　3.93　5.21　6.51

5.18	5.77	4.79	5.12	5.20	5.10	4.70	4.74	3.50	4.69
4.38	4.89	6.25	5.32	4.50	5.63	3.61	4.44	4.43	4.25
4.03	5.85	4.09	3.35	4.08	4.79	5.30	4.97	3.18	3.97
5.16	5.10	5.86	4.79	5.34	4.24	4.32	4.77	6.36	6.38
4.88	5.55	3.04	4.55	3.35	4.87	4.17	5.85	5.16	5.09
4.52	4.38	4.31	4.58	5.72	6.55	4.76	4.61	4.17	4.03
4.47	3.40	3.91	2.70	4.60	4.09	5.96	5.48	4.40	4.55
5.38	3.89	4.60	4.47	3.64	4.34	5.18	6.14	3.24	4.90
3.05									

(1) 编制频数分布表并绘制直方图，简述其分布特征；

(2) 计算均数 $\bar{X}$、标准差 s、变异系数 cr；

(3) 分别考察 $\bar{X} \pm 1.96S$ 及 $\bar{X} \pm 2.58S$ 范围内的实际频数与理论分布是否一致？

2. 某卫生防疫站对 30 名麻疹易感儿童经气溶胶免疫一个月后，测得其血凝抑制抗体滴度资料如下，试计算其平均滴度。

抗体滴度	1:8	1:16	1:32	1:64	1:128	1:256	1:512	合计
例　　数	2	6	5	10	4	2	1	30

3. 50 例链球菌咽峡炎患者的潜伏期如下，计算其中位数 M 和百分位数 $P_{2.5}$、$P_{97.5}$。

潜伏期(h)	12～	24～	36～	48～	60～	72～	84～	96～	108～120	合计
病例数	1	7	11	11	7	5	4	2	2	50

4. 某医院对 9 例慢性苯中毒患者用中草药抗苯一号治疗，得下列白细胞总数（10^9/L），问该药是否对患者的白细胞总数有影响？

病人号	1	2	3	4	5	6	7	8	9
治疗前	6.0	4.8	5.0	3.4	7.0	3.8	6.0	3.5	4.3
治疗后	4.2	5.4	6.3	3.8	4.4	4.0	5.9	8.0	5.0

5. 将 20 名某病患者随机分为两组，分别用甲、乙两药治疗，测得治疗前后（治后一月）的血沉（mm/h）如下表。

甲、乙两药治疗前后的血沉（mm/h）

甲　药			乙　药		
病人号	治疗前	治疗后	病人号	治疗前	治疗后
1	10	6	1	9	6
2	13	9	2	10	3
3	6	3	3	9	5
4	11	10	4	13	3

续表

甲药			乙药		
病人号	治疗前	治疗后	病人号	治疗前	治疗后
5	10	10	5	8	3
6	7	4	6	6	5
7	8	2	7	10	8
8	8	5	8	11	2
9	5	3	9	10	7
10	9	3	10	10	4

(1) 甲、乙两药是否均有效?

(2) 甲、乙两药疗效有无差别?

6. 分别测定 15 例健康人和 12 例Ⅲ度肺气肿病人痰中 a_1抗胰蛋白酶 (g/L), 含量如下, 问健康人是否不同于Ⅲ度肺气肿病人?

健康人 2.7 2.2 4.1 4.3 2.6 1.9 1.7 0.6 1.9 1.3 1.5 1.7 1.3 1.3 1.9

病　人 3.6 3.4 3.7 5.4 3.6 6.8 4.7 2.9 4.8 5.6 4.1 3.3

实习六　计数资料的分析

1. 下表为一抽样研究资料, 试①填补空白数据; ②根据最后 (5)、(6)、(7) 三栏结果作简要分析; ③试估计"≥60"年龄组恶性肿瘤死亡率和年龄别死亡率的可信区间; ④试比较"20～"与"40～"岁组恶性肿瘤死亡率有无差别。

某地各年龄组恶性肿瘤死亡情况

年龄(岁) (1)	人口数 (2)	死亡总数 (3)	其中恶性肿瘤死亡数 (4)	恶性肿瘤死亡占总死亡的% (5)	恶性肿瘤死亡率 (1/10 万) (6)	年龄别死亡率 (‰) (7)
0～	82920		4	2.90		
20～		63		19.05	25.73	
40～	28161	172	42			
≥60			32			
合　计	167090	715	90	12.59		

2. 某市 1971～1981 年乙脑发病率 (1/10 万) 资料如下, 试作动态变化分析。

年　份	1971	1972	1973	1974	1975	1976	1977	1978	1979	1980	1981
发病率	20.52	6.31	1.87	3.07	1.08	1.38	2.29	2.31	2.47	2.76	2.94

3. 在地方性氟病的调查中, 某县根据随机原则抽取 8000 人, 共检出 800 名患

者，全县人口100万人，试以该县地方性氟病患病率的95%可信区间的下限和上限，估计该县地方性氟病患者人数至少有多少？至多有多少？

4. 试就下表资料用标准化法分析比较甲、乙两医院乳腺癌手术后的5年生存率。

甲、乙两医院乳腺癌手术后的5年生存率（%）

腋下淋巴结转移	甲医院			乙医院		
	病例数	生存数	生存率	病例数	生存数	生存率
有	45	35	77.78	300	215	71.67
无	710	450	63.38	83	42	50.60
合计	755	485	64.24	383	257	67.10

5. 观察某种防治菌痢措施的效果，结果如下，问能否据此认为该措施有效？

两组人群菌痢发病率比较（1979年）

分组	人数	菌痢例数	发病率（‰）
实验组	4118	21	5.1
对照组	5217	72	13.8

6. 某卫生防疫站在中小学观察三种矫治近视眼措施的效果，近期疗效数据如下，结论为“近期疗效要以夏天无眼药水为最好，眼保健操为次，新医疗法最差”。试对此说法作分析评价。

三种措施的近期有效率

矫治方法	观察例数	近期有效率（%）
夏天无眼药水	135	37.78
新医疗法	32	18.75
眼保健操	18	27.78

7. 对410名钩端螺旋体病患者同时用间接免疫荧光抗体试验和显微镜凝集试验进行血清学诊断，结果见下表，试比较两种方法检查结果有无差别。

两种方法检查结果比较

间接免疫荧光	显微镜凝集		合计
	+	−	
+	279（a）	43（b）	322
−	16（c）	72（d）	88
合　计	295	115	410

实习七 秩和检验

1. 某医院组织病人对护理质量作评价，同时对护士再培训，结果如下，问培训对护理质量有无提高？

编　号	1	2	3	4	5	6	7	8	9	10	11	12	13
培训前评分	7	7	7	6	7	7	8	2	9	6	4	6	6
培训后评分	10	9	7	7	10	6	9	6	8	9	6	6	7

2. 测得铅作业与非铅作业工人的血铅值（μg/100g），数据如下，问两组工人的血铅值有无差别？

非铅作业组	5	5	6	7	9	12	13	15	18	21
铅作业组	17	18	20	25	34	43	44			

3. 将 40 只小白鼠随机分配到四种不同的饲料组，每组 10 只小白鼠。在喂养一定时间后，测得鼠肝中铁的含量（μg/g）如下表所示，试检验不同饲料对小白鼠肝中铁的含量有无影响。

不同饲料组小白鼠肝脏中铁的含量（μg/g）

一组	二组	三组	四组
2.23	5.59	4.50	1.35
1.14	0.96	3.92	1.06
2.63	6.96	10.33	0.74
1.00	1.23	8.23	0.96
1.35	1.61	2.07	1.16
2.01	2.94	4.90	2.08
1.64	1.96	6.84	0.69
1.13	3.68	6.42	0.68
1.01	1.54	3.72	0.84
1.70	2.59	6.00	1.34

4. 某医院外科用三种方法治疗肝癌患者 15 例，每组 5 例，随机分配到各组，每例患者手术后生存月数如下表，试问三种手术方法治疗肝癌的效果有无差别？

三种手术方法治疗肝癌患者的术后生存月数

甲法	乙法	丙法
3	9	1
7	12	2
7	11	6
6	8	4
2	5	7

5．某医生比较婴儿一般肝炎与重症肝炎患者血清总胆红质的含量（mg%），结果如下，试问一般肝炎与重症肝炎婴儿的血清总胆红质有无差别？

两组肝炎婴儿的血清胆红质

总胆红质 (mg%)	人数		合计
	一般组	重症组	
<1	4		4
1～	11		11
5～	15	2	17
10～		10	10
15～		1	1
20～		4	4
25～		2	2
合计	30	19	49

6．用甲乙两种疗法分别治疗高血压病，结果如下，问两药的疗效有无差别？

两种疗法对高血压病的疗效

疗效	甲法	乙法
无效	760	9
好转	1 870	51
显效	670	21
控制	30	13
合计	3 330	94

7．试检验针刺不同穴位的镇痛效果有无差别？

针刺不同穴位的镇痛效果

镇痛效果	合谷	足三里	扶突
+	38	53	47
++	44	29	23
+++	12	28	19
++++	24	16	33

实习八　直线相关与回归

1. 某地 10 名 3 岁儿童体重与体表面积资料如下表：

编号	1	2	3	4	5	6	7	8	9	10
体重（kg）	11	12	12	12	13	14	14	15	15	16
体表面积（m^2）	5283	5299	5358	5292	5602	6014	5830	6102	6075	6411

（1）绘制散点图；

（2）计算相关系数，并对相关系数 r 作假设检验。

2. 已知 12 名不同年龄妇女的收缩压测定值，试进行回归分析。

12 名不同年龄妇女的收缩压测定值

妇女号	1	2	3	4	5	6	7	8	9	10	11	12
年龄（岁）X	56	42	72	36	63	47	55	49	38	42	68	60
收缩压(mmHg)Y	147	125	160	118	149	128	150	145	115	140	152	156

实习九　病例对照研究的资料分析

一、目　　的

学习并掌握病例对照研究资料的基本整理、分析方法。

二、时　　间

2 学时

三、内　　容

在某地肿瘤医院和各综合医院共调查了435例男性食管癌病人作为病例组，并在人群中随机抽取451名健康男性作为对照组。调查主要项目是饮酒和吸烟，分为“大量饮酒”与“不饮酒”以及“吸烟”与“不吸烟”各两组。结果见表1和表2。

表1　病例组与对照组按饮酒量的分布

饮酒量	病例	对照
大量	328	258
不饮	107	193
合计	435	451

表2　病例组与对照组按饮酒与吸烟量的分布

饮酒量	吸　烟		不吸烟	
	病例	对照	病例	对照
大量	265	151	63	107
不饮	44	57	63	136

四、要　　求

（一）大量饮酒者患食管癌的相对危险度是多少？

（二）大量饮酒与食管癌是否有显著的统计学联系？

（三）吸烟者患食管癌的相对危险度是多少？

（四）如何在分析时控制吸烟对饮酒的混淆作用？

（五）控制吸烟的混淆作用后，饮酒的相对危险度是多少？

实习十　病因流行病学探讨

一、目　　的

学习原因不明疾病的流行病学调查分析方法。

二、时　　间

3学时

三、内　　容

1972年7月下旬，上海市郊县广大地区突然发现大量皮炎病例，形成爆发流行。各县流行情况轻重不等，市区内同时也有散发病例，病例总数尚难完全统计，受害者达十万余人，流行过程约为三个月。像这样大规模的皮炎流行，在医学史上还未曾见过。

此病的主要表现是：突然在身体的一定部位，主要是两臂、胸背、腹、大腿出现皮疹，以丘疹为主，患者奇痒难忍，一般历时数日可自愈，但也有延长10余日者。7月初，开始有散发病例，7月下旬至8月中旬出现流行高峰，以后病例稀少，但至9月下旬又出现一个流行余波。患者绝大多数是工人和农民，外来的商船在进入吴淞口的次日，即有海员患上此病。

卫生部门对此病流行非常重视，立即抽调医学科研人员组织成“皮炎调查小组”，深入现场进行调查分析，临床观察和试验，以及研究防治对策。

（问题1）对这样一次皮炎爆发流行，假如让你参加调查，你应该怎样进行调查呢？下面列出部分数据和问题，请解答。

调查组在一个大工厂内调查各工种工人的皮炎罹患率，注意到电焊、气割工人罹患者较低，数据如下：

表1　各工种男工人患病情况

工　　种	皮炎患者	非皮炎患者	合计
各工种男工人	426	380	806
电焊、气割男工人	29	57	86
合　　计	455	437	892

计算：$\chi^2 =$　　　　　　P

表2　各工种女工人患病情况

工　　种	皮炎患者	非皮炎患者	合计
各工种女工人	130	152	282
电焊、气割女工人	9	29	38
合　　计	139	181	320

计算：$\chi^2 =$　　　　　　P

（问题2）分析以上结果，并指出这一结果说明了什么？你认为有必要到电焊、气割的工作现场进行观察吗？

（问题 3）从这项调查结果中，能给你提供什么病因假设？你如何验证这些假设？

这项调查结果给调查组以很大的启发，他们由此开展了更多的调查研究。调查组围绕风的问题做了很多调查，部分数据如下：

1. 不同地点、风力大小相同

表 3　不同地点、风力大小相同的病例分布

类　别	患者	非患者	合　计
浦东沪新村居民	83	103	186
浦西共青路 40 号工房居民	44	61	105
合　计	127	164	291

计算：$\chi^2=$　　　　　　　　P

2. 不同地区、风力大小不同

表 4　不同地点、风力大小不同的患者分布

类　别	患者	非患者	合　计
风大的浦东大道上 81 路汽车驾驶员、售票员	22	12	34
风小的市中心区 23 路电车的驾驶员、售票员	17	50	67
合计	39	62	101

计算：$\chi^2=$　　　　　　　　P

3. 同一地点、风力大小不同

表 5　同一地点，风力大小不同的患者分布

类　别	患者	非患者	合　计
南市区新里楼房风小的底楼	1	40	41
同楼，风大的三楼	13	27	40
合　计	14	67	81

计算：$\chi^2=$　　　　　　　　P

在楼的附近一个几乎无风的小院里检查了 69 人，无一人患皮炎。

（问题 4）从以上资料分析，你能得出什么结论？还要进行哪些工作？

调查组又继续调查，得到更多的资料，部分结果如下：

表 6　距海远近不同地区的患者分布

地　区	患者	非患者	合　计
(1) 滨海风大的南汇果园公社果农	27	104	131
(2) 距海较远、风较小的周浦横塘大队	73	43	116
(3) 周浦塘东大队	24	74	98
合　计	124	221	345

计算：(1) 和 (2) 卡方检验 $\chi^2=$　　　　　　　P

(2) 和 (3) 卡方检验 $\chi^2=$　　　　　　　P

(1) 和 (3) 卡方检验 $\chi^2=$　　　　　　　P

川沙凌桥公社高聚滨大队，风力大小相同的两个生产队皮炎患病情况如下：

表 7　风力大小相同的两个生产队皮炎患病情况

队　别	患　者	非患者	合　计
一队	57	50	107
二队	58	61	31
合计	102	136	238

计算：$\chi^2=$　　　　　　　P

(问题 5) 根据表 6、表 7 资料的分析结果，请再做一个结论，并和前面的结论比较，两个结论是否一致？怎样理解？

(问题 6) 皮炎的致病因素可能是什么？你将如何继续进行调查？

有人认为某工厂冒出的废气和皮炎有关，试分析以下资料，你同意这个看法吗？

表 8　位于某厂上、下风向居民的患病情况

地　区	患者	非患者	合　计
位于厂上风向的高桥南塘大队	116	183	299
位于厂下风向的中兴镇	52	85	137
合　计	168	268	436

计算：$\chi^2=$　　　　　　　P

(问题 7) 桑毒蛾幼虫——桑毛虫毒毛引起的皮炎，与本次皮炎病人的症状相似，有人认为这次皮炎与桑毛虫有关。如果这一论断成立，应具备哪些标准？

调查组又调查了上海市精神病防治院工作人员中的皮炎罹患率，请解释以下结果。

表 9　精神病防治院医务人员和病人的患病情况

组　别	患者	非患者	合　计
医务人员	158	273	431
病　员	44	360	404
合　计	202	633	835

计算：$\chi^2 =$　　　　　　　　P

（问题 8）造成本次皮炎流行的因素是什么？如何进行预防？

（问题 9）通过本次皮炎的爆发调查，你学到了哪些有关病因调查的原则和方法？